전면 개정 4판

사회복지법제론

| 김 훈 저 |

SOCIAL WELFARE AND LAW

학지사

4판 머리말

우리나라가 아열대 기후로 바뀌고 있다고 하는데, 우리는 이미 체감적으로 이를 느끼고 있다. 기후의 변화와 더불어 앞으로 우리 삶의 양식도 많이 달라질 것이다. 그리고 그저 온정에 이끌려 시작했었을 한국의 사회복지의 규모가 커질 대로 커지고 영역도 다양해진 상황에서 보다 정치(精緻)한 사회복지를 기대해 보게 된다.

이번 4판에는 다음과 같은 내용으로 수정하고 추가하였다.

첫째, 다양화되는 사회복지서비스 영역을 모두 다루려고 노력하였다. 3판까지는 사회복지사업의 근거가 되는 법률들 중에서 아동, 노인, 장애인 같은 전통적인 서비스 대상에 관련된 법률만은 다루었었다. 그러나 요즈음은 새로운 복지욕구가 여러 영역에서 나타나고 국민들의 관심이 증대되므로 관련된 여러 법률도 개폐되고 있어서 이를 반영하였다. 특히 여성 및 가족복지 영역으로서 영유아보육법, 다문화가족지원법, 성폭력방지및피해자보호등에관한법률, 장애아동복지지원법, 지역사회복지 영역으로서 식품기부활성화에관한법률, 긴급복지지원법, 장애인활동지원에관한법률, 취약계층의 소득지원 영역으로서 기초노령연금법, 장애인연금법 등을 추가하여 분석 정리하였다.

둘째, 사회복지학의 표준교육에 충실하게 내용을 보완하였다. 그동안 사회복지법의 역사는 영미의 사회복지 형성 및 발달을 그 권리 개념 및 제도의 변화 위주로 서술하였고, 한국의 사회복지법 발달은 개별 법률의 변천과정을 중심으로 서술했었다. 그런데 이번 4판에서는 여러 장에 산재하였던 서구사회의 사회복지법 발달에 관한 내용을 종합하여 정리하였고, 한국의 사회복지법 발달을 의미 있는 연도별로 시대구분을 하여 그 경제사회적 배경과 더불어 전체적으로 조망할 수 있도록 정리 · 서술하였다. 그리고 그동안 다루지 못했던 국제법규를 인권의 관점에서 추가하였다.

셋째, 헌법의 사회복지법적 의의에 관한 인식의 변화를 반영하였다. 3판까지는 헌법이 국가법의 기본법이지만 실정법으로서 개별 사회복지법과 같은 구체성을 띠고 있다고 보고 이 책의 각론에 배치하였었다. 그러나 헌법은 여전히 국가의 지도이념이며 그 가치적 측면과 추상성을 무시할 수 없다. 만약 헌법이 너무 구체성만을 강조하다 보면 사회복지도 고정화되어 변화하는 사회적 상황에 따른 해석과 적용의 유연성을 발휘하지 못하여 많은 곤란을 초래할 것이다. 따라서 이번 4판에서는 사회복지의 근거 및 지도이념으로서 헌법의 가치를 강조하고자 하였다.

넷째, 사회복지학 전공학생들을 위해 사회복지법과 관련된 법학 지식을 추가하였다. 거의 모든 사회복지서비스는 시 · 도 및 시 · 군 · 구의 담당공무원의 행정행위와 밀접하게 연관되어 있다. 실제 공무원의 법적 해석과 집행의 여하에 따라 사회복지사업 민간참여자의 권익은 직접적인 영향을 받는다. 이런 점을 고려하여 사회복지행정 실무에 도움이 되도록 사회복지사업과 관련한 행정행위의 방향에 영향을 주는 행정법의 법리를 정리하여 추가하였다. 공공행정기관과 민간서비스제공자 간에 합리적이고 공평타당한 사회복지법적 관계를 형성하고 유지하는 데에 유용한 법리적 지식이라고 생각된다.

이상 변경되고 추가된 주요한 내용을 설명하였으나, 이번 4판을 준비하면서 안타까움이 느껴졌다. 민간의 사회복지사업이 국가의 지도 · 감독이라는 미명하에 통제의 대상으로 인식되기보다는 앞으로 민간주체의 책임하에 자율성과 창조성이 보장되는 실천의 장이 되기를 기대해 본다.

2012년 8월 15일

전주의 어두골 연구실에서 김 훈 씀

초판 머리말

요즈음처럼 우리 국민들 사이에서 사회복지에 대한 관심이 폭발적인 때도 없었을 것이다. 일부 박애주의적이고 종교적 신앙심이 투철한 사람들에 의해서 사회복지사업이 주도되었을 때도, 그리고 일부 시민사회에서 열악한 사회계층의 사회복지의 권리를 옹호해 주던 시기에도 사회복지가 요즈음처럼 많은 국민들의 관심사이지는 않았다. 이 폭발적인 관심 덕분에 대다수 대학에서 정규 대학교육, 사이버교육, 평생교육 등 다양한 수준과 형태로 사회복지사 및 관련 전문자격인을 배출하고 있으며, 심지어 복지 관련 유사 자격 교육들이 출현하고 있다. 이 모든 현상은 사회복지법을 근거로 하고 있다.

법은 우리에게 친숙하며 일상생활에서 우리를 둘러싼 환경이다. 법의 이런 의미는 전문적 직업영역에서도 나타난다. 어느 전문직이나 그 전문직의 활동이 인정되는 사회적 환경이 존재하고, 그 환경의 주요 측면이 그 전문직의 실천을 규정하는 법적 환경이다.

사회복지학은 사회복지전문직의 학문적 체계다. 사회복지사는 사회복지활동을 수행하는 전문직으로서 그 실천과 관련된 독특한 법적 환경을 갖고 있다. 반세기가 넘는 한국 사회복지교육의 역사에 있어서 1980년대 이후 사회복지실천의 법적 환경에 관한 관심이 증대되고 있다. 그 이유는 무엇일까?

첫째, 법의식의 발달이다. 전통적인 사회와는 달리 현대의 분화되고 복잡한 사회에서는 일정한 분쟁에 대해서 사사로운 인간관계에 의한 해결보다는 공식적이고 합리적인 절차에 의해서 해결하고자 하는 욕구가 강해진다. 특히 법률적 분쟁에 대해서는 법률적 서비스를 통해서 해결하고자 한다. 보편적으로 갖게 된 이러한 법의식은 사회복지 영역에서도 나타나게 되었다.

둘째, 사회복지는 법적 권리인 생존권보장 차원에서 발달하여 왔다. 사회복지는 인간다운 생활을 보장받을 권리를 근간으로 한다. 그런데 현대의 법적 사회에서 인간권리의 보장은 현실적으로 법적 제도가 마련되지 않으면 그 실현이 어렵다. 1960년대 이후 경제성장 중심의 국가정책으로 경제적 풍요를 어느 정도 달성한 이면에는 갖가지 사회문제로 인해 고통받는 이웃이 많아졌고, 정치의식의 성숙에 따른 정치적 권리에 대한 주장이 많아졌다. 이러한 시대적 상황은 사회적제 문제로 인해 고통받는 계층에 대한 복지권리의 법적 보장을 요구하는 것으로 이어졌다고 본다.

셋째, 사회복지의 실천이 법적 환경 속에서 실행된다는 것이 명약관화하게 된 것이다. 사회복지의 실현에 국가의 책임이 강화되었고, 민간의 사회복지 참여가 국가의 지원 속에서 이루어지면서 국가로부터 지도 · 감독을 받는 것이 보편화되었다. 국가의 행위는 법적 근거를 두고 행해지고, 국가의 행위로 인해 영향받는 사회복지주체들은 국가의 행위를 이해하여야 하며, 이를 위해서는 국가의 행위의 근거가 되는 법을 이해하여야만 하였다. 사회복지실천가는 사회복지의 실천과정에서 법이 어떻게 연결되고, 법을 어떻게 이해하고, 접근하고, 활용할 것인가를 학습해야 했다.

넷째, 사회복지는 인간의 복지와 관련된 사회문제를 해결하는 과정이다. 사회구성원의 인간다운 생활을 훼손하는 문제가 발생하면 이를 해결하기 위한 조사 · 연구활동이 이루어지고, 그 결과를 바탕으로 정책이 형성되며, 이 정책의 실현을 위한 토대를 마련하게 되는데 이 토대가 바로 법이다. 이렇게 형성된 법적 구조를 근거로 사회복지행정과 실천이 이루어진다. 이와 같이 사회복지적 문제해결을 위한 일련의 과정에서 사회복지실천가는 법의 중요성을 이해하고 수용하게 된다.

다섯째, 직업이라는 현실적이고 실리적 측면에서도 법의 중요성이 나타나는데, 현재 사회복지학을 전공하는 학생들에게 행정고등고시, 사회복지전담공무원 등 공직으로 나아갈 길이 열려 있다. 이 경우 사회복지법제에 대한 이해가 매우 중요한 도구가 되고 있다. 행정고등고시*의 경우, 일반행정, 법무행정, 교육행정, 보호관찰행정, 노동행정, 사회복지행정 등 여러 분야로 구별되는데, 그 수요에 따라 사회복지직, 보호관찰직, 노동직 등이 모집되며, 이것은 사회복지학 전공자에게 공직에의 도전의 길이 되고 있다.

여섯째, 현행 사회복지학의 대학교육과정에서 '사회복지법제' 과목이 필수과목으로 규정되어 있다. 즉, 1998년에 개정된 사회복지사업법에 따라 사회복지사 1급 자격취득을 위해서는 국가고시를 합격해야 하는데, 응시자격을 얻기 위해서는 대학에서 사회복지 관련 교과목을 14과목 이상 수강해야 하고, 이 교과목들 중에 '사회복지법제'가 필수과목으로 지정되어 있다. 또한 사회복지사 1급 국가자격시험제도에서 그동안 선택시험과목이었으나, 그 중요성에 대한 인식이 이해되어 앞으로 필수시험과목으로 치러질 계획이다.

이상과 같은 환경 속에서 사회복지법에 대한 관심이 확대되었고, 이제는 사회복지법에 대해 무엇을 어떻게 학습해야 할 것인가를 고민해야 할 때다. 사회복지 실천가는 사회복지의 법제도와 사회사업적 개입기술에 관한 지식을 갖추고 있어야 하는 것은 당연하며, 나아가 보다 효과적인 사회복지활동을 위해서는 심리학, 사회학, 의학, 경제학, 정책학, 법률학, 행정학 등 관련된 모든 영역에서 필요한 기초적 지식을 배워야 한다. 설사 사회복지사가 임상적 실천가라 할지라도 그 개입방법의 전문화에 필요한 모든 실천적 영역으로부터 그 학문의 성과를 흡수할 필요가 있다. 사회복지서비스와 기초생활의 보장을 위한 법은 서비스의 수혜자 또는 소비자인 사람들에게 광범위하게 적용되고, 서비스 제공자인 국가, 지방자치단체 및 민간의 복지기관들의 실천가들에게 막대한 영향을 준다.

---

* 행정자치부(http://www.mogaha.go.kr) 참조.

그렇다면 '사회복지와 법'의 학습은 어떠한 내용이어야 할까? 사회복지법은 사회복지학과 법학의 접합을 이루는 영역이며 사회복지를 규율하는 법이라는 의미에서 사회복지실천에서의 법적 환경의 이해와 활용을 필요로 하고 있다. 그러므로 사회복지법의 학습은 개론적 범위의 법률지식, 사회복지법의 생성, 발달 및 범위, 사회복지의 법적 권리, 개별 사회복지법령의 구체적 조문, 사회복지실천과정의 법률적 충돌과 조화 등을 내용으로 하여야 한다.

요약하면, 일반적으로 법은 하나의 제도로 인정되고 있다. 우리의 일상생활은 의식적이든 무의식적이든 법이라는 틀 속에서 이루어지고 있다. 또한 전문직으로서의 사회사업학 또는 사회복지학도 마찬가지다. 그러나 아직도 사회복지전문가들은 자신의 존재를 인정하고, 활동의 장을 마련해 주며, 분쟁의 해결기회를 제공하는 법이라는 틀에 대해서 그 생성, 발달, 변화 등의 속성 그리고 법과 사회복지의 관계에 대한 이해가 부족하다. 이런 인식의 부족은 사회복지실천가가 전문가로서 행하는 활동과 밀접히 관련되어 그 활동의 질과 신뢰성에 영향을 주고 있다.

그러므로 사회복지사를 지향하는 학생들은 전문직을 위한 기초지식으로서 사회복지법의 지식을 폭넓게 습득해야 한다. 사회복지법을 통하여 사회복지정책과 제도, 행정 및 실천을 통합적으로 이해하고 활용하는 능력을 키워야 한다. 사회복지법은 어휘적으로도 암시되는 바와 같이 사회복지학과 법학적 지식이 결합된 형태이므로 사회복지학의 학문적 정향을 기본으로 하여 법학적 독특성을 도구 삼아 학습할 필요가 있다.

이 저서는 사회복지사의 직무수행에 필요한 사회복지법의 기초지식을 습득시키기 위해서 사회복지학 전공자를 대상으로 법의 속성과 내용, 법과 사회복지의 관계를 교육함으로써, 졸업 후의 사회복지실천과정에서 법적 환경에 효과적으로 대처할 수 있도록 저술되었다. 또한 독자들이 본문을 읽으면서 부딪히는 생소한

법률개념과 기술된 본문내용을 이해하는 데 필요한 다른 법률 조문들에 대해서, 그 관련 내용을 각주에 기술하여 줌으로써 독자들이 따로 법률을 찾아보아야 하는 수고로움을 덜어 주려고 노력하였다.

이 책자가 출판되기까지는 여러분의 기다림과 도움이 있었다. 학지사의 김진환 사장님은 본인이 미국에서 귀국한 뒤 처음 이 교과서의 저술을 부탁하신 분으로 지금까지 격려하면서 원고를 기다려 주셨다. 또한 최임배 부장님, 정승철 과장님은 끊임없이 연락을 취하면서 더 나은 형태로 출판되도록 지원해 주셨다. 특히 편집, 교정에 애써 주신 정영석 선생님과 편집부 직원들의 노고에 대한 감사한 마음은 말로 헤아릴 수 없을 정도다. 필자의 조악한 상태의 원고를 모나지 않게 다듬고 아름답게 디자인한 수고는 깊은 숲속의 원석을 오색찬란한 다이아몬드로 만드는 작업에 견주어도 손색이 없을 듯하다. 미국 유학을 위해 출국을 준비하고 있는 제자 임백호는 지난한 유학준비 과정에서도 익숙지 않은 법률 원고를 읽고 꼼꼼히 교정을 해 주었다.

“뜻이 있으면 길이 있다”는 말은 평범하면서도 진리다. 뜻이 있어서 이제 찾은 길이 앞으로 보다 정돈되고 확장되어 사회복지학의 발전뿐만 아니라 관심 있는 모든 사람들에게 더 큰 도움이 되도록 노력할 것을 다짐하면서, 다시 한 번 지금까지 음양으로 도움을 주신 모든 분들에게 감사드리며 글을 마친다.

2004년 6월 5일
어두골 연구실에서
김 훈

차 례

■ 4판 머리말 / 3
■ 초판 머리말 / 5

제1부 | 법의 기초지식

제1장 법의 개념 21

1. 법의 정의 21
2. 법의 규범성 24
3. 법의 존재형식 26
4. 법의 한계 29

제2장 법과 권리 31

1. 인권과 기본권 31
2. 기본권의 성격 33
3. 기본권의 충돌 36
4. 법치주의와 법률유보 37

제3장 법의 이념과 목적 39

1. 법의 이념 39
2. 법의 목적 43

제4장 법령체계 및 입법절차 49

1. 법령의 체계와 의미 49
2. 법령의 입법절차 52

제2부 | 사회복지법 총론

제5장 사회복지법의 기초 57

1. 사회복지법의 개념과 범위 57
2. 사회복지법의 형성과 발달 63
3. 사회복지법의 법적 성격 68
4. 타 법과의 비교 71
5. 사회복지법의 구성요소 73

제6장 사회복지법의 이념 77

1. 생존권의 개념 77
2. 생존권의 내용(헌법 제34조) 79
3. 생존권 이념의 실천적 원리 81
4. 헌법과 인간다운 생활을 할 권리 83
5. 국제 사회복지법과 인권 91

제7장 한국 사회복지법의 발달 95

1. 1960년대 이전의 사회복지법 발달 95
2. 1960년대 및 1970년대의 사회복지법 발달 97
3. 1980년대의 사회복지법 발달 99
4. 1990년대의 사회복지법 발달 100
5. 2000년 이후의 사회복지법 발달 101

제8장 사회복지법의 법률관계 107

1. 사회복지수급권 107
2. 수급자의 권리보호 109
3. 수급자의 의무 112
4. 벌 칙 113

제9장 사회복지법과 사회복지행정조직 115

1. 개념과 종류 115

2. 사회복지행정조직의 근거법 116
3. 사회복지행정조직의 예 122
4. 사회복지법 행정의 일반원칙 133

제10장 사회복지법의 해석과 적용 139

1. 사회복지법의 접근방법 139
2. 사회복지법의 분류 144
3. 사회복지법의 적용 147

제11장 사회복지와 법의 통합적 관점과 실천 153

1. 사회복지와 법의 통합적 관점의 발달 153
2. 사회복지실천을 위한 법과의 통합적 관점 156
3. 법적 과정과 사회복지실천 162

제3부 | 사회보장법 분야

제12장 사회보장기본법 175

1. 의 의 175
2. 사회보장기본법의 발달 178
3. 사회보장기본법의 이념과 목적 180
4. 사회보장수급권 183
5. 사회보장장기발전방향의 수립 186
6. 사회보장심의위원회 187
7. 사회보장제도의 운영 189

제4부 | 공공부조법 분야

제13장 국민기초생활보장법 195

1. 국민기초생활보장법의 특징 195
2. 생활보장급여의 시행 197
3. 자활지원 202
4. 생활보장의 실시주체 204
5. 급여의 실시 206
6. 보장시설 212
7. 수급자의 권리와 의무 213
8. 보장비용 215

제14장 긴급복지지원법 221

1. 의 의 221
2. 긴급지원대상자 222
3. 전달체계 223
4. 긴급지원의 절차 224

제5부 | 사회복지사업 기초 분야

제15장 사회복지사업법 229

1. 의 의 229
2. 사회복지서비스 관련 주체의 책임과 내용 230
3. 사회복지사업법의 발달 232
4. 사회복지전달체계 237
5. 지역사회복지계획 241
6. 사회복지서비스 242
7. 사회복지법인 244
8. 사회복지시설 248

제16장 건강가정기본법 257

1. 의 의 257
2. 건강가정정책의 실천 258
3. 건강가정사업 261
4. 건강가정전담조직 등 266

제6부 아동복지법 분야

제17장 영유아보육법 273

1. 의 의 273
2. 전달체계 274
3. 어린이집의 설치 · 운영 278
4. 보육교직원 281
5. 건강 · 영양 및 안전 283
6. 보육비용 등 284

제18장 아동복지법 287

1. 의 의 287
2. 아동복지법의 발달 288
3. 전달체계 290
4. 복지조치 293
5. 아동학대와 아동보호전문기관 300
6. 가정위탁지원센터와 지역연계체계 304
7. 아동의 보호 305
8. 재정지원 및 제한 306
9. 벌 칙 308

제7부 | 장애인복지법 분야

제19장 장애인복지법 315

1. 의 의 315
2. 장애인복지법의 발달 317
3. 장애인복지 전달체계 322
4. 장애인복지정책의 기본 방향 324
5. 장애인복지 조치 328
6. 자립생활의 지원 335
7. 복지 시설과 단체 335
8. 장애인보조기구 338
9. 장애인복지전문인력 340
10. 비 용 343
11. 권리보호 및 구제 344

제20장 장애아동복지지원법 349

1. 의 의 349
2. 국가와 지방자치단체의 임무 350
3. 복지지원의 절차 352
4. 복지지원의 내용 353
5. 복지지원 제공기관 354

제21장 장애인활동지원에관한법률 355

1. 의 의 355
2. 활동지원급여 356
3. 활동지원기관 359
4. 활동지원인력 361
5. 활동지원급여비용 등 361

제22장 장애인연금법 363

1. 의 의 363

2. 장애인연금의 종류 및 내용 364
3. 장애인연금의 지급 365
4. 장애인연금 수급권의 변동 367
5. 비용의 부담 367

제23장 정신보건법 369

1. 의 의 369
2. 정신보건법의 발달 370
3. 실태조사와 정신보건사업계획의 수립 374
4. 전달체계 374
5. 보호 및 치료 382
6. 권익보호 394
7. 지 원 397

제8부 | 노인복지법 분야

제24장 노인복지법 405

1. 이념과 책임 405
2. 노인복지법의 발달 406
3. 노인복지의 실시주체 409
4. 보건 · 복지조치 411
5. 노인복지시설의 설치 · 운영 416
6. 실종노인에 관한 신고의무 등 425
7. 비 용 426
8. 수급권의 보호 427

제25장 기초노령연금법 433

1. 의 의 433
2. 수급권의 보호와 제한 434
3. 연금의 수급 434
4. 수급권의 상실 436

5. 비용의 부담 437
6. 연금업무의 권한 437

제9부 | 가족 및 여성 복지법 분야

제26장 한부모가족지원법 441
1. 의 의 441
2. 한부모가족지원법의 발달 441
3. 보호대상자 444
4. 한부모가족복지상담소 444
5. 복지의 내용과 실시 445
6. 한부모가족복지시설 447
7. 비 용 450
8. 권리보호 및 구제 451

제27장 다문화가족지원법 455
1. 의 의 455
2. 국가의 책무 456
3. 다문화가족정책위원회와 기본계획 457
4. 복지조치와 지원 458
5. 다문화가족지원센터 460
6. 전문인력의 교육 460

제28장 가정폭력방지및피해자보호등에관한법률 463
1. 의 의 463
2. 가정폭력방지및피해자보호등에관한법률의 발달 464
3. 복지시책 465
4. 가정폭력관련 시설의 종류 467
5. 긴급전화센터, 상담소 및 보호시설 종사자 470
6. 가정폭력관련 시설의 운영 및 지도감독 471
7. 치료보호 472

8. 설치 · 운영자의 의무 473

제29장 성폭력방지및피해자보호등에관한법률 475

1. 의 의 475
2. 피해자 등에 대한 지원 477
3. 피해자 보호 · 지원시설 등 478
4. 전문인력 482

제10부 | 지역사회복지법 분야

제30장 사회복지공동모금회법 485

1. 의 의 485
2. 사회복지공동모금회법의 발달 486
3. 사회복지공동모금회 488
4. 재 원 491
5. 배 분 494
6. 운영과 지도 · 감독 495

제31장 식품기부활성화에관한법률 501

1. 의 의 501
2. 기부식품제공사업 502
3. 지도 · 감독 등 503

제32장 농어촌주민의보건복지증진을위한특별법 505

1. 의 의 505
2. 농어촌 보건복지의 실시 506

■ 부록 / 515
■ 참고문헌 / 523
■ 찾아보기 / 533

제 1 부

법의 기초지식

제1장 법의 개념
제2장 법과 권리
제3장 법의 이념과 목적
제4장 법령체계 및 입법절차

제1장

법의 개념

1 법의 정의

사람들은 나름대로 법을 알고 있다. 그러나 반드시 동일하게 이해하는 것은 아니다. 어떤 사람은 법전(法典)에 기록된 것만을 법으로 이해할 것이고, 어떤 사람은 사회에서 일반적으로 사람들을 규율하는 모든 것을 법으로 이해할 수도 있다. 또 어떤 사람은 형법에서처럼 처벌에 관한 것만을 지칭한다고 말할 수도 있다. 법[1]의 개념을 정의(定義)하는 일은 '법이란 무엇인가?'라는 질문의 답을 찾는 일이다. 전형적인 관점에서 보면, 법은 어렴풋한 저 먼 근원에서 나오는 규칙(rules)들

---

1. 보통 '법'을 표현하는 다양한 형태의 유사용어들이 있다. 각 용어들의 개략적인 의미는 다음과 같다(최종고, 1991: 32).
   ① 법률(法律): 실질적 의미에서는 '법'과 동일한 뜻으로 사용하지만, 형식적인 의미에서는 국회의 의결을 거쳐 대통령이 서명하고 공포된 법을 가리킨다. '법'은 추상적 · 포괄적이지만, '법률'은 구체적 · 가시적인 개념이다. 그러므로 '법률'은 현실세계에서 사회통제의 기능을 가지고 있다.
   ② 법전(法典): 헌법, 법률, 명령, 규칙과 같은 실정법을 체계적으로 편별한 조직적 성문법규집을 가리킨다. 예를 들면, 육법전서, 상법전, 형법전 등이 해당된다.
   ③ 법규(法規): 넓게는 법규범 일반의 준말이고, 좁게는 성문의 법령을 말한다.
   ④ 법령(法令): 법률과 명령을 함께 부르는 말인데, 넓은 의미로는 법률이나 법 전체를 가리킬 때도 있다. 법전을 법령집이라고 부를 때도 있다.

로 구성되어 있다. 우리는 어떤 잘못을 했다고 느낄 때 그 잘못과 관련된 규칙을 갑자기 깨닫게 된다. 이런 상황 속에서 우리는 보통 '법(law)'이라고 규정하는 것에 대해서 깊이 생각하게 된다.

법을 정의할 때는 '어떤 그림자'를 '사물 자체'로 오해하는 것처럼 잘못 정의할 수도 있다. 어떤 정의는 오히려 법에 대한 우리의 편견을 반영할 수 있기 때문이다. 그러나 법을 사회와의 관련 속에서 정의하면 더욱 깊게 이해할 수 있다(Kidder, 1983). 법은 사회적 관련성에 근거하여 다음과 같이 정의된다.

첫째, 법은 근대화 과정에서 나타났다. 법치국가의 개념에서 알 수 있는 바와 같이, 근대국가에서부터 법에 의한 통치가 시작되었다. 근대국가에서 법은 국가 차원의 사회통제로서 한 국가와 그 시민의 일상적인 생활이었다(Black, 1972). 그러므로 법은 사회통제의 한 형태로서 통치권, 시민권의 제한 및 법적 절차를 나타낸다.

둘째, 법은 사회통제 방식을 갖는다. 법은 한 당사자에 의해서는 '권리'로 간주되고 다른 당사자에 의해서는 '의무'로 인정되는 양 당사자 간의 책무(責務)들의 총체다. 이 권리와 의무는 사회구조에 내재하는 '상호성'과 '공공성'이라는 특수한 기제(힘)에 의해서 실현된다(Malinowski, 1961). 이것은 법이 사회에서 작용하는 데에 필요한 기본 요소다.

셋째, 법은 권위가 부여된 물리적 힘을 지니고 있다. 물리적 힘이 없는 법은 존재하지 않는다(Hoebel, 1954). 어떤 사회적 규범의 경우에 그것이 위반되었을 때 위협으로든 사실로든 그 위반이 사회적으로 인정된 권한을 가진 개인(또는 집단)의 물리적 힘에 의해서 규칙적(규율적)으로 해결된다면, 그 사회적 규범은 법인 것이다. 결과적으로 법은 사람들에게 그렇게 요구하지 않으면 선택하지 않을 행동을 선택하도록 요구하고 있음을 알 수 있다.

넷째, 법은 행위에 대응하는 강제가 수반된다. 질서는 법에 의해서 유지된다. 질서에 대한 순응 목적 또는 위반에 대한 응보 목적의 심리적 또는 물리적 강제가 준비되어 있고, 이 강제가 실행될 것이라는 가능성이 주어짐으로써 법이 보장된다. 한편 법에의 순응을 달성하기 위해서 국친주의나 경제적 보상이 이용된다(Weber, 1954).

다섯째, 법은 정의(正義)다. 법의 정의(定義)의 핵심에는 정의(正義)가 있다(Selznik,

1961). 법을 단지 '국가 차원의 사회적 통제'로만 정의(定義)한다면 정부의 적법성 여부를 구별해 낼 수 없다. 법적 정당성의 핵심은 힘과 통제력의 실시에 있는 것이 아니라, 힘을 사용하는 사람들의 정의로움에 근거한 예상 가능한 억제력에 있다. 그러므로 법은 정의(正義)를 생산하는 조직된 통로다.

여섯째, 법은 다시 제도화된 관습이다. 법은 법률문제를 다루도록 계획되고 제도화된 사회기관에 의해서 재창조된 관습이다(Bohannan, 1967). 관습은 집단 내의 서로 관련 없는 규범들이 제도화될 때 발전된다. 관습이 그러한 제도들을 뒷받침하는 것에 점점 무력해짐으로써 이를 극복하기 위한 필요성에서 법이 나중에 발달한 것이다. 그러므로 법은 관습규범을 재제도화한 것이다.

한편 자연법이론[2]에서는 '법과 도덕은 극도로 얽혀 있다.'는 기본 전제를 갖고 있기 때문에 도덕은 법에게 어떤 절대적인 한계를 제공한다. 예를 들면, 법이 추구하는 '논리적인 일관성'의 추구가 '도덕과 정의' 기준과 갈등을 일으킨다면 그 일관성의 추구는 정지된다. 반면에 법실증주의에서는 '법'을 정의(定義)한다거나 특정 규칙이 '법적 타당성'을 지녔는지를 결정할 때 도덕이나 자연적 정의를 전혀 참조할 필요가 없다. 법실증주의에서는 법과 도덕이 종종 중복되거나 일시적으로 관련이 될 수 있지만, 그 둘 사이에는 개념적인 연관이 없고 또 그럴 필요도 없다. 법은 오직 시민사회의 주요한 정치권력으로부터 유래하기 때문에 구속력이라는 특성을 갖고 있지만 도덕은 그렇지 않다.

이와 같은 법이론적 논쟁과 달리, 법현실주의(법실체주의)에서는 법이 판례집, 경험적 리서치 프로젝트, 다양한 법학교육 및 개별법에서 구체화된 개혁적 작업에 의해서 측정되어야 한다. 모든 법실체주의자들은 자신들이 어떠한 이론적 견해를 가졌든 간에, Holmes의 명언처럼 '그 시대의 필요'에 따라 사건을 적절히 결정해야 한다고 믿는다. 그러므로 대법원 판사는 '변화하는 사회적 욕구에 따라 기꺼이 법적 규칙을 변경시키는 사람'이다. 이러한 입장은 법이론가들에게 사회과학적 방법의 중요성을 인식시켰다.

---

2. 인간은 지식과 가치를 기울여 정당한 법질서를 만들려 하지만, 그 법질서의 정당성 여부의 판단은 그것을 초월한 어떤 영원한 객관적 질서에 의한다. 그럼에도 시대에 따라 자연법의 내용은 변화를 겪어 왔다. 예를 들면, 고대 그리스에서는 삼라만상의 우주질서의 원리, 중세에서는 신의 뜻, 근대 이후에는 인간의 본성과 이성에 기초한 합리적 질서가 자연법의 기본이 되었다.

또한 비판적 법률 연구의 관점에 있는 학자들은 법과 사법과정에 대해 다음과 같이 비판하고 있다(Albert, 2000).

- 법률적 논법을 정치적 언사와 구별하기 어렵다.
- 법과 정치는 외양상 다를지라도 실질적으로는 동일하다. 법은 역사적으로 사회의 이념적 투쟁과 유관하게 존재하여 왔다.
- 법은 '합리적'인 것보다는 '합리화의 실행과정'이다.
- 법적 원칙은 거의 모든 경우에 결과들을 정당화시키기 위해서 조작될 수 있다.
- 법적 원칙들은 범주화, 기술(記述), 조직 및 비교를 위해서 교묘한 구문과 레퍼토리로 포장된 조작적인 기법들일 뿐이다.

이상과 같은 법의 정의들을 통해서 알 수 있는 것은, 법은 사회질서 속에서 그것이 차지하는 의미(위치)와 분리되어서는 이해될 수 없다는 점이다. 그러므로 그동안 제기된 법과 사회에 대한 많은 관점들(Albert, 2000), 즉 사회통제로서의 법, 경쟁적 사회이익 또는 집단이익 간의 타협으로서의 법, 사회갈등에서 사용할 수 있는 무기로서의 법, 사회의 핵심적 기술관료들의 사회화를 반영하는 것으로서의 법, 상호 연결된 사회체계의 궁극적 산물로서의 법 등으로 표현되어 온 관점들이 낯설지 않다. 결론적으로 법에 대한 정의는 미묘하고 복잡한 것임에 틀림없으므로 법에 대한 그 어떤 '정의(定義)'도 다양한 특성을 포함시킬 만큼 충분히 함축적이어야 할 것이다.

2 법의 규범성

법은 일종의 규범(規範)이다. 보통 인간의 행위를 규율하는 것을 규범이라고 한다. 이 규범에는 도덕, 윤리, 관습 등이 있으나 이들은 국가에 의해서 강제되지 않는다는 점에서 법과 차이가 있다. 법의 규범성에는 다음과 같은 측면이 있다.

첫째, 법은 사회규범이다. 법의 사회규범성이란 '법은 사회규범의 의미를 갖는다.'는 의미다. 인간 사회는 두 사람 이상이 공존하는 상황을 말한다. 그런데 인간이 타인에게 공정할 수 있을 만큼 고고하게 살기를 바랄 수는 없다. 그들 사이에 이익투쟁적인 혼란 없이 질서가 유지되기 위해서는 서로 모종의 약속이 있어야 한다. 이 질서유지를 위한 약속이 바로 법이다. 그러므로 사회규범은 인간의 사회생활에 관한 규범이라는 의미다. 사회규범은 당위(當爲)의 규범(sollensnorm)으로서 지켜야 될 것에 관한 것을 내용으로 한다. 한편 당위규범과 대비되는 개념은 자연법칙에서 나타나는 것처럼 존재필연의 법칙인데, 예를 들면 '해는 동쪽에서 뜨고 서쪽으로 진다.'는 진술에서 알 수 있다. 이처럼 자연법칙은 존재나 필연을 말하지만, 당위규범인 법은 인간의 사회생활에 관한 규범으로서 '약속을 지켜야 한다'는 당위를 말하는 것이다.

둘째, 법은 '정의(正義)'라는 법이념을 향한 문화규범이다. 사회는 개인적으로나 집단적으로 항상 현재보다 나은 것을 지향한다. 이 지향하는 바를 '가치'라고 하며, 인간이 현실에서 일정한 가치를 향해 노력하는 가운데서 생성되는 것이 '문화'다. 정의라는 가치를 향한 가운데 생성이 되는 것이 법이다. 그러므로 법의 핵심은 정의다. 법의 한자 표현은 '法'으로, '水'와 '去'이 합성된 것이다. 그래서 법을 어의적으로 해석하면 '물이 흐르는 것이다.'라고 할 수 있고, 이것은 물과 같이 공평하게 정의가 실현되는 것을 의미한다.

법의 문화규범성은 법이 단순히 당위(가치)만을 나타내는 것이 아니라 존재(현실)를 반영한다는 의미다. 어느 사회나 독특한 문화가 있다. 그러므로 법문화도 나라마다 그 나라의 특색을 반영하여 독특한 면을 가지고 있다.

셋째, 법은 상대적 규범이기도 하면서 절대적 규범이기도 하다. 법규범은 '존재'이면서도 '당위'다. 법은 '존재'로서의 시간적 · 공간적 제약을 받는 '상대적인 규범'이면서, '정의'라는 보편적인 '가치'를 지향하는 '절대적인 규범'이다.

넷째, 법은 행위규범이다. 법은 사회구성원의 행동기준이다. 어떤 영역에서는 법을 통해서 사람들의 행동이 어떠할 것이라고 예정하고 또 본인도 그렇게 행동할 것을 예상한다. 타인 또한 그 사람이 그렇게 행동할 것이라고 예상할 수 있다. 그러므로 경쟁적 사회에서 일정한 질서를 예측할 수 있다. 또한 법관은 재판의 과정에서 법을 소송당사자들에게 적용되는 행위규범으로 인정하므로 법을 재판규범이라고도 할 수 있다.

다섯째, 법은 정치적으로 조직된 사회의 강제성을 띤 규범이다. 법학자 Rudolf von Jhering은 "강제 없는 법은 타지 않는 불꽃과 같다."라고 할 정도로 법의 강제적 속성을 중요시하였다. 현대의 법학자 Hans Kelsen도 강제는 법의 본질적 속성이라고 하였다. 이처럼 법은 그 내용을 실현하기 위하여 '강제'라는 수단을 갖고 있다. 도덕, 종교적 명령, 또는 관습도 사회규범이지만 강제성은 갖지 못한다. 그러므로 이를 위반한 경우 그 위반자는 '비난'을 받을 뿐이다. 그러나 법의 위반자는 강제적 처벌을 받게 된다. 이 법의 강제는 인간이 합의한 국가라는 정치적인 조직에 의해서 실시된다.

3 법의 존재형식

법의 존재형식[法源]은 법을 구성하는 재료를 나타내며, 그 형식에 따라 나름의 특성, 기능 또는 효과를 지니고 있다. 법의 존재형식을 안다는 것은 그 법의 특성과 기능을 안다는 것과 마찬가지다. 그러므로 그것은 실정법의 인식근거가 되고, 특정 법을 이해하는 데에 필수적인 요소다.

법은 그 법이 문서형태로 존재하는지의 여부에 따라 성문법(成文法)과 불문법(不文法)으로 구별된다.

1) 성문법

성문법이란 문서로 표현되며, 일정한 형식과 절차를 거쳐서 공포되는 법을 말한다. 이 법은 국가기관에 의해서 제정되므로 제정법이라고도 한다. 이 성문법에는 구체적으로 헌법, 법률, 명령, 자치법규가 있다.

헌법이란 한 국가의 조직과 통치에 관한 근본법으로서 그 제정 및 개정 절차가 엄격하다. 헌법은 국가의 모든 법의 상위법이다. 헌법은 모든 수준의 법체계를 위한 기초다. 그것은 다른 요소들 간의 통치의 범위와 기능을 분명하게 밝혀 준다. 모든 법들은 특정 국가기관에 의해 헌법 내용과의 일치 여부를 판단받게 된다. 우리나라의 경우 법원에게는 위헌심사권만 인정되고, 위헌결정권은 헌법재판소에 전담시키고 있다(헌법 제107조 제1항). 따라서 법원에게는 법률에 대한 위헌심사권과 위헌결정제청권이 부여되고 있다(허영, 2001).

법률은 헌법의 기본원리를 근간으로 하여 각 영역에 필요한 규정을 담은 법으로 국회에서 의결되어 제정된다. 명령은 국회의 의결에 의하지 않고 제정의 권한이 있는 행정관청이 제정하는 법이다. 제정권자에 따라 대통령령, 총리령, 각 부령이 있다. 명령은 위임법률의 입법목적을 수행하기 위해서 행정기관이 제정하는 것이므로 상위법률의 범위에서 벗어날 때 무효가 된다.

자치법규는 지방자치단체가 제정하는 법령으로서, 지방자치단체의 조직, 지방자치단체의 사무 및 기타 주민의 권리와 의무에 관한 내용을 담고 있다. 이 자치법규에는 지방의회의 의결을 거친 조례(條例)와 지방자치단체의 장이 제정한 규칙(規則)이 있다.

2) 불문법

불문법은 성문법 이외의 모든 문서화되지 않은 법원(法源)을 말한다. 불문법은 성문법의 미비점, 불확정성, 자유재량성에 의한 국민의 권익침해의 가능성을 방지하고 보완하는 기능을 갖고 있다. 불문법은 현행 민법[3]과 상법[4]에서 인정하고 있으며, 종류로는 관습법, 판례법, 조리가 있다.

관습법이란 사회의 자연발생적인 규범으로서 성문법처럼 국가의 입법기관이 제정한 법이 아니고, 국가사회 안에서 관행의 형태로 존재하는 것이 그대로 법이 된 것을 말한다.

판례법은 일정한 법률문제에 동일한 취지의 판결이 반복됨으로써 그러한 문제의 해결방향이 대체로 확정되게 되는데, 이 경우 그 판결이 법적 규범이 된다. 그러므로 판례법은 일반적으로 판사가 만든 법이라고 볼 수 있다. 이것은 유사한

---

3. 민사(民事)에 관하여 법률의 규정이 없으면 관습법에 의하고, 관습법이 없으면 조리에 의한다(민법 제1조).
4. 상사(商事)에 관하여 본 법에 규정이 없으면 상관습법에 의하고, 상관습법이 없으면 민법의 규정에 의한다(상법 제1조).

사례는 유사하게 다루어져야 한다는 논리에 바탕을 두고 있다. 따라서 유사한 사건을 다루어야 하는 후속법원의 의사결정에 영향을 주고 하위법원을 구속한다.[5]

조리(條理)는 사물의 본성을 말한다. 일반사회의 정의감에 비추어 '그럴 수 있느냐.' 또는 '이런 법이 있느냐.'라고 말할 때, 여기서 '수'와 '법'에 해당하는 것을 말한다(김근조, 2000). 조리는 당연히 그러해야 할 것이라고 인정되는 법해석의 기본원리이며, 성문법, 관습법, 판례법이 없을 경우 최종적으로 적용되는 보충적 법원이다. 일반적으로 국가가 법적 규범의식으로서 승인한 사회생활의 원리, 정의형평, 신의성실, 공서양속, 사회통념, 비례원칙 등은 조리로서 법적 규범력을 가지는 것으로 인정된다.

한 나라의 법률체계는 매우 복잡하지만 일정한 구조를 지니고 있다. 이러한 법률체계 속에서 각각의 법들은 그 제정, 해석, 강제를 위한 기제를 가지고 있으며, 그 중심에는 헌법정신이 있다. 헌법은 보통 사법부, 입법부, 행정부에게 일정한 통치권력을 배당하고, 이를 근거로 각 부(府)는 일정한 부분의 법제정권을 부여받는다. 법제정권은 각 부의 범위, 권력 및 적법성을 특정화한다. 이것을 근원으로 해서 여러 법이 제정되고 네 가지 유형의 법 — 헌법, 사법부에 의한 법, 입법부에 의한 법, 행정부에 의한 법 — 이 나타난다.

이처럼 법의 존재형식은 다양하고 각각의 법유형들은 상이한 것 같지만, 헌법에 의해서 권력의 근원들의 관계가 구조화되므로 독립적이지 않다. 단지 그 차이는 유의미한 제도적 상호의존성의 정도를 나타낼 뿐이다.

5. 상급심 심판의 하급심 기속(羈束): 상급법원의 재판에 있어서의 판단은 당해 사건에 관하여 하급심을 기속한다(법원조직법 제8조).
판례변경 시 대법원 합의체 관할: 종전에 대법원에서 판시한 헌법 · 법률 · 명령 또는 규칙의 해석 적용에 관한 의견을 변경할 필요가 있음을 인정하는 경우, 대법관 전원의 3분의 2 이상의 합의체에서 심판권을 갖는다(법원조직법 제7조 제1항 제3호).

4 법의 한계

법의 역할은 양면적이다. 법은 사회적 욕구를 발전시키는 데에 반응하기도 하지만, 반대로 개인이 추구하는 것을 부정하는 결과를 낼 수도 있기 때문이다. 우리는 보편적으로 인정할 수 있는 법의 사용을 명백히 표현하고자 노력하면서 끊임없이 변화하는 사회환경적 현실을 반영하여야 한다. 법은 변화하는 사회환경의 관점에서 이해되어야 한다. 이 점은 법의 사회적 기능에 관한 문제와 전망에 중요한 논거가 된다.

법은 표면적으로는 적절한 목적을 달성하기 위해서 사용된다고 하지만, 어떤 결과들은 법이 의심스러운 목적에 기여한다는 생각을 갖게 한다. 또한 비판적 법률연구의 관점에서처럼 '법은 합리적인 것보다는 합리화의 실행과정이고, 법적 원칙은 거의 모든 경우에 결과들을 정당화시키기 위해서 조작될 수 있다.'고 볼 때 법의 한계를 예상할 수 있다.

그러므로 사회적 목적을 달성하기 위해서 법을 제정할 경우, 이 한계를 극복할 수 있는 조건들을 결정할 필요가 있다. 법의 사회적 기능에 대한 견해들이 다양하고 시대에 따라 변하기 때문에 실제는 매우 어렵다고 생각되지만, 그 중요성을 간과할 수 없으므로 보편적으로 인정될 수 있는 조건들은 찾아야 한다. 이러한 관점에서 볼 때 법은 지속적으로 변하는 사회적 환경을 반영하여야 하고, 해결하려는 문제들에 대한 부정적인 선입견을 타파하여야 한다. 또한 특정 문제의 주요 사실들을 과학적으로 조사해야 하고, 제시된 법 또는 제시된 결정의 효과가 지닌 한계에 관해서 여러 관점에서 검토해 보아야 한다.

제2장

법과 권리

1 인권과 기본권

1) 개 념

인권 또는 인간의 권리란 '일반적으로 인간이 인간이기 때문에 당연히 갖는다고 생각되는 권리'를 말한다. 이것은 '본래 의미의 인권'을 말하는데, 버지니아권리장전이나 프랑스인권선언에 표현되었다. 이런 인권의 관념은 주로 계몽주의적 자연법론자들에 의하여 천부적 인권론이 주장된 18세기에 형성되었다. 특히 John Locke의 정치사상(천부인권론 또는 자연권론)이 이론적 근거를 제공하였다고 할 수 있다. 그는 『시민정부 이론(二論)(*Two Treatises of Government*)』에서 국가 성립 이전의 자연상태에 있어서 인간은 자연법의 지배를 받았고, "인간은 누구나 생명, 자유 및 재산에 관한 고유의 자연권을 가졌다."고 하면서, 이 자연권 보장을 위해 인민 간에 체결된 계약이 사회계약이라고 하였다.

버지니아권리장전이나 프랑스인권선언에서 '인권'이라고 지칭한 것을 독일에서는 '기본권'이라고 표현하고 있다(권영성, 1981). 이 두 개념을 동일한 것으로 이해해도 무방하지만, 굳이 구별한다면 인권은 인권사상을 바탕으로 인간이 인간이기 때문에 당연히 갖는다고 생각되는 천부적인 권리 또는 자연권을 말하지만,

기본권은 국가의 헌법이 보장하는 국민의 기본적인 모든 권리를 의미하며 실정법적이다. 보통 각국이 보장하는 기본권으로는 자유권적 기본권을 중심으로 참정권적 기본권, 청구권적 기본권, 사회권적 기본권이 있다. 이러한 권리들은 인권사상을 근거로 한 인간의 권리와 밀접한 관련을 가지고 있다고 말할 수 있다. 즉, 기본권은 생래적인 인권뿐만 아니라 국법(헌법)에 의하여 비로소 형성되었거나 구체화된 것들이다.

2) 기본적 인권의 특질

기본적 인권이란 관념은 개개인으로서의 인간에게 최고의 가치를 인정하는 가치관을 그 전제로 하고, 그 권리가 국가에 의한 부여가 아니라 인간의 존엄과 가치에서 당연히 유래하는 것으로 전(前)국가적, 초(超)국가적 권리로 생각된다. 그러므로 국가가 법으로 기본적 인권의 본질을 침해하지 못한다는 의미를 갖는다. 이런 의미에서 기본적 인권의 일반적인 특질을 살펴보면 다음과 같다(권영성, 1981).

첫째, 기본적 인권은 인종, 성별, 사회적 신분 등에 구애되지 아니하고 모든 인간이 보편적으로 누릴 수 있는 권리다(보편성). 둘째, 기본적 인권은 인간이 인간으로서 생존하기 위하여 당연히 누려야 할 인간의 고유한 권리로 국가나 헌법에 의하여 창설된 권리가 아니다(고유성). 그러므로 인권은 천부적이며 국가 초월적이다. 셋째, 기본적 인권은 영구히 박탈되지 아니하는 권리며, 현재의 국민은 물론 장래의 국민에게도 인정되는 항구적인 권리다(항구성). 이러한 기본적 인권은 국가의 최고법인 헌법의 개정에 의해서도 폐지될 수 없다. 넷째, 기본적 인권은 개인이 가지는 불가침의 권리이므로 모든 국가권력은 이를 최대한으로 존중하고 보장할 의무를 가진다(불가침성). 그러므로 기본적 인권의 본질적 내용은 국가의 행정권, 사법권 또는 입법권에 의해서 침해될 수 없다.

2 기본권의 성격

1) 주관적 공권과 방침적 규정

개인이 국가를 상대로 자신의 자유와 권리를 실현하기 위하여 헌법에 규정된 기본권을 근거로 국가에게 직접적으로 작위(作爲) 또는 부작위(不作爲)를 요구할 수 있을 것인가, 아니면 헌법의 기본권 규정은 하위의 구체적 입법이 있을 때에만 현실적인 권리가 될 수 있는 국가의 방침(프로그램)일 뿐인가? 이는 국민의 기본권실현(보호)의 조건을 결정짓는 물음이다. 전자는 기본권의 주관적 공권성을 인정하는 주장이지만, 후자는 헌법의 기본권 규정은 단지 국가의 입법의 방침일 뿐이라는 주장이다.

헌법의 기본권 규정의 이분설에 의하면, 헌법상의 기본권 규정은 주관적 공권의 성격을 가진 기본권과 방침적 성격을 가진 기본권이 함께 규정되어 있다. 후자의 기본권에 사회적 기본권이 해당된다고 보는 견해(권영성, 1981)에 따르면, 사회적 기본권 이외의 기본권은 헌법상의 규정 여부와 관계없이 직접 실현될 수 있는 권리이고 국가의 권력은 그에 구속된다. 그러나 사회적 연대성과 국가의 책임이 중요시되는 현대사회에서 주관적 공권성의 인정은 사회적 기본권실현의 핵심이다.

2) 자연법상의 권리와 실정법상의 권리

이 논의는 기본권이 주관적 공권이라고 하여도 그것이 자연법상의 권리냐 혹은 실정법상의 권리냐에 관한 것으로서, 권리성 인정의 근원에 관한 논의다. 그러므로 기본권을 자연법적인 것이라고 이해하면 기본권은 인간이 인간이기 때문에 당연히 갖는 권리며, 헌법은 이를 단순히 확인해 주는 것에 불과하다(자연권설). 그러나 실정법상의 권리로 이해하면 기본권도 헌법에 규정되어야 비로소 권리로서 인정된다(실정권설).

실정권설은 국가의 권력이 국민에게서 나오지 않았던 과거의 절대군주제하에서는 자연권적 성격을 강조함으로써 국민의 권리를 보호할 수밖에 없었지만, 현대의 국민주권국가에서는 기본권이 자연권적 성격이 있다 하더라도 실정헌법에 규정되어서 보호되므로 실정법적 권리로 이해하여야 한다고 주장한다.

우리 헌법은 제10조에서 "모든 국민은 인간으로서의 존엄과 가치를 가지며, 행복을 추구할 권리를 가진다. 국가는 개인이 가지는 불가침의 기본권을 확인하고 이를 보장할 의무를 진다."라고 하여 자연법상의 권리라고 할 수 있는 인간의 존엄 및 가치와 기본적인 인권의 불가침성을 객관적으로 확인시켜 주며, 기본적 인권보장의 의무를 국가에게 지우고 있다. 뿐만 아니라 제37조 제1항에서는 "국민의 자유와 권리는 헌법에 열거되지 아니한 이유로 경시되지 않는다."라고 하여 실정헌법에 규정된 권리 이외의 자유와 권리의 존재까지도 인정하고 있고, 동조 제2항 후단에서는 "자유와 권리의 본질적인 내용을 침해할 수 없다."고 명문화하고 있다. 이러한 규정들은 인권의 자연법성을 강조한 것이다(권영성, 1981). 그러므로 헌법 제34조의 '인간다운 생활을 할 권리' 조항에서 여성, 노인, 청소년, 신체장애자, 생활무능력자, 재해피해자에 대한 보호지원을 명문상 규정하였으나, 여기에 열거되지 아니한 특성의 국민들도 인간다운 생활을 보장받을 권리가 자연법적으로 존재한다.

3) 기본권(규정)의 이중적 성격

헌법상의 기본권은 주관적으로는 개인을 위한 주관적 공권의 보장을 의미하지만, 객관적으로는 국가의 기본적 법질서의 내용을 이루는 법질서의 구성요소로서 성격을 가지고 있다. 독일어 'Recht'가 주관적으로는 권리를 의미하지만 객관적으로는 법을 의미하는 것처럼, 기본권의 보장도 이중적 성격 내지 양면성을 가지고 있다. 예컨대, '법 앞의 평등'의 헌법적 보장은 개개인이 국가권력에 대하여 평등한 대우를 요구할 수 있는 '개인을 위한 주관적 권리'로서의 평등권을 보장한 것이면서, 동시에 국가권력에 의한 '자의적인 불평등취급의 금지와 같은 법치국가적 이념 또는 민주사회의 균일한 원칙'을 의미하는 일반적인 평등의 원칙을 객관적으로 확인한 것이다.

우리 헌법 제34조 제1항의 사회권적 기본권 규정도 국민이 국가권력에 대해서 인간다운 생활을 보장해 달라고 하는 개인을 위한 주관적 공권의 보장이라는 성격 이외에, 국민의 인간다운 생활의 보장이 국가의 기본적인 법질서의 내용을 이루는 법질서의 구성요소로서의 성격을 가지므로 국가는 이 권리를 보장해야 한다는 권리의 이중성을 나타내고 있다.

4) 제도적 보장

제도적 보장 또는 제도의 보장이라 함은 주관적 공권이 아닌 일정한 법적, 사회적, 정치적, 경제적, 문화적 제도와 같은 일정한 제도를 헌법이 특히 보장하는 것을 말한다. 이렇게 헌법에 의하여 일정한 제도가 보장되면 입법부는 그러한 제도를 설정하고 유지할 의무를 지게 되고, 또 그 제도를 헌법 규정에 반하여 법률로서 폐지할 수 없다. 이 제도적 보장의 대상이 되는 것은 역사적 · 전통적으로 형성된, 현존하는 제도이어야 한다.

C. Schmitts는 "'자유'는 '제도'가 아니다."라고 하면서, 설령 기본권으로 규정된 사항일지라도 헌법상의 보장이 있는 '공법상의 제도 자체' 또는 '전형적이고 전통적인 사법상의 제도'는 기본권과 구별하고 이를 제도적 보장[1]이라고 불렀다(허영, 2001). 이것은 제도보장규정을 인간의 천부적이고 선국가적인 '자유권'과 동일시하면 '자유권'의 본질과 기능이 침해되고 약화될 위험성이 있다는 우려에서 주장되었다.

제도적 보장 중에는 기본권보장과 직접적인 관계없이 제도 자체만이 독자적으로 보장되는 경우(직업공무원제도, 지방자치제도 등)와 제도적 보장이 어떤 형태로든 특정의 기본권보장과 일정한 관련을 갖는 경우(사회보장제도)가 있다. 자유권이 국가로부터 간섭을 받지 않을 권리이고, 진정한 자유란 자신의 생활질서를 자신의 책임 아래 결정할 수 있는 상태를 말한다는 점에서 사회보장제도는 자유성취의 통로로서의 의미가 있다.

결론적으로 사회보장의 권리는 국가의 삼권(입법권, 행정권, 사법권)을 구속한다

---

1. 바이마르공화국의 헌법 규정에서 지방자치제도, 직업공무원제도, 대학의 자치, 법관의 독립, 공법인으로서의 종교단체, 신학대학제도는 공제도보장으로, 사유재산제도, 결혼제도, 상속제도는 사제도보장으로 분류되었다.

는 점에서 제도적 보장과 동일하지만, 인간다운 생활의 보장이 인간의 생존이라는 '본질적인 권리'를 나타낸다는 점에서 제도적 보장과는 다르다고 보아야 한다.

3 기본권의 충돌

기본권의 충돌이란 복수의 기본권 주체가 상충하는 이해관계의 다툼에서 국가에 대해 각기 대립되는 기본권의 적용을 주장하는 경우를 말한다. 이 문제는 사인(私人) 간에 기본권의 침해를 인정하는 바탕 위에서 기본권의 상대방[私人]에 대한 효력을 인정할 때 가능하다.

기본권의 충돌에 대한 해결방법은 '이익형량에 의한 방법'과 '규범조화적 해석에 의한 방법'의 두 학설로 구분된다. 전자는 해당 기본권이 실현하려는 이익을 형량하여 보다 중요하고 보다 우월한 이익을 우선적으로 보장하고 덜 중요한 이익은 유보시켜야 한다는 견해다. 이에 반하여 후자는 헌법의 통일성을 유지하기 위하여 상충하는 기본권 모두가 최대한으로 그 기능과 효력을 나타낼 수 있는 조화의 방법을 모색하자는 견해다.

이익형량설은 기본권 충돌의 상황을 세 유형으로 분류하여 해결원칙을 제시하는데, 즉 상하의 기본권 간에 충돌이 있는 경우 인간의 존엄성이나 생명권이 다른 모든 기본권보다 상위에 있다고 보는 '상위기본권우선의 원칙', 동위기본권 간의 상충에서는 인격적 가치의 기본권이 재산적 가치의 기본권보다 우선한다고 보는 '인격적 가치우선의 원칙', 자유와 평등의 기본권 중에서는 자유가 우선한다는 '자유우선의 원칙'을 적용한다. 그러나 기본권 간에 서열을 인정할 수 있겠는가라는 의문이 있을 뿐만 아니라, 특정한 기본권을 보장하기 위하여 다른 기본권을 완전히 희생시키는 것은 헌법의 과잉금지의 원칙(헌법 제37조 제2항)이나 본질적 내용 침해 금지의 원칙을 위반할 소지가 있으므로 이 학설의 적용에 한계가 있다. 더군다나 이익형량만으로 해결이 어려운 기본권 충돌의 사례의 경우에는 적용하기 어렵다는 비판이 있다.

규범조화적 해석설은 첫째, 상충하는 기본권 모두에게 일정한 제약을 가하여 해결하되, 그 제약은 필요한 최소한에 그치도록 하는 '과잉금지방법', 둘째, 두 기본권을 조화시킬 방법을 찾기가 곤란한 경우 일종의 대안을 찾는 '대안식 해결방법', 셋째, 가능하고 필요한 수단이더라도 최후의 수단을 동원하는 것을 피하려는 '최후수단의 억제방법'의 적용을 주장한다.

4 법치주의와 법률유보

법치주의란 국가가 법에 의해서 통치되어야 한다는 것을 말한다. 법치주의에 의해 통치되는 국가를 법치국가라고 부른다. 여기서 법은 원칙적으로 의회에서 또는 의회 참여에 의하여 제정된 법(법률)이어야 한다. 법치주의에 의하면 국가는 법에 의하지 않으면 국민에 대하여 명령, 금지를 할 수 없고, 사법(司法)도 독립된 법원에 의하여 의회 제정법에 근거하여 행해져야 한다. 법치주의는 시민의 권리를 원칙적으로 보장하기 위하여 국가의 권력을 제한하는 차원에서 발생하였으므로, 권력분립주의도 법치주의의 기초가 된다. 법치주의는 구체적으로 국민의 자유권을 보호하기 위한 자유주의적 원리다. 사회보장에 있어서 법치주의는 자유권실현의 통로인 사회보장의 실시도 법에 의해 이루어져 국민의 생존권을 보장해야 한다는 의미가 있다.

법률유보(法律留保)란 법률에 근거하지 않으면 국민의 기본권을 제한하는 국가의 행정권은 발동될 수 없다는 것을 말한다. Otto Mayer는 행정의 작용은 행정권의 고유한 권력에서 나오므로 일일이 법률의 근거를 필요로 하지 않지만, 일정한 사항(예: 기본권의 제한)에 관해서는 행정권의 자유가 배제되어야 한다고 보았다. 그런데 그 범위에 대해서는 견해가 일정치 않다. 왜냐하면 원래 법률유보가 개인의 권리와 자유를 행정권의 자의(恣意)적 침해로부터 보장한다는 뜻을 가지지만, 반대로 법률에 근거가 있을 때는 한 개인의 권리와 자유를 법률이 정한 만큼 침해할 수 있다고 해석될 수도 있기 때문이다. 우리의 헌법에서는 기본적 인권의 제한에 관하여 원칙적으로 법률유보형식을 취하여, "국가의 안전보장과 사회질서 및 공공복리를 위하여 필요한 경우에 기본권을 제한한다."라고 규정하고 있다

(제37조 제2항). 또한 지방자치법 제15조 단서에서는 주민의 권리제한 또는 의무부과에 관한 사항이나 벌칙을 정할 때는 법률의 위임이 있어야 한다고 규정하고 있다. 그만큼 국민의 기본권을 철저히 보장하고 있다고 볼 수 있다. 사회권적 기본권에서는 기본권 대상자에게 어떤 행위에 대한 '금지'보다는 '제공'이 주된 내용이므로, 일반적인 권리침해에 대한 제한요건으로서 작용하는 법률유보가 적용될 여지가 적다.

제도적 의미에서 법치주의는 근대 입헌주의국가에 이르러 자유주의적 정치원리로서 권력분립원리를 바탕으로 법, 특히 국민의 대표기관인 의회가 제정하는 법률에 의해서 행정권의 활동이 기속(羈束)되는 동시에 법률의 적용을 보장하는 재판제도를 가짐으로써 인권보장의 목적을 달성하려는 제도다. 사회복지행정에서의 법치주의는 사회복지주체가 사회복지의 목적을 달성하기 위하여 사회복지대상을 상대로 사회복지행정권을 행사할 때, 법의 기속을 받고 법을 준수해야 하며, 만일 법을 위반하여 국민에게 피해를 주는 경우에는 재판 등을 통한 권리구제제도가 마련되어야 함을 의미한다(김근조, 2000). 그런데 사회복지의 권리는 법에 근거한 범위 내에서만 집행되는 소극적 입장보다는 법의 규정을 근거로 적극적인 해석을 통해 복지를 집행하는 관점이 필요하다.

제3장

법의 이념과 목적

1 법의 이념

이념이란 순수한 사유나 이성적 탐구에 의해서 판단되는 관념적인 존재로서, 영원불변하는 형이상학적 본체를 가리킨다. 이념은 현실화되어 있기보다는 오히려 지금 충족이 요청되고 있는 가치기준이자 과제다.

법의 이념은 전체적으로 법의 존재 이유를 설명해 주고, 수많은 법규들이 체계적인 통일을 이룰 수 있도록 해 주는 이성적 원리 또는 규범적 원리다. 이것은 법이 존재하는 타당한 근거이므로 법의 정당성을 판단하는 기준이 된다. 따라서 법의 이념은 법을 준수해야 하는 근거가 된다.

법의 이념은 '정의' '합목적성' 및 '법적 안정성'으로 구성된다(Radbruch, 1981). 이 세 가지 법이념은 그 성격이나 내용이 다르며 심지어 상충되기도 한다. 예를 들면, 정의와 법적 안정성은 상호 대립과 긴장 관계에 놓이는 경우가 많으며, 상대주의가 고려되는 합목적성은 정의개념을 상대적인 것으로 이해하지 않으면 무의미해질 수 있다.

1) 정 의

예로부터 법은 정의(正義)실현의 수단으로 인식될 정도로 법과 정의는 불가분의 관계에 있는 것으로 생각되어 왔다. 극단적인 법실증주의[1]자들을 제외한 모든 학자들은 예외 없이 정의를 법의 목적 내지 이념으로서 인정한다. 정의는 인간과 인간 그리고 인간과 사회와의 관계에 있어서 이상적인 상태로서 모든 인간들이 추구해야 할 법적 · 사회적 가치라고 할 수 있으며, 사람들은 현실적으로 국가조직 및 실정법을 통하여 이러한 목표를 실현하고자 한다.

정의는 이성을 갖는 개인 또는 집단이 추구할 수 있는 가치다. 즉, 이성적인 규칙 및 행동을 신뢰하고 존중할 때 비로소 성립될 수 있는 가치관이다. 그러므로 정의를 인식하고 이를 실천에 옮길 수 있고, 또 그렇게 해야만 하는 존재는 이성적인 존재로서의 인간뿐이다.

정의가 법의 이념이라고 합의할 때, 그 정의의 내용을 결정해야 한다. 자연법론자들처럼 객관주의 또는 절대주의적인 관점에서 정의의 실재성을 확신하고 그 내용을 규정할 수 있으며, 혹은 주관주의 또는 상대주의적 입장에서 정의를 상대적 개념으로 규정할 수 있다. 이런 상반된 반응은 인간의 능력이 유한하고 절대적 개념에 대한 인간의 회의주의적인 태도에 비추어 이해가 가능한 일이다.

정의에 대한 명확한 개념규정이 어렵다고 해서 정의가 존재하지 않는다고 말할 수는 없다. 정의의 원칙은 명문화와 관계없이 그 자체로서 존재하고 있는 자연법의 내용을 이루고 있으며, 이성적인 인간에 의해서 발견되고 준수되어야 하는 원리다. Radbruch는 법철학적인 상대주의에 입각하여, "정의는 절대적인 내용을 인식하거나 규정할 수 없는 형식적인 개념이기 때문에 그 실체적 내용을 결정하는 과정이 필요하다."라고 하면서 다음과 같은 합목적성 이념을 제시하였다.

---

1. 법실증주의는 실증적 방법에 의해서 법을 연구하려는 견해를 말한다. 실증적 방법에서는 경험에 의해서 실증할 수 없는 사항은 연구대상에서 제외되며, 오직 경험에 의해서 실증할 수 있는 것만을 연구대상으로 한다. 이런 입장에 선 법연구의 학문체계를 실증법학이라고 한다.

2) 합목적성

합목적성(合目的性)이란 일정한 목적을 지향하는 활동에 있어서 그 목적을 달성하는 데에 적합하거나 유용한 사물 또는 활동에 대하여 가치를 부여하는 것을 의미한다. 만일 자연법론자들이 주장하는 것처럼 법에 관하여 하나의 절대적 이념이 설정될 수 있다고 본다면, 모든 법의 내용은 이러한 이념에 부합하도록 정립되어야만 합목적성을 획득하게 될 것이다. 이와 달리 가치상대주의적 입장에서는 법질서의 근본목적이 상대적으로 결정될 것이다.

국가질서를 지배하는 기본적 목적이면서 법이 실현해야 하는 가치기준으로서의 세계관에 의해서 다음 세 가지 목적을 상정할 수 있다(Radbruch, 1981). 첫째는 자유이념이다. 자유이념은 개인의 자유를 최고의 가치로 삼는 것을 말한다. 이 경우 법은 개인이 최대한 자기계발을 할 수 있도록 해야 하며, 개인이 행복을 최대한 확보할 수 있도록 제정되어야 함을 의미한다. 둘째는 국가의 존립과 번영의 이념이다. 국가를 가장 중시하는 초개인주의적 지도원리는 국가와 민족의 힘과 위력을 증대하는 것이 그 목적이다. 그러므로 개인은 국가를 위해 존재하고, 개인은 국가의 번영보다 하위에 위치하고, 개인의 행복은 국가적 번영보다 하위에 존재한다. 셋째는 문화이념이다. 공동사회의 주된 목적을 예술과 학문의 융성과 문화적 업적의 창조에 두는 이념이다. 이 문화이념에 의하면 인격가치 및 단체가치는 작품가치에 봉사하고, 국가 및 법은 문화에 봉사하는 것으로 규정된다.

Radbruch는 이와 같은 가치기준을 제시하면서도 특정 가치의 절대적 타당성은 인정할 수 없지만, 가능한 한 법가치체계의 총합적인 고찰은 가능하고 또 필요하다고 보았다. 결과적으로 국가가 기본적으로 어떤 도적을 추구하는 정책을 추구한다 하더라도 실제로는 그것을 여타의 다양한 목적들과 함께 정책 및 법에 반영하게 된다. 경우에 따라서는 상반되는 여러 목적들 가운데 선택적으로 고려해야 하는 경우가 있을 것인데, 이렇게 선택적으로 비중을 달리하여 반영하는 경우에는 그 정당성을 합리적으로 제시할 수 있어야 한다. 이처럼 현실적으로 가치상대주의에 입각할 때, 법의 목적 또는 정의의 문제는 많은 경우에 상충되는 목적들을 적절히 조화시킬 수 있는 현명한 타협의 문제로 귀결될 수 있다고 할 수도 있다.

따라서 합목적성의 이념은 국가 또는 법의 궁극적인 목적이 무엇인가를 확인시켜 주거나 확정시켜 주는 실체적인 이념이 아니라, 단지 국가 또는 법의 목적이 어떤 방식으로든지 결정되고 나면 모든 법의 내용이나 국가의 정책은 이러한 목적을 달성하기 위하여 규정되거나 수행되어야 한다는 것을 요구하는 수단적 의미를 갖게 된다. 따라서 이념에 부합되는 것으로 판단할 수 있는 가능성이 인정되는 경우에는 단지 모든 법이 정의롭게 제정되어야 한다는 너무나도 당연한 의미를 갖는 것으로, 어쩌면 하나의 독립된 법이념으로 규정하는 것이 불필요한 것이 될 수도 있다.

3) 법적 안정성

법적 안정성(安定性)의 이념은 법의 준수와 관련되어 있다. 일단 여러 가지 합목적적 원리들 가운데 법의 목적으로 설정된 것을 실현하기 위하여 법이 제정된다고 했을 때, 그 법은 그 내용의 만족 여부를 떠나서 모든 사람들에 의해서 준수되지 않으면 안 된다는 것을 의미한다. 법실증주의자들은 법은 지켜짐으로써 사회적 질서의 기초적 기능을 수행한다고 보며, 법을 통해서 달성할 수 있는 최대의 이상 또는 제1차적 과제는 법적 평화인 사회적 질서의 확립에 있다고 보았다. 이와 같이 법을 통한 사회적 질서 또는 평화의 달성을 법적 안정성이라고 한다. 이것은 '국민으로부터의 안정성'을 의미한다. 이 법적 안정성의 실현을 위해서는 준수해야 할 법규, 분쟁중재의 재판관, 강제력 실현을 위해 조직된 권력이 필요하다.

법적 안정성의 이념은 권력남용과 국가의 자의를 방지하기 위한 법치국가의 원리로서도 필요하다. 법적 안정성이라는 법치국가적 원리는 일반적으로 국가의 행위에 대해서 예측 가능하고, 명확한 기준(행위기준)을 정립할 필요성을 요구하고 있다. 법치국가원리에 의한 법적 안정성은 '국가로부터의 안정성'을 의미한다.

법적 안정성은 법의 실정화를 통해서 달성될 수 있다. 법의 실정화를 통해서 현행 법질서가 동요됨 없이 어느 행위가 옳고, 어떤 권리가 보호되며, 어떤 책임이 누구에게 귀속되는가를 일반 사람들이 확실히 알 수 있게 되므로, 사회는 사람들이 안심하고 법의 권위를 믿고 생활할 수 있는 상태를 이루게 된다. 이러한 법적 안정성을 실현하기 위해서는 법규범이 내용적으로 확정되어야 하고, 법에 의한 보장이 확정되어야 한다. 또한 법이 바른 법으로 정립되어서 그 내용이 국민의 법의식과 부합될 때 법적 안정성이 보다 용이하게 실현된다. 나아가 보다 완전한 법적 안정성이 확보되기 위해서는 행위자인 국민들이 법을 준수하고자 하는 도덕적 의무감 또는 준법의식을 갖추어야 한다.

2 법의 목적

법의 본질을 보다 명확히 이해하기 위해서는 법이 실현하려는 목적을 알아볼 필요가 있다. 법은 현실의 사회생활관계를 규율하는 것이지만, 그 사회생활관계는 인간의 목적활동에 의하여 추진되고 발전해 간다. 따라서 그것을 규율하는 법에도 당연히 목적이 있는 것이다.

법의 목적은 다음 두 가지 의미로 설명될 수 있다.

첫째, 법의 목적은 법의 형식적 실현이라는 의미에서 각각의 법이 규정에 의해서 달성하려고 하는 실현적 목적을 의미한다. 이런 차원에서 보통 법의 서두에 명시된 제정동기(입법목적)가 이에 해당된다. 예를 들면, 사회보장기본법 제1조에서는 "국민의 권리성, 국가와 지방자치단체의 책임, 사회보장제도의 기본사항을 규정하여 국민의 복지를 증진시키려는 목적을 갖는다."라고 규정하고 있다. 그러나 이처럼 목적이 무엇이라고 명시하지 않은 법도 있다. 그러므로 법의 목적을 확인하기 위해서는 각각의 법을 검토해야 한다. 둘째, 법의 목적은 이와 같은 개별적인 법의 차원이 아닌 법의 일반적인 목적이 있다. 지금부터 이런 법의 일반적인 목적을 살펴보자.

법의 목적에 대해서는 여러 학자들이 다양하게 언급해 왔다. Platon은 "법의 목적은 정의를 원칙으로 하는 도덕생활의 실현이다."라고 말하였으며, I. Kant에게 있어서 법의 목적은 도덕적인 개인인격의 확보를 위하여 봉사하는 것이었다. 그런데 이와 달리 현실적인 효용을 언급한 학자들도 있는데, J. J. Rouseau는 "개인의 자유, 평등을 확보하고 발달시키는 것이 법의 목적이다."라고 하였으며, J. G.

Fichte는 "법은 민족의 유지 · 발전을 목적으로 한다."라고 하였다. 사회복지학적 의미를 지닌 정의도 있는데, J. Bentham은 법은 최대다수의 최대행복을 목적으로 하는 것으로 이해했으며, R. v. Jhering은 법은 "사회이익을 확보하는 것을 목적으로 한다."라고 하였다. 법일반의 공통된 목적은 정의, 합목적성, 법적 안정성인데, 이것은 곧 정의의 실현, 공공복리의 고려, 법적 안정성의 유지를 의미한다.

1) 정의에 의한 법적 정당성 확보

법은 인간의 사회생활에 필요하다는 의식에 따라 인간에 의해서 만들어진 하나의 현상이다. 독일어 'Recht는 '법'이라는 뜻과 '정의(正義)'라는 뜻을 동시에 갖고 있다. 영어 'justice'에도 '재판'과 '정의'란 뜻이 함께 포함되어 있어서 어의적(語義的)으로 법의 목적이 정의의 실현에 있다는 점에 이론(異論)이 없다. 따라서 법이 정의를 반영하지 못하면 그 법은 법적 정당성이 없는 것이다.

Aristoteles는 다음과 같이 정의를 분류하고 있다.

첫째, 평균적 정의다. 이것은 급부와 반대급부, 손해와 배상, 범죄와 형벌 등에서처럼 등가가치(等價價値)의 균형을 유지하는 것을 말한다. 이것은 개인들 간에 급부와 반대급부의 균형을 이루게 하는 것이므로 개인 상호 간 차원의 정의다. 둘째, 배분적 정의다. 사회가 각 개인에 대하여 그 능력과 공헌에 대응하여 명예, 재화, 기타 이익을 공정하게 배분하여야 한다는 것이다. 그러므로 여기에는 각각의 가치 또는 공적에 따른 개인차에 의한 대우가 있고, 그 개인차는 국가사회에 공헌하는 비율에 따라 결정하게 된다. 즉, 단체(국가)의 개인(국민)에 대한 관계에 있어서의 정의다. 예컨대, 부자에게는 세율을 높게 하고, 능력 있는 자에게는 봉급을 더 많이 주는 것이다. 셋째, 일반적 정의(또는 법률적 정의), 즉 단체(국가)의 개인(국민)에 대한 관계에 있어서의 정의다. 사회의 일원인 개인으로 하여금 사회를 위하여 필요한 힘을 쓰게 하는 것으로, 국가의 위기해결을 위한 순국이 이런 정의에 해당한다.

이처럼 정의는 여러 차원으로 정의될 수 있으나, 그 개념 속에는 개인 상호 간의 관계(자유의지 및 자유계약에 의한 형식적 평등의 실현) 또는 단체의 개인에 대한 관계(실질적 평등에 대한 책임)에서처럼 '평등'이라는 개념과 분리될 수 없다.

그리고 정의는 추상적인 이념형식이므로 그 실질적인 내용이 영구불변의 보편적, 절대적인 정의는 있을 수 없고, 어디까지나 역사적, 민족적, 계급적, 또는 사회적 제한을 받아 여러 가지로 달라진다. 이것은 도덕적 이념으로서의 선(善)도 마찬가지다. 이처럼 명확하게 확정할 수 없다고 하여 선이나 정의의 개념을 부정하고 버릴 수는 없다. 인간이 공동생활을 하는 한, 모두가 바라고 추구하고 실현시키려고 노력하는 목표가 있을 것이다. 이것은 보편화되고 추상화되어 궁극적인 목적인 정의의 이념에 합당하여야 한다.

결론적으로, 법의 목적으로서의 법적 정당성은 그 법이 정의의 관점에서 규정되고 실현될 때 달성된다.

2) 합목적성으로서의 공공복리의 고려

법의 목적으로서의 합목적성은 공공복리라고 할 수 있다. 공공복리란 공공의 이익사회, 일반적 이익, 행복 등으로 표현되는 불확정의 개념이다.

공공복리는 개인의 기본적 인권에 대한 규제의 근거로서 작용하고 있기 때문에 그 개념의 정립이 실정법의 해석상 주요한 문제로 제기된다. 공공의 이익과 기본권 보장의 상호관계에서 공공복리의 개념을 어떻게 구성하느냐에 따라 인권의 실재가 보장되지 못하고 위기에 처할 위험도 있다. 공익(公益)을 지나치게 강조하여 사익(私益)이 억압당한다거나, 사익을 강조하여 공익의 실현이 장벽에 부딪히는 사태는 바람직하지 않을 것이다.

따라서 공공복리는 개인의 이익을 부정하는 것이 아니라, 사회공동생활에서 각 구성원의 이익의 조화 위에서 실현되어야 한다. 결과적으로 사회구성원 모두가 이익을 누리는 내재적 권리여야 한다. 이렇게 볼 때, 공공복리 실현의 한계는 개인의 인권을 최대한으로 보장하는 기점에서 설정되어야 한다. 이와 같이 법은 개인의 기본적 인권을 최대한 보장하면서 공공의 이익을 실현하는, 공익과 사익이 조화되는 것을 이상으로 한다.

법의 목적으로서 합목적성은 법제정 과정상 그 목적이 그 사회구성원의 이익의 조화를 위해서 그들의 합의에 의하는가, 법의 내용상 추구하는 법의 목적이 구성원의 이익에 조화될 수 있도록 그 실현 수단과 부응하는가에 따라 결정될 것이다. 이처럼 합목적성의 기본적인 관점이 '공공복리'이므로 어떤 법의 합목적성의 판단은 '공공복리'와의 관계에 따라 달라질 것이다. 공공복리는 사회공동생활에서 모든 구성원의 이익이 조화될 때 가능하다.

3) 법적 안정성으로서 사회질서 유지

법적 안정성이란 법에 의하여 안심하고 사회생활을 할 수 있는 것을 말한다. 법은 이처럼 사회질서를 유지하기 위하여 필요한 것이다.

법적 안정성이 유지되기 위해서는 다음 사항이 요청된다.

첫째, 법은 명확해야 한다. 불명확한 법에 의하여 처벌되거나 단속을 받게 되면 국민은 항상 불안하다. 둘째, 법은 규정된 대로 실제로 행해져야 한다. 아동복지법 제29조의 '아동위해행위금지 규정'을 위반한 사람은 징역 또는 벌금에 처해져야 한다(동법 제40조). 그래야 다른 사람들이 법대로 행해짐을 보고 안심하고 생활하며, 자신도 그 행위를 저지르지 않을 것이다. 셋째, 법은 함부로 변경되어서는 안 된다. 조령모개식의 법개정은 법의 안정성을 보장하지 못하여 사람들이 법의 실체에 혼동을 일으키고 안심하고 생활할 수 없다. 또 법을 따르려는 자들도 언제 법이 바뀔지 모른다는 불안감을 가질 것이다. 넷째, 법은 국민에게 합당하여야 한다. 법이 너무 엄하다거나 국민의 정의감에 반한다면 법적 안정성은 없어지게 된다. 국민이 그 정의감에 의하여 법을 위반한다고 하면, 사회의 질서는 문란해지고, 법 앞에서 안심하고 생활할 수 없다.

이상의 세 가지 법의 이념 또는 목적은 시대에 따라 각각 달리 적용된다. 즉, 자연법시대에는 목적적 의미로서 정의의 이념이 강조되었고, 경찰국가시대에는 수단적 의미로서 합목적성의 이념이 강조되었다. 법실현의 사회현상을 중요시하는 법실증주의시대에는 법적 안정성이 강조된다. 또한 법체계의 경우에도 형법에서는 정의의 이념, 행정법에서는 합목적성, 민법과 소송법에서는 법적 안정성이 강조된다.

법적 안정성이 법의 기능에 관한 이념이라면, 정의와 합목적성은 법의 내용에 관한 이념이다. 한편 정의는 윤리와 결부되지만 합목적성은 공리와 결부되는 이념이며, 정의와 합목적성은 상반되는 경우도 있다. 이것은 정의는 평등을 중시하지만 합목적성은 가능한 한 개별화를 바탕으로 차이를 인정할 때 가능한 것이기 때문이다. 정의와 법적 안정성도 상반될 수 있는데, 법적 안정성은 실정법을 원하는 반면 실정법은 정의 및 합목적성을 고려하지 않고 효력을 가질 것을 원할 수도 있기 때문이다. 즉, 위법한 사실이 법을 폐지하고, 권리가 위법한 사실을 바탕으로 발생하거나 소멸하는 경우다. 예를 들면, 소멸시효,[2] 취득시효,[3] 사법상의 점유의 보호[4] 등에서 알 수 있다. 이것들은 법적 안정성을 정의보다 우선시하는 사례라고 여겨진다.

정의, 합목적성, 법적 안정성이 법의 이념이나 목적이라는 점은 변하지 않을 것이다. 그러나 시대 또는 사회에 따라 그 내용이 상대적으로 변한다는 점을 잊지 말아야 한다.

2. 권리자가 권리를 행사할 수 있음에도 불구하고 그 권리를 행사하지 아니한 채로 일정한 기간이 경과하여 권리가 소멸하는 것을 말한다(민법 제162조~제184조 참조).

3. 일정한 기간 동안 어떤 사실상의 점유상태가 계속된 경우 권리취득의 효과를 부여하는 것을 말한다(민법 제248조 참조).

4. 점유자가 점유를 방해당하거나 방해될 염려가 있을 때 방해자에게 방해의 제거를 요구할 수 있도록 하여 점유를 보호하는 것을 말한다(민법 제205조 및 제206조 참조).

제4장

법령체계 및 입법절차

1 법령의 체계와 의미

우리나라는 성문법주의를 채택하고 있다. 불문법은 보충적 기능을 수행한다. 그리고 최고규범인 헌법에서 각종 법규형식을 규정하고 있을 뿐만 아니라 법률에서도 법규형식을 창설하고 있다.

'법규'란 '법률'과 '법규명령'을 지칭하는 개념이다. '법률'은 국회에서 제정된 규범으로서, 일반 국민의 권리 · 의무에 관계가 있는 법규범을 말한다. '법규명령'은 행정기관이 정립하는 일반적 · 추상적 규범으로서, 다른 행정기관을 포함한 행정주체와 국민에 대하여 직접적 효력(구속력)을 가지며, 재판규범이 되는 규범을 말한다.

법규에는 헌법에 명시된 유형과 개별법률에 근거한 유형이 있다. 먼저 헌법에 명시된 법규유형에는 법률,[1] 대통령령,[2] 총리령 · 부령,[3] 각종 규칙(국회, 대법원,

1. 입법권은 국회에 속한다(헌법 제40조).
2. 대통령은 법률에서 구체적으로 법률을 정하여 위임받은 사항과 법률을 집행하기 위하여 필요한 사항에 관하여 대통령령을 발할 수 있다(헌법 제75조).
3. 국무총리 또는 행정 각 부의 장은 소관사무에 관하여 법률이나 대통령령의 위임 또는 직권으로 총리령 또는 부령을 발할 수 있다(헌법 제95조).

헌법재판소, 중앙선거관리위원회의 규칙), 자치법규,[4] 조약 및 국제법규,[5] 대통령긴급명령 · 긴급재정경제명령[6]이 있다. 이들 중에서 특히 법률은 헌법 규정[7]을 보충하고 세분화하는 상황을 규정한다.

둘째, 개별법률에 근거한 법규유형에는 감사원, 금융감독위원회, 공정거래위원회 등에 의한 각종 규칙 또는 규정과 행정규칙이 있다. 특히 행정규칙은 행정기관이 정립하는 일반적 · 추상적 규정 중에서 행정조직 내부에서 행정사무처리의 기준이 되는 것을 말한다(각종 훈령, 예규, 고시 등). 행정규칙은 입법절차와 공포 여부 등에서 법령(특히 부령)과는 차이가 있다(대통령령과 대통령훈령, 총리령과 국무총리훈령).

이들 법규 간에는 상호 위계가 있어서 그 적용 순서와 효력에서 서로 영향을 받는다. 현행 법규는 그 위계에 따라 [그림 4-1]과 같이 5개 군으로 분류가 가능하다.

총리령 · 부령 중에는 법률의 직접적 위임에 따라 제정되는 것도 있고, 대통령령의 위임(재위임이 대부분임)에 따라 제정되는 것도 있다. 법률의 직접적 위임에 따라 제정되는 총리령 · 부령은 법률을 보충한다는 점에서 대통령령과 같은 수준의 효력이 있다고 볼 수 있고, 대통령령의 위임(재위임 포함)에 따라 제정되는 총리령 · 부령은 대통령령보다 하위에 있다.

---

4. 지방자치단체는 (주민의 복리에 관한 사무를 처리하고 재산을 관리하며) 법령의 범위 안에서 자치에 관한 규정을 제정할 수 있다(헌법 제117조 제1항).
5. 헌법에 의하여 체결 공포된 조약과 일반적으로 승인된 국제법규는 국내법과 같은 효력을 지닌다(헌법 제6조 제1항).
6. 대통령은 내우외환, 천재지변, 또는 중대한 재정, 경제상의 위기에 있어서…… 최소한으로 필요한 처분을 하거나 이에 관하여 법률의 효력을 가지는 명령을 발할 수 있다(헌법 제76조 제1항). 대통령은 국가의 안위에 관계되는 중대한 교전상태에 있어서…… 법률의 효력을 가지는 명령을 발할 수 있다(헌법 제76조 제2항).
7. 기본권제한의 법률유보(헌법 제37조 제2항), 죄형법정주의(헌법 제13조 제1항), 죄형법정주의 및 신체의 자유(헌법 제12조 제1항), 소급입법금지(헌법 제13조 제2항), 조세법률주의(헌법 제59조), 행정조직법률주의(헌법 제96조), 공공필요에 의한 재산권 제한(헌법 제23조 제3항)

구분			
[1군]	헌 법		
[2군]	법률, 대통령긴급재정경제명령, 대통령긴급명령	조약*	
[3군]	대통령령	국회규칙, 대법원규칙, 헌법재판소규칙, 중앙선거관리위원회규칙 등**	
[4군]	총리령·부령***		
[5군]	행정규칙(훈령·예규·지침·고시 등)	조례·규칙****	감사원규칙 등

* 조약 중 일부는 [3군]의 대통령령, [4군]의 총리령 · 부령과 같은 효력을 갖는다.

** 중앙선거관리위원회규칙 중 일부는 [5군]에 속하는 것이 있다.

*** 총리령 · 부령 중 일부는 [3군]의 대통령령과 같은 효력을 갖는다.

**** 규칙 중 일부는 조례의 위임을 받아 제정하기 때문에 조례보다 하위에 놓이게 된다.

[그림 4-1] 현행 법규의 분류

출처: 조영규(2004). 법령체계 및 입법절차. www.moleg.go.kr.

한편 자치법규는 법령의 범위 안에서 제정이 가능하다(헌법 제117조 제1항). 자치법규에는 조례와 규칙이 있는데, 조례는 지방자치의회가 자치사무 및 단체위임사무에 관한 사항을 규정한 것이다. 특히 법령에서 직접 위임받은 사항은 위임조례(대통령령 · 총리령 · 부령과 같은 성격)라고 한다. 규칙에는 법령에서 직접 위임받은 사항(법령위임규칙), 조례에서 위임받은 사항(조례위임규칙), 조례의 집행을 위한 사항(조례집행규칙), 기관위임사무에 관한 사항(기관위임규칙) 등이 있다.

위임조례 또는 법령위임규칙에 대해서는 법률에서 어떤 사항을 자치법규에 위임하는 것이 가능한지에 관하여 논란의 소지가 있으나, 최근에 자치입법권을 확대하여야 한다는 취지에서 그 위임이 증가하는 경향을 보이고 있다. 이것은 각 지방자치단체별로 지역에 맞는 법제를 통한 지역적 특성을 살릴 필요가 있다는 점에서 큰 의미가 있다고 생각한다.

행정규칙은 보통 '~에 관한 사항은 ○○○장관이 정한다.'라고 표현된다. 이것은 일반적으로 고시 · 예규 · 지침형식[8]으로 발령된다. 행정규칙은 공포가 필수적이지 않으며, 보통 관보에 게재한다. 이것도 법규 보충적 내지 규범구체화의 의미를 가지므로 그 법규성의 인정이 주장된다.

2 법령의 입법절차

1) 의 의

입법절차란 법령안의 입안부터 공포까지의 일련의 절차를 가리킨다. 현행 헌법상 입법권은 국회에 부여되어 있다(제40조). 국회는 입법권에 의해 국가의 기본제도 및 정책을 결정하는 역할을 담당하게 된다. 국회의 입법권은 국가권력의 독점방지와 상호견제를 위한 삼권분립의 원칙에 근거한다. 그런데 입법절차 면에서 보면 예산부수법안의 경우 예산편성권을 가진 행정부(헌법 제54조 제2항)의 협조가 필수적이다. 한편 국민의 법익과 관련된 사항들에 대해서 법률이 행정부의 법규명령에 위임하고 있고, 복지국가이념 및 행정현상의 복잡화 또는 전문화에 따라 입법수요 내지 입법내용에 관한 정보를 주로 행정부가 소유하고 있기 때문에 입법에서 행정부의 역할이 증대되고 있다.

2) 입법절차

법령의 입법절차는 크게 '성안(成案)-심의(審議)-공포(公布)'로 구분된다. 이 절차는 입법주체에 따라서 행정부 내 절차와 국회 내 절차로 나눌 수 있다.

행정부 내 입법과정은 입법정책단계, 입법계획단계, 법령안작성단계, 기관 간 협의단계, 국민의견수렴단계, 법령안심의단계, 법령안공포단계 I, 법령안공포단계 II의 8단계로 구분할 수 있다(〈표 4-1〉 참조). 이러한 입법절차에서 소요되는

---

8. 사회복지사업법 시행규칙(제9조 제3항)의 위임에 의한 '사회복지법인의 기타 수익용 기본재산의 종류 고시'(보건복지가족부 고시), 지침서로서 '장애인 활동보조서비스 대상자 선정 기준'(보건복지가족부 고시 제2008~173호) 참조. '2009년도 사회복지시설관리안내'

〈표 4-1〉 행정부 내 입법과정(요약)

단 계	과 제	처리사항과 절차
제1단계 입법정책	국정방향과 입법정책 수립	국정지표, 정부 전체의 총괄적 정책방향, 부처별 입법정책 선정
제2단계 입법계획	부처별, 정부의 입법계획 수립	부처별 1년 입법계획 수립, 입법계획 총괄, 국회제출 예정일 등 조정, 국무회의 보고
제3단계 법령안작성	사전준비	입법사실 확정, 현행 법제 및 외국 입법례 등 조사
	법령안작성	입법정책의 법적 가공(세목 간 · 법령 간 체계, 조문 형태, 배열, 용어, 시행상 조정사항 정리)
제4단계 기관 간 협의	부처협의	관련부처와 협의, 필요 시 입법정책협의회 구성
	당정협의	입안 완료한 법령안에 대하여는 정당과 협의
	규제심의	규제개혁위원회에서 신설 · 강화되는 규제심의
제5단계 국민의견수렴	입법예고	관보 등 이용
	공청회	이해관계자가 많거나 중요한 법령
	입법청원	기타 국민의 개별적인 입법의견의 접수 · 검토
제6단계 법령안심의	형식심사	법제처의 법령안 접수 및 선람, 주심법제관 선정, 소관사항, 예산, 입법예고조치 등 확인
	예비심사	입법체계 검토(상위법령관계, 법체계, 외국입법), '법령안사전검토보고서' 작성
	본심사	단독심사(축조심사, 상위법령저촉, 실효성조항, 적용범위, 필요요건, 타 법령관계, 경과조치 등), 공동심사(합의법제관제, 합의심사제)
제7단계 법령안공포 I	차관회의, 국무회의, 대통령재가	
제8단계 법령안공포 II	법률안 정부이송 국무회의	국회의결법률안의 정부이송, 소관부처의 검토, 국무회의 상정(공포 또는 재의 요구)
	공포	관보 게재

기간은 행정부 중심으로 볼 때 약 150~270일로 5~9개월이 걸린다. 그러나 입법추진과정에서 공청회 등 특별한 의견수렴과정을 거치거나, 부처협의 등에서 관계기관과 협의가 지연되는 경우 이 기간보다 훨씬 더 연장될 가능성이 있다.

국회의 입법과정도 일련의 절차에 의한다. 이 입법과정은 일정한 입법정책적 목적 아래 작성된 법률안이 국회에 제출된 후 소정의 절차에 따라 심의를 거친 다음, 정부에 이송되어 대통령의 공포에 의하여 법률로서 효력이 발생되기까지의 모든 과정을 포함한다. 국회의 입법과정의 단계는 입안단계, 심의단계, 의결단계, 종결단계로 구분할 수 있다.

법률안의 입안은 제안주체에 따라 의원발의법률안 및 위원회제안법률안이 있다. 입안된 법률안은 소관상임위원회 및 법제사법위원회에서 위원회의 기능에 따라 제안 설명, 소위원회 심사, 질의 · 토론 등이 순차적으로 이루어진다. 간혹 본회의의 법안심의가 형식화되는 것을 보완하기 위하여 의원 전원이 위원이 되어 참여하는 '전원위원회'의 구성과 심사가 있다. 위원회의 심사를 마친 법률안은 마지막으로 본회의에서 심사를 거쳐 확정된다. 상세한 단계는 〈표 4-2〉와 같다.

〈표 4-2〉 국회의 입법과정

단 계		처리사항과 절차
제1단계 법률안제안		제출 · 발의, 접수, 본회의 보고, 소관위원회 회부
제2단계 심사단계	소관상임위	제안설명, 전문위원 검토보고, 질의(공청회, 연석회의), 소위원회 구성(심사, 의결), 축조심사, 의결, 법제사법위원회 회부
	법제사법위	위원회 보고, 전문위원 검토보고, 질의, 소위원회 구성(심사, 보고), 토론, 축조심사, 위원회 의결, 소관위원회에 심사결과 통보
	소관상임위	위원장 결재, 본회의에 심사보고서 제출
제3단계 의결단계	본회의심의	소관상임위원장 심사보고, 토론, 의결
제4단계 종결단계		자구정리, 정부이송

출처: 김대희(2004). 국회입법과정개요. www.moleg.go.kr.

제 2 부

사회복지법 총론

제 5 장 사회복지법의 기초
제 6 장 사회복지법의 이념
제 7 장 한국 사회복지법의 발달
제 8 장 사회복지법의 법률관계
제 9 장 사회복지법과 사회복지행정조직
제10장 사회복지법의 해석과 적용
제11장 사회복지와 법의 통합적 관점과 실천

제5장

사회복지법의 기초

1 사회복지법의 개념과 범위

1) 사회복지법의 개념

사회복지법의 개념정의(무엇을 사회복지법이라 하는가)는 필요한 작업임에도 불구하고 항상 어려움이 있다. 왜냐하면 그 개념에는 인간과 사회현상에 관한 정의(定義)에 있어서 정의자의 개인적 철학과 가치관이 반영되며, 그의 경험적 사회환경의 다양성이 드러나기 때문이다. 또한 지금까지도 사회복지법은 역동적으로 떠오르는 학문영역으로 명확한 정의가 아직 부족하기 때문이기도 하다. 그럼에도 사회복지법의 개념정의는 사회복지학의 학문적 성과를 반영하는 것일 뿐만 아니라 전공자들에게 이 학과목의 학습범위를 정해 주는 중요한 과업이므로 지속적으로 수행되고 있다.

'사회복지법'이라는 용어는 '사회복지'와 '법'이라는 단어의 합성어다. 그러므로 일단 사회복지법은 '사회복지에 관한 법'으로서 법의 일반적인 성격과 틀을 지니고 있으되 그 내용은 사회복지를 다루는 법이라고 말할 수 있다. '사회복지'는 사회적 관계 속에 있는 인간의 인간다운 삶을 달성시키기 위한 모든 사회적 노력을 말하며, '법'은 도덕, 윤리, 관습과 같은 하나의 규범으로서 사회 속의 인간의 행위를 안내하는 행위규범이다. 따라서 사회복지법은 사회적 관계 속에 있는 인간의 인간다운 삶을 달성시키기 위한 모든 사회적 노력에 관한 인간의 행위규범이다. 그러나 사회복지법을 보다 명확히 이해하기 위해서는 연구대상으로서 사회복지법의 개념과 범위를 정할 필요가 있다. 여기서 '사회복지' 개념의 규정이 중요한데 그에 따라 사회복지법의 개념과 범위가 달라지기 때문이다.

'사회복지'라는 용어가 요즈음처럼 보편적으로 사용되는 시기는 없었던 것 같다. 그러나 그 이해는 매우 다양하게 나타나고 있다. 독자들은 사회복지학을 전공한 학생들로서 이미 사회복지 개념에 대해서 이해하고 있을 것이므로 여기서는 되새긴다는 차원에서 간략히 살펴보기로 한다.

사회복지란 어의적으로는 '사회적으로 안녕한 상태', 이념적으로는 '인간의 가치와 존엄성이 실현되는 상태', 기능적으로는 '가족 또는 시장 등 정상적인 사회구조가 제 기능을 발휘하지 못하여 곤란에 처한 사람을 도와주거나, 또는 처음부터 현대산업사회의 정상적인 최일선의 기능으로서의 사회복지'라는 의미를 갖는다. 즉, 사회복지란 개인의 노동능력, 재산, 성별, 장애, 연령, 사고능력 등과 관계없이 개인의 인간다운 삶을 개선시켜 주기 위한 공사(公私)의 노력을 말한다. 그러나 다른 설명도 가능하다. 예를 들면, 목적적 개념과 실체적 개념에 의한 구분, 거시적 접근과 미시적 접근, 자립적 지원을 중심으로 한 사회복지서비스의 포함 여부에 따른 광의와 협의의 개념이 있다. 사회복지의 개념에 관한 논의는 학문적으로 사회복지의 방향이나 특성을 결정짓는 점에서 학문적인 의의가 매우 높다고 생각된다. 그러나 이 사회복지법의 학습에서는 그 사회복지의 개념정의는 합의된 것으로 받아들이고 '법'이라는 특성에 초점을 두고자 한다.

2) 사회복지법의 범위

법은 현실을 나타내는 규범이다. 사회복지법은 현실의 사회복지현상을 규율하는 규범으로 일정한 틀과 제도를 나타내는 것이다. 사회복지법론의 사회복지는 적어도 '법'이라는 관점에서 바라보아야 하고, 사회복지를 위한 '법제도'라는 틀에서 바라보아야 한다. 왜냐하면 사회복지현상이 이러한 법제도 안에서 이루어지는 것이기 때문이다. 그러므로 현행 법제도하에서 사회복지가 무엇으로 규정되는가를 확인할 필요가 있다. 다시 말하면, 법제도적 정의가 필요하다.

(1) 사회보장과 사회복지(협의)의 대립적 지위

헌법에서는 "국가는 국민의 사회보장 · 사회복지의 증진에 노력할 의무를 진다."(제34조 제2항)라고 규정하고 있다.[1] 이 규정은 사회보장과 사회복지를 대비시켜 열거함으로써 사회보장과 사회복지가 다른 개념인 것으로 인식하게 만들었다. 더구나 과거 사회보장에관한법률에서 '사회보장'이라 함은 사회보험에 의한 제 급여와 무상으로 행하는 공적부조라고 규정하였다(제2조). 즉, 우리가 사회보험의 제 급여를 갹출을 전제로 한다고 할 때, 이 법은 '갹출을 근거로 한 사회보험과 무갹출의 공적부조'를 대상으로 하고 있음을 알 수 있다. 다시 말하면, 1995년도에 새로운 사회보장기본법의 제정 때까지는 법규정상으로 사회보장이란 갹출을 근거로 한 사회보험과 공적부조를 지칭한 것이었다.

또한 '사회복지'라는 용어는 앞에서 언급한 헌법 규정 외에서는 단독적으로 사용되는 경우가 드물다. 예를 들면, 사회보장기본법시행령(제4조 제1항)의 '사회보험'실무위원회와 동시에 규정된 '사회복지'실무위원회, 사회복지사업법의 '사회복지'사업(제2조 제1호), '사회복지'서비스(제2조 제4호), '사회복지'위원회(제7조 제1항)의 규정에서 사용되고 있다. 이런 규정들의 사용례에서 알 수 있듯이 사회복지가 사회복지사업의 주 대상자인 도움을 필요로 하는 사람들을 위한 서비스(또는 협의의 사회복지)로 인식되는 데에 영향을 주었다. 그리고 2006년에 발행된『보건복지백서』의 제4장 사회복지서비스에서 여성, 노인, 아동, 장애인, 노숙인 등을 위한 보건, 보호, 재활, 자립 등의 보건복지정책을 서술하고 있다. 당시의 보건복지부 홈페이지(www.mohw.go.kr)에서도 업무영역을 보건의료분야, 사회복지분야, 사회보험분야의 세 분야로 구분하여 안내하고 있으며, 사회복지분야에 장애인, 노인, 여성, 입양, 보육사업, 사회복지관, 기초생활보장자 등의 지원에 관한 내용을 담고 있다. 보건복지부는 공적인 사회복지행정의 대표적인 기관이다. 그러므로 우리나라의 법 · 제도 · 행정 차원에서 보면 '사회복지'는 '협의의 사회복

1. 이 조문의 변천과정은 〈표 6-1〉을 참조하라.

지', 즉 사회의 도움이 없이는 독자적으로 삶을 꾸릴 수 없는 사람들(노인, 여성, 아동, 범죄인, 장애인 등)을 위한 국가의 노력을 지칭하는 것으로 이해해도 충분하다.

그리고 사회복지에 관한 법을 연구하는 학자들에게서도 이러한 경향이 나타났었다. 초기의 사회복지와 법에 관련된 저서를 보면, 사회복지법이라는 제목으로 사회복지사업에 관한 법을 중심으로 서술하였고, 이에 덧붙여 공적부조에 관한 법을 포함하여 서술하였다. 물론 이는 사회복지서비스의 대상자가 기본적으로 국가의 최저생활을 보장받는 사람들을 중심으로 이루어졌다는 점에서 타당하였다. 한편 법학을 전공한 학자들도 사회보장법이라는 용어를 사용하고, 소득보장 중심의 사회보험과 공적부조에 관한 법을 주로 다루면서, 사회복지서비스에 관한 법은 아주 간략히 소개하거나 제외하는 경향이 있었다.[2]

사회복지를 협의로 파악하고 그 연구범위를 제한하는 경향은 우리나라처럼 대륙법의 전통을 가진 일본의 경우도 마찬가지다. 일본의 경우 사회복지법은 사회적 열악자를 위한 법으로 규정되고, 사회보장법은 갹출을 근거로 한 사회보험법을 다루고 있다. 그러나 우리나라의 경우 국민복지의 달성에서 정책적 · 제도적 접근이 예방적이고 포괄적이며 효과적이라는 점에서 사회복지를 광의로 파악하고 주장하는 학자들을 중심으로 사회복지법에 사회보험법을 포함시키는 저서들이 나타나기 시작하였다.

(2) 사회보장과 사회복지(광의)의 동등적 지위

사회복지학의 견지에서 살펴본다면, 1970년대 말부터 경제성장의 이면에 다양한 사회문제가 발생하고 시민들의 권리에 대한 의식이 높아지면서, 미자립적인 사람들만을 위한 사회복지(사업)는 제한적, 사후적, 일시적이므로 제도적 사회복지의 중요성이 주장되는 것은 당연한 것이다. 이런 주장은 사회복지학계의 보편적인 주장이고, 그 결과로 사회복지 개념이 확대되었으며, 이제 사회복지의 법에서는 사회보험, 공공부조, 사회복지서비스를 기본적으로 다루면서 관련복지제도를 포함시켜 논하고 있다. 이 점은 법제도적으로도 정비되었다고 할 수 있다.

---

2. 김훈(2004). 사회복지법제교육의 법사회적 통합모델을 위한 탐색적 연구. 2004년 한국사회복지학회 춘계학술대회 자료집, 507-533 참조.

기존의 사회보장에관한법률은 사회보장에 대한 기본법으로서의 성격을 지니지 못하였다. 왜냐하면 사회복지의 개념 면에서 사회복지를 협의로 보는 경향을 나타냈고, 내용 면에서 사회보장에 관한 총괄적이고 지도적이며 기본적인 내용을 담고 있지 못하였기 때문이다. 즉, 사회보장법의 대상으로 사회보장에 의한 제 급여와 무상급여의 공적부조를 지칭하였고(제2조), 사회보장사업을 국가의 경제적 실정을 참작하여 행한다(제3조 제3항)고 하여 사회보장의 국가책임을 임의적 책임으로 규정하면서, 기타 사회보장심의위원회에 관한 내용만을 규정하였던 것이다.

1995년도에 개정된 사회보장기본법은 기존의 사회보장에관한법률을 대체한 법이다. 이 법은 광의의 사회복지 개념을 바탕으로 사회복지의 범위를 삼고, 그에 해당되는 법을 포함시키고 있다. 새로 제정된 사회보장기본법은 '사회보장'을 "사회보험, 공공부조, 사회복지서비스 및 관련복지제도"라고 정의하여(제3조 제1호), 사회복지(광의)의 의미로 제도적 정의를 내렸다. 그러므로 적어도 법제도적 차원에서 보면 사회보장과 사회복지는 동일한 개념이며, 다만 의미 면에서 사회복지는 학술상의 개념이며 사회보장은 제도적 개념이라고 이해할 수 있다. 현재의 사회복지법을 연구하는 사회복지학 학자들은 이처럼 이해하고, 저서에서도 사회복지법을 사회보장기본법의 범위 내에서 다루고 있다.

그러므로 학문적으로 사회복지가 무엇이냐를 떠나서 현행 실정법적 차원에서 사회복지의 개념은 사회보험, 공공부조, 사회복지서비스라고 인식되며, 사회복지법에서 다루는 영역이 이에 해당한다고 판단된다. 다만 사회복지는 문제의 성격상 다면적이고 복합적이므로 국민의 복지에 영향을 주는 다른 관련제도(특수교육진흥법, 근로기준법, 보호관찰법, 최저임금법, 고용촉진법 등)도 함께 다룰 수 있다.

사회복지법을 이렇게 인식하는 데에 있어서 아직 한 가지 정리되지 않은 면이 있다. 즉, 현재 사회보장기본법은 그 적용범위가 확대되었으나, 상위법인 헌법의 규정은 아직 변경되지 않았다는 것이다. 헌법 규정에서 '사회보장'과 '사회복지'를 열거함으로써 사회보장과 사회복지가 별개이며 결과적으로 사회복지를 사회복지사업(협의의 사회복지를 위한 사업)으로 인식하도록 영향을 주었다. 법은 사회의 현실과 보편적인 가치와 사고를 반영해야 한다는 점에서 사회보장기본법의 변화

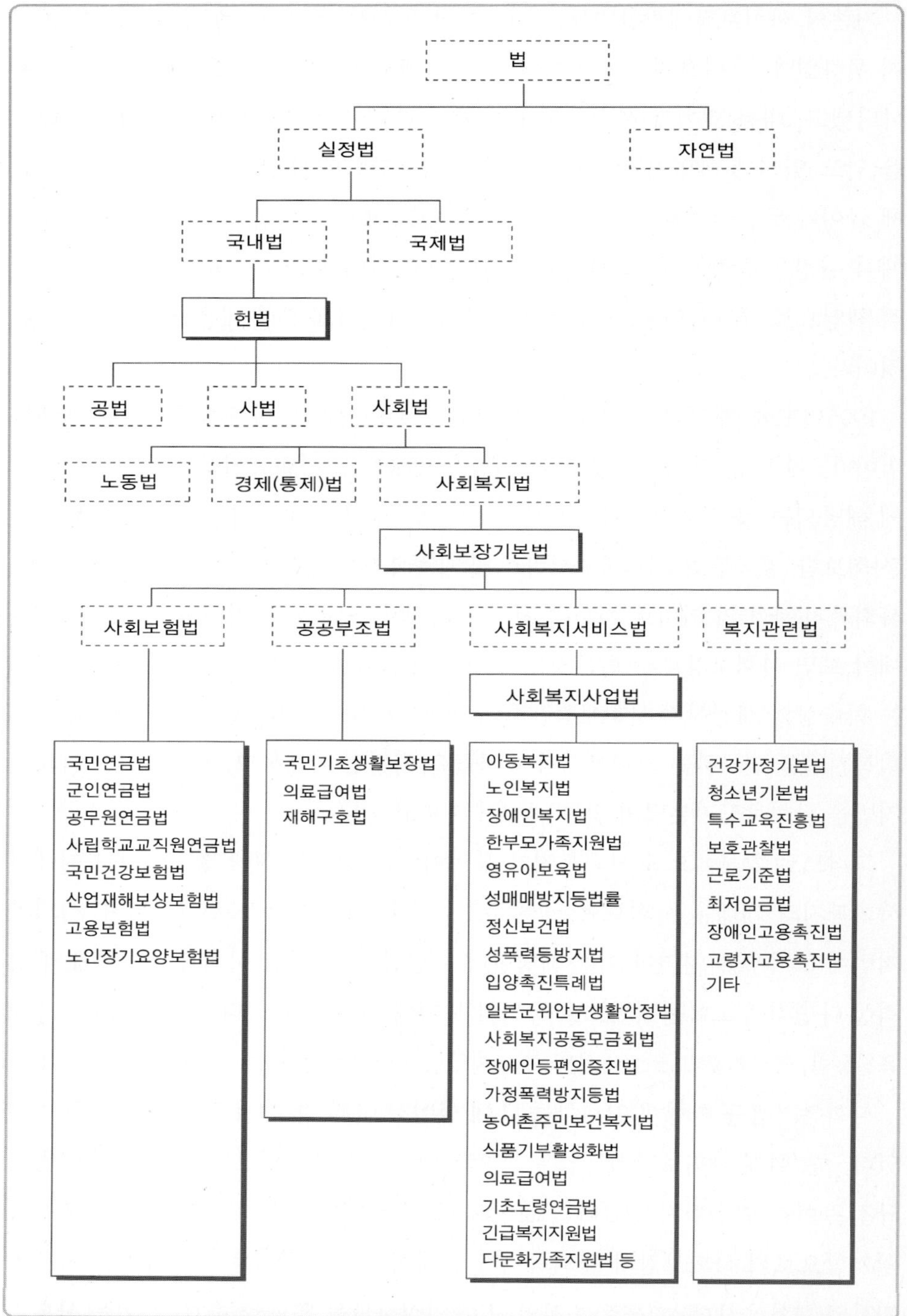

[그림 5-1] 법의 체계와 사회복지법의 범위

는 바람직하나, 헌법의 규정이 그대로인 점은 바람직하지 않다. 이 점은 성문법주의와 경성헌법의 특성을 가진 우리의 법전통의 관점에서 이해하여야 한다. 성문법은 국민의 대표기관인 국회의 의사결정과정을 통과한 법을 주요 법으로 삼는 것을 말하며, 경성헌법이란 일반법과 달리 헌법의 제 · 개정을 국민의 직접의사를 바탕으로 삼는 헌법을 말한다.

사회보장기본법은 일반법으로 다수가 참여한 국회를 통해서 헌법보다 비교적 쉽게 개정할 수 있으나, 헌법은 국회의 통과뿐만 아니라 국민투표에 의한 국민의 동의를 구하여야 한다. 그런데 그 절차가 단지 이 규정의 개정만을 위하여 시도되기 어렵다는 점에서 지금까지 헌법 규정은 변경되고 있지 않다고 본다. 그러므로 헌법 규정상의 해석문제로 돌려 처리하면, 해당 규정이 사회보장과 사회복지를 대립되는 개념으로 나타낸 것이 아니라 여러 관련된 개념들 중에서 일부를 표현한 것이라고 해석할 수 있다. 이렇게 되면 현재 사회보장기본법 체계에서도 무리가 없는 것이다.

이상과 같은 논의를 바탕으로 사회복지법이 법의 일반적 체계 속에서 차지하고 있는 위치를 도식화하면 앞의 [그림 5-1]과 같다.

2 사회복지법의 형성과 발달

1) 사회법 이념체계의 형성

사회법은 근대 사법인 시민법의 내용 및 그 원리에 대한 수정 · 보완의 목적을 갖고 성립된 현대적인 법의 형태다(김부찬, 1995). 그러나 사실 사회법이란 처음부터 일정한 법체계로 확립되어 있는 것을 지칭했던 것이 아니라 근대 시민법의 원리와는 구별되는 법원리를 기초로 점차 발달해 온 일련의 법체계에 적용되어 온 개념이다.

근대 시민혁명은 개인의 자유와 권리를 쟁취하기 위한 자연법사상을 이념적 기초로 하여 이루어진 거대한 역사적 전환점이었다. 시민혁명의 성공을 통하여 이루어진 변화 가운데 특히 법분야에서 두드러진 특징은 자유주의 및 민주주의적 법제도 및 법체계의 확립에 있다.

공법분야에 있어서는 미국의 성문헌법의 제정이, 사법분야에서는 프랑스의 민법전의 제정이 이러한 변화의 흐름을 증명해 주는 것이다. 이러한 흐름의 결과 각국에 있어서 공법적인 측면에서는 국민의 기본권보장을 위한 법치주의와 권력분립주의 등 자유민주주의적 법제도가 확립되는 계기가 마련되었다. 또한 사법적인 측면에서는 사적 소유제도 및 자유경쟁원리에 입각한 자본주의적 경제체제의 성립을 법적으로 뒷받침하는 근대 시민법이 확립되는 계기가 되었다.

1804년 프랑스 민법에 포함되어 있는 시민법의 원리는 개인의 자유와 평등을 기초로 하는 재산권 절대의 원칙, 계약자유의 원칙, 과실책임의 원칙 등이다. 한마디로 근대 시민법의 원리는 개인생활의 원활한 발전을 도모하기 위하여 국가의 간섭을 최소한으로 줄이고, 사적 자치의 원리에 입각하여 개인의 자유로운 의사에 따라 그 생활관계를 영위하도록 하는 데 있었다. 시민법의 원리적, 법형식적 관점에서 보면 사용자와 노동자는 동일한 독립된 법적 지위, 자유와 평등을 가진다. 이처럼 시민법의 원리는 초기의 자본주의의 발전에 지대한 공헌을 하였으며, 이에 따라 엄청난 경제적 발전 및 산업의 변화가 이루어졌다. 아울러 사회의 구조적 변화가 초래되었다.

그러나 자본주의의 발전에 따르는 모든 변화가 인간의 삶의 질을 향상시키는 긍정적인 효과만을 가져온 것은 아니었다. 자유주의적 국가체제가 확립되고, 근대적 법치이념에 따라 경제생활 및 부의 증대를 위한 모든 계획과 실행을 전적으로 개인의 자유에 맡기고, 그에 따른 결과에 대해서도 개인이 책임을 지도록 한 결과, 각 개인이 소유하는 부와 재산 정도의 격차가 시간이 흐르면서 극심해져 갔다. 이러한 경제적 · 사회적 불평등은 사회의 여러 측면에서 심각한 부조리와 문제점을 야기하게 되었으며, 이에 대한 대안들이 다각도로 모색되기 시작하였다.

이러한 사회적 문제점에 대한 해결방안은 그 성격에 있어서 두 가지 형태로 나타났다. 첫 번째는 기존의 자유민주주의 및 자본주의의 경제적 · 법적 토대를 유지하는 것을 전제로 시민법원리에 대한 수정원리를 통하여 문제점들을 해결해 나가는 '점진적 사회개혁'의 방법이다. 두 번째는 자본주의의 폐단 및 사회적 문제점은 자본주의 경제체제 및 그를 뒷받침하는 자유민주주의적 정치원리 및 법체제의 근본적인 문제점에서 발생하는 것이므로, 자본주의 및 자유민주주의의 기본원리에 대한 근본적인 변화를 통해서만 문제점을 해결할 수 있다는 '혁명적인 사회변화'의 방법이다. 먼저 후자는 1848년 Karl Marx와 F. Engels에 의한 '공산당 선언'에서 공산주의 건설의 방법으로 원용되었던 것이다. 실제로 1917년 러시아에서의 프롤레타리아혁명을 통하여 처음으로 공산주의국가(정부) 건설이 이루어졌고, 뒤를 이어 일부 국가에서도 마르크스주의적(공산주의적)인 사회주의정부가 수립됨으로써 공산주의국가 내지는 사회주의국가 군은 자유민주주의국가 군에 대항하는 세력으로까지 발전되었다. 그러나 1992년에 소련이 붕괴되고 동구권 사회주의국가들이 대거 자유화 내지는 민주화를 이룩함으로써 70년 이상 걸쳐 이루어져 왔던 마르크스주의적 사회주의는 실패로 끝났다고 평가되고 있다.

반면에 전자의 경우, 점진적인 사회개혁의 방법을 통하여 사회적 문제점 및 모순을 해결하기 위하여 도입한 수정원리는 경제적 측면에서 수정자본주의 원리, 정치적 측면에서 자유민주주의 원리를 바탕으로 하되, 사회민주주의 원리를 도입하여 자유민주주의를 보완하는 것, 그리고 법적 측면에서는 사회법원리 및 사회적 법치주의를 도입하여 시민법원리 및 시민적 법치주의를 수정하는 것으로 나타났다. 특히 시민법의 기초였던 개인주의적 자유방임주의 원리는 사회본위적, 공공복리적 이념에 입각하여 많은 변화가 이루어졌다. 이러한 변화의 기초가 된 법사상은 Radbruch가 적절히 지적하였듯이 '개인주의적 법으로부터 사회법으로'의 전환을 뒷받침하는 사회법사상이었다(Radbruch, 1981).

2) 사회법의 원리

제1차 세계대전 이후 사회민주주의를 표방하면서 제정된 바이마르헌법 제153조는 처음으로 소유권은 의무를 수반하며, 공공복리에 봉사하여야 한다고 규정하였다. 이는 소유권의 절대성을 표방했던 프랑스혁명의 '인간 및 시민의 권리선언'과 프랑스 민법전의 시민법적 기본원리에 대한 중대한 변화를 초래하는 사회법적 원리규정이었다. 또 바이마르헌법은 제151조에서 국민에 대한 '인간다운 생활'을 보장하고 있다. 이는 자유주의적 국가원리를 기초로 하고 있던 근대적 의미의 시민적 법치국가의 헌법원리를 대신하는 새로운 복지주의적 사회국가의 헌법원리를 도입했다는 의의를 갖는다.

오늘날 최소한의 질서유지만을 목적으로 하는 근대적 야경국가의 이념 및 형식적 법치주의의 원리는 현대적 의미에서 공공복리의 증진을 목적으로 하는 사회국가 내지 복지국가의 이념 및 실질적 법치주의의 원리로 변화하였다. 그리고 사법체계도 이러한 국가 성격의 변화에 따라 그 이념 및 원리에 있어서 실질적인 변화가 이루어졌다. 근대 시민법의 3대 원리에 포함되어 있던 재산권 절대성의 원칙은 계약공정의 원칙 내지는 사회적 자치의 원칙으로, 과실책임의 원칙은 무과실책임의 원칙 또는 위험책임의 원칙으로 변화하였다.

사회복지의 원리는 전통적으로 사법체계를 지탱해 온 근대 시민법원리에 대한 수정원리와 더불어 사회적 법치주의 또는 복지주의원리를 실현하는 새로운 법체계에 대한 법원리로 등장하였다. 그러나 이는 어디까지나 자유주의에 입각한 자본주의적 경제원리 및 자유민주주의적 정치원리를 바탕으로 하고 있다는 점에서, 이러한 원리를 근본적으로 부정함으로써 새로운 법질서를 수립하고자 했던 사회주의적 법원리와는 개념상 구별된다.

3) 사회법의 내용 및 종류

공법과 사법 분야의 원리적 기초에 따라 전통적으로 공법과 사법의 양대 체계로 분류되어 오던 법체계는 19세기 말부터 20세기 초에 걸쳐서 사회법이라고 불리는 새로운 법체계의 성립으로 말미암아 구조적 변화를 맞게 되었다. 사회법체계는 사적 자치의 원리에 따라 규율되어 오던 사법체계에 대한 공법적 원리 도입을 통하여 성립될 수 있었던 것으로, 보통 노동법, 경제법, 사회보장법 등을 포함하는 것으로 규정되어 왔다.

그러나 오늘날에는 사회법을 협의로 이해하여 사회보장법만을 사회법으로 보거나(이상광, 2002), 이를 광의로 보는 경우에도 경제법은 제외하고 노동법과 사회보장에 관한 법만을 사회법으로 이해한다. 또한 사회법을 최광의로 이해하는 경우에도 '사회정책과 관련된 모든 법'을 의미하는 것으로 보고, 사회보장법(협의의 사회법), 노동법 그리고 교육 · 환경 · 위생 · 주택 등에 관한 법규를 포함시키지만 경제법은 제외한다. 한편 협의의 사회법은 사회보장법과 동의어로 사용되며, 여기에는 사회보험법, 사회보상법, 사회원호법 등이 있다. 최협의의 사회법은 이 중에서 사회보험법만을 의미한다고 한다(이상광, 2002). 연혁적으로 보면, 사실 협의의 사회법으로 설명되고 있는 사회보장법은 노동법 및 경제법 등과 함께 발달해 온 것이다. 이 때문에 공법과 사법의 영역과 구별되는 의미에서 사회법을 분류하는 경우에는 이들 모두를 사회법의 영역에 포함되는 것으로 이해하는 것이 바람직할 것이다.

4) 시민법, 노동법 및 사회보장법

시민법이란 18세기 말, 19세기 초에 봉건사회의 붕괴와 더불어 생성된 시민사회를 지배하는 법을 지칭한다. 이 시민사회의 성립배경에는 경제적 능력과 지식을 갖춘 시민계층의 힘이 있었다. 이 시민사회는 신분적 상하 지배체계의 부정, 시민의 천부인권 인정, 자유·평등·독립적 인격을 특징으로 하여 경제적 자본주의와 정치적 민주주의의 기초가 되었다. 이 시민사회의 국가관은 자유방임주의 야경국가로 개인의 자유를 극대화시키고 국가의 간섭은 극소화시키는 입장에 있다.

시민사회의 시민법에는 사유재산제도, 계약자유의 원칙, 자유의사 존중, 자기행위에 대한 책임의 네 가지 원리가 있다. 이 네 가지 원리를 구체화시킨 것이 시민사회의 기본 6법으로서 사법체계인 민법과 상법, 공법체계인 헌법, 형법, 형사소송법, 민사소송법이다. 전자는 시민 상호 간의 경제활동 및 사회관계를 규율하며, 후자는 국가와 국민 간의 권리와 의무관계를 규제한다.

그런데 시민법의 원리적, 법형식적 관점에서는 자본가(사용자)와 노동자가 동일한 독립된 법적 지위에 근거하여 자유와 평등을 가지는 것이지만 계약자유의 원칙에서 나타나는 것처럼 열악한 위치에 있는 노동자의 자유는 그 평등의 실천에서 제약이 있는, 형식적인 평등만을 보장함으로써 결과적으로 시민법은 노동자의 열악한 생활에 책임이 있다.

시민법의 한계성과 현실적인 경제사회의 모순을 해결하기 위한 방법으로서 경제적 약자를 보호하기 위한 법체계로 노동입법(19세기 말, 20세기 초)이 나타났다. 이 노동입법은 제1차 세계대전 이후 사회법의 한 영역으로 인정되었다.

노동입법은 노동법과 노동조합법을 포함하는데, 여기에는 노동자 이외의 일반인의 의료보장, 건강보장은 제외되었다. 노동법은 노동자 권익을 위한 법으로서 아동 및 여성 노동자의 보호입법, 노동계약 내용의 규제에 의한 보호, 안전과 위생상의 보호, 노동시간의 제한, 철야작업 금지, 노동조건의 보호입법, 임금보호입법 등을 내용으로 하였다. 한편 노동조합법은 노동운동을 법제화한 것으로서 노동자들의 단결과 단체교섭의 권리를 인정하는 법이다. 이 시기에는 '사회법=노동법'이라는 도식이 일반적이었다.

그런데 노동입법은 노동자 이외의 일반인의 의료보장, 건강보장은 제외하므로, 노동자 이외의 일반인의 보호가 가능한 입법이 필요하였다. 이런 필요에 의해 나타난 법이 사회보장법이다. 예를 들면, 노동재해, 노령 · 질병에 의한 경제적 위험, 재해 · 질병에 대한 의료급부, 신체적 기능회복, 경제생활보장을 위한 사회보장법이 출현하였다. 그러므로 노동법이 노동계약관계를 매개로 하여 노동자의 생존권실현을 목적으로 하는 법이라면, 사회보장법은 모든 국민에 대하여 직접적으로 생존권을 실현하기 위한 법인 것이다. 이렇게 하여 나타난 사회보장법으로 사회보험법 영역에서 노동재해보험법, 질병보험법, 노령폐질보험법, 실업보험 등이 있다.

3 사회복지법의 법적 성격

사회복지법은 사회복지현상에 관한 법이다. 현실적으로 사회복지의 이념과 가치를 구체화하는 법이며, 이 구체화를 위한 급부내용, 전달체계, 재정조달, 권리구제 등에 관한 법이다. 사회복지법의 성격을 규정하는 일은 한 국가의 법체계 속에서 사회복지법의 독자적인 존립근거를 규명하는 일이며, 이것은 사회복지법이 다른 법들과의 관계 속에서 독특하고 고유한 기능을 가지고 있는가에 관한 문제와 직결된다.

일반적으로 법은 다음과 같은 면에서 독자적인 성격을 규명할 수 있다. 첫째, 법이 예정하고 다루려고 하는 사회현상, 둘째, 법이 추구하는 이념, 셋째, 법의 적용범위 면에서 논의할 수 있다. 결론부터 언급하면, 사회복지법이란 사회복지에 특유한 국내법이다. 이 법의 실체는 세 가지 요소를 갖는다. 즉, 사회복지에 관한 법, 사회법, 국내법이다(김근조, 2000).

첫째, 사회복지법은 사회복지에 관한 법이다. 사회복지법은 국가(지방자치단체 포함)와 민간이 주체가 되어 국민의 요구와 각종 사회문제를 해결함으로써 국민에게 인간다운 생활을 보장하려는 생존권적 기본권을 중심관념으로 한다. 이 법은 사회복지의 조직과 작용, 즉 제 급여 및 재정에 관한 법, 권리구제에 관한 법이다.

사회복지법은 사회복지현상을 다루는 법이다. 사회복지현상이란 사회현상의 한 부분으로 현재 또는 미래의 인간다운 삶을 저해하는 여러 문제들과 그로 인해 고통을 당하는 인간들과 그 문제를 완화하거나 제거하려는 모든 사회적 노력으로 이루어진 인간사회의 현상이다. 그러므로 사회복지현상은 해결의 대상이 되는 문제, 문제해결의 방법, 문제해결의 주체, 문제해결의 재원 및 권리구제 등 다양한 측면과 관련된 사회적 현상을 말한다. 물론 이것은 사회복지를 무엇으로 규정하느냐에 따라 그 광·협의 범위가 달라지겠지만, 어떻게 규정하든 우리의 건강한 삶의 질의 보장과 밀접한 관련이 있음을 부정할 수는 없다.

둘째, 사회복지법은 사회법이다. 다시 말하면, 사회복지법은 생존권보장을 이념으로 하는 사회법이다. 사회법은 시민사회의 자유권 중심적 원리와 자본주의의 결합으로 인한 사회적 모순을 해결하는 과정에서 발달한 법의 영역이다. 사회법이 보장하려는 권리인 생존권은 국민이 문화적 수준의 인간다운 생활을 보장받기 위하여 국가에게 일정한 조치를 취해 주도록 요구할 수 있는 헌법적 권리다.

사회법은 시민의 자유권의 보장을 기본으로 하는 공법 또는 사법의 영역과 다른 성격을 지닌다.[3] 사회법은 시민의 자유를 보장하는 사법의 원리인 소유권절대의 원칙과 계약자유의 원칙에 공법적인 제한을 가할 수 있도록 한 것이다. 사법이 공법화되어 가는 과정에서 중간적인 법영역인 사회법이 발달하였다(허영민, 1994). 이러한 예로 국가의 강제적 간섭은 사회보험관계법에 나타나는 강제가입의 규정(고용보험및산업재해보상보험의보험료징수등에관한법률 제8조), 국민기초생활보장법의 수급권에 대한 압류의 제한(동법 제35조), 아동복지법의 아동의 공중

---

3. 공법과 사법의 구별에 관해서는 이익설, 주체설, 법률관계설, 통치관계설, 생활관계설이 있다.

전시를 통한 약취행위에 대한 처벌규정(동법 제29조 및 제40조) 등을 들 수 있다. 이러한 공법적 요소는 바로 국민의 생존권보장을 국가가 책임진다는 것을 의미한다.

사회복지법은 자본주의의 발전과 동시에 자본주의 자체의 체제 모순으로 인하여 발생하는 사회적 낙오자, 불행자, 약자를 보호하려는 것에 일차적인 관심이 있으며, 나아가 각종 사회문제로 인하여 국민의 생활을 위협하는 사회적 사고와 예방정책에도 관심을 기울여 전 국민의 삶의 질을 향상시키려는 것이 입법의 취지다. 특히 자본주의의 폐단을 시정하기 위하여 사권(특히 소유권과 계약의 자유)에 대해서 공법적 제한(가입의 강제, 권리의 포기나 압류 및 양도의 제한)을 부가한다. 그러므로 이 법은 사적 소유와 계약의 자유원칙을 존중하여 평등한 법률관계를 중심으로 하는 사법적 성격과 주로 불평등한 법률관계를 중심관념으로 하는 공법적 성격을 함께 가지고 있다.

셋째, 사회복지법은 사회복지에 관한 국내법이다. 국내법이란 한 나라의 통일적 법체계에 속하는 법규범의 총체를 말하고, 국제법은 자신의 영역에 한하여 법적 관할권을 갖는 주권국가들을 기본적인 구성원으로 하여 성립되고 있는 국제사회의 법규범의 총체를 말한다. 결국 국내법은 한 국가의 법이며, 국제법은 국제사회의 법이다.

국내법은 국적을 기본으로 하여 대한민국 국민을 대상으로 하며, 지리적으로는 대한민국 영토 내에서 적용되는 법이다. 대한민국의 영토는 한반도와 그 부속도서이고, 경우에 따라서는 해외에 나가 있는 대한민국 국적의 선박 또는 비행기도 해당된다. 국내법이라 함은 현재 대한민국이라는 시간적 · 공간적 한계를 갖는 법이다. 다시 말하면, 사회복지법은 대한민국의 통일적 법체계 속에서 사회복지현상을 다루는 국내 법규범의 총체다. 그러나 경우에 따라서 국제사회의 일원으로서의 대한민국은 국제 간의 약속에 의한 국제법규도 국내법으로서의 효력을 갖도록 한다. 헌법 제6조에서 “체결, 공포된 조약과 일반적으로 승인된 국제법규는 국내법과 동일한 효력을 가진다.”라고 규정함으로써 사회복지에 관한 사항을 내용으로 하는 국제조약이나 국제법규는 국내법과 동일한 지위를 갖는다. 이러한 법규범에는 우리나라와 각국 간에 체결된 사회보장협정과 우리나라가 회원국으로 있는 국제기구인 UN, ILO, OECD 등의 각종 선언문이나 권고안이 있다.

4 타 법과의 비교

1) 헌 법

법체계에서 사회복지법은 헌법에 근거한 하위법이며, 헌법의 기본권규정을 구체화한 것이다. 헌법에 '국가의 사회보장 · 사회복지의 증진 의무'를 규정한 것은 헌법이 국가의 기본법으로서 사회복지법의 상위법임을 나타내고 있다.

법의 목적을 살펴보면 사회복지법은 인간다운 생활의 보장, 보호가 필요한 자의 사회복지증진, 소득재분배, 사회적 통합을 추구하지만, 헌법은 국가의 정체성, 기본권보장, 권력분담과 조직, 사회적 시장경제질서를 추구하므로 보다 기본적이며 포괄적이다. 특히 원리를 살펴보면 사회복지법은 복지영역에 따라 보험의 원리(사회보험), 보상의 원리(국가유공자), 부조의 원리(저소득층), 원조의 원리(미자립자)가 적용되지만, 헌법은 그보다 추상적인 최고규범성, 정치규범성, 조직규범성, 생활규범성, 권력규범성, 국가의 역사성을 나타내고 있다.

2) 행정법

사회복지법과 행정법은 사실 구별하기 곤란한 점도 있다. 왜냐하면 이 두 개의 법이 국가의 의지를 반영하여 법의 내용이 국가의 권력작용을 통해서 행정청에 의해 실시되기 때문이다(행정행위).

그러나 이 두 법 사이에는 명백한 차이점도 존재한다. 우선 사회복지법에서 복지 공급자와 수혜자는 비권력적 관계(사법적 성격)를 나타내므로, 민법의 채권채무관계와 유사한 대등관계로 이해되며, 특히 권력작용이 아닌 사회보호의 원리가 작용한다. 이것은 복지가 사인(私人)들 간의 상부상조정신에서 발달하였기 때문이다.

반면에 행정법은 권력적 관계(공법적 성격)를 근간으로 당사자 간에 상하위적 명령복종관계가 중요하며, 효율적인 행정집행이 중요한 관건이다.

따라서 사회복지법과 행정법 사이에 법리에서 공통점이 있으므로 이를 감안하면서 사회복지법의 특수성을 고려한 적용이 필요하다.

3) 민 법

사적 자치의 대표적인 법인 민법과 사회복지법의 차이는 보험영역의 비교를 통해서 이해하는 것이 용이하다.

사회보험은 사보험(私保險)제도가 사회정책의 목적하에 수정된 것이므로, 공법적 특성을 지니고 있으나 그 기본구조 및 운영방식에는 사보험제도와 유사한 점이 있다.

급여의 경우 사적 재산의 의미가 있으므로, 사회보험의 관리운영주체와 수급자는 민법상의 채권채무관계이며, 수급자의 기여와 복지급여가 비례하는 측면도 존재하므로 사법적 요소도 있음을 알 수 있다. 그러나 사회정책적 차원의 합목적성이 고려되는 채권채무관계이고, 수급자의 사회적 욕구가 고려되기 때문에 기여와 급여가 반드시 비례하는 것도 아니다.

4) 세 법

세법에 의한 소득공제제도와 조세감면제도는 소득재분배 효과가 있으므로 소득과 부의 불평등을 감소시키며, 저소득층 보호효과가 있으므로 사회복지제도와 기능이 같다. 그러나 사회복지법의 공공부조제도는 저소득자에게 필요한 급여를 무료로 지급하므로 적극적인 소득정책이지만, 세법에 의한 조세제도는 세금을 경감 또는 면제시키므로 소극적 소득정책이라고 볼 수 있다.

두 법에서 보완적 성격도 나타나는데, 사회보험의 기여금은 세법상 과세기준에서 제외된다는 점에서 세법의 소득공제제도가 사회보장제도를 보완하여 주고 있다.

5) 노동법

노동법과 사회복지법은 동일한 사회법의 영역에 속한다. 노동법이 노동자와 자본가의 계약관계를 국가가 법률로 조정하는 목적을 갖는다면, 사회복지법은 국가가 개인 간에 발생하는 생활상의 위험을 조정한다. 노동법이 근로자의 근로상의 권익을 규범대상으로 하여 근로자의 단결권, 단체교섭권, 단체행동권을 보장하는 것이라면, 사회복지법은 전체 국민의 인간다운 생활을 보장하기 위하여 국민의 상병, 고독, 소득, 미자립, 노령, 장애 등에 개입하게 된다.

한편 산업재해보상보험법과 고용보험법은 사업장의 재해와 실업이라는 노동현장과 직접적으로 관련이 있으므로 노동법의 영역에 포함되면서 사회복지법이기도 하다. 그리고 다음 장에서 제시하는 바와 같이 사회보험법은 노동자를 대상으로 시작하여 그들의 노동조건의 보호 및 노동력 보전을 위하여 출발하였으므로 사회복지법의 근원에 속한다.

5 사회복지법의 구성요소

사회복지법의 구성요소는 사회복지법의 내용을 구성하는 요소들로서 사회복지법의 분석적 차원이 될 뿐만 아니라 사회복지법을 내용적인 면에서 다른 법과 구별해 주는 특징을 말한다. 사회복지법은 주체, 객체, 개입대상 또는 문제, 목적, 방법 등으로 그 내용을 구별할 수 있다.

1) 주 체

사회복지법상의 행위주체는 국민의 인간다운 생활을 보장하는 급여를 제공하는 것으로 예정된 주체를 말한다. 이 급여는 실체적 의미의 급여뿐만 아니라 그 급여를 가능하게 하는 급여구조(제도, 시설, 재정, 인적자원 등)도 포함한다. 이런 의미의 행위주체는 국가와 민간으로서 전 국민이다.

오늘날 모든 국가들이 복지국가를 표방하는 것처럼 사회복지의 실현에서 국가의 책임은 매우 막대하다. 그러나 실제로 국민의 복지실현은 국가(정부)의 단독 능력으로는 불가능하다. 사회복지는 민간의 다양한 참여에 의해서 보다 효과적으로 달성될 수 있다. 그러므로 사회복지의 실현에는 국가와 민간 양자의 책임이 존재하고, 결과적으로 공적 사회복지와 민간사회복지의 영역으로 구별된다. 이 두 영역의 역할을 구별한다면, 국가는 예방적, 제도적, 재정적 책임을 다하고, 민간은 자발적, 전문적, 개입적 책임을 다한다. 국가는 국민의 복지실현을 위한 정책을 세우고, 법제도를 만들며, 필요한 재정적 지원을 제공하는 책임을 갖는다. 민간은 시설기관의 운영이나 심리 · 사회적 개입 등 전문적 실천의 역할을 하는데, 이는 국가의 위임을 받아 주로 사회복지의 법령 안에서 행하게 된다.

2) 적용대상

사회복지법상의 법의 적용대상(객체)은 작게는 요보호성의 미자립자들이며, 크게는 일반 국민이다. 요보호성의 미자립자는 전형적인 복지의 대상자들로서, 연령 · 건강 · 소득 · 장애 등으로 인한 비복지적 문제를 지니고 있는, 도움이 필요한 사람들이다. 그들은 사회의 도움이 없으면 이 사회에서 독자적인 삶을 영위할 수 없는 사람들이다. 그들을 위한 사회복지법의 영역이 국민기초생활보장사업이나 사회복지사업이다.

현대사회는 자본주의적 시장경제로 인해 매우 복잡한 사회환경을 갖고 있다. 이러한 시대의 국민은 언제 어떠한 문제로 비복지적 상황에 처해지게 될지 모른다. 사회복지법은 국민이 겪게 될 수 있는 미래의 사고를 사회공동체 속에서 분산시키는 사회보험제도를 가지고 있다. 이 보험제도는 미래의 사고로 인해 발생하는 예상지출을 미리 축적해 놓는다는 것이다.

미래의 위험에 처할 가능성이 있는 일반 국민도 사회복지의 대상이다. 여기에는 국민연금, 건강보험, 산재보험, 고용보험 등이 해당한다. 기본적으로 사회복지사업은 미자립자를 위한 내용이 주류를 이루지만, 현대사회에는 일반 국민의 보다 나은 생활을 위한 서비스도 포함되므로 사회복지의 대상을 전 국민으로 보아도 무방하다.

3) 개입의 문제

사회복지법이 다루려는 현상은 국민의 복지를 저해시키는 문제현상이다. 이러한 문제는 현대사회에서 다양하다. 사회복지법이 관련되는 문제현상은 사망, 장애, 질병, 실업, 저소득, 성매매, 범죄, 정신질환 등 인간다운 생활을 저해하는 모든 것이 해당된다.

또한 사회복지가 개입하려는 문제들은 시대환경에 따라 변화하기도 한다. 과거에 저소득, 장애, 질병, 노년 등이 주요한 개입의 대상이었다면, 가정폭력, 마약, 학대 등은 사회환경의 변화로 인해 추가되는 대상들이다.

법은 사회현상을 반영하는 것이고, 사회현상은 변화되므로 사회복지의 법도 변화되어 간다. 최근에 제정된 성매매방지및피해자보호등에관한법률, 가정폭력방지및피해자보호등에관한법률, 일제하일본군위안부에대한생활안정지원법 등은 한국 사회의 새로운 변화를 반영한 것이다.

4) 목 적

사회복지법의 목적은 인간다운 생활(생존권)의 보장이다. 사회복지법은 생존권을 중심으로 발달하여 왔고, 사회법의 영역에서 노동법, 경제법, 사회보장법, 사회복지서비스법 등의 형태로 발달하거나 이에 포함되어 발달하여 왔다. 이러한 법들은 그 법이 정한 대상자 층의 사회복지 차원의 권리(생존권)를 중심으로 서술되어 있다.

시민사회에서 보장되는 법적 권리는 자유권, 참정권, 청구권이 핵심이었다. 그러나 자본주의가 발달하고 산업화를 겪으면서 그 시대의 다수를 차지하는 생산노동계층의 인간다운 생활이 보장되어야 한다는 관점에서 정치적인 노력과 함께 노동법을 중심으로 한 사회법이 발달하였다. 이 법이 보호하는 권리가 사회권이고 생존권이다. 이 사회권은 독일 바이마르헌법에서 최초로 규정된 이래로 현대사회의 모든 국가에서 인정하는 권리다.

5) 개입방법

사회복지의 개입의 필요성은 사회문제로 인한 욕구의 결핍에서 출발한다. 인간의 욕구는 다양하며, 기본적으로 화폐적 욕구와 비화폐적 욕구로 구별된다. 화폐적 욕구는 소득적 지원에 의해서 해결될 수 있다. 그러나 비화폐적 욕구는 비금전적이며, 심리 · 사회적이며, 의존적 성격을 갖고 있기 때문에 그 해결이 쉽지 않다.

사회복지의 개입방법은 소득적 차원에서는 화폐적 접근, 비화폐적 접근, 개입대상의 단위에 따라 개별사회사업, 집단사회사업, 지역사회조직사업, 통합적 방법이 있다. 개입대상에 따라서는 아동, 여성, 장애인, 노인 등의 복지사업이 있으며, 서비스의 직접성에 따라서는 직접적 서비스, 간접적 서비스, 지원적 서비스 등이 있다. 사회복지법에서는 이처럼 다양한 접근을 구현하고 있다.

제6장

사회복지법의 이념

1 생존권의 개념

이념은 가치정향이다. 정의(定義)하는 사람이나 집단의 행동방향이며 추구하는 바다. 보통 법의 이념은 정의(正義)다. 사회복지법의 이념이란 사회복지법이 추구하고자 하는 가치의 총체이며, 사회복지정책이나 사회복지법의 지도이념이다. 사회복지법의 이념이 반영되지 않는 법은 사회복지법이라고 볼 수 없다.

사회복지학에서 추구하는 가치와 지도이념은 국민의 기본권 중 하나인 생존권 보장이다. 생존권은 사회복지의 권리며 사회복지법의 이념이다. 그러므로 사회복지법에는 생존권보장이 반영되어 있어야 한다. 생존권은 헌법상 보장된 기본권이다. 헌법상 고전적 권리는 자유권, 참정권, 청구권이다. 그러나 자본주의의 발달로 인한 모순을 해결하기 위한 한 방편으로 인간다운 생활의 보장에 관심이 모아졌고, 20세기에 들어서 독일 바이마르헌법에서 인간다운 생활을 위한 생존권을 보장하는 규정을 둔 이후로 생존권이 국민의 중요한 권리가 되었다.

독일 바이마르헌법은 1919년 제151조 제1항 전단에 "경제생활의 질서는 모든 시민들에게 인간다운 생활을 보장하는 목적을 갖는 정의에 적합하지 않으면 안 된다." "소유권(소유물의 사용, 수익, 처분)은 의무를 수반한다."라는 규정 및 '노동력에 대한 국가보존'의 규정 등에 의해 생존권적 기본권을 보장하고 있다. 이것은 자본주의 발달의 토대가 되었던 시민사회의 기본원리인 사유재산권 절대의 원칙, 과실책임의 원칙이 수정된 것이다.

이처럼 생존권은 역사상 헌법상의 권리로서 국민이 자신의 최저생활 유지를 위해 필요한 조건을 국가로 하여금 확보해 주도록 요구할 수 있는 권리로서 발달한 것이다. 그러므로 생존권보장을 위해서는 국가의 적극적인 보장의지와 노력이 필요함을 알 수 있으며, 또한 권리수혜자로서 국민의 적극적인 주장이 필요함을 알 수 있다.

한편 사회권적 기본권은 국민이 생존을 유지하거나 생활을 향상시키기 위하여 국가에 대해 적극적인 배려를 요구하는 권리다. 헌법은 전문(前文)에서 "……자유와 권리에 따르는 책임과 의무를 완수하게 하여, 안으로는 국민생활의 균등한 향상을 기하고……"라고 선언하고, 기본권보장의 전제와 목적으로 제10조에서 "모든 국민은 인간으로서의 존엄과 가치를 가지며, 행복을 추구할 권리를 가지며, 국가는 개인이 가지는 불가침의 기본적 인권을 확인하고 이를 보장할 의무를 진다."라고 규정할 뿐만 아니라, 헌법 제11조 제1항에서 "모든 국민은 법 앞에 평등하다. 누구든지 성별 · 종교 또는 사회적 신분에 의하여 정치적 · 경제적 · 사회적 · 문화적 생활의 모든 영역에 있어서 차별을 받지 아니한다."라고 규정하여, 사회권적 기본권의 전체적인 방향을 제시하고 있다.

사회권적 기본권은 교육을 받을 권리(제31조), 근로의 권리(제32조), 노동 3권(제33조), 인간다운 생활을 할 권리(제34조), 환경권(제35조), 가족생활, 모성 및 보건권(제36조) 등을 지칭하는데, 생존권은 '인간다운 생활을 할 권리'로서 사회권적 기본권의 일부이며, 이를 제외한 사회권적 기본권은 생존권적 기본권의 보다 완전한 보장을 위한 보완적 권리의 기능을 하고 있다.

현행 대한민국 헌법에서 생존권의 위치는 [그림 6-1]과 같다.

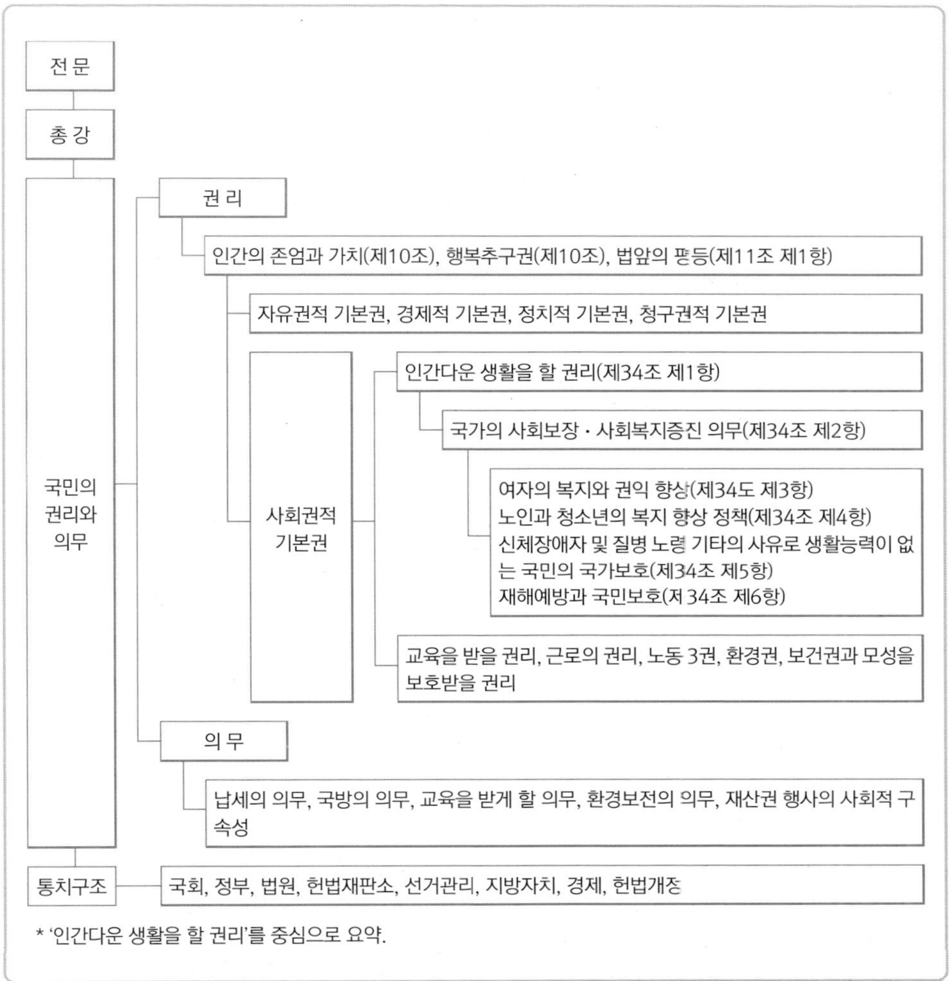

[그림 6-1] 대한민국 헌법의 체계와 생존권

2 생존권의 내용(헌법 제34조)

1) 국민의 인간다운 생활을 요구할 수 있는 권리

헌법 제34조 제1항에서 "모든 국민은 인간다운 생활을 할 권리를 가진다."라고 규정하여 국민의 기본권으로서 생존권의 원칙을 밝혔다. 여기서 '인간다운 생활'

이란 인간의 단순한 생물학적 생존뿐만 아니라 인간의 존엄성에 상응하는 건강하고 문화적인 생활을 누리는 생존을 말한다. 그러므로 제34조 제1항의 인간다운 생활을 누릴 권리도 인간의 인간다운 생활, 즉 건강하고 문화적인 생활을 보장하여 주도록 국가에게 요구하는 권리를 의미한다.

그런데 건강하고 문화적인 생활의 구체적인 수준을 정하는 것은 어렵다. 왜냐하면 그 수준은 시간적 · 공간적 한계 속에서 계속 변화하기 때문이다. 구체적으로 어느 정도 어떤 내용의 생활수준이 이 권리의 내용을 구성하는지를 확정하기가 어렵다. 그렇다고 해서 이러한 헌법의 인간다운 생활이라는 규정의 내용을 불확정적, 추상적 개념이라 하여 법적 판단을 하지 않는다면, 그 권리의 내용은 매우 불안정한 것이 될 것이다. 그러므로 건강하고 문화적인 생활수준은 이론적으로 특정한 시점의 특정 국가에서 일단 객관적으로 결정해야 한다(사회보장기본법 제10조 제3항 참조). 또 이 수준의 결정이 결코 한때의 국가예산의 형편에 따라서 결정될 것이 아니라, 생존권수준이 국가의 예산편성을 지도하고 주도하는 적극적인 기준이 되어야 할 것이다.

2) 국가의 인간다운 생활을 보장해야 할 의무

건강하고 문화적인 생활을 보장하는 방법은 다양하다.

첫째, 헌법 제34조 제1항의 인간다운 생활을 할 권리가 실현될 수 있도록 제34조 제2항에서는 "국가는 사회보장 · 사회복지의 증진에 노력할 의무를 진다."라고 규정하고 있다. 사회보장, 사회복지는 국민의 생활보장을 목적으로 하는 국가의 종합적인 시책이다. 이러한 의미에서 사회보장 · 사회복지란 국민, 특히 저소득층이나 근로자계층의 생활안정을 위한 정책이나 제도를 말하고, 이에 소요되는 재원의 전부 또는 일부를 국가나 공공단체가 부담하는 것을 말한다. 여기에는 의료보장, 소득보장 등 사회보험제도와 직접적인 서비스를 제공하는 사회복지기관 및 시설에 의한 서비스들이 있다. 이에 관한 법률로는 사회보장기본법, 국민건강보험법, 국민연금법, 사회복지사업법 등 다양한 형태가 있다.

둘째, 국가는 국민의 인간다운 생활을 보장하기 위해서 경제질서에 관한 규제와 조정의 방법을 이용할 수 있다. 헌법이 개인과 기업의 경제상의 자유와 창의를 존중함을 경제질서의 기본으로 삼으면서도(제119조 제1항), "국가는 균형 있는 국민경제의 성장 및 안정과 적정한 소득의 분배를 유지하고, 시장의 지배와 경제력의 남용을 방지하며, 경제주체 간의 조화를 통한 경제의 민주화를 위하여 경제에 관한 규제와 조정을 할 수 있다."라고 규정(제119조 제2항)한 것이 그것이다.

3) 생활 미자립자의 보호

헌법 제34조 제1항과 제2항은 국민 일반에 대해서 기술하고 있지만, 제3항~제6항은 여자, 노인, 청소년, 장애자, 빈곤자 및 재해자의 특별한 보호를 규정하고 있다. 구체적으로 살펴보면, 제3항에서 "국가는 여자의 복지와 권익의 향상을 위하여 노력하여야 한다."라고 규정하고, 제4항에서 "국가는 노인과 청소년의 복지향상을 위한 정책을 실시할 의무를 진다."라고 규정하였으며, 제5항에서는 "신체장애자 및 질병 · 노령 기타의 사유로 생활능력이 없는 국민은 법률이 정하는 바에 의하여 국가의 보호를 받는다."라고 하였다. 또 제6항에서는 "국가는 재해를 예방하고 그 위험으로부터 국민을 보호하기 위하여 노력하여야 한다."라고 하였다. 일반적으로 생활 미자립자는 생활능력이 미흡하거나 그 능력을 상실한 사람들이며, 이러한 특성은 여성, 아동, 노인, 장애인, 빈곤자에게 주로 나타나기 때문에 국가에서 그들의 보호에 특별히 관심을 보이도록 한 것이다.

그들의 보호를 위한 법으로는 국민기초생활보장법, 의료급여법, 사회복지사업법, 군사원호보상법 등 다양하다. 이러한 법률에 의한 보호청구권은 추상적인 권리가 아니라 구체적이며 현실적인 권리이어야 한다.

3 생존권 이념의 실천적 원리

생존권 이념의 실천적 원리는 인간다운 생활의 보장, 사회복지의 증진, 자활 · 자립, 소득재분배, 사회적 통합이다(장동일, 2010). 그 구체적 설명은 다음과 같다.

1) 인간다운 생활의 보장

인간다운 생활의 보장이란 국민이 건강하고 문화적인 삶을 영위하도록 보장하는 것이다. 인간의 사회적 위험인 실업, 질병, 노령, 폐질, 장애, 사망, 출산 등에 의한 질병, 빈곤, 의존성, 고독, 정서적 지지결핍 등은 인간의 건강하고 문화적인 생활을 저해한다. 생존권보장을 추구하는 사회복지법은 소득보장, 의료보장, 사회복지서비스를 통해서 그들의 건강하고 문화적인 삶을 영위할 수 있도록 하는 것이다. 그러나 현대사회에서 인간의 문제가 복잡해지고 복합적으로 변화함에 따라 국민의 최저생활보장에 그치지 않고, 헌법 전문에 나타나는 바와 같이 개인이 가진 능력과 재능을 계발할 수 있도록 적극적으로 기회를 보장하는 데까지 그 개념을 확장하고 있다. 이러한 사회복지의 목적을 구체적으로 구현하는 제도가 사회보장제도다.

2) 사회복지의 증진

사회복지란 인간의 안녕을 해치는 모든 조건들을 제거하여 인간으로 하여금 인간다운 생활을 누리도록 하는 모든 노력을 말한다. 인간의 안녕을 해치는 조건들과 인간의 욕구도 다양하기 때문에 이를 해결하기 위한 사회복지 증진방법도 다양하다. 보통 법제도로 소득보장, 의료보장 또는 사회복지서비스에 관한 법을 통해서 사회복지의 증진을 달성한다.

3) 자활 · 자립

생존권실현의 궁극적인 종착점은 자립적인 인간다운 삶이다. 인간이 다른 개인이나 국가로부터 도움을 통해서 의존적인 삶을 살아가기보다는 스스로 독립적인 삶을 꾸릴 수 있는 것이 바람직하다는 점에는 누구도 이의가 없을 것이다. 이러한 독립적이고 자립적인 측면의 삶을 보장하기 위하여 공공부조나 사회복지서비스에 관한 법이 있다. 이러한 법의 영역에서는 대상자의 자립의지를 키워 주고 자립능력을 배양하는 목적을 갖는 여러 시책과 서비스를 구비하고 있다.

4) 소득재분배

소득재분배는 생존권보장을 실천하기 위한 경로다. 소득재분배는 조세법이나 다른 사회정책 수단을 통해서도 이루어지지만, 사회복지법에 의한 소득재분배가 보다 대규모적이고 지속적인 효과를 제공한다. 소득재분배 효과는 의료보장제도나 공공부조제도에서 잘 나타난다. 예를 들면, 건강보험에서 가입자의 기여금은 사회적 위험의 대소에 의해서 결정되는 것이 아니라 소득에 비례해서 결정되고, 질병치료 비용은 소득보다는 질병의 종류와 치료기간에 의해서 결정된다. 특히 공공부조의 대상자들은 그들의 기여에 근거하지 않고, 단지 소득무능력 또는 저소득이라는 이유만으로 생존권보장을 받을 수 있다.

5) 사회적 통합

생존권보장은 사회적 통합을 낳는다. 사회 속의 인간에게는 다양한 스펙트럼의 삶을 통해서 계층 간 물질적, 질적 차이로 인한 위화감이 존재한다. 이는 사회구성원으로서의 동질감을 저하시키는 결과를 낳는다. 이러한 동질감 부족은 사회적 목표를 향한 결속과 협력을 저해하는 요인으로 작용하며, 그러한 사회는 결국 정체되거나 붕괴될 것이다. 생존권보장은 계층 간에 합리적인 평등을 보장해줌으로써 사회적 통합을 가져온다.

4 헌법과 인간다운 생활을 할 권리

1) 헌법의 의의

근대의 입헌주의국가는 헌법이 국민의 기본권을 보장하고 권력분립을 규정한 헌법에 의하여 통치할 것을 요구하는 정치원리가 지배한 사회였다. 그래서 헌법은 권력분립에 의한 국가권력의 남용방지를 위한 기능을 수행하여 개인의 자유와 권리를 보장하였지만, 그것은 국민의 형식적 평등을 보장하는 도구일 뿐이었다. 현대에 들어서서 각 국가들은 복지국가를 표방하는데, 복지국가의 헌법은 국민의 인간다운 생활을 보장하기 위한 법으로 이해되며, 헌법에 의한 국민의 실질적 평등을 보장하게 된다. 그러므로 현대 복지국가의 헌법은 균형 있는 경제의 성장, 적정한 소득과 분배의 유지, 시장의 지배와 경제력 남용의 방지, 재산권 사용의 공공복지 적합성을 달성하는 기능을 수행한다.

우리나라 헌법은 1948년 7월 17일 제정된 이래로 9회에 걸쳐 개정되었다.[1] 헌법은 우리에게 그렇게 자주 거론되는 법은 아니다. 하지만 헌법은 '국가최고기관의 조직과 작용, 국가기관 상호 간의 관계, 국가와 국민의 관계에 관한 기본원칙을 정한 국가의 기본법'이다. 즉, 국가의 기본법으로서 국가의 통치조직과 통치작용의 원리를 규정한다. 헌법은 국민의 기본권을 보장하는 최고법이며, 국가와 국민 간의 권리 및 의무에 관한 기본법이다.

그러므로 헌법은 국가의 조직, 구조, 체계 등에 관한 법으로서 한 국가의 권력관계라고 하는 정치적 사실 자체를 나타내 주기도 하며(사회학적 헌법개념), 나아가 현실을 규제하고, 국가생활 · 정치생활에서 있어야 할 형태에 관하여 기준을 제시하기도 한다(법학적 헌법개념). 사회복지학의 견지에서 보면, 헌법은 사회복지에 대한 국가의 책임과 범위 및 국민의 권리를 정해 주는 중요한 법이 된다.

그러므로 역사상 나타난 헌법의 제정동기, 전개과정, 헌법의 기능을 살펴보면, 헌법의 규범적 특질로서 최고규범성, 기본권보장규범성, 수권규범성, 조직규범성, 권력제한규범성 등을 추론할 수 있다.

2) 헌법의 인간다운 생활을 할 권리 규정과 법적 성격

우리나라 헌법 제34조 제1항은 "모든 국민은 인간다운 생활을 할 권리를 가진다."라고 규정하여 주된 기본권으로서의 생존권의 원칙을 밝힘과 동시에 인간다운 생활을 할 권리를 선언하고, 동조 제2항은 "국가는 사회보장 · 사회복지의 증

---

1. 우리나라 헌법은 1948년 7월 17일에 제정되었고, 5회의 일부개정(1952. 7. 7, 1954. 11. 29, 1960. 6. 15, 1960. 11. 29, 1969. 10. 21)과 4회의 전문개정(1962. 12. 26, 1972. 12. 27, 1980. 10. 27, 1987. 10. 29)이 있었다.

진에 노력할 의무를 진다."라고 하여 국가의 사회보장과 사회복지의 증진의무를 규정하였다. 이에 근거하여 동조 제3항~제6항은 여자, 노인, 청소년, 장애인, 생활무능력자에 대한 국가의 보호정책실시의무와 법률이 정하는 바에 의한 국가의 보호의무를 규정하여 적극적인 국가의 책임을 규정하고 있다.

국민의 복지실현을 위해서는 생존권으로 통칭되는 인간다운 생활을 할 권리의 법적 성질에 대한 이해가 있어야 한다. 학설에 따르면, 생존권적 기본권의 법적 효력에 관해서는 크게 입법방침(프로그램)규정설과 법적 권리설로 나누어진다. 그리고 법적 권리설은 추상적 권리설과 구체적 권리설로 분리된다.

먼저 입법방침(프로그램)규정설에서는 헌법 제34조 제1항은 구체적, 현실적으로 국민에게 생존권을 보장받을 권리를 부여한 규정이 아니고 입법에 의해서만 그 효력을 발생하는 강령규정으로서 '입법의 방침'을 나타내는 데에 불과하다고 본다. 이 학설에 따르면, 헌법상의 생존권규정은 입법의 방침인 국가의 정책프로그램의 일종이므로 국가의 국민의 생존권보장에 법률적인 구속을 당하지 않는다. 예를 들면, 국가의 경제적 사정이나 국가담당자의 견해에 의하여 얼마든지 생존권보장이 지체되거나 욕구와 관계없이 집행될 수 있다고 본다.

그러나 법적 권리설은 헌법 제34조 제1항이 국가에게는 법적 의무를 부여하고 국민 개개인에게는 법적 권리를 부여한다고 보는 설이다. 이 법적 권리설은 추상적 권리설과 구체적 권리설로 구별된다. 추상적 권리설은 국민은 국가에 대하여 추상적 권리만을 가지고, 국가는 입법 및 기타 필요한 조치를 강구할 추상적 의무를 진다고 보는 설이다. 그래서 국가가 그 의무를 제대로 이행하지 않았다고 하여 그 의무의 이행을 국민이 소송으로 해결할 수 없다고 본다. 한편 구체적 권리설은 사회보장을 받을 권리는 헌법상의 권리로 국민은 국가에 대하여 적극적으로 적절한 입법과 급부를 요구할 수 있고, 국가가 적절한 입법을 하지 않으면 사회보장을 받을 권리의 침해가 된다고 본다. 여기에도 다시 사회보장실현입법이 존재하지 않는 경우 국가의 부작위위헌확인소송을 인정하는 설과 그것을 부인하는 설이 있다.

3) 헌법의 발달

우리나라의 헌법의 발달을 인간다운 생활을 할 권리를 중심으로 살펴본다.

(1) 제1공화국

① 제헌헌법(1948)

우리나라 최초의 헌법은 1948년 7월 17일 공포되었다. 이 제헌헌법의 주요 특징은 자유권보장, 권력분립, 단원제국회, 대통령중심제, 통제경제정책 등이었다.

구체적인 내용을 살펴보면, 헌법전문에서 "정치, 경제, 사회, 문화의 모든 영역에 있어서 각 인의 기회를 균등히 하고, 능력을 최고도로 발휘케 하여 각 인의 책임과 의무를 완수케 한다."거나 "……안으로는 국민생활의 균등한 향상을 기하고……"라고 규정함으로써 정치적 · 사회적 민주주의를 건국의 기본이념으로 하고 있음을 천명하였다. 헌법 제5조에서는 "대한민국은 정치, 경제, 사회, 문화의 모든 영역에 있어서 각 인의 자유, 평등과 창의를 존중하고 보장하며, 공공복리를 향하여 이를 보호하고 조정하는 의무를 진다."라고 규정하여 헌법전문의 정신을 실현시키기 위한 국가의 책임을 명시하였다.

이러한 헌법정신을 구체화하기 위하여 모든 국민에게 인간다운 생활을 확보하기 위한 생존권의 보장을 규정하고, 그중에서도 근로의 권리(제17조), 생활보장을 받을 권리(제19조), 근로자의 단결권(제18조 제1항), 근로자의 이익분배균점권(제18조 제2항), 보건에 관한 권리 및 혼인의 남녀동등(제20조) 등을 규정하여 생존권 보장을 보완하였다. 이 외에도 헌법 제28조에서 "국민의 모든 자유와 권리는 헌법에 열거되지 아니한 이유로 경시되지 않는다."라고 규정하여, 포괄적인 생존권의 보장을 예정하고 있다.

② 제1차 개정(1952)과 제2차 개정(1954)

전체적으로 제헌헌법과 유사하여 헌법전문, 헌법 제5조, 기본권조항 등의 개정은 없었고, 제84조의 경제질서의 원칙규정에서도 변경이 없었다.

(2) 제2공화국: 제3차 개정(1960. 6)과 제4차 개정(1960. 11)

제3차 개정의 전체적인 특징은 국민의 기본권 강화, 내각책임제의 채택, 헌법재판소의 설치, 대법원장과 대법관선거제 채택, 중앙선거위원회의 헌법기관화, 경찰의 중립, 지방자치단체장의 선거제 등이었다.

생존권적 기본권과 관련해서는 뚜렷한 변경이 없었다. 헌법전문에서 "……안으로는 국민생활의 균등한 향상을 기하고……"라고 규정하여 여전히 국민의 균등한 향상을 목적으로 하였다. 그리고 제5조에서는 "대한민국은…… 공공복리의 향상을 위하여 이를 보호하고 조정하는 의무를 진다."라고 규정하고, 제19조에서는 "노령, 질병, 기타 근로능력의 상실로 인하여 생활유지의 능력이 없는 자는 법률이 정하는 바에 의하여 국가의 보호를 받는다."라고 규정하여 국가의 책임과 보호를 필요로 하는 자에 대한 보호를 규정하였다. 이 외에도 제28조에서 "국민의 모든 자유와 권리는 헌법에 열거되지 아니한 이유로 경시되지 않는다."라고 규정하여 생존권의 확장 가능성을 보여 주고 있다.

(3) 제3공화국: 제5차 개정(1962)과 제6차 개정(1969)

국민투표에 의하여 제정된 제3공화국 헌법은 두 차례의 헌법 개정 후의 자유경제질서로 환원하였다. 그러나 제111조의 제2항에서는 국가는 모든 국민에게 생활의 기본적 수요를 충족시키는 사회정의의 실현과 균형 있는 국민경제의 발전을 위하여 필요한 범위 안에서 경제에 관한 규제와 조정을 한다고 규정하여 사회정의의 실현과 경제계획을 모색하고 있음을 알 수 있다.

제3공화국 헌법전문에는 제헌헌법의 전문과 같이 국민생활의 균등한 향상을 기하고 있으며, 전통적인 자본주의 경제에 대한 수정을 의도하고, 사회적 평등과 경제적 평등을 요청하고 있다. 헌법의 기본권 규정에 있어서도, 제8조[2]와 제30조[3]

---

2. 제8조 모든 국민은 인간으로서의 존엄과 가치를 가지며, 이를 위하여 국가는 국민의 기본적 인권을 최대한으로 보장할 의무를 진다.

3. 제30조 ① 모든 국민은 인간다운 생활을 할 권리를 가진다.
② 국가는 사회보장의 증진에 노력하여야 한다.
③ 생활능력이 없는 국민은 법률이 정하는 바에 의하여 국가의 보호를 받는다.

에서 생존권적 기본권의 원칙적인 규정을 두었고, 제20조에서 재산권의 제한과 보상, 나아가 일련의 생존권적인 기본권을 규정하고 있었다. 즉, 제8조는 구헌법 제5조와 비슷한 규정으로서 "모든 국민은 인간으로서의 존엄과 가치를 가지며, 이를 위하여 국가는 국민의 기본적인 인권을 최대한으로 보장할 의무를 지도록" 규정하였고, 제30조에서 "모든 국민에게 인간다운 생활을 할 권리"를 신설하고, 국가의 사회보장의무와 생활보호의무를 규정하고 있다. 이 외에도 제109조 제1항에서 "지방자치단체는 주민의 복리에 관한 사무를 처리하고"라고 규정함으로써 지방자치단체의 주민복지에서의 역할을 제시하고 있다. 구헌법 제18조의 근로자의 이익분배균점권은 삭제되었다.

(4) 제4공화국: 제7차 개정(1972)

제4공화국에서는 1972년 제7차 개정이 있었다. 제7차 헌법 개정은 조국의 평화통일성취, 민족의 성취, 국력의 조직화와 능률의 극대화를 위한 통치기구와 관계제도의 개혁, 정치, 경제, 사회, 문화 등 모든 면의 안정유지와 번영의 기저 확고화, 국민기본권의 한국실정화, 항구적 세계평화에의 기여 등을 목적으로 이루어졌다.

제4공화국의 헌법에서는 경제발전을 위하여 노동 3권의 보장을 법률로 제한할 수 있도록 하여(제29조 제1항 및 제3항), 단체활동권의 제한에 관한 법률제재의 근거를 부여하였다. 그러나 기타 인간다운 생활의 보장과 관련된 헌법전문, 제8조의 인간의 존엄성 보장의 의무 및 제30조의 생존권규정은 변하지 않아 제3공화국 헌법과 동일하였다.

(5) 제5공화국: 제8차 개정(1980)

제5공화국에서는 제8차 헌법 개정(1980)이 있었다. 이 개정에서는 생존권보장에 관해서 사회복지 개념이 추가되었으며, 그 구체적인 내용은 전문의 국민생활의 균등한 향상 보장, 제9조의 인간의 존엄과 가치의 보장과 행복추구권, 불가침의 기본적 인권보장, 제32조 제1항의 인간다운 생활을 할 권리, 제2항의 사회보장 · 사회복지증진의 의무, 제3항의 생활능력이 없는 국민보호, 제35조 제1항의 헌법에 열거된 것 이외의 기본권 보장, 제118조 제1항의 지방자치단체의 주민의 복리사무처리 역할 등이다.

이 외에 국가의 평생교육진흥의무(제29조 제5항), 국가유공자, 상이군경, 전몰군경의 유가족이 법률이 정하는 바에 의하여 우선적으로 근로의 기회를 부여받을 권리(제30조 제5항), 국가의 사회보장, 사회복지증진의 노력의무(제32조 제2항), 국민의 깨끗한 환경권, 환경보전의무(제33조) 조항이 신설되어 국민의 기본권보장을 한층 강화하였다.

(6) 제6공화국: 제9차 개정(1987)

제6공화국의 제9차 헌법 개정(1987)은 제34조의 인간다운 생활을 할 권리의 내용을 보다 구체화한 의미를 갖는다. 그래서 전문, 제9조, 제34조 제1항~제2항, 제35조, 제118조의 내용은 이전의 헌법 내용과 동일하지만, 제34조 제3항의 여성복지 노력의무, 제4항의 노인과 청소년의 복지향상의무, 제5항의 신체장애자 및 생활무능력자 보호의무, 제6항의 재해예방의무를 규정하여 생존권보장의 대상을 보다 구체화하였다.

그리고 제9차 헌법 개정은 노동자의 권익증진을 위한 규정에 변화가 많았다. 제4공화국의 제7차 헌법 개정에서 신설되었던 단체활동권 제한 규정이 삭제되었고, 국영기업체 근로자 등의 단체행동 금지 규정이 완화되었다. 그리고 노동자의 보호를 강화하였는데, 국가의 최저임금제 시행의무를 명시(제32조 제1항)하여 근로기준법상의 최저임금제 규정을 헌법 규정화하였고(1986년에 최저임금법을 제정), 여자의 고용, 임금 및 근로조건에 있어서 부당한 차별금지(제32조 제4항), 연소자 근로의 특별보호(제32조 제5항)가 규정되었다.

〈표 6-1〉 대한민국헌법 사회복지 관련 역대 조문 비교

구 분	제 · 개정일	조문내용
제1공화국 제헌헌법	[제정 1948. 7. 17 헌법 제1호]	제19조 노령, 질병 기타 근로능력의 상실로 인하여 생활유지의 능력이 없는 자는 법률의 정하는 바에 의하여 국가의 보호를 받는다.
제2공화국	[일부개정 1960. 6. 15 헌법 제4호]	제19조 노령, 질병 기타 근로능력의 상실로 인하여 생활유지의 능력이 없는 자는 법률의 정하는 바에 의하여 국가의 보호를 받는다.
제3공화국	[전부개정 1962. 12. 26 헌법 제6호]	제30조 ① 모든 국민은 인간다운 생활을 할 권리를 가진다. ② 국가는 사회보장의 증진에 노력하여야 한다. ③ 생활능력이 없는 국민은 법률이 정하는 바에 의하여 국가의 보호를 받는다.
제4공화국	[전문개정 1972. 12. 27 헌법 제8호]	제30조 ① 모든 국민은 인간다운 생활을 할 권리를 가진다. ② 국가는 사회보장의 증진에 노력하여야 한다. ③ 생활능력이 없는 국민은 법률이 정하는 바에 의하여 국가의 보호를 받는다.
제5공화국	[전문개정 1980. 10. 27 헌법 제9호]	제32조 ① 모든 국민은 인간다운 생활을 할 권리를 가진다. ② 국가는 사회보장 · 사회복지의 증진에 노력할 의무를 진다. ③ 생활능력이 없는 국민은 법률이 정하는 바에 의하여 국가의 보호를 받는다.
제6공화국	[전문개정 1987. 10. 29 헌법 제10호]	제34조 ① 모든 국민은 인간다운 생활을 할 권리를 가진다. ② 국가는 사회보장 · 사회복지의 증진에 노력할 의무를 진다. ③ 국가는 여자의 복지와 권익의 향상을 위하여 노력하여야 한다. ④ 국가는 노인과 청소년의 복지향상을 위한 정책을 실시할 의무를 진다. ⑤ 신체장애자 및 질병 · 노령 기타의 사유로 생활능력이 없는 국민은 법률이 정하는 바에 의하여 국가의 보호를 받는다. ⑥ 국가는 재해를 예방하고 그 위험으로부터 국민을 보호하기 위하여 노력하여야 한다.

4) 헌법과 사회복지

헌법은 국가의 기본법으로서 사회복지영역에서도 그 원칙과 방향을 제시하는 중요한 성문법이다. 헌법의 사회복지증진을 위한 몇 가지 논의방향을 제시하면 다음과 같다.

첫째, 헌법 제34조 제2항의 '국가의 사회보장, 사회복지증진의 의무'에 관한 규정의 정비다. '사회복지'의 개념을 '사회보장'의 개념과의 관계에서 어떻게 이해할 것이냐에 대해서 사회보장기본법에서는 사회보장을 사회보험, 공공부조, 사회복지서비스, 관련복지제도라고 규정함으로써 헌법 제34조의 '사회복지'를 협의의 사회복지로 이해할 가능성을 더욱 증대시켰다. 그러나 사회복지학계의 많은 의견은 그것을 광의의 개념으로 이해하는 것이 현실이다. 이렇게 본다면 이 규정의 '사회보장'과 '사회복지'의 개념을 예시적 의미로 이해할 수밖에 없다.

둘째, 현행 헌법의 제34조는 국민의 인간다운 생활을 보장하는 사회복지의 기본규정이지만, 제3항 이하에서 여성, 아동, 노인, 저소득층 등으로 그 대상자를 열거함으로써 이 조문에 규정되지 아니한 대상에 대해서는 사회복지의 대상이 아닌 것으로 오해될 가능성도 없지 않다. 헌법의 일반하위법에 대한 상대적 추상성을 이해한다면 굳이 이와 같이 열거할 필요는 없다고 생각한다.

셋째, 헌법의 기본권규정의 법적 권리에 대해서 보다 명확한 표현이 있어야 한다. 현행과 같은 헌법에서는 사회복지학계에 사회복지의 구체적 권리성을 주장하여 왔지만, 실제 법률전문가들의 견해는 기본권 규정을 추상적 권리성의 의미로 받아들이는 경우가 많다. 이러한 혼란은 정리될 필요가 있다.

5 국제 사회복지법과 인권

1) 국제법의 지위

일반적으로 국내법은 일정한 국가 내에서 해당 국민에 대해서 효력을 발생하는 법체계다. 이와 달리 국제법은 국가 간의 관계에 관한 법으로서, 보통 조약, 협약, 협정, 규약 등의 명칭을 갖고 있는 법체계다.

우리 헌법 제6조 제1항은 "헌법에 의하여 체결·공포된 조약과 일반적으로 승인된 국제법규는 국내법과 같은 효력을 가진다."라고 규정하였다. 그러므로 국제법이 국내법으로서의 효력을 갖기 위해서는 일정한 절차가 필요하다. 헌법은 국가의 기본법이므로 국제법이 국내법과 같은 효력을 발생할 경우에는 헌법체계 내에서 가능할 것이다. 국제법의 국내법적 효력은 헌법에 의해서 비로소 인정되기 때문이다. 예를 들면, 조약의 경우 조약체결의 절차가 합헌적이어야 할 뿐만 아니라 조약의 내용이 우리 헌법에 저촉되지 않아야 국내법적 효력을 발생할 것이다.

국제법이 국내법으로 수용되어 효력을 발생할 경우에는 양자 간에 상하위 법질서가 고려되어야 한다. 이 경우 국제법과 국내법이 통일된 국가법체계에 있으므로 일반적인 원리인 상위법우선의 원칙, 신법우선의 원칙, 특별법우선의 원칙 등이 적용된다.

2) 조약

조약이란 조약, 협약, 협정, 규약 등 국제법률관계를 설정하기 위하여 체결한 국제법주체 상호 간의 문서에 의한 합의를 말한다. 조약이 국내법적 효력을 갖기 위해서는 일정한 요건을 갖추어야 한다. 즉, 조약은 대통령에 의한 체결,[4] 비준[5]이 있어야 하고, 그 과정에서 국회의 동의를 얻어야 한다. 국회의 동의는 대통령의 조약의 체결·비준행위를 헌법적으로 정당화시켜 주는 것이므로 원칙적으로 대통령이 비준하기 전에 있어야 한다. 만약 국회의 동의가 결여된 조약은 국내법상 무효라는 것이 통설이다.[6]

---

4. 조약의 '체결'은 대통령이 전권대표를 지명 파견하고, 조약내용에 대한 기본방침을 지시하는 등을 기초로 이루어진다.
5. 조약의 '비준'은 조약체결권자인 국가원수가 전권대표가 서명한 조약이 국제법상 유효함을 확인하는 행위를 말한다.
6. 하지만 다수설은 조약은 국제법상 법형식이기 때문에 국회의 동의가 결여된 조약도 국제법상으로는 유효하다고 한다.

3) 일반적으로 승인된 국제법규

일반적으로 승인된 국제법규란 국제사회의 보편적 규범으로서 대다수 국가가 승인하고 있는 법규를 말한다. 이것이 반드시 우리나라에서 승인되어야 한다는 것을 의미하는 것은 아니다.

일반적으로 승인된 국제법규는 성문의 국제법규, 불문의 국제관습법, 일반적으로 승인된 조약 등의 형태로 존재한다. 특히 '일반적으로 승인된 국제조약'에는 'UN헌장' '포로에 관한 제네바협정' '국제인권규약' 등이 있다.

우리 헌법 제6조 제1항은 "……일반적으로 승인된 국제법규는 국내법과 같은 효력을 가진다."라고 규정함으로써 '일반적으로 승인된 국제법규'의 국내법적 효력에 대해 특별한 수용절차를 따로 정하지 않았다. 즉, 직접 국내법적 효력을 발생한다. 이 점은 중요 조약에 대해 국회의 동의가 필요한 것과 다르다.

4) 인권보장의 국제화

사회복지법은 인간의 기본적 권리(인권)의 보장에 기초하고 있다. 이와 같은 인권보장은 한 국가에 국한된 관심사가 아니라 국제적으로 공통된 문제다. 따라서 인권보장의 내용과 형태가 국제적으로 보편화되어 가고 있다. 보편화된 인권보장의 내용은 국제연합헌장, 세계인권선언, 유럽인권규약, 국제인권규약 등을 통해서 알 수 있다.

본격적으로 국제적인 인권보장이 확립된 것은 국제연합헌장(1945)부터다. 이 '국제연합헌장'은 인간의 존엄과 가치, 기본적 인권과 평등 및 경제적, 사회적 기본권 등을 선언하고 있다. 1948년 국제연합헌장의 정신에 기초하여 채택된 세계인권선언은 비록 강제력은 없지만 모든 중요한 기본권들이 포함되어 있어 국제적인 인권보장에 있어서 획기적 계기를 마련하였다.

유럽인권규약(1950)의 경우 유럽지역에 국한되지만 강제력을 가진 인권규약이라는 점에서 의미가 있다. 나아가 구속력 있는 인권보장을 위한 노력의 결과로 1966년 국제연합은 '국제인권규약'을 제정하였는데, 이 규약은 '경제적 · 사회적 및 문화적 권리에 관한 규약(A규약)' '시민적 및 정치적 권리에 관한 규약(B규약)'

그리고 'B규약선택의정서'로 구성되어 있다. 우리나라의 경우는 1990년 A규약에는 유보 없이, B규약에는 국내법과 저촉되는 4개항을 유보하고 가입하였다.[7]

5) 제3세대 인권의 대두

인권개념은 국제사회의 발전에 따라 변화되어 왔다. 제1세대 인권은 프랑스혁명의 사상인 자유·평등의 이념을 내용으로 하는 개인적 차원의 자유권보장을 말하고, 제2세대 인권은 1919년의 바이마르헌법에서 규정되기 시작한 국가적 차원의 생존권보장을 말한다. 제2차 세계대전 이후 나타난 국제적 차원의 연대권은 제3세대 인권으로, 제1, 2세대 인권을 보충하는 의미가 있다.

제3세대 인권에 관한 단일조약은 아직 없고, UN에서 제3세대 국제인권협약의 준비초안이 검토되고 있는 단계다. 제3세대 인권은 제1, 2세대 인권과 달리 정치적 색채가 적다. 제1, 2세대 인권은 개인적 차원의 권리로서, 서구의 산업국가들에서는 시민적·정치적 권리를 존중하고, 사회주의국가들에서는 경제적·사회적·문화적 권리의 실현에 치중하였는데, 제3세대 인권은 민족, 국가, 집단적 차원의 권리로서 인간의 사회생활의 기본적 요청들과 관계가 있기 때문이다. 또한 제1, 2세대 인권은 국가 내부에서 제기되고 국내법 차원에서 완성되고 국제법적 인정을 받았지만, 제3세대 인권은 국제법 차원에서 제기되고 국제적 차원에서 인정이 요구되고 있다.

---

7. 그러나 1991년 B규약 제23조 제4항(혼인 중 또는 이혼 시의 배우자의 평등), 1993년 B규약 제14조 제7항(이중처벌금지)의 유보를 철회하였다. 따라서 현재는 헌법 제110조 제4항(비상계엄하의 군사재판에서 단심제 적용)과 상충되는 B규약 제14조 제5항과 제22조만을 유보하고 있다.

제7장

한국 사회복지법의 발달

사회복지분야의 역사연구는 일반적인 역사 연구서나 자료에서 구분하고 있는 연대기에 따른 구분이나 정부 형태, 보다 거시적으로는 자본주의 발달과정에 따른 사회체제의 발달과 사회복지제도 구분, 그리고 정치경제적 체제의 변화와 사회복지 혹은 복지국가의 변화의 구분 등에 의해서 연구될 수 있다. 이 책에서는 연대에 따른 한국 사회복지법의 역사적 전개[1]를 살펴보고자 한다.

1 1960년대 이전의 사회복지법 발달

1960년대 이전은 일본식민시대, 해방 후 미국군정시대 및 1950년대로 구별할 수 있다. 먼저 일본식민시대의 사회복지입법은 1944년의 조선구호령 외에는 특별한 법제를 발견할 수 없다. 일본은 내선일체를 부르짖으며 한국을 일본의 영토로 편입하고 천황의 신민으로서 통치하려고 하였으나, 사회복지정책이나 법제에는 관심을 갖지 않았다.

이 시대의 조선구호령은 광복 후 미군정기를 거쳐 1961년에 생활보호법이 제

1. 〈부록 1〉의 한국 사회복지법 연대표를 참조하라.

정되기까지 한국의 공공부조의 기본법으로서의 위치를 가지고 있었으며, 1961년 이후에도 생활보호법의 기본 골격으로 남아 있었다는 점에서 사회복지입법사의 중요한 역사적 의미를 부여할 수 있다. 1999년에 와서 국민기초생활보장법이 제정됨에 따라 새로운 공공부조의 기본 틀을 갖추게 되면서 구법시대는 막을 내렸다.

두 번째 미군정하의 사회복지입법은 빈곤과 사회적 혼란에 대처하기 위한 구호적·응급적인 대책으로서의 성격을 가진다. 구호정책과 연관된 미군정의 사회복지입법은 '후생국보 제3호'(1946. 1. 12)와 '후생국보 3A호'(1946. 1. 14) 및 '후생국보 3C호'를 들 수 있다. 미군정은 1946년 9월 18일에 아동노동법규를 발표하여 아동의 노동을 보호하였다. 그 후 이 정신을 발전시켜 1947년 5월 16일에는 전문 12조로 된 과도정부 법령 제4호로 미성년자노동보호법을 공포하여 미성년자를 유해, 위험한 직업 또는 과중한 노동으로부터 보호하고 아동의 건전한 발육과 정당한 이익을 보장하도록 하였다.

미군정의 사회복지입법은 구호법규, 아동노동법규 혹은 미성년자노동보호법 등과 같이 당시의 시대적 환경에 대응하는 임시변통적인 구호정책이 주류를 차지하고 있었고, 이 역시 일제시대의 조선구호령이 가진 기본적인 성격의 연장선상에서 전개된 것으로 이해할 수 있으므로, 계획적이고 창의적인 정책이나 입법은 발견할 수 없다. 다만 미성년자노동보호 입법은 1953년 8월 9일에 근로기준법이 실시되면서 폐기되기 전까지의 아동복지에 영향을 미친 것으로 이해될 수 있다.

세 번째, 1950년대의 사회복지입법은 한국전쟁과 그 영향을 고려하여야 한다. 미국을 중심으로 한 외국원조는 한국 경제를 회복시키고 한편으로는 전쟁으로 인해 고통당하는 수많은 전쟁이재민과 고아, 과부, 부상자 및 장애자를 위해 응급적인 구호를 제공하였다.

1948년에 수립된 정부는 많은 외국원조기관이 물자를 제공하는 것을 효과적으로 배분하여 민생문제를 해결하는 문제가 중요한 과제로 등장하였다. 1952년 10월 4일에 후생시설운영요령을 제정하여 시설운영과 그 지도감독의 준칙으로 삼았다. 그리고 1953년 5월 1일에는 근로기준법을 제정하여 근로자보호제도의 기틀을 마련하였고, 1956년에는 '어린이헌장'을 제정·공포하여 미래의 국가사회의 주역으로 성장할 아동들을 밝고 건전하게 육성하려는 정책의지를 밝혔다.

1950년대 중반 이후의 시기는 국가 사회적인 혼란을 종결하고 외원기관으로부터 유입된 물자를 통해 빈곤과 고통을 해결해 가는 시기라고 볼 수 있다.

2 1960년대 및 1970년대의 사회복지법 발달

경제개발 위주의 정책은 산업화와 도시화를 촉진시켰다. 이러한 추세는 서울을 위시한 대도시의 폭발적인 인구집중 현상을 초래함으로써 영세민들의 도시이주를 가속화하였을 뿐만 아니라, 우리의 가족형태도 대가족으로부터 핵가족화 경향을 처음으로 나타내기 시작했다. 그리하여 사회가 변함에 따라 전통적인 한국인의 가치는 그동안 서서히 스며들었던 서구의 가치와 갈등을 일으켰다. 다른 한편 노동계층 형성의 미성숙으로 노조의 조직력이나 노사 간의 세력관계가 지극히 미약했고, 이익 표출도 거의 없다시피 했다. 따라서 복지국가의 이념이라든지 권리로서의 사회보장에 대한 일반 국민의 이해나 주장은 거의 없었던 것이다. 이 무렵 사회복지정책의 내용은 기껏 외원물자의 분배업무와 수많은 고아원사업의 뒷바라지 정도로밖에는 이해될 수가 없었던 것이다.

1970년 이후 상황은 고도 경제성장으로 인한 많은 문제점들, 즉 소득불평등, 절대빈곤인구의 증가 등으로 지식인들 간에 사회가치나 사회목적을 중하게 여겨야 한다는 주장이 나오기 시작하였고, 이에 정부는 제4차 경제개발 5개년 계획부터는 사회개발정책을 병행하는 국가발전정책의 궤도를 수정하게 되었다. 다시 말하면, 제4공화국하의 한국 사회는 제3공화국의 연속이기는 하지만 급격한 산업화가 몰고 온 지역 간 빈부 격차, 상대적 빈곤감 그리고 정치적 불안이 초래되었기 때문에 정부도 이와 같은 사회적 변화에 대응하여 새로운 사회복지입법과 제3공화국 때에 제정된 사회복지법을 시행하게 된다.

이 시기의 사회복지입법을 살펴보면, 1961년 1월 1일에 제정된 공무원연금법이 있다. 이 법은 한국 사회보험법의 효시로서 의미를 찾을 수 있다. 다음으로는 1961년 9월 30일에 갱생보호법이 제정되었고, 1961년 11월 1일에는 군사원호보상법이 제정되었다. 이는 한국전쟁 후의 상이군경, 전몰군경 그리고 그 유족을 보호하기 위한 법적 장치다.

1961년 11월 9일에 윤락행위등방지법을 제정하였고, 과거의 조선구호령을 폐지하고 새로운 시대상황에 요청되는 생활보호법을 1961년 12월 30일에 제정하였다. 이 법은 2000년 7월 1일에 시행된 국민기초생활보장법이 있기까지 약 40여 년간 공공부조의 기본적인 법제로서 중요한 역할을 수행하였다고 볼 수 있다. 1961년 12월 30일에 아동복지법이 생활보호법과 함께 제정되었고, 1961년 9월 30일에는 고아입양특례법이 제정되어 외국 입양을 합법화하였다.

1962년도에 들어와서는 1월 10일에 선원보험법이 제정되었는데, 아직까지 실시되지 못하고 사장되고 있다. 같은 해 3월 30일에는 재해구호법이 제정되었다. 1963년에는 군인연금법, 산업재해보상보험법, 사회보장에관한법률 및 의료보험법이 각각 제정되었다. 의료보험법 역시 1963년에 제정되었으나, 실시할 수 있는 경제적 · 기술적 여건의 미비로 인하여 1977년 7월 1일에 가서야 500인 이상 사업장을 중심으로 강제적용을 하는 사회보험제도로 실시되었다. 1968년에는 자활지도에 관한 임시조치법이 제정되어 생활보호법의 보충적인 성격을 띤 법으로서 기능하였다.

1970년대 초기에도 사회복지입법이 활발하였다. 1970년에는 사회복지서비스법의 모법이라고 할 수 있는 사회복지사업법이 제정 · 시행되었다. 동법은 사회복지사업을 공정하고 효과적으로 운영할 수 있는 법적 근거를 제공하는 역할을 수행하고 있다.

1973년에는 12월 20일에 사립학교교원연금법이, 그리고 12월 24일에는 국민복지연금법이 제정되었다. 그러나 국민복지연금법 역시 의료보험법과 유사하게 경제적 · 기술적 여건의 성숙이 이루어질 때까지 기다려야 했는데, 1988년에 국민연금법으로 개정되어 비로소 실시되었다.

1977년에 실시된 의료보호법은 생활보호법과 함께 공공부조의 양대지주를 이루는 법제로서 공공부조의 기본 골격이 이루어졌다고 할 수 있다. 또 1977년에는 공무원및사립학교교원의료보험법이 제정 · 실시되어 사업장과 함께 의료보험제도의 적용범위가 확장되었다.

3 1980년대의 사회복지법 발달

1980년대는 그동안 경제성장정책의 부산물을 해결하는 한편 1981년 2월에 출범한 전 대통령의 정치적 정통성의 문제 등으로 인한 사회적 갈등과 소요를 해소하기 위하여 경제사회적 발전을 균형 있게 추진해 가야 한다는 정책목표가 두드러진 시기였다. 이를 위해 제5공화국은 1970년대의 유신체제하의 잔재를 말끔히 청산하고 기회균등의 사회정의에 입각하여 전 국민의 행복이 보장되는 복지사회를 천명하기도 하였다.

그러나 학생운동이 잇달았고 노동자들의 근로조건 개선과 기존 노조의 민주화, 신규 노조의 급속한 증대 등으로 정치적 불안이 심화되었다. 그리고 사회적으로는 산업화와 도시화, 핵가족화, 생활양식의 현대화 등으로 산업재해, 환경오염 등은 물론, 핵가족화 속에서의 가족관계상의 문제, 아동유기, 정서장애 아동 등의 아동문제, 청소년 비행, 장애인문제, 노인문제 등 새로운 사회복지적 수요가 대두되었다.

1980년대의 사회복지입법은 1960년대와 1970년대에 추진되었던 각종 사회복지법제 중 도입되지 않은 사회복지법제라든지 혹은 새로운 사회경제적 변화에 맞추어 개정하는 사회복지법이 입법내용을 구성하고 있다. 1980년 12월 13일에는 사회복지사업기금법이 제정되었고, 1981년에는 사회복지서비스법 중 노인복지법과 심신장애인복지법이 독립된 법으로 입법화되었으며, 1961년에 처음으로 제정되었던 아동복리법은 아동복지법으로 전면 개정되었다.

1983년에는 사회복지사업법과 생활보호법이 개정되었고, 1986년 12월 23일에는 갱생보호법도 개정되었다. 동시에 1986년에는 국민연금법이 국민복지연금법을 대신하여 개정되어 1988년에 비로소 실시되는 한편, 최저임금법도 제정되어 1988년 1월 1일부터 시행되기에 이르렀다. 1988년부터는 농어촌지역의료보험이 전면 실시되었다. 동년 11월에는 보호관찰법이 입법화됨으로써 갱생보호제도와 함께 범죄자의 건전한 사회복귀를 도울 수 있는 제도적 장치를 마련하였다. 또한 1989년에는 모자복지법이 입법되고, 동년 7월 1일부터는 도시지역의료보험이 시행되어 의료보험법 시행 12년 만에 전 국민을 대상으로 한 의료보험제도가 정착되었다.

4 1990년대의 사회복지법 발달

1990년대는 정치적 발전을 어느 정도 이루었으나, 경제적으로는 한국호가 좌초한 시기로, 그리고 사회적으로는 시민단체가 활성화된 시기로 정리할 수 있다. 1988년 2월 노태우 정권, 1993년 김영삼 정권, 그리고 1998년 김대중 정권이 차례로 평화적 정권교체를 이룬 시기다. 경제적으로 보면 1990년대 중반까지는 안정적인 성장을 이루다 1997년 IMF 구제금융 이후 급속한 하락국면을 맞이하게 되고, 이후 많은 사회적 문제들—기업의 연쇄부도와 경제난의 가중, 기업과 금융 등 사회 모든 부문의 구조조정으로 명예퇴직자와 실업자의 양산—이 발생하였다. 특히 실직노숙자의 문제, 가정파탄, 자살, 알코올중독, 과로사, 생활범죄 등의 문제가 사회문제로 표출되고 있다.

한편 1990년대에 들어와서 소위 신보수주의적 정책기조가 영 · 미 · 일을 거쳐 세계적인 정치경제의 주류로 되면서, 한국도 세계시장에 편입되고 정치기조 역시 유사한 경향을 띠기 시작하였다. IMF 사태는 이를 더욱 강화시켜 많은 부문이 소위 '민영화' 정책의 조류에 휩쓸려 들어갔다. 하지만 IMF 사태로 인한 대량의 실직자와 그 가족의 생활문제를 해결하기 위한 재정지출을 획기적으로 시도해야만 하였고, 더욱이 김대중 정부에 와서는 개혁정책의 하나로서 의약분업, 의료보험의 통합(국민건강보험법) 및 국민기초생활보장법의 제정 등으로 사회복지 부문이 급속하게 확대된 것은 사실이다.

1991년에는 영유아보육법이 제정되었고, 동년 12월 13일에는 청소년기본법을 제정하여 청소년에 대한 정책을 체계화하였다. 특히 이 해에는 기존의 사회복지사업법을 개정하여 사회복지전담공무원과 복지사무전담기구 규정을 마련함으로써 장래 사회복지전달체계를 개선할 때를 대비하였다. 동시에 동년에는 고령자고용촉진법을 입법화하여 증가하는 고령자문제에 대응하는 법적 체계를 수립하였다.

1993년 12월 27일에는 고용보험법을 마련하였다. 1995년 7월 1일부터 시행한 동법은 근로자들의 소득보장과 함께 실업의 예방, 고용의 촉진, 근로자의 직업능력의 개발과 향상에 이바지할 수 있도록 제도적 장치를 마련하였다.

1990년대에 들어오면서 여권신장으로 성폭력문제가 사회적 쟁점으로 되면서, 드디어 1994년 1월 5일에 성폭력범죄의처벌및피해자보호등에관한법률이 제정되었다. 그리고 1995년은 농어민연금의 시행, 사회보장기본법 및 정신보건법 제정 등이 이루어졌다.

1997년에는 사회복지공동모금법이 제정되어 사회복지 재원의 효과적인 관리·운용에 이바지하게 되었다. 동년 12월 13일에는 가정폭력방지및피해자보호등에관한법률이 제정되었다. 1999년 2월 8일에는 국민건강보험법이 제정되었는데, 이는 종래의 의료보험법을 확대 개편하여 직장근로자, 공무원 및 교직원, 농어촌 및 도시자영자 전체를 포괄하는 통합의료보험체계를 구축하는 기반을 만들었다. 동법에 의거하여 2000년 7월 1일부터 국민건강보험공단이 설립되어 동법이 실시되기에 이르렀다.

같은 해 9월 7일에는 국민기초생활보장법이 제정되었는데, 특히 IMF 경제위기를 맞이하여 생계유지가 어려운 계층을 포괄적이고 적극적으로 보호한다는 입장과 한편으로는 자활과 자립을 촉진하는 입법상의 목적을 가지고 추진되었다. 동법은 2000년 10월 1일에 전면적으로 실시되어 공공부조의 새로운 시대를 열었다.

5 2000년 이후의 사회복지법 발달

1) 공공부조 관련법

먼저 공공부조 영역에서 의료급여법이 제정되었는데, 이것은 1977년 12월 31일 제정된 의료보호법을 2001년 5월 24일 전문 개정하면서 의료급여법으로 법명이 변경된 것이다. 이 법은 생활이 어려운 자에게 의료급여를 실시함으로써 국민보건의 향상과 사회복지의 증진에 이바지함을 목적으로 한다. 2005년 12월 23일 제정된 긴급복지지원법은 생계곤란 등의 위기상황에 처하여 도움이 필요한 자를 신속하게 지원함으로써 그들이 위기상황에서 벗어나 건강하고 인간다운 생활을 영위하도록 함을 목적으로 한다. 한부모가족지원법은 2007년 10월 17일 모·부자복지법(그 이전의 모자복지법)이 일부 개정되면서 법명이 변경된 것으로서, 한부모가족이 건강하고 문화적인 생활을 영위할 수 있도록 함으로써 한부모가족의 생활안정과 복지증진에 이바지함을 목적으로 한다.

2) 장애인복지 관련법

사회복지서비스에 관한 법률들을 대상자별로 살펴보면 다음과 같다. 장애인복지의 경우, 1990년 1월 13일 제정된 장애인고용촉진등에관한법률을 2000년 1월 12일 전문 개정하면서 장애인고용촉진및직업재활법으로 법명을 변경하였다. 이 법은 장애인이 그 능력에 맞는 직업생활을 통하여 인간다운 생활을 할 수 있도록 장애인의 고용촉진 및 직업재활을 꾀하는 것을 목적으로 하고 있다. 2005년 7월 29일 제정된 장애인기업활동촉진법은 장애인의 창업과 기업활동을 적극 촉진하여 장애인의 경제적·사회적 지위를 증진시키고 경제력 향상을 도모하기 위한 법이다. 2007년 4월 10일 제정된 장애인차별금지및권리구제등에관한법률은 모든 생활영역에서 장애를 이유로 한 차별을 금지하고 장애를 이유로 차별받은 사람의 권익을 효과적으로 구제함으로써 장애인의 완전한 사회참여와 평등권 실현을 통하여 인간으로서의 존엄과 가치를 구현하기 위한 법이다. 2007년 5월 25일 제정된(특수교육진흥법은 폐지) 장애인등에대한특수교육법은 교육기본법 제18조에 따라 국가 및 지방자치단체가 장애인 및 특별한 교육적 요구가 있는 사람에게 통합된 교육환경을 제공하고 생애주기에 따라 장애 유형 및 정도의 특성을 고려한 교육을 실시하여 그들이 자아실현과 사회통합을 하는 데 기여함을 목적으로 한다. 그리고 2008년 3월 21일에 제정된 중증장애인생산품우선구매특별법은 경쟁고용이 어려운 중증장애인들을 고용하는 직업재활시설 등의 생산품에 대한 우선구매를 지원함으로써 중증장애인의 직업재활을 돕고 국민경제발전에 기여한다.

장애로 인하여 생활이 어려운 중증장애인에게 장애인연금을 지급함으로써 중증장애인의 생활안정 지원과 복지증진 및 사회통합을 도모하기 위하여 장애인연금법이 2010년 4월 12일에 제정되었다. 또한 2011년 1월 4일 제정된 장애인활동지원에관한법률은 신체적 · 정신적 장애 등의 사유로 혼자서 일상생활과 사회생활을 하기 어려운 장애인에게 제공하는 활동지원급여에 관한 사항을 규정하여 장애인의 자립생활을 지원하고 그 가족의 부담을 줄임으로써 장애인의 삶의 질을 높이는 것을, 2011년 8월 4일 제정된 장애아동복지지원법은 국가와 지방자치단체가 장애아동의 특별한 복지적 욕구에 적합한 지원을 통합적으로 제공함으로써 장애아동이 안정된 가정생활 속에서 건강하게 성장하고 사회에 활발하게 참여할 수 있도록 하며 장애아동 가족의 부담을 줄이는 것을 목적으로 한다.

3) 보육, 아동 및 청소년 복지 관련법

2004년 2월 9일 제정된 청소년복지지원법은 청소년기본법 제49조 제4항의 규정[2]에 따라 청소년복지 증진에 관한 사항을 정함을 목적으로 하며, 2004년 2월 9일 제정된 청소년활동진흥법은 청소년기본법 제47조 제2항의 규정[3]에 따라 다양한 청소년활동을 적극적으로 진흥하기 위하여 필요한 사항을 정하고 있다.

아동 · 청소년의성보호에관한법률은 2000년 2월 3일에 제정된 청소년의성보호에관한법률이 2009년 6월 9일 전부 개정되면서 개명되었으며, 2010년 1월 1일부터 시행되었다. 이 법은 아동 · 청소년대상 성범죄의 처벌과 절차에 관한 특례를 규정하고 피해아동 · 청소년을 위한 구제 및 지원절차를 마련하며 아동 · 청소년대상 성범죄자를 체계적으로 관리함으로써 아동 · 청소년을 성범죄로부터 보

---

2. 청소년기본법 제49조(청소년복지의 향상):
   ① 국가는 청소년들의 의식 · 태도 · 생활 등에 관한 사항을 정기적으로 조사하고 이를 개선하기 위하여 청소년의 복지향상정책을 수립 · 시행하여야 한다.
   ② 국가 및 지방자치단체는 기초생활의 보장, 직업재활훈련, 청소년활동지원 등의 시책을 추진함에 있어서 정신적 · 신체적 · 경제적 · 사회적으로 특별한 지원을 필요로 하는 청소년에 대하여 우선적으로 배려하여야 한다.
   ③ 국가 및 지방자치단체는 청소년의 삶의 질을 향상하기 위하여 구체적인 시책을 마련하여야 한다.
   ④ 제1항 내지 제3항의 규정에 관하여는 따로 법률(즉, 청소년복지지원법)로 정한다.
3. 청소년기본법 제47조(청소년활동의 지원)
   ① 국가 및 지방자치단체는 청소년활동을 지원하여야 한다.
   ② 제1항의 규정에 의한 청소년활동의 지원에 관한 사항은 따로 법률(즉, 청소년활동진흥법)로 정한다.

호하고 아동 · 청소년이 건강한 사회구성원으로 성장할 수 있도록 하였다.

4) 노인복지 관련법

먼저 2007년 4월 25일 제정되고 2008년 1월 1일 시행된 기초노령연금법은 노인이 후손의 양육과 국가 및 사회의 발전에 이바지하여 온 점을 고려하여 생활이 어려운 노인에게 기초노령연금을 지급함으로써 노인의 생활안정을 지원하고 복지를 증진하기 위하여 제정되었다. 2005년 5월 18일에 제정된 저출산 · 고령사회기본법은 저출산 및 인구의 고령화에 따른 변화에 대응하는 저출산 · 고령사회정책의 기본 방향과 그 수립 및 추진체계에 관한 사항을 규정함으로써 국가의 경쟁력을 높이고 국민의 삶의 질 향상과 국가의 지속적인 발전에 기여한다.

5) 가족 및 여성 복지 관련법

건강한 가정생활의 영위와 가족의 유지 및 발전을 위한 국민의 권리 · 의무와 국가 및 지방자치단체 등의 책임을 명백히 하고, 가정문제의 적절한 해결방안을 강구하며 가족구성원의 복지증진에 이바지할 수 있는 지원정책을 강화함으로써 건강가정 구현에 기여하기 위하여 2004년 2월 9일에 건강가정기본법이 제정되었다. 성매매방지및피해자보호등에관한법률은 성매매를 방지하고 성매매피해자 및 성을 파는 행위를 한 자의 보호와 자립의 지원을 목적으로 2004년 3월 22일에 제정되었다. 2010년 4월 15일에는 성폭력을 예방하고 성폭력피해자를 보호 · 지원하기 위하여 성폭력방지및피해자보호등에관한법률이 제정되고 2011년 1월 1일에 시행되었다. 이 법으로 성폭력범죄의처벌및피해자보호등에관한법률은 폐지되었다.

또한 가족친화 사회환경의 조성을 촉진함으로써 국민의 삶의 질 향상과 국가사회의 발전에 이바지할 목적으로 가족친화사회환경의조성촉진에관한법률이 2007년 12월 14일에 제정되었다. 나아가 다문화가족지원법이 2008년 3월 21일에 제정되어 다문화가족 구성원이 안정적인 가족생활을 영위할 수 있도록 함으로써 그들의 삶의 질 향상과 사회통합에 이바지하게 되었다.

6) 지역사회복지 관련법

2005년 8월 4일에 자원봉사활동기본법이 제정되어 자원봉사활동에 관한 기본적인 사항을 규정함으로써 자원봉사활동을 진흥하고 행복한 공동체 건설에 기여하게 되었으며, 2006년 3월 24일에는 식품기부활성화에관한법률이 제정되어 식품기부를 활성화하고 기부된 식품을 생활이 어려운 자에게 지원함으로써 사회복지의 증진 및 사회공동체 문화의 확산에 기여한다. 그리고 2005년 1월 27일 제정된 교통약자의이동편의증진법은 교통약자가 안전하고 편리하게 이동할 수 있도록 교통수단·여객시설 및 도로에 이동편의시설을 확충하고 보행환경을 개선하여 인간중심의 교통체계를 구축함으로써 교통약자들의 사회참여와 복지증진에 이바지한다.

마지막으로 사회복지사등의처우및지위향상을위한법률이 2011년 3월 30일 제정되어 사회복지사 등에 대한 처우를 개선하고 신분보장을 강화하여 사회복지사 등의 지위를 향상하도록 함으로써 사회복지증진에 이바지하게 되었다.

7) 사회보험 및 기타

농어촌주민의 보건복지증진을 위한 시책을 강화하고 이에 관한 국가 및 지방자치단체의 책임을 명확히 하며 농어촌에 보건의료 및 사회복지시설을 확충함으로써 농어촌주민의 인간다운 삶을 보장함을 목적으로 2004년 1월 29일에 농어촌주민의보건복지증진을위한특별법이 제정되었다. 또한 2001년 8월 14일 제정된 근로자복지기본법은 2010년 6월 8일 전부 개정되면서 근로복지기본법으로 법명을 변경하고 이 법에 '사내근로복지기금법'의 내용을 흡수·통합하여 2010년 12월 9일부터 시행되었다. '사내근로복지기금법'은 폐지되었다. 이 법은 근로복지정책의 수립 및 복지사업의 수행에 필요한 사항을 규정함으로써 근로자의 삶의 질을 향상시키고 국민경제의 균형 있는 발전에 이바지함을 목적으로 한다.

국민건강보험재정건전화특별법은 2002년 1월 19일 제정되었는데, 국민건강보험의 재정적자를 조기에 해소하고 재정수지의 균형을 이루도록 함으로써 보험재정을 건전화하는 데 필요한 국민건강보험법 등에 대한 특례를 정하였다. 그러나 이 법은 2006년 12월 31일까지의 한시법이었다. 사회보험법의 역사에서 획기적인 노인장기요양보험법은 2007년 4월 27일 제정되고 2008년 7월 1일부터 시행되었는데, 고령이나 노인성 질병 등의 사유로 일상생활을 혼자서 수행하기 어려운 노인 등에게 제공하는 신체활동 또는 가사활동 지원 등의 장기요양급여에 관한 사항을 규정하여 노후의 건강증진 및 생활안정을 도모하고 그 가족의 부담을 덜어 줌으로써 국민의 삶의 질을 향상시키는 법이다. 마지막으로, 2009년 2월 6일에 제정되고 2009년 8월 7일에 시행된 국민연금과직역연금의연계에관한법률은 국민연금의 가입기간과 공무원연금, 사립학교교직원연금, 군인연금 및 별정우체국직원연금의 재직기간·복무기간을 연계하여 연계급여를 지급함으로써 국민의 노후생활 안정과 복지증진에 이바지함을 목적으로 한다.

이상을 종합하여 한국 사회복지법 발달의 특징을 살펴보면 다음과 같다.

- 한국의 사회복지입법의 역사는 단절과 굴절의 흔적을 간직하고 있다.
- 엘리트주의적 정책결정론에서 점진적으로 다원주의적 정책결정론으로 사회복지정책의 결정과정이 달라지고 있다. 이는 1960년대 이래 약 30~40년간 경제사회적 발전에 힘입어 사회가 다양화해지고 다원사회로 변모해 감에 따른 결과다.
- 사회복지입법사는 적용대상에 있어 선별주의에서 보편주의로 확대해 가는 모습을 보였다.
- 사회복지법의 형성과정에 있어 관련 시민이나 단체의 적극적인 활동이 1990년대로부터 점진적으로 활성화되는 한편 소위 법적 쟁송과 같은 사법적 권리구제활동이 두드러지게 출현하고 있다.
- 아직도 법의 제정목적을 달성하기 위한 실질적 내용을 규정하기보다는 시대적 당위성에 근거한 선언적 의미의 법제정이 존재한다.

제8장

사회복지법의 법률관계

1 사회복지수급권

사회복지법의 법률관계란 사회복지법상의 당사자가 가지는 권리와 의무의 관계를 말한다. 사회복지법의 실행과정에서 구현하려는 권리의 핵심은 각 사회복지법상의 대상자가 향유하는 사회복지수급권이므로 이를 중심으로 사회복지법의 법률관계를 논하여야 한다.

1) 의 의

사회복지수급권이란 사회복지법상 사회복지서비스를 받을 권리를 말한다. 사회복지서비스를 받을 권리란 금전적 · 비금전적 방법에 의하여 최저한도의 생활보장, 자립을 목적으로 하는 생활보호, 재활, 생활안정과 복지의 증진을 목적으로 하는 사회복지서비스에 대한 급여청구권을 말한다.

사회복지서비스가 단순히 국가 행정행위의 반사적 이익이거나 구빈(救貧)의 관점에서 시혜적인 것이라고 한다면 사회복지수급권은 인정되지 않을 것이다. 그러나 자유권을 중심으로 하는 시민법체계에 대한 수정의 원리로, 시민의 권리로서 생존권이 중요시되는 상황에서 사회복지서비스의 권리적 성격은 명백해졌다.

이 사회복지수급권은 헌법에서 생존권적 기본권의 법적 성격을 무엇이라고 규정하느냐에 따라 그 보장의 정도가 달라진다. 여기에는 프로그램 규정설과 법적 권리설이 있으며, 법적 권리설은 추상적 권리설, 구체적 권리설로 구별된다. 현재 법적 효과에는 차이가 있을지언정 권리로서 인정되는 것에는 이의가 없다.

2) 사회복지수급권의 규범적 구조

사회복지수급권의 규범적 구조란 사회복지법상의 수급권의 내용과 형식이 체계화된 결과다. 따라서 수급권 구조를 통해서 분류방식, 분류범위, 개념 및 내용을 알 수 있다.

권리의 의미가 사회의 변화에 따라 달라지듯이 사회복지수급권도 다양하게 규정될 수 있다. 이상광(1988)은 사회법을 분류하면서 그 분류 영역에 따라 사회보험법상 수급권, 사회원호법상 수급권, 사회보상법상 수급권으로 분류하였다. 김유성(1992)은 사회보장을 받을 권리의 규범적 구조로서 실체적 권리와 절차적 권리로 분류하고, 전자에는 사회보험청구권, 공공부조청구권, 사회복지조치청구권을, 후자에는 사회보장쟁송권, 사회보장행정참여권, 사회보장입법청구권으로 세분하였다. 따라서 여기서 실체적 권리는 사회보장수급권이 보장되는 핵심적 내용이지만, 절차적 권리는 실체적 권리를 실현하기 위해서 보장되어야 하는 절차에 관한 권리로 이해된다. 그러나 이 분류는 실체적 권리의 실질적 실현과정에서 나타나는 권리실현의 수속적 과정을 표현하기에는 부족하다. 이 차원의 권리를 수속적 권리라고 한다.

수속적 권리는 사회복지급여를 받기 위하여 적절한 절차에 참가하는 권리, 불평등하게 취급당하지 않을 권리, 하자 없는 재량행사를 청구하는 권리를 말한다(김만두, 1998). 그러므로 실체적 권리와 절차적 권리가 정태적인 것에 비해서 수속적 권리는 권리실현의 역동성이 나타나는 권리다. 이의 실현을 위해서는 급여제공자의 급여제공 환경의 긍정적 조성과 수급자의 법절차에 맞는 적극적인 참여가 필요하다. 이상과 같은 사회복지수급권을 도식화하면 [그림 8-1]과 같다.

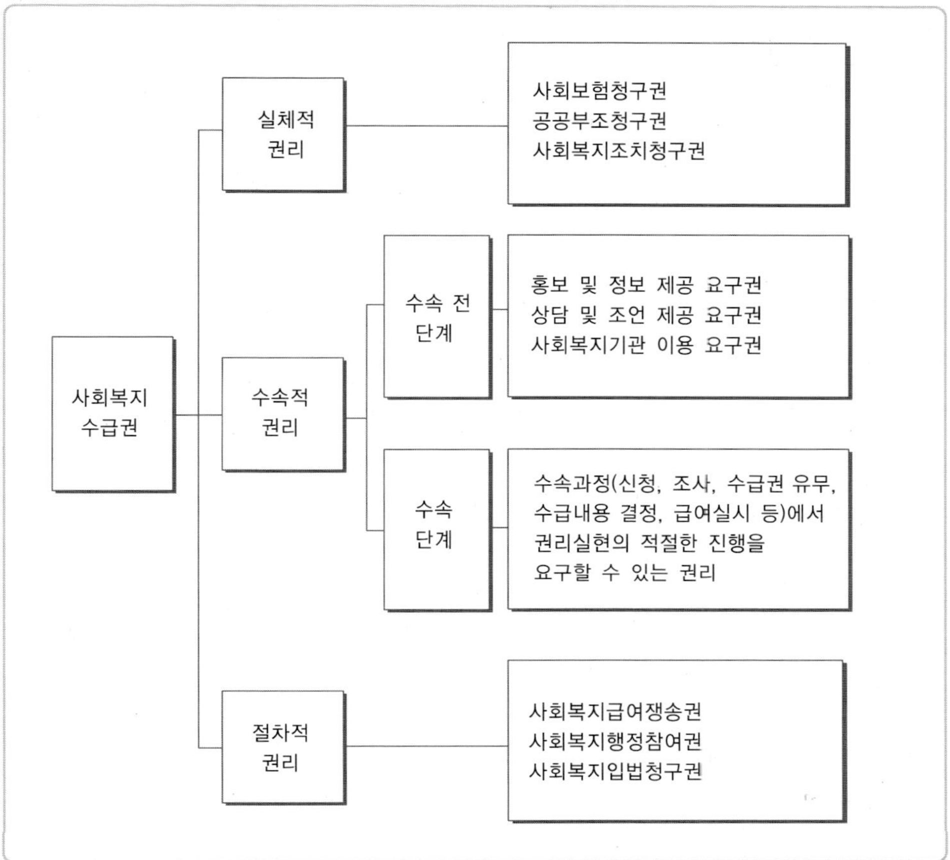

[그림 8-1] 사회복지수급권의 구조

2 수급자의 권리보호

사회복지수급권은 그 권리실현이 취약하다. 그 이유는 사회복지서비스의 실현이 비금전적이고 전문기술적인 급여에 의해서 이루어지는 측면이 강하여 그 권리실현을 계량화한다거나 표준화하기가 곤란하기 때문이다. 또한 사회복지법의 발달에서도 나타나는 것처럼 사회복지법은 공법적 성격과 사법적 성격을 가지고 있다. 사회복지법의 사법적 성격은 개인 간의 계약관계에 관한 사적 자치가 중요하다. 이 사적 자치의 측면에서 사회복지수급권을 바라보게 되면 권리성이 약화될 수밖에 없다. 또 대부분의 사회복지서비스는 국가행정기관에 의해서 집행되거나 위탁을 통해 민간이 제공하는데, 국가의 행정행위의 법적 효과에 관한 반사적 이익의 법리[1]로 인해 권리성이 약화되기도 한다. 이처럼 권리성 약화의 위험 때문에 수급자의 권리를 보호할 필요가 있고, 따라서 사회복지법에서는 침해당한 권리를 구제하기 위한 다양한 방법을 규정하고 있다.

1) 압류 및 불이익변경 금지

사회복지수급권은 일신전속적 성격을 지니는 권리로서(이태영, 고영훈, 2002), 원칙적으로 양도, 담보제공, 압류를 할 수 없다(사회보장기본법 제12조). 민법상의 채권은 일반적으로 법률행위에 의해서 양도될 수 있지만, 공법상의 권리의무는 일신전속적이므로 양도될 수 없다. 공법적 성격을 지닌 사회복지법의 권리 · 의무도 일신전속적이어서 수급자 또는 타인의 권리행사에서 제한적이다.

이런 제한은 먼저 '압류금지'로 나타난다. 사회복지사업법은 "사회복지사업의 근거가 되는 법률(제2조 제1호에 열거됨)에 의해서 지급된 금품과 이를 받을 권리는 압류하지 못한다."(제48조)라고 규정하였다. 또한 산업재해보상보험법은 "보험급여를 받을 권리는…… 압류할 수 없다."(제88조 제2항)라고 규정하여 사회복지수급권을 보호하고 있다.

사회복지수급권은 '불이익변경금지'에 의해서도 보호된다. 사회복지수급권의 목적은 수급권자의 복지수준의 유지 또는 개선이다. 그러나 종종 이와 반대로 수급권자의 상태를 악화시키는 조건이 발생될 수 있으므로 이를 법으로 금지하고 있다. 국민기초생활보장법에서 "수급자에 대한 급여는 정당한 사유 없이 이를 불리하게 변경할 수 없다."(제34조)라는 급여변경금지 규정을 두었고, 일정 사유로 수급자에 대하여 수급품의 전부 또는 일부의 반환을 명할 때에도 "이미 이를 소비하였거나 기타 수급자가 부득이한 사유가 있는 때에는 그 반환을 면제할 수 있다."(제47조 제1항 단서조항)라고 한 반환명령의 제한 규정은 불이익변경금지를 나

1. '반사적 이익의 법리(反射的 利益의 法理)'란 법률상의 반사적 결과가 일어나는 작용을 말하는 것으로서, 일정한 법적 행위로 인해 본래 법적 권리자로 예정되지 않은 자에게 이익이 발생하는 경우를 말한다.

타낸 것이다.

2) 행정쟁송

행정쟁송은 행정기관의 위법이나 부당한 행정행위로 자신의 권리 또는 이익을 침해받은 자가 그 행정작용을 시정할 수 있는 방법으로, 행정심판과 행정소송이 있다. 행정심판[2]은 행정심판절차를 통해서 행정청의 위법 또는 부당한 처분, 그 밖에 공권력의 행사, 불행사 등으로 인한 국민의 권리 또는 이익의 침해를 구제하는 것이다. 행정소송은 행정법규의 적용에 관하여 분쟁이 있는 경우 당사자의 소송제기에 의하여 법원이 무엇이 법인가를 심리 · 판단하기 위한 소송절차다. 따라서 사회복지급여기관의 위법, 부당한 처분, 불행사 등에 대해서 수급자가 자신의 권리보호를 위하여 행정기관 내의 심판절차를 활용할 수 있으며, 만약 이 심판결과에 불복할 경우에는 행정소송제도를 활용하여 행정청의 권익침해를 막을 수 있다.

사회보장기본법은 "위법 또는 부당한 처분을 받거나 필요한 처분을 받지 못함으로써 권리 또는 이익의 침해를 받은 국민은 행정심판법 및 행정소송법의 규정에 의한 심판청구 및 행정소송을 제기하여 그 처분의 취소 또는 변경 등을 청구할 수 있다."(제35조)라고 규정하여 사회보장수급권자의 권리구제를 보장하고 있다. 그리고 국민기초생활보장법을 보면 수급자나 급여 또는 급여변경의 신청을 한 자는 시장 · 군수 · 구청장 또는 시 · 도지사의 "처분에 대하여 이의가 있는 경우에는 상급기관에 이의를 신청할 수 있고, 이의신청을 접수한 기관은 그에 대한 심사를 하고 결정을 내려야 한다."(제7장 이의신청)라고 규정하여 행정기관 차원의 행정쟁송을 보장하고 있다.

---

2. 넓은 의미의 행정심판은 재결신청, 이의신청, 심사청구, 소청심사 및 행정심판법상의 행정심판을 말한다. 그러나 좁은 의미의 행정심판은 행정심판법에 의한 것만을 지칭한다.

3 수급자의 의무

사회복지급여는 성격상 국가의 책임에 의한 급부다. 그러므로 수급자에게는 권리측면만이 존재하는 것으로 이해할 수 있으나, 사실 수급자로서의 의무가 규정되어 있다.

사회보장기본법은 "관계법령이 정하는 바에 따라 그 권리를 타인에게 양도하거나 담보로 제공할 수 없으며"(제12조)라고 규정하고 있다. 이 의무도 사회복지수급권의 일신전속권적 성격에 근거한다.

국민기초생활보장법은 "수급자는 거주지역, 세대의 구성에 변동이 있거나 급여결정 및 실시와 관련된 사항에 현저한 변동이 있을 때에는 지체 없이 관할보장기관에 신고해야 한다."(제37조)라고 규정하여 수급자에게 수급조건 변경에 대한 신고의무를 부여하고 있다. 이에 대하여 수급자는 신의성실원칙에 따라 임해야 한다는 의견도 있다(김기원, 2007).

또한 사회복지급여에서 수급자의 의무는 급여제공자의 복지제공 책임의 수행에 응하여 그 책임이행과정이 원활하게 이루어지고, 그 결과 수급자의 복지향상을 도모하려는 측면도 있다. 즉, 국민기초생활보장법에서 "보장기관은 수급권자 또는 부양의무자가 급여의 결정 및 실시를 위한 조사를 거부 · 방해 또는 기피하거나 검진 지시에 따르지 아니한 때에는 급여신청을 각하할 수 있다."(제22조 제8항)라고 규정하여 수급권자의 조사순응의무를 규정하고 있다.

나아가 사회복지급여의 남용[3]도 금지되는데, 사회복지급여 지급사유가 없음에도 불구하고 있는 것처럼 하여 사회복지급여를 지급받는 행위, 낮은 정도의 사회복지급여 지급사유에도 불구하고 높은 정도의 지급사유가 있는 것처럼 꾸며 높은 수준의 급여를 지급받는 행위, 사회복지급여를 부당하게 장기화하는 행위등이 이에 해당한다(장동일, 2010).

3. 국민기초생활보장법 제37조, 제46조 및 제47조 참조.

4 벌 칙

사회복지법은 법의 목적을 달성하기 위하여 일정한 대상자에게 의무를 부과하고 이를 위반하는 자에게는 일정한 벌칙을 가하는 강제규정을 두고 있다. 이것은 행정벌로서 행정형벌과 행정질서벌로 구별된다. 보통 형사벌이 원래 규정과 관계없이 사회생활상 당연히 준수해야 할 도덕적 본분에 위반하는 반사회적 성격의 행위에 대한 처벌인 것과 달리, 행정벌은 법규의 규정에 기한 명령, 금지를 전제로 하고, 이 명령 금지에 위반하기 때문에 반사회성을 띠게 된다고 하여 과하는 처벌이다. 따라서 사회복지법에서의 행정벌은 사회복지법의 목적실현을 위한 국가의 명령이나 금지를 위반한 것에 대한 처벌을 의미한다.[4]

1) 행정형벌

행정형벌은 형법에 규정되어 있는 명칭의 벌(사형, 징역, 금고, 자격상실, 자격정지, 벌금, 구류)이 가해지는 행정벌을 의미한다. 이 행정벌에는 형법총칙과 형사소송법이 적용된다.

사회복지법에 규정된 행정형벌은 징역 또는 벌금이다. 사회복지사업법은 "누구든지 정당한 이유 없이 사회복지시설의 설치를 방해하여서는 아니 된다."(제6조 제1항)라는 시설설치방해금지 규정을 두고, "이에 위반한 자는 1년 이하의 징역 또는 300만 원 이하의 벌금에 처한다."(제54조 제1호)라고 규정하였다. 대부분의 사회복지법은 이와 같은 징역 또는 벌금을 과하는 규정을 두고 있다.

그런데 행정형벌은 사회복지사업법에서 양벌규정의 형태를 갖추고 있다. 즉, 특정 행위자뿐만 아니라 그가 대신하는 법인 또는 개인까지도 처벌한다. 이것은 사회복지사업법 집행의 실효성을 높이기 위한 것이다.

구체적으로 사회복지사업법 제56조에서는 "법인의 대표자 또는 법인이나 개인의 대리인 · 사용인 기타 종업원이 그 법인 또는 개인의 업무에 관하여 제53조 내지 제55조의 위반행위를 한 때에는 행위자를 벌하는 외에 그 법인 또는 개인에

4. 벌칙의 자세한 내용은 〈부록 2〉 사회복지사업법의 위법행위별 벌칙을 참조하라.

대하여도 각 해당 조의 벌금형을 과한다."라고 규정하였다. 따라서 법인기본재산 변경의 시 · 도지사 허가필요(제23조 제3항), 보조금의 목적 외 사용금지(제42조 제2항) 규정의 위반에 대해서 5년 이하의 징역 또는 1천 5백만 원 이하의 벌금을, 시설 설치방해금지(제6조 제1항), 법인수익사업 수익의 시설운영 외 목적 사용금지(제28조 제2항), 시설설치신고의무(제34조 제2항), 시설운영의 휴지 및 폐지의 경우 거주자의 권익보호조치의무(제38조 제3항), 시설의 개선, 사업의 정지, 폐쇄 등 이행 명령(제40조 제1항), 사회복지사업(또는 업무) 종사자 또는 종사하였던 자의 비밀누설금지(제47조), 행정청의 지도감독에 대한 성실이행(제51조) 규정의 위반에 대해서는 1년 이하의 징역 또는 1천만 원 이하의 벌금을, 그리고 사회복지사의 채용 및 교육(제13조) 규정의 위반에는 300만 원 이하의 벌금을 해당자들에게 양벌 적용한다.

2) 행정질서벌

행정질서벌이란 행정상의 무질서를 야기할 우려가 있는 경미한 의무위반에 대해서 행해지는 제재로, 형법상의 벌(형벌)이 아닌 과태료가 부과되는 것을 말한다.

사회복지사업법 제58조는 사회복지사의 정기적 보수교육 이수 명령에 따른 보수교육참여자에 대한 불이익처분금지(제13조 제2항 단서 및 제3항), 법인 임원 임면 보고(제18조 제5항), 법인 재산취득 보고(제24조), 사회복지법인명칭 사용제한(제31조), 보험가입의무(제34조의2), 시설의 안전점검(제34조의3), 시설의 서류비치(제37조), 시설설치신고자의 시설 즉시 운영개시(제38조 제1항), 시설운영의 휴지, 재개, 폐지의 신고(제38조 제2항), 후원금 관리(제45조)의 규정을 위반한 자에 대하여 300만 원 이하의 과태료에 처하고 있다.

이 행정질서벌로 과태료처분을 받은 자가 이의를 제기한 때에는 관할법원에서 비송사건절차법[5]에 의한 과태료의 재판이 진행된다(제58조 제4항).

---

5. 비송사건절차법은 법원이 사권(私權)의 발생 · 변경 · 소멸에 관하여 관여적(關與的) 임무를 수행하는 절차를 규정한 법률이다. 이 법에 의한 비송사건으로는 호적과 각종 등기 및 공탁 등 신분 또는 거래관계를 명확하게 하고자 하는 경우, 법인의 면허 및 각종 업무감독, 특정인의 이익을 보호하기 위한 후견인 · 재산관리인 · 유언집행자 등의 선임 · 감독 등이 있다. 비송사건의 심문은 비공개로 진행되고, 서면주의가 채택되며, 엄격한 증명보다는 자유로운 증명에 의하므로, 탄력적이고 간이 · 신속한 절차적 특징이 있다.

제9장

사회복지법과 사회복지행정조직

1 개념과 종류

사회복지행정조직이란 사회복지를 실현하기 위한 맥락이며, 이와 관련된 사람들의 유기적인 관계를 나타내는 실체적 과정이다. 사회복지행정조직에는 공공사회복지행정조직과 민간사회복지행정조직이 있다. 전자는 국가 또는 지방자치단체의 사회복지를 담당하는 조직을 말하며, 후자는 국가나 지방자치단체 이외의 민간이 담당하고 운영하는 사회복지에 관한 기관과 시설의 조직을 말한다.

그리고 행정에의 관여 정도에 따라 위원회와 같은 참여기관, 보조기관, 협력기관이 있다. 사회복지의 각 법상의 위원회는 사회복지서비스를 위한 자문기관으로서, 사회복지의 효율적이며 민주적인 실천을 위하여 구체적인 방안을 제시하는 것뿐만 아니라 사회복지에 대한 국민들의 욕구를 충분히 검토 · 연구하는 참여기관의 성격을 갖는다(김만두, 1995). 참여기관이란 행정관청을 보조하고 그 자문에 응하는데, 그 의결은 행정관청의 의사결정의 하나의 요건이며, 그 의사결정 참여가 의무인 기관이다. 이 기관의 의결이 없으면 국가의 의사는 효율적으로 결정될 수 없다. 그리고 보조기관이란 자치단체장에게 위임한 각 법상의 조치에 따른 업무를 담당하게 하기 위하여 시 · 군 · 구에 배치된 공무원을 말하는데, 사회복지사업에서는 아동복지지도원, 노인복지상담원, 장애인복지상담원 등이 있다.

또한 협력기관이란 아동복지법상의 아동위원 또는 노인복지법상의 노인복지명예지도원이 해당되는데, 아동위원의 경우 해당 지역의 아동 및 임산부의 생활상태와 가정환경을 상세하게 파악하여 원조와 지도를 행하고, 동시에 아동복지지도원 및 관계행정기관에 협력하는 역할을 수행한다. 이 협력기관은 자원봉사적 성격을 갖는다. 이 외에도 각종 공단을 거론할 수 있는데, 공단은 그 설립근거가 되는 해당 법의 목적을 효율적으로 달성하기 위하여 각종 사업을 수행하고 관리·운영하는 주체로서의 지위를 가지는 중요한 사회복지행정조직이라고 할 수 있다.

사회복지행정조직은 원칙적으로 법률에 근거하여 존재한다(국민기초생활보장법 제2조 제4호의 보장기관, 사회복지사업법 제16조 제1항 법인). 그러나 사회복지사업의 미신고시설에서처럼 일부 민간사회복지행정조직의 경우 법적인 근거가 없이 존재할 수도 있다. 이 책에서는 법적 근거를 가진 사회복지행정조직에 한정하여 설명한다.

2 사회복지행정조직의 근거법

사회복지행정조직의 존재는 법적인 근거를 가지고 있다. 즉, 사회복지행정조직은 헌법 및 각종 사회복지관련 법률들에 근거하여 존재한다. 그러므로 사회복지행정조직에 관한 논의는 '사회복지행정 실시의 책임주체가 누구이며, 그 구조는 어떠한가?' 또는 공공사회복지행정조직에서 '중앙조직과 지방자치단체조직 간에 어떠한 관계가 존재하며, 그 역할이 무엇인가?'에 관하여 해답을 얻는 것이다.

사회복지행정조직에 대한 최고의 근거법은 헌법이다. 헌법 제10조(인간의 존엄과 가치의 보호, 행복추구권 및 인권보장의무), 제31조(교육권), 제32조, 제33조(근로권), 제34조(인간다운 생활을 할 권리), 제35조(환경권), 제36조(혼인가족생활 및 모성보호), 제37조(권리의 본질보호)에서 다양한 측면으로 개인의 인간다운 생활의 보장뿐만 아니라 이와 관련된 사회권적 기본권의 보장을 명시하고 있다. 제31조~제36조의 규정들은 국민의 복지권을 규정한 것으로, 국가의 국민권리실현의무, 특히 생존권적 기본권을 보장하기 위한 근거규정이다. 그리고 제34조의 인간다운 생활의 보장과 국가의 사회복지·사회보장의무는 국가에 이를 위한 필요한 조직의 설립의무를 부여하고 있을 뿐만 아니라 국가가 사회보장제도를 통하여 여러 계층의 국민을 보호할 의무가 있음을 명시한 것이다.

위와 같은 헌법의 생존권규정은 사회복지행정조직을 위한 각종 법률의 제정근거가 되고, 이를 위한 여러 영역의 실정법률이 마련되어 있다. 우리나라의 사회보장의 달성은 사회보장기본법에 나타난 바와 같이 사회보험, 공공부조, 사회복지서비스 및 관련 복지제도로 분류되고 보장된다. 그러므로 관련 행정조직도 그에 상응하여 마련되어 있다. 사회보험에는 국민연금법, 국민건강보험법, 고용보험법 및 산업재해보상보험법이 있으며, 그 실천을 위하여 보건복지부가 주무부서로, 각 적용대상에 따라 모든 부서가 관련된다. 공공부조와 사회복지사업의 경우, 국민기초생활보장법, 사회복지사업법 등 다양하며, 이 부문도 보건복지부가 주무부서이나 실제 사업의 실천은 보건복지부의 행정조직훈령 등을 통하여 지방자치단체 차원에서 행정안전부의 조직에서 구체적인 실천이 이루어진다. 이와 같은 공공행정조직 이외에도 민간사회복지행정조직이 있다. 이것은 사회복지사업법과 각종 사회복지서비스에 관한 법률(아동복지법, 노인복지법, 한부모가족지원법 등)에 규정되어 있다. 예를 들면, 노인복지시설(조직)의 경우, 사회복지사업법의 법인규정(제2장)과 노인복지법의 시설규정(제4장)이 마련되어 있다. 〈표 9-1〉는 사회복지영역별 관계법령과 행정조직을 정리한 것이다.

〈표 9-1〉에서 나타나는 바와 같이 사회복지를 담당하는 주무부서는 기본적으로 보건복지부이지만, 복지의 대상과 성격에 따라서 다른 중앙행정부서도 담당하는 업무가 있다. 이런 중앙행정부서에는 여성가족부, 행정안전부, 고용노동부, 국방부, 국토해양부 등이 있다.

〈표 9-1〉 분야별 사회복지행정조직

구 분	근거법 연혁 및 제정년도	주무행정조직 및 관련기관	관련기구
사회보장일반	사회보장기본법 (1995) 사회보장에관한 법률(1963)	보건복지부	사회보장심의위원회(법 제3장) 실무위원회(영 제4조)

<table>
<tr><td rowspan="9">사회보험</td><td rowspan="4">소득</td><td>특수직역을 제외한 일반국민</td><td>국민연금법
(1986)
국민복지
연금법
(1973)</td><td>보건복지부
국민연금공단
(법 제3장)</td><td>국민연금심의위원회(법 제5조)
국민연금기금운용위원회(법 제103조)
국민연금기금운용실무평가위원회(법 제104조)
국민연금심사위원회(법 제109조)
국민연금재심사위원회(법 제111조)</td></tr>
<tr><td>공무원</td><td>공무원연금법
(1960)</td><td>행정안전부
공무원연금공단
(법 제2장)</td><td>공무원연금운영위원회(법 제75조)
공무원연금급여심의회(영 제20조)
공무원연금급여재심위원회(영 제7장)</td></tr>
<tr><td>사립학교
교직원</td><td>사립학교
교직원
연금법
(1973)</td><td>교육과학기술부
사립학교교직원
연금공단
(법 제2장)</td><td>사립학교교직원연금운영위원회(법 제53조의4)
사립학교교직원연금급여심의회(영 제21조)
급여재심위원회(영 제76조)</td></tr>
<tr><td>군 인</td><td>군인연금법
(1963)</td><td>국방부</td><td>군인연금급여재심위원회(영 제2장)
군인연금급여심의회(영 제22조)</td></tr>
<tr><td rowspan="2">건강</td><td>전 국민</td><td>국민건강
보험법
(1999)
의료보험법
(1963)</td><td>보건복지부
국민건강보험
공단(법 제3장)</td><td>건강보험정책심의위원회(법 제4조)
건강보험심사평가원(법 제5장)
재정운영위원회(법 제31조)
진료심사평가위원회(법 제59조)
건강보험분쟁조정위원회(법 제77조의2)
이의신청위원회(영 제47조)</td></tr>
<tr><td>65세 이상
또는
노인성
질병자</td><td>노인장기
요양보험법
(2007)</td><td>보건복지부
관리운영기관
(법 제9장)</td><td>장기요양위원회(법 제 8장)
등급판정위원회(법 제52조)
장기요양심사위원회(법 제 55조)
장기요양심판위원회(법 제 56조)</td></tr>
<tr><td>산업재해</td><td>사업장
국민</td><td>산업재해
보상보험법
(1963)</td><td>고용노동부
근로복지공단
(법 제2장)</td><td>산업재해보상보험 및 예방심의위원회(법 제8조)
업무상질병판정위원회(법 제38조)
산업재해보상보험심사위원회(법 제104조)
산업재해보상보험재심사위원회(법 제107조)</td></tr>
<tr><td>실업</td><td>사업장
국민</td><td>고용보험법
(1993)</td><td>고용노동부</td><td>고용보험위원회(법 제7조)
고용보험심사관(법 제89조)
고용보험심사위원회(법 제99조)</td></tr>
</table>

사회복지서비스	사회복지 사업 일반	사회복지 사업법 (1970)	보건복지부 시 · 도, 시 · 군 · 구	사회복지위원회(법 제7조) 지역사회복지협의체(제7조의2) 지역사회복지실무협의체(제7조의2 제3항) 복지위원(법 제8조) 사회복지전담공무원(법 제14조) 복지사무전담기구(법 제15조) 사회복지법인(법 제2장) 사회복지시설(법 제3장) 운영위원회(법 제36조)
		사회복지공동 모금회법 (1997)	보건복지부	사회복지공동모금회(법 제4조) 분과실행위원회(법 제13조)
		농어촌주민의 보건복지증진을 위한특별법 (2004)	보건복지부 시 · 도, 시 · 군 · 구	복합노인복지시설(법 제24조)
		식품기부활성화에 관한법률 (2006)	보건복지부 시 · 도, 시 · 군 · 구	
	아 동	영유아보육법 (1991)	보건복지부 시 · 도, 시 · 군 · 구	보육정책조정위원회(법 제5조) 보육정책위원회(법 제6조) 보육정보센터(법 제7조) 보육전문요원(법 제7조 제2항) 보육개발원(법 제8조) 어린이집(법 제2장) 어린이집운영위원회(법 제25조) 어린이집연합회(법 제53조)
		아동복지법 (1981) 아동복리법 (1961)	보건복지부 시 · 도, 시 · 군 · 구	아동정책조정위원회(법 제4조의2) 아동정책실무위원회(영 제1조의7) 아동위원(법 제6조) 아동복지지도원(법 제7조) 보건소(법 제8조) 아동복지시설(법 제14조) 아동보호전문기관(법 제24조) 가정위탁지원센터(법 제28조의2)
		입양특례법 (1976, 2011) 입양촉진및절차에 관한특례법 (1995)	보건복지부 시 · 도, 시 · 군 · 구	입양기관(법 제20조) 중앙입양원(법 제26조)

사회복지서비스	노인 · 장애인	노인복지법 (1981)	보건복지부 시 · 도, 시 · 군 · 구	노인복지상담원(법 제7조) 노인전용주거시설(법 제8조) 노인일자리전담기관(법 제23조의2) 지역봉사지도원(법 제24조) 노인복지시설(법 제4장) 요양보호사교육기관(법 제39조의3) 노인보호전문기관(법 제39조의5) 노인복지명예지도원(법 제51조)
		기초노령 연금법 (2007)	보건복지부 국민연금공단 시 · 도, 시 · 군 · 구	
		장애인복지법 (1989) 심신장애자 복지법 (1981)	보건복지부 시 · 도, 시 · 군 · 구	장애인정책조정위원회(법 제11조) 장애인정책조정실무위원회(법 제11조 제4항) 장애인정책책임관(법 제12조) 지방장애인복지위원회(법 제13조) 장애판정위원회(법 제32조 제4항) 장애인복지상담원(법 제33조) 중증장애인자립생활지원센터(법 제54조) 장애인복지시설(법 제58조) 장애인복지단체협의회(법 제64조)
		장애인연금법 (2010)	보건복지부 시 · 도, 시 · 군 · 구	
		장애인활동지 원에관한법률 (2011)	보건복지부 시 · 도, 시 · 군 · 구	활동지원기관(법 제20조) 활동보조인(법 제27조) 활동보조인교육기관(법 제28조)
		장애아동복지 지원법 (2011)	보건복지부 시 · 도, 시 · 군 · 구	중앙장애아동지원센터(법 제8조) 지역장애아동지원센터(법 제9조) 발달재활서비스제공기관(법 제21조) 복지지원제공기관(법 제30조) 장애영유아어린이집(법 제32조)
		정신보건법 (1995)	보건복지부 시 · 도, 시 · 군 · 구, 보건소, 국공립정신병원	정신보건시설(법 제2장) 정신보건사업지원단(법 제13조) 정신보건연구기관(법 제14조) 정신보건심의위원회(법 제27조) 정신보건심판위원회(법 제27조 제2항) 정신보건자문의(규칙 제5조)

사회복지서비스	여성 · 가족	한부모가족지원법 (2007) 모 · 부자복지법 (2002) 모자복지법 (1989)	여성가족부 시 · 도, 시 · 군 · 구	한부모가족복지시설(법 제19조)
		성매매방지및피해 자보호등에관한 법률(2004) 윤락행위등방지법 (1961)	여성가족부 시 · 도, 시 · 군 · 구	성매매피해자등지원시설(법 제5조) 성매매피해상담소(법 제10조) 성매매방지중앙지원센터(법 제11조의2)
		성폭력방지및피해 자보호등에관한 법률 (2010)	여성가족부 시 · 도, 시 · 군 · 구	성폭력피해상담소(법 제10장) 성폭력피해자보호시설(법 제12조) 성폭력피해자통합지원센터(법 제8조) 성폭력전담의료기관(법 제27조)
		가정폭력방지및피 해자보호등에관한 법률 (1997)	여성가족부 시 · 도, 시 · 군 · 구	긴급전화센터(법 제4조의6) 가정폭력 관련 상담소(법 제5조) 가정폭력피해자보호시설(법 제7조) 가정폭력 관련 상담원교육훈련시설(법 제8조의3)
		일제하일본군 위안부피해자에 대한생활안정및 기념사업등에관한 법률(2002) 일제하일본군 위안부에대한 생활안정지원법 (1993)	여성가족부 시 · 도, 시 · 군 · 구	일본군위안부피해자에대한생활안정및기념사업심의위원회(법 제6조)
공공부조	기초 생활 보장	국민기초생활 보장법 (1999) 생활보호법 (1961)	보건복지부 시 · 도, 시 · 군 · 구	중앙자활센터(법 제15조의2) 지역자활센터(법 제16조) 자활기관협의체(법 제17조) 자활기업(법 제18조) 생활보장위원회(법 제20조) 보장시설(법 제32조)
	의료 급여	의료급여법 (2001) 의료보호법 (1977)	보건복지부 시 · 도, 시 · 군 · 구	의료급여심의위원회(법 제6조) 의료급여기관(법 제9조)

3 사회복지행정조직의 예

1) 공공사회복지행정조직의 예(중앙정부)

1948년 출범한 대한민국정부는 같은 해에 보건, 후생, 노동, 주택 및 부녀문제에 관한 사무를 관장하기 위해 '사회부'를 신설(1948~1955)하고, 또한 국민보건, 위생, 의정, 방역 및 약정에 관한 사항을 분장하기 위해 1949년 '보건부'를 신설(1949~1955)하여 보건복지분야가 2개의 정부 부처가 되었다. 그 후 1955년에 보건부와 사회부가 통합되어 의무, 방역, 보건, 위생, 약무, 구호, 원호, 후생, 주택, 부녀문제 및 노동에 관한 사무를 관장하는 보건사회부(1955~1994)가 설립되었다. 보건사회부는 약 40여 년간 유지되어 오다가 1994년 보건복지부로 개편되어 보건위생, 방역, 의정, 약정, 생활보호, 자활지원, 여성복지, 아동(영유아보육은 여성부), 노인, 장애인 및 사회보장에 관한 사무를 관장하게 되었다.

그리고 이명박 정부 출범 이후 보건위생 · 방역 · 의정 · 약정 · 생활보호 · 자활지원 및 사회보장, 아동(영 · 유아 보육 포함) · 청소년 · 노인 · 장애인 및 가족에 관한 사무를 관장하는 보건복지가족부로 개편되었다.

당시 보건복지가족부는 4실, 4국, 17관, 1단, 79과로 조직되었다. 이와 같은 개편은 정부기능의 효율적인 재배치를 통하여 미래에 대비한 전략기획기능 및 민간과 지방의 활력을 강화하고 유연하면서도 창의적인 정부를 구축하기 위한 것이었다. 구체적으로 국가청소년위원회, 여성가족부의 가족 및 보육 업무 및 기획예산처 양극화민생대책본부의 업무를 통합하여 보건복지가족부로 이관하였고, 장관을 보좌하기 위하여 대변인 및 정책보좌관을 두었고, 감사관, 운영지원과, 기획조정실, 보건의료정책실, 아동청소년정책실, 건강정책국, 보건산업정책국, 저출산고령사회정책국, 장애인정책국 및 한시적 조직으로 생명과학단지 조성사업단을 두었다.[1]

---

1. 정부조직법 개정(2008. 2. 29. 공포 · 시행)

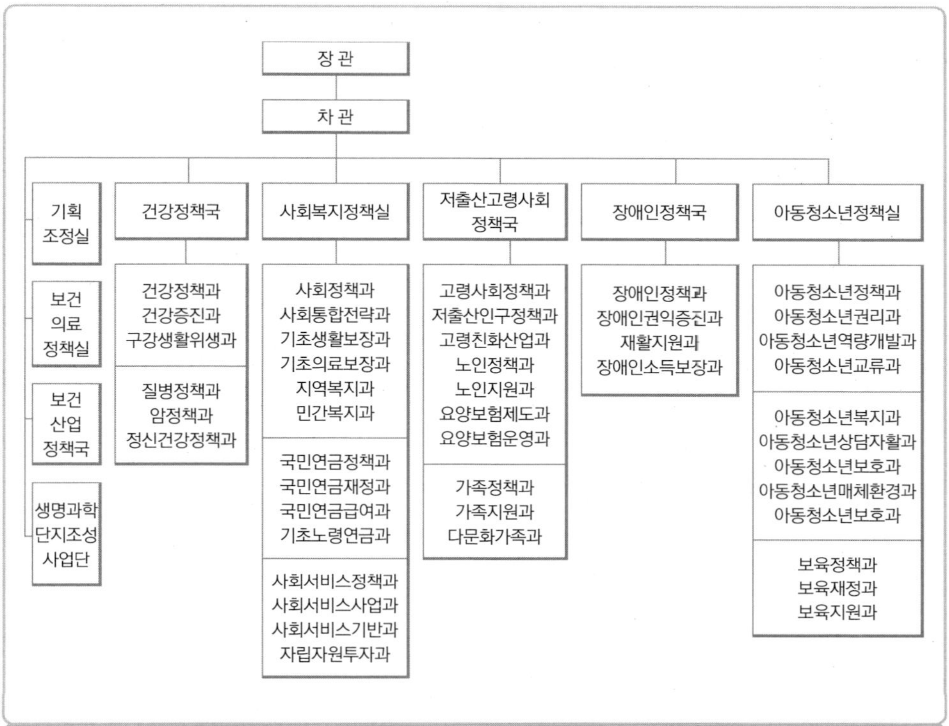

[그림 9-1] 보건복지가족부 조직표(요약)

보건복지가족부는 한국 사회복지행정조직의 중추적 기관이다. 그러나 현대사회에서 모든 국가들이 복지국가를 지향하고 복지의 영역이 확대되는 관계로 사회복지를 담당하는 국가의 행정조직이 보건복지가족부에 국한되지는 않는다. 전술한 바와 같이 여성부, 행정안전부, 국방부, 노동부 등이 사회복지의 행정업무를 일부 담당하고 있다. 보건복지가족부의 주요 조직구조([그림 9-1])와 주요 부서의 업무는 다음과 같다.

(1) 건강정책국

- 국민 건강, 영양, 보건, 위생, 흡연, 질병, 모자보건, 감염질환, 희귀질환, 기후변화, 국립병원, 암관리, 정신보건에 관한 업무
- 특히 정신보건에 관한 사항으로서 정신보건사업에 관한 종합계획의 수립·조정, 국립정신병원 및 정신보건시설의 운영지원, 정신보건전문요원의 양성

에 관한 사항, 지역사회정신보건사업의 조정 · 평가, 정신보건에 관한 조사 · 연구, 알코올 등 중독 치료 · 재활지원, 인터넷 등 유해 매체물 중독자의 치료 · 예방 및 재활, 청소년 유해매체 · 약물 등 유해환경의 예방 및 치료 · 재활의 업무

(2) 사회복지정책실

- 사회복지정책에 관한 사항으로서, 사회복지정책 관련 종합계획의 수립 · 조정, 사회안전망 관련 정책의 수립 · 조정 및 평가, 사회복지 관련 동향분석, 사회복지 제도 및 정책에 대한 조사 및 분석
- 사회통합정책의 개발 및 조정, 사회적 차별 시정 정책의 개발 및 조정
- 사회보장심의위원회
- 사회복지 법인 및 시설, 관련 단체, 사회복지사업 법령과 사회복지사협회 및 자격제도, 양극화 · 민생 관련 대책 수립
- 국민기초생활보장사업, 긴급복지지원제도, 난민의 구호 및 지원, 의료급여제도, 보편형아동바우처 및 지역 맞춤형 사업계획 수립 및 평가, 사회서비스, 빈곤취약계층 연구 · 조사 및 정책 개발 · 조정, 자활지원정책
- 지역사회복지 관련 계획의 수립 · 평가, 지역사회복지협의체, 사회복지전달체계, 지방자치단체 사회복지정책 평가 및 지원, 지역복지단체 협력체계 구축, 인적 · 물적 민간복지자원의 개발 · 육성계획, 자원봉사활동, 사회복지공동모금제도, 사회복지관, 한국사회복지협의회, 식품나눔은행, 종교계 · 기업 등의 사회복지 참여, 외국 민간원조단체의 지원
- 사회복지사업 관련 법인에 관한 사항
- 노숙인 및 부랑인, 의사상자
- 복지급여 통합관리에 관한 사항
- 사회복무요원 교육에 관한 사항
- 연금정책, 국민연금제도, 사회보장협정, 국민연금기금/급여/옴부즈맨제도, 기초노령연금제도

(3) 저출산고령사회정책국

- 저출산 · 고령사회 정책/재원조달/조사 · 연구/대외협력 및 민간활동 지원
- 인구변동에 따른 적정 인구의 구조 및 규모 분석
- 노인의 보건복지 종합계획/조사 · 연구/일자리/사회활동/주거 · 여가 및 재가시설
- 경로효친사상, 노인학대, 매장 · 화장 · 묘지 등 장사
- 노인요양제도 · 운영보건복지 관련 여성정책의 개발 및 성별 영향 평가
- 건전가정의례, 결혼중개업 관리
- 건강가정기본계획 수립 · 조정/시행계획/평가, 가족정책, 가족 관련 법령, 중앙건강가정정책위원회, 가족제도, 건강가정지원센터, 건강가정사 · 가정봉사원, 건강가정교육, 가족상담 · 교육, 가족제도, 한부모가족, 미혼모, 위기가족 및 소외가족
- 양성평등 가족문화, 가정의 날, 가족관련 단체
- 다문화가족 사회통합/관계기관 협조/다문화가족지원센터/교육 · 상담 · 정보제공시책/조사 · 연구 및 실태조사/사회적 인식개선시책

(4) 장애인정책국

- 장애인복지/종합계획/법령/차별금지법령/장애인장기요양서비스 도입/권익증진 및 사회적 인식개선/후견서비스/장애인 등록/여성장애인정책/국제협력/외국인복지서비스/장애인단체/장애 예방 및 발생
- 장애인재활/시설/의료재활시설/지역사회중심 재활사업/장애유형별 재활프로그램/권역별 재활센터/국립재활원/편의시설/편의증진법령/활동보조지원제도/자립생활지원사업/전문인력/재활보조기구
- 장애인 소득보장/생활안정 지원/직업재활 관련서비스/생산품의 판매촉진/장애수당제도/중증장애인 우선 구매 관련 법령/장애인생산품 인증제/장애인 창업지원/자립자금 대여

(5) 아동청소년정책실

- 아동 · 청소년정책/법령/연구 · 개발/부처 간 협의 · 조정/실태조사
- 아동정책조정위원회 및 청소년정책관계기관협의회 운영, 청소년보호위원회
- 아동 · 청소년 관련행사/유공자의 발굴 및 포상
- 아동 · 청소년 권리증진/국제협약/권리 모니터링
- 청소년의 사회진출/위기청소년의 취업 · 창업 지원 및 진로지도/역량개발 및 향상/활동 진흥/수련프로그램/수련활동 인증제/청소년수련시설 · 이용시설 지원에 관한 사항
- 지역아동센터 및 아동복지교사/방과 후 활동
- 청소년시설/아동 · 청소년단체/국제교류/복지종합계획/복지시설 지원
- 비취학아동 및 새터민 다문화 청소년/결식아동/가정위탁 등 가정보호/입양 및 사후관리/자산형성, 빈곤아동에 대한 보건 · 복지 · 보육 · 교육 등 맞춤형 통합서비스 제공에 관한 사항
- 아동 · 청소년 자립 및 자활
- 한국청소년상담원 및 청소년상담(지원)센터의 운영 및 지도 · 감독, 청소년지도사 · 상담사에 대한 자격검정 · 연수 및 양성
- 가출청소년, 학업중단 청소년, 실종아동, 아동학대, 위기청소년 사회안전망
- 폭력 · 학대 · 성매매 등과 관련된 청소년에 대한 상담, 치료, 자립지원 및 소송 등 법률적 지원에 관한 사항
- 청소년 유해환경정책/실태조사/제도개선/감시단/유해매체물 · 업소 · 약물 · 물건/유해행위 예방
- 청소년 일탈 · 비행 · 폭력의 예방/선도 및 보호/후견인/선도 · 보호시설
- 아동안전사고 예방을 위한 교육 및 홍보
- 청소년 유해매체물 · 업소 · 약물 · 물건/유해매체물/성보호/성범죄 피해가해아동 · 청소년
- 보육종합계획/보육정책조정위원회/보육관련 법령/조사 · 연구 및 실태조사/보육시설종사자/보육개발원/보육재정
- 아동보육료/보육시설의 평가인증/표준보육과정 및 보육프로그램/보육정보

센터/국 · 공립 등 보육시설/보육시설의 설치 · 인가 기준/영아 · 장애아 등 취약보육서비스/보육행정 전산화/보육시설의 지원 및 지도 · 관리/보육시설연합회

2) 공공사회복지행정조직의 예(지방자치단체)

우리나라에서는 1948년 제헌헌법에서 지방자치제가 보장되고, 1988년에 지방자치법이 제정되었으며, 1992년 지방자치 의회의 선거가 있은 이후 지방자치제가 활발히 실시되고 있다. 지방자치는 주민자치와 단체자치를 내용으로 한다. 주민자치란 지역주민이 자신들의 대표자를 통해서 자신들의 문제를 자신들의 책임하에 해결하는 것을 말한다. 단체자치는 일정한 지역을 근거로 그 지역의 단체가 독립된 지위와 권한을 가지고 일정한 사무를 자신의 의사에 의해서 수행하는 것을 말한다. 지방자치단체의 종류로는 광역자치단체, 기초자치단체가 있다. 이러한 지방자치단체의 행정구조를 제시하면 [그림 9-2]와 같다.

국가의 사무와 지방자치단체의 사무의 기준은 지방자치의 활성화와 밀접한 관련이 있다. 지방자치단체의 사무에는 고유사무와 위임사무(기관위임사무, 단체위임사무)가 있다. 지방자치제가 실시되지 않았던 시기에는 지방의 사회복지행정에 위임사무가 많았으나, 지방자치제가 활성화되면서 지방자치단체의 독자적 사무가 증가하는 경향이 있다. 현재 지방자치단체의 사회복지행정조직은 중앙의 보건복지부 하부조직이 아닌 행정안전부 하위조직이다. 이 점은 사회복지전달체

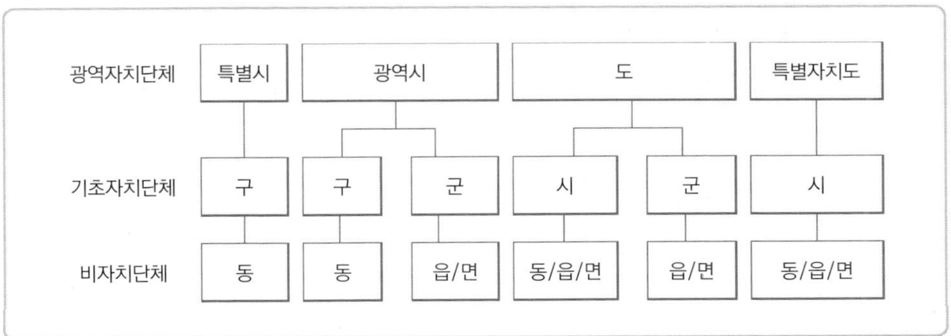

[그림 9-2] 지방자치단체의 행정구조

계 및 전문서비스의 전달이 약화되는 한 측면이다. 다음에서 특정 지방자치단체의 공공사회복지행정조직을 소개한다.

(1) 사례 1: 광역자치단체의 복지여성국

○○○도는 도차원의 사회복지정책 수립과 복지행정을 수행하기 위하여 복지여성국을 두고 있다. 복지여성국은 사회복지과, 노인 · 아동복지과, 여성가족과를 두고 있으며, 사회복지과에서는 사회복지, 생활보장, 재활복지 업무를 담당하고 있다. 노인 · 아동복지과에서는 가정복지, 노인복지, 아동복지 업무를 담당하며, 여성가족과에서는 여성정책, 권익증진, 대외협력, 차별개선 업무를 담당하고 있다. [그림 9-3]은 ○○○도의 복지여성국의 조직도이며, 그 구체적 업무내용은 〈표 9-2〉와 같다.

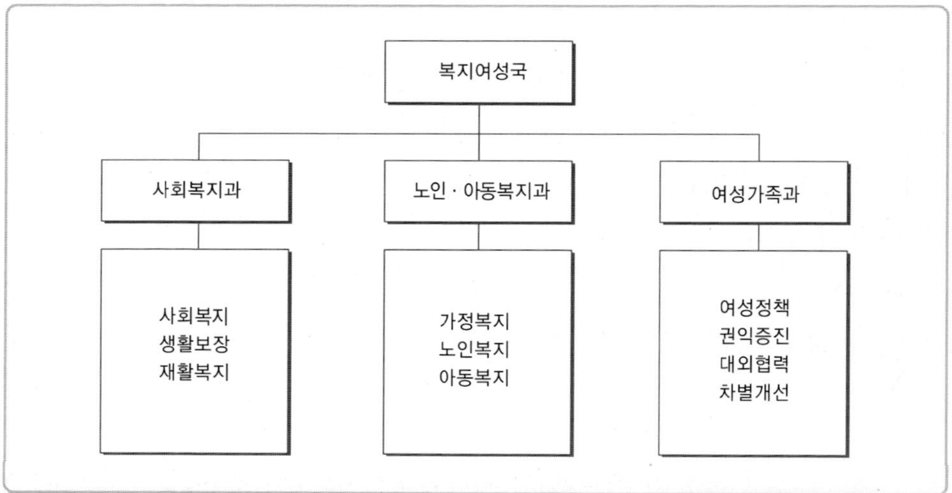

[그림 9-3] ○○○도 복지여성국 조직도

〈표 9-2〉 ○○○도 복지여성국 과별 업무

과 명	업 무
사회 복지과	• 국 소관 행정의 종합기획 조정 • 사회복지법인(정신질환자/부랑인/장애인/사회복지관 등) 허가 및 지도 • 과 소관업무 관련 사단법인 허가 • 과 소관업무 관련 민간단체 등록 • 사회복지시설(정신질환자/부랑인/장애인/사회복지관 등)의 보호 및 지원 • 보훈업무의 추진 • 국민기초생활보장 업무 • 재해구호 및 기금관리 • 사회복지전담공무원 관리 • 장애인복지사업 계획수립 및 사업추진 • 의료급여업무에 관한 사항 • 의사상자 예우에 관한 사무 • 사회복지협의회 지원 등 사무 • 기타 타과에 속하지 않는 업무
노인 · 아동 복지과	• 묘지, 매장, 화장에 관한 사무 • 장묘시설 중장기계획 수립 및 사업추진 • 장묘시설 법인허가 및 지도감독 • 공동묘지 재개발사업 추진 • 노인의 소득지원에 관한 업무 • 노인복지관련 법인 허가 및 지도 • 노인복지시설 확충 및 운영지원 • 재가노인복지 관련 업무 • 아동복지시설 운영지원 및 관리 • 소년소녀 및 가정위탁아동 보호지원 • 아동 및 보육 관련 법인허가 및 지도 • 결연기관 운영지도 • 아동학대예방센터 운영지도 • 아동 건전육성에 관한 사항 • 어린이회관 운영 지도
여성 가족과	• 여성가족정책의 종합기획조정 • 여성발전기금 운용관리 • 여성관련 자료 수립 · 발간 및 여성정책 조사/평가분석 • 한부모가족 복지업무 • 한부모가족시설 지원 및 관리 • 가정폭력/성폭력피해자 보호

<table>
<tr><td>여성
가족과</td><td>• 성/가정폭력상담소/여성보호시설 운영지도
• 여성 1366 운영
• 성매매근절 및 일본군위안부 관련업무
• 여성단체 및 여성자원봉사활동에 관한 계획수립 및 지원
• 여성관련 국제협력 업무
• 여성관련 법인허가/단체등록 관리
• 성희롱예방/양성평등, 여성사회교육 업무
• 가족정책추진 및 건전가정 육성 업무
• 보육시설 운영지도
• 전담보육시설 지정 및 지도
• 보육교사 교육원 운영지도
• 모성보호제도 홍보업무
• 도립여성중고등학교/도여성교육문화센터 및 여성인력 개발센터운영 지원
• 기타 타과의 주관이 아닌 여성정책 업무</td></tr>
</table>

(2) 사례 2: 기초자치단체의 복지환경국

ㅇㅇ시는 기초자치단체로서, 사회복지행정조직은 복지환경국 산하에 사회복지과, 여성봉사과, 환경위생과, 청소행정과, 녹지공원과로 구성되어 있다. 사회복지서비스와 관련된 조직으로 사회복지과는 기초생활보장, 복지기획, 장애인복지, 노인복지, 장묘문화 등의 업무를, 여성봉사과는 여성지위 향상, 아동보육, 건전가정, 자원봉사 등의 업무를 담당하고 있다. 구체적 구조 및 업무는 [그림 9-4]와 같다.

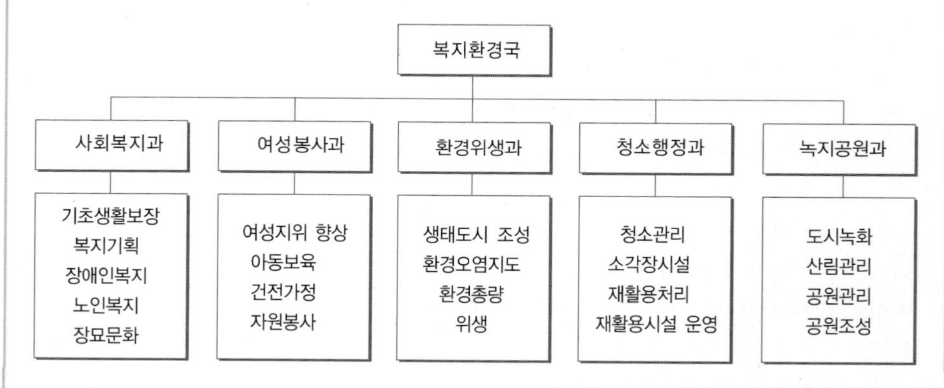

[그림 9-4] ㅇㅇ시 복지환경국 조직도

(3) 사례 3: ○○시 ○○구청

○○시는 일반구[2]로서 2개의 구가 설치되어 있다. 각 구에는 복지행정조직으로 사회복지과가 조직되어 있다. 사회복지과에는 기초생활보장팀, 노인아동팀, 여성봉사팀이 구성되어 있고, 그 주요 업무는 [그림 9-5]와 같다.

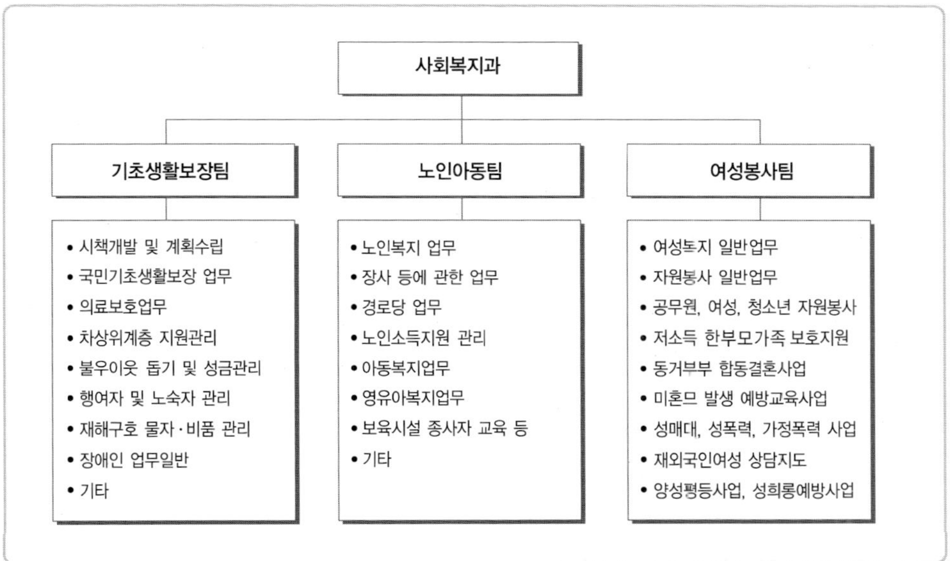

[그림 9-5] ○○시 ○○구의 사회복지과 팀별 업무

3) 민간사회복지행정조직

민간사회복지행정조직은 국가 또는 지방자치단체의 공공사회복지행정이 미치지 못하는 부문을 상호 보완적으로 담당한다. 민간의 사회복지행정은 시범적, 융통적, 전문적, 봉사적 성격을 지니며, 특히 지역단위의 주민참여를 권장함으로써

---

2. 구(區)는 특별시와 광역시에 속하는 '자치구'와 특별시 또는 광역시가 아닌 인구 50만 명 이상의 시에 속하는 '일반구'가 있다. 자치구는 지방자치단체의 고유사무를 처리할 수 있는 자치권을 가지는 것 이외에는 일반구와 마찬가지로 국가와 소속 시의 위임사무를 처리한다.
사무를 처리하는 구청 최고책임자로는 구청장이 있는데, 자치구의 경우는 지방선거를 통해 선출한다. 그러나 일반구에서는 시장이 일반직 지방공무원 중에서 구청장을 임명하며, 구청장은 시장의 지휘·감독을 받는다. 직제는 자치구의 경우 구의 조례로, 일반구는 시의 조례로 정한다.

사회적 연대의식을 강화하는 기능을 수행한다.

국민의 생존권보장에 대한 국가의 책임은 민간사회복지 주체의 협조를 필요로 한다. 보통 이 경우 민간의 법인조직에게 필요한 사업을 위탁하게 된다. 그리고 이러한 위탁사업을 하는 민간사회복지행정조직에 대해서 국가는 필요한 지도를 제공하게 된다. 각 법인조직은 정관에 규정된 사회복지사업을 실시한다. 그러므로 사회복지서비스 행정은 각 기관 또는 시설에서 행하게 된다. 그 조직은 사업종류별, 대상자별, 규모별로 차이가 있으나 몇 개의 사례를 제시하면 다음과 같다.

(1) 이용시설의 사례: 사회복지관

사회복지관은 사회복지이용시설로 지역사회 내에 일정한 시설, 전문인력 및 자원봉사자를 갖추고 종합적으로 복지수요에 접근하는 사회복지시설이다. 〈표 9-3〉은 사회복지관의 조직표다.

〈표 9-3〉 사회복지관의 조직

구분	조직	
종합 사회복지관 (가형)	복지1과	가정복지담당, 아동복지담당, 청소년복지담당
	복지2과	지역복지담당, 노인복지담당, 장애인복지담당, 서무담당
종합 사회복지관 (나형)	복지1과	가정복지담당, 아동복지담당(청소년복지담당)
	복지2과	지역복지담당, 노인복지담당, 장애인복지담당, 서무담당
사회복지관	총무과	가정복지담당, 아동복지담당(청소년복지담당), 지역복지담당, 노인복지담당(장애인복지담당), 서무담당

(2) 생활시설의 사례

사회복지생활시설은 우리나라의 민간사회복지사업의 대표적인 형태다. 사회복지생활시설은 사회복지사업법(제2조)과 여러 사회복지사업 관련법에 따라 시설, 전문가, 재정의 요소를 갖추고 생활인에게 필요한 전문적 서비스와 보호를 제공하는 시설을 말한다.

사회복지생활시설은 공공시설과 민간시설로 구분하는데, 국가나 지방자치단체가 직접 운영하는 경우도 있지만, 보통 민간에게 위탁하는 형태로 사업을 실시하므로 실제의 생활시설서비스 제공자는 민간인인 경우가 대부분이다. [그림 9-6]은 민간사회복지조직으로서의 생활시설의 일반적인 행정조직 형태다.

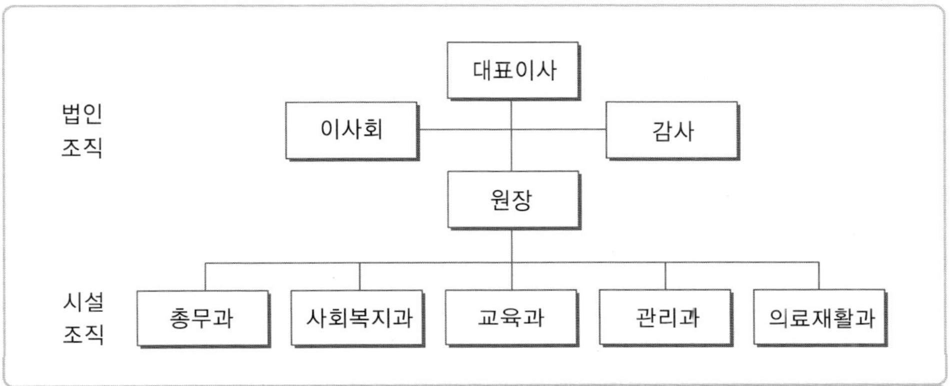

[그림 9-6] 장애아동생활시설의 조직 예

4 사회복지법 행정의 일반원칙

사회복지사업은 실질적으로 국가기관인 행정기관의 지도감독하에 수행된다. 즉, 사회복지사업의 시작, 운영, 중단에 있어서 행정공무원의 실질적 지도감독을 통해서 그 결과가 영향을 받는다. 그런데 행정공무원은 행정법의 내용에 따라 업무를 수행할 따름이다.[3]

따라서 사회복지법의 이행에 있어서 기본적으로 행정집행과 관련 있는 행정법의 원리를 고려하지 않을 수 없다. 이와 같은 관점에서 이 절에서는 사회복지사업행정에 밀접히 관련되어 있는 행정법의 일반 원리를 학습한다.

3. 사회복지법의 분류에서 사회복지법을 특별행정법이라고 분류하는 학자도 있다.

1) 신뢰보호의 원칙

신뢰보호의 원칙은 개인이 행정기관의 어떤 행위의 적법성과 존속성에 대하여 신뢰한 경우에 그 신뢰가 보호가치가 있는 한 보호하여 주어야 한다는 원칙이다. 예를 들면, 세금에 대하여 '세무공무원의 지도'에 따라 '신고하지 않았는데' 후에 그 지도가 잘못된 것이라 하여 세무서장이 신고하지 않았던 부분에 대해 다시 과세처분을 하는 경우, 앞서의 세무공무원의 지도에 대한 신뢰를 보호해 주어야 하는 경우다.

이 원칙은 두 가지 이론적 근거에서 주장되고 있다. 첫 번째는 신의칙설이다. 행정기관은 성실하게 적법한 행정작용을 해야 할 의무가 있으며, 국민은 그것을 적법한 것으로 신뢰하기 때문에, 후에 당해 행정작용의 위법을 이유로 그 효력을 부인하는 것은 상대방(국민)의 신뢰를 저버린 신의성실의 원칙에 위배된다는 이론이다. 다만 신의성실의 원칙은 당사자 간의 구체적 법률관계의 존재를 전제로 해야 하는 한계[4]가 있다.

두 번째는 개인은 국가작용이 법에 따라 그가 예측한 대로 집행되고 존속될 것을 기대하므로, 여기에서 그 개인의 예측을 국가가 보호해야 하는 신뢰보호의 요건이 조성된다고 보는 법적 안정설[5]이다.

대법원 판례도 신의칙설에 의해 신뢰보호의 원칙을 지지하고 있으며, 헌법재판소는 그것이 법치국가의 원리로부터 도출된다고 본다. 신뢰보호의 원칙은 법률위반을 감수하고서라도 신뢰를 보호해야 한다는 점에서 '행정의 법률적합성의 원칙'과 상반되므로, 그 이론적 근거를 '법적 안정성'에서 구하는 것이 타당하다.

현재 행정절차법 제4조 제2항 및 국세기본법 제18조 제3항에 "공익 또는 제3자의 정당한 이익을 현저히 해할 우려가 있는 경우를 제외하고는, 새로운 해석 또는 관행에 의하여 소급하여 불리하게 처리하여서는 아니 된다."고 명문화되어 있는 점으로 볼 때, 우리 실정법 체계에서는 신뢰보호의 원칙이 인정되고 있음을

---

4. 공법관계에서는 그러한 구체적 법률관계가 존재하지 않는 경우가 있고(예: 공표 등), 또 구체적 사건에 있어서 추상적인 신의측에 의하는 것은 '일반조항에의 도피'를 의미한다는 비판이 있다.

5. 현재 다수설이다.

알 수 있다.

이 신뢰보호의 원칙이 적용되기 위해서는 첫째, 행정행위의 주체가 행정조직상의 형식적인 권한에 국한되지 않고 조직상의 지위와 임무, 당해 언동을 하게 된 구체적인 경위에 비추어 권한 있는 행정기관이어야 한다. 둘째, 그 행정기관에 의한 명시적 또는 묵시적인 법규명령, 조례, 규칙, 처분, 확약, 행정지도 등과 같은 공적인 선행행위가 존재하여야 한다. 셋째, 행정행위의 직접 상대방뿐만 아니라 그 대리인, 수임인 등 관계인의 고의, 과실 등 귀책사유가 없는 것처럼 관계인의 신뢰가 보호할 만한 가치 있어야 한다. 넷째, 선행 행정행위의 상대방인 관계인이 행정기관의 행위를 믿고 일정한 행위를 해야 한다. 다섯째, 선행행위에 대한 신뢰와 관계인의 처리 사이에 인과관계가 성립해야 한다.

이러한 신뢰보호의 원칙은 행정행위의 효과가 그 행정행위 대상이 된 사인에게 이익이 되는 성질을 가지는 수익적 행정행위 또는 국민을 구속하기 위해 일정한 작위 또는 부작위를 약속하는 의사표시를 하는 행정상 확약에 적용된다. 이 신뢰보호의 원칙은 행정법의 일반원칙으로서 효력이 있으므로 그 위반은 위법이 되며, 신뢰보호의 원칙에 반한 행정처분은 원칙적으로 취소사유가 된다.

2) 비례의 원칙(과잉조치금지의 원칙)

헌법 제37조에 의하면 국민의 자유와 권리는 헌법에 열거되지 아니한 이유로 경시되지 아니하며(제1항), 국민의 모든 자유와 권리는 국가안전보장 · 질서유지 또는 공공복리를 위하여 필요한 경우에 한하여 법률로써 제한할 수 있으며, 제한하는 경우에도 자유와 권리의 본질적인 내용을 침해할 수 없다(제2항). 따라서 행정기관의 직무는 그 직무수행에 필요한 최소한도 내에서 행사되어야 하며 이를 남용하여서는 아니 된다고 판단할 수 있다.

비례의 원칙이 적용되기 위해서는 첫째, 목적달성을 위한 행정작용(수단)은 그 목적에 적합하게 행사되어야 하고(적합성의 원칙), 둘째, 행정조치는 필요한 범위 내에서 최소수단을 선택하여 최소한의 간섭(침해)이어야 하며(필요성의 원칙), 셋째, 행정조치는 비교 형량되어서 그 조치로 인한 이익이 불이익보다 커야 하고, 사익보다 공익이 우선시되어야 한다(상당성의 원칙 또는 협의의 비례원칙).

3) 평등의 원칙

평등의 원칙은 특별히 합리적인 사유가 존재하지 않는 이상 공평한 대우를 해야 하며 형평에 맞아야 한다는 원칙이다. 이 원칙도 모든 국민은 법 앞에 평등하다는 헌법 규정(제11조 1항)에 근거하고 있다. 이 원칙은 결국 스스로 결정한 기준에 구속된다는 원리인 행정의 자기구속의 법리를 나타낸 것이다.

4) 부당결부금지의 원칙

부당결부금지의 원칙은 공권력을 행사함에 있어서 관련성이 없는 상대방의 반대급부와 결부시키거나 의존해서는 안된다는 원칙을 말한다. 이 원칙은 급부행정에서 중요한데, 국가에 깊이 의존하는 국민의 기본적 생활 필수수단인 전기·가스·수도 등 확대된 급부행정이 행정강제의 효과적인 수단으로 활용되는 경향이 있음을 제한하는 원칙으로 의미가 있다.

이것은 급부행정의 수단과 행정권한의 결부는 법치행정(행정의 예측가능성과 법적 안정성)의 원리와 관련해서 기본권의 침해를 초래할 수 있는 문제점이 있기 때문이다. 따라서 행정권한에 결부시키는 행정수단에 이처럼 일정한 한계의 설정이 필요하게 된다.

5) 죄형법정주의와 명확성의 원칙

명확성(明確性)의 원칙이란 형벌법규는 범죄의 구성요건과 그 법적 결과인 형벌을 명확하게 규정해야 한다는 형법의 법리다. 법률에 범죄와 형벌을 가능한 한 명확하게 확정하여야 법관의 자의를 방지할 수 있다는 것, 국민으로서도 어떤 행위가 형법에서 금지되고 그 행위에 대하여 어떤 형벌이 과하여지는가를 예측하게 할 수 있다는 것에 그 의의가 있다.

입법의 원칙으로서의 명확성의 원칙은 법규범의 예측가능성의 실현의 법리로서 등장한 것이라 할 수 있다. 법규범은 시민의 준법생활규범으로서의 의의와 법관의 재판규범으로서의 의의를 지니게 된다. 따라서 법규범의 내용은 전문적 법률지식을 가지고 있는 법조인이 예측 가능할 뿐 아니라 일반시민이 통상적으로 예측 가능할 정도의 명확성을 요한다는 것이다. 일반인이 예측 가능한 명확성이란 구체적으로 어느 정도의 것이어야 하는가에 대해서는 학설상으로나 판례상으로 많은 시도를 하고 있으나, 현재까지 합리적인 기준의 설정이 이루어지지 못하고 있다.

특히 오늘날의 입법은 사회현상의 복잡화 및 가치관의 다원화에 따르는 입법기술상의 요청에 의한 일반조항 내지 불확정개념의 과다현상으로 인하여 명확성의 원칙이 한층 제약을 받고 있다. 그리하여 명확성의 요청은 오히려 사법과정에서 구체적 사건에 적용되는 것을 통하여 명확화되는 것을 기대하고 있는 실정이다. 그러나 입법의 불명확성으로 인한 권리침해에 대하여 사법부의 해석을 통한 구제방법으로는 국민의 측에서 본다면 명확하지 아니한 내용의 법적 규제가 사후에 사법과정을 통하여 명확하게 되면서 미리 불리한 법적 효과를 받게 됨으로써 국민의 권익보호에 충분하지 못한 결과를 가져온다.

그러나 불명확성이라는 것이 원래 언어의 성질상 본래적인 것이며, 명확성과 불명확성이라는 기준 역시 절대적인 것이 아니라 상대적인 기준에 불과하다. 특히 일반적으로 법령은 규정의 문언의 표현력에 한계가 있을 뿐 아니라 그 성질상 불가피하게 추상성을 다소 가지므로 모든 법령이 명확하여야 한다는 기준을 엄격히 적용한다면 그것은 입법을 불가능하게 하며 그 목적을 달성하는 수단을 박탈하는 것이 될 것이다.

제10장

사회복지법의 해석과 적용

1 사회복지법의 접근방법

사회복지학의 연구내용을 살펴보면 주제에 따른 분류(개념과 철학, 역사, 실천이론, 실천방법, 실천분야, 제도, 교육체계 등), 개입의 직접성에 따른 분류(정책과 행정, 임상), 개입대상에 따른 분류(아동, 여성, 장애인, 노인, 실업자 등), 실용성에 따른 분류(현장연구, 이론연구) 등이 있다. 이러한 갖가지 연구결과는 사회복지학의 지식체계를 이룬다.

사회복지법 연구의 목적은 사회복지법을 연구하여 사회복지의 실천에 공헌하기 위함이다. 그렇다면 사회복지법은 어떻게 연구할 것인가? 일단 사회복지법의 연구란 사회복지를 다루는 법을 연구하는 것이고, 법의 틀을 가진 사회복지를 연구하는 것이라는 점을 전제해야 할 것이다. 사회복지법은 '법'이라는 독특한 성격을 반영하므로 법의 연구방법을 이해하여야 한다. 즉, 법학연구방법의 이해를 통해 사회복지법을 연구하는 것이다. 법학의 연구방법에는 보통 법철학, 법사학, 법사회학, 법심리학, 법정책학, 법인류학, 판례연구, 법해석학 등이 있다. 지금까지 발표된 주요한 사회복지법 연구주제들은 이 책의 참고문헌을 통해 확인하기 바란다.

1) 법철학

법철학(法哲學)은 법의 본질을 추구하고 법의 이상 또는 이념을 분명히 하여 법학의 방법론을 확립하는 것을 목적으로 한다. 그러므로 사회복지법의 법철학적 연구방법은 사회복지법의 본질을 추구하고 사회복지법의 이상 또는 이념을 분명히 하며, 나아가서 사회복지법학 연구의 방법론을 확립하는 것을 목적으로 할 것이다. 그래서 사회복지의 이상과 이념이 되고 있는 '인간다운 생활'을 실현하기 위한 '법의 이념이 무엇인가?'라는 문제를 해결하려 노력하는 것이다.

사회복지법의 이념과 목적은 인간다운 생활에 대한 권리의 확보다. 이러한 차원에서 사회복지법의 법철학적 접근에서 주로 거론할 수 있는 주제들에는 인간다운 생활을 실현하기 위한 법의 이념, 생존권 또는 복지권의 개념 및 법적 실현방식, 복지국가의 이념과 사상, 정치 · 경제적 배경에 관한 연구, 평등, 형평, 사회적 적절성, 사회정의 등에 관한 연구, 생존권과 헌법 규정 및 국가의 역할 등이 있을 것이다.

① 생존권을 실현하는 수단으로서 최고법규범인 헌법의 사회권적 기본권규정은 어떤 의미를 지니며, 다른 하위법률과의 관계에서 어떤 지위를 갖는가?
② 생존권의 구체적 내용에 포함되는 소득, 의료, 주택, 교육 및 사회복지서비스의 수준을 국가가 어느 수준까지 보장할 것인가? 이에 따른 서비스수급권의 내용과 구조는 어떻게 해야 하는가? 이러한 법적 수급권규정에서 행정적 재량은 어디까지인가?

2) 법사학

법사학(法史學)은 법의 역사적 변천과정 연구를 통해서 일정 영역에서의 법칙성을 발견, 법의 변화의 원인과 결과를 이해하고, 현행법의 성격과 기능, 의미를 보다 명확히 파악하며, 법환경의 미래를 예측하려는 방법이다. 사회복지법의 연구에서 법사학적 접근은 사회복지법의 역사적 변화를 연구하여 현행 사회복지법의 성격과 기능, 의미를 보다 명확히 파악하려는 것이다. 그러므로 이 연구는 사회복지법제사(社會福祉法制史)의 연구 성격을 띤다.

그런데 이 연구방법의 목적은 특정 사회의 제한된 사회복지법적 현상에만 국한되는 것이 아니고, 인류의 보편적인 사회복지법 현상을 밝힘으로써 사회복지 현상의 근본적이고 일반적인 원리와 원칙을 알려는 것이다. 다시 말하면, 진정한 역사연구는 역사의 외재적 연구방법으로 사회복지법과 연관된 정치, 경제, 사회, 문화 등의 요소를 살펴야 하는 것이다.

3) 법사회학

법사회학(法社會學)은 법현상을 역사적 · 사회적 현상으로 보고, 그 인과적 방법에 따라 법의 성립, 발전, 소멸을 고찰하여 새로운 법칙성을 발견하려는 것이다. 이것은 접근연구의 대상에서는 법이지만, 접근의 방법에서는 사회학의 일부라고 할 수 있다.

법사회학은 공동체의 행동에 참여하는 사람들이 일정한 질서를 타당한 것으로 보는 것이 공동체 내부에서 사실상 무엇을 야기하는가라는 의문에서 출발한다. 사회복지법에 대한 법사회학적 접근은 사회복지 현실에서 사회복지법이 어떻게 발생하고, 어떻게 존재하고, 어떻게 작용하는가에 관심을 둔다. 그러므로 실정법 이외의 규범력이 있는 사회복지 관습을 찾아내거나 사회복지 실정법의 실효성을 고찰하는 일이 이에 해당한다. 이와 같은 사회복지법의 법사회학적 연구의 결과는 사회복지법의 해석, 적용, 입법에서 매우 중요한 자료가 된다.

4) 비교법학

비교법학(比較法學)은 2개 이상의 사회 또는 국가의 법제도를 비교하는 법학연구의 한 방법이다. 이 접근에서 보통 비교의 대상이 되는 것은 입법과정, 법제도, 법이념, 법철학, 법의 역사적 발전과정, 법의 적용과 해석, 판례, 입법구조, 정치행정의 문화 등이다.

사회복지법의 비교법학적 연구 또한 2개 이상의 국가의 사회복지법 제도의 비교를 통해서 사회복지법의 입법과정, 법이념, 법철학, 법의 역사적 발전과정, 법의 적용과 해석, 판례, 입법구조, 정치행정의 문화 등을 탐구하는 방법이다.

5) 법정책학

법정책학(法政策學)은 입법정책을 연구의 주요 대상으로 하면서, 법과 정책결정에 관한 제반 학문적 지식 및 그것과 관련된 제반 기법을 탐구하는 접근방법이다. 그러므로 사회복지법의 법정책학은 사회복지입법정책을 연구대상으로 하여 복지와 관련된 법과 정책결정에 관한 제반 학문적 지식 및 기법을 탐구한다. 또한 사회복지에 관한 정책결정과 입법과정에서의 의사결정구조를 탐구하는 것도 중요하다.

오늘날은 복잡한 사회에 다양한 복지문제가 발생하고, 이 사회문제에 대한 대응으로서의 법정책과 입법기술이 필요한 시대다. 그러므로 사회복지법의 입법과정과 정책결정과정에 관한 탐구는 효율적인 입법화를 알려 준다. 결과적으로 사회복지법의 법정책학적 연구는 각종 사회문제를 통제하고, 그 해결을 위한 방책으로 법적 의사결정 또는 법적 정책결정을 하는 자에게 조언을 할 목적으로 법과 정책결정에 관한 제반 학문적 지식 및 그것과 관련된 제반 기법을 연구하는 것이다.

6) 판례연구

판례연구(判例硏究)란 판례를 통해서 기존의 법규범으로 규정되어 있지 않은 법생활의 여러 측면을 어떻게 취급하는지를 알 뿐만 아니라 기존의 법이 어떻게 해석 또는 적용되는지를 이해하는 연구다. 그러므로 사회복지법 연구에서의 판례연구접근은 사회복지법의 실제 해석과 적용이 어떠하며, 어떤 사회적 · 경제적 배경에서 특정 판결이 이루어졌으며, 그것이 지닌 사회복지부문의 함의는 무엇인가를 탐구한다. 이것은 결국 법의 해석과 적용, 즉 실질적인 법적 효력을 둘러싼 국가의 입장을 극명하게 나타내 준다.

이러한 다양한 연구방법은 사회복지법의 이해를 돕고, 사회복지학의 지식체계의 발전에 도움이 된다. 그런데 항상 염두에 두어야 할 것은 어떤 연구에 특정 연구방법이 주로 사용되었다는 것은 그것만 적용되고 다른 연구방법은 전적으로 배제되었다는 의미가 아니라 주요 연구방법으로서 그 연구방법이 주로 사용되었다는 의미라는 점을 이해하는 일이다.

7) 법해석학

법해석학(法解釋學)이란 법규범으로 정립된 실정법[1]의 해석과 적용에 관한 연구를 말한다. 법해석학은 당위의 명제인 법규범을 대상으로 그 의미내용을 명확히 하거나 또는 설정하고, 법규범 명제 사이의 상호관계를 논리적으로 체계화하며, 나아가 불명확하거나 흠결(欠缺)이 있는 부분에 관하여 해결방안을 제시하는 것을 목표로 한다.

그러므로 사회복지법의 법해석학적 접근은 사회복지법규범을 해석하여 사회복지현상에 적용시키기 위해서 사회복지법의 내용, 의미 또는 한계 등을 설명하고, 사회복지에 관한 정책의지나 목표를 명확하게 표현하는 것이다. 그 결과 사회복지법의 체계화에 기여한다. 이 해석학은 법연구의 보편적인 연구방법이다. 사회복지학이 가치지향의 학문이기 때문에(물론 법제정과정에서 그 가치가 반영되기도 하지만) 법해석의 면에서 국민의 기본권(생존권)을 중심으로 해석이 가능해야 하므로 사회복지학에서 매우 중요시되는 분야라고 할 수 있다.

사회복지법의 연구에 있어서 법해석학은 사회복지현상을 체계적으로 포착하고, 국가나 사회의 사회복지에 관한 정책의지와 목표를 명확하게 파악할 수 있게 한다. 이러한 점에서 사회복지법은 국가의 사회복지정책에 대한 목표의 표현인 동시에 국가 내의 모든 사회복지활동을 지도하는 강제력을 가진 법규범인 것이다.

그러나 우리나라의 많은 사회복지법의 연구에서 해석학적 접근의 발달이 더딘 것은 최근에야 비로소 사회복지학이 발달하면서 사회복지현상의 법적 체계와 국가역할기능에 관심이 주어지고 사회복지법의 연구가 증대되었기 때문이라고 할 수 있다. 또한 지금까지는 사회복지관계법의 법적 효력이 강행적이라기보다는 임의적 성격이므로 사회복지개념이 구빈법적 자선개념으로 인식되었고, 사회복지

---

1. 실정법이란 국가권력에 의해서 강제되어 그 효력이 보장된 법규범으로, 경험적 사실에 관한 명제가 아니라 신념이나 이상에 관하여 서술한 당위(當爲)의 명제다.

에 대한 국가의 기능도 소극적, 억압적으로 이해되는 경우가 많았기 때문이다.

2 사회복지법의 분류

사회복지법의 해석은 법의 실정법적인 성격에 따라 달라진다. 사회복지법은 실정법 차원에서 상위법과 하위법, 일반법과 특별법, 강행법과 임의법, 원칙법과 예외법, 신법과 구법으로 분류할 수 있다. 적용하려는 법이 어느 분류에 속하느냐에 따라 그 적용과 해석에서 차이가 있다.

1) 상위법과 하위법

법은 수직적 체계를 이루고 있다. 우리나라의 법체계를 보면 헌법, 법률, 시행령, 시행규칙, 자치법규의 순서로 법제정형식에 따른 위계를 갖고 있다. 그러므로 법들은 상위법과 하위법의 관계에 있다.

사회복지법들도 수직적 체계 속에 있다. 상위법 · 하위법 체계에 의한 법해석의 예를 들면, 헌법은 국가의 기본법으로서 다른 법들의 상위법이다. 그러므로 헌법의 규정을 위반한 하위의 법률은 위헌법률이 되며 그 효력이 상실된다. 법의 해석에서 해당 규정이 상위법에 근거하는가, 상위법의 위임을 받은 것인가, 상위법의 허용범위 내에 있는 것인가를 판단해야 한다.

2) 일반법과 특별법

법은 법 적용 및 효력의 범위에 따라서 일반법(보통법)과 특별법으로 구별된다. 법 적용 및 효력의 범위가 넓은 법을 일반법이라고 하며, 제한된 영역에서 적용되는 법을 특별법이라고 한다. 이 구분은 첫째, 법이 적용되는 '사람'을 기준으로 일반국민에게 적용되는 법(예: 국민건강보험법)과 특정 신분에 적용되는 법(예: 의료급여법), 둘째, 법이 적용되는 '사항의 범위'를 기준으로 일반적 사항에 적용하는 법(예: 사회복지사업법)과 특별한 사항에 적용하는 법(예: 노인복지법), 셋째, 법이 적용되는 '지역적 범위'를 기준으로 전국적 지역에 적용되는 법(예: 사회복지사업법)과 특정 지역에만 적용되는 법(예: 전북장애인종합복지관설치운영규정)의 형태로 구별된다.

일반법과 특별법의 관계는 법률(또는 법전)들 간에 적용될 뿐만 아니라 같은 법률 속에서도, 조문과 조문 사이에도 존재한다. 일반법과 특별법의 구분의 실익은 '특별법은 일반법을 우선한다.'는 원칙에 의해서 우선 특별법을 적용하고, 그 보충으로 일반법을 적용한다는 점에 있다. 예를 들면, 아동의 입양에 관해서는 아동복지법이 일반법이고 입양촉진및절차에관한특례법이 특별법이 되기에 후자가 전자보다 우선 적용된다.

3) 강행법과 임의법

법은 법률 또는 법조문의 적용이 '강제적이냐 혹은 임의적이냐'에 따라 강행법 또는 임의법으로 구별된다. 강행법은 법률행위 당사자의 의사(意思) 여하에 관계없이 적용되는 법이며, 임의법은 법률행위 당사자의 의사로 적용이 배제될 수 있는 법이다. 임의법을 인정하는 이유는 원래 법은 권력관계를 근거로 강행되는 것이지만 공적 질서와 무관한 개인적 관계에 대해서는 당사자의 의사를 존중하여 그 자치를 허용하는 것이 오히려 사익과 사회질서 유지에 적합하고 법의 목적에도 합치되기 때문이다. 보통 공법(헌법, 행정법, 형법 등)이 강행법에 해당하고 사법(민법, 상법 등)은 임의법에 해당한다. 사회복지에 관한 법의 경우 사회법의 영역이므로 사회법의 성격에 따라 구별될 것이다.

그런데 강행법과 임의법의 구별기준으로 법률의 공·사법적 성격도 중요하지만, '법문의 표현, 기타 법규가 가지는 가치 등을 고려하여 구체적으로 판단'할 필요가 있다(허영민, 1994). 사회복지에 관한 법에서 규정하고 있는 각종 사회복지급여 규정에 있어서 수급자의 권리성을 인정한다는 면에서 보면 강행 규정적 성격을 지니고 있지만, 만약 해석상 수급권의 반사적 이익을 인정한다면 그 점에서는 사회복지급여 규정의 임의성을 인정하게 되는 것이다.

4) 원칙법과 예외법

원칙법이란 일정한 사항에 대해서 일반적으로 적용되는 법을 말하고, 예외법이란 그 일정한 사항에 관하여 특별한 사정이 있는 경우 그 예외를 인정하는 법을 말한다. 일반법과 특별법의 관계와 달리 예외법은 원칙법의 적용을 완전히 배제하므로 원칙법이 예외법에 대해서 보충관계에 있지 않다.

보통 여러 가지의 법령에서 보이는 단서규정은 대체로 예외법이라고 할 수 있다(허영민, 1994). 사회복지사업법 제34조 제2항의 "국가 또는 지방자치단체 외의 자가 시설을 설치 · 운영하고자 하는 때에는 보건복지부령이 정하는 바에 의하여 시장 · 군수 · 구청장에게 신고하여야 한다."라는 부문은 사회복지시설의 설치 주체에 관한 원칙법에 해당하고, "폐쇄명령을 받고 1년이 경과하지 아니한 자는 시설의 설치 · 운영 신고를 할 수 없다."(제40조)라는 단서부문은 예외법에 해당한다.

이 구별의 필요성은 법해석의 원칙으로서 예외법은 원칙법과 달리 특히 엄격하게 해석하여야 하고, 이를 함부로 확장하여 해석하여서는 안 된다는 점에 있다. 이 원칙은 "예외법은 엄격히 해석하여야 한다."라는 법격언에서 표현되고 있다.

5) 신법과 구법

신법은 새로 제정된 법을 말하고, 구법은 신법에 의해 폐지되는 법을 말한다. 그러므로 신법은 구법을 폐지하고 적용되는 것이다.

우리의 사회현상은 항상 진행과정에 있으므로 어느 순간에 완벽하게 새로운 법이 적용될 수 있는 변화된 모습으로 나타나는 것은 아니다. 그러므로 신법의 시행시기와 구법의 종료시기에는 상호 불일치가 존재할 수 있다. 이러한 불일치를 해결하기 위하여 신법에 경과규정 또는 부칙[2]을 둔다. 예를 들면, 1997년 8월에 개정된 사회복지사업법 부칙 제2조에는 사회복지사 1급 자격취득에 관한 경과조

2. 법령에 있어서 본칙(本則)에 부수하는 시행일, 경과규정, 관계법령의 개폐 등에 관한 내용을 규정하는 부분을 말한다.

치가 있었다. 경과조치는 구법을 준수한 준수자의 권리를 보호할 뿐만 아니라 법의 보수성을 유지하는 데에 도움이 된다.

한편 신법이 과거로 거슬러 올라가 구법 시행 당시의 행위에 대하여 효력을 발생하는 소급효(遡及效)가 있다. 소급효는 인정하지 않는 것이 원칙이며, 특히 형벌법규에서는 인권침해 우려 때문에 금지한다(헌법 제13조 참조).

3 사회복지법의 적용

1) 법의 적용

사회복지법의 적용이란 사회복지법의 내용을 사회복지현상의 구체적인 사실관계에 실현시키는 것을 말한다. 일반적으로 법은 그 성질상 일반적 · 추상적인 규범내용으로서 표현되기 때문에 어떤 구체적인 사실에 대해서 법률효과가 발생하려면 법의 적용이라는 과정을 거쳐야 한다.

법의 적용순서는 먼저 법이 적용될 구체적 사실을 확정하고(사실확정), 확정된 사실에 적용될 법조문을 찾아내며(법규범의 발견), 그 구체적 사실에 대하여 법을 적용하는(법의 해석) 삼단논법적 추리를 사용한다. 일반적으로 사실확정의 문제를 사실문제라고 하며, 법의 발견, 해석, 적용의 문제를 법률문제라고 부른다.

2) 사실확정의 방법

법의 적용은 우선 사실관계가 확정되어야 한다. 사실관계의 확정이란 법의 적용을 받게 될 사실이 존재하는가, 어떠한 형태로 존재하는가를 확정하는 일이다. 여기서 사실존재의 주장, 근거가 되는 것이 증거다. 간혹 증거의 입증(立證)을 면하기 위하여 법은 사실의 존재 또는 부존재를 추정하거나(사실의 추정) 의제(擬制)하는 경우가 있다(사실의 간주).

추정(推定)이란 법이 당사자의 입증의 불편을 피하기 위하여 사실의 존재 또는 부존재를 일단 가정하고 법률효과를 부여하는 경우를 말한다. 예를 들면, 의료급여비용의 예탁에 대해서 "급여비용의 지급업무가 위탁된 경우에 시 · 도지사는 기금에서 보건복지부령이 정하는 바에 따라 추정급여비용을 급여비용지급기관에 예탁하여야 한다."라고 한 규정(의료급여법 제27조 제1항)에서 알 수 있다. 그런데 추정은 일정한 사실이 불명확한 상태에서 보통의 상태를 기본으로 그 사실의 존재를 가정하여 거기에 일정한 법적 효과를 인정하는 것이므로, 그로 인해 불이익을 당하는 자가 반증을 제시하면 전복될 수 있다.

간주(看做)란 공익 또는 기타 이유로 일정한 사실을 확정적으로 규정한 경우를 말한다. 법령에서 사용된 '간주한다' 또는 '본다'라는 용어가 해당된다. 예를 들면, "시 · 군 · 구 복지담당공무원은 사회복지사업법에 의한 보호대상자가 누락되지 아니하도록 하기 위하여 관할지역 안에 거주하는 보호대상자의 보호를 직권으로 신청할 수 있는데, 이 경우 보호대상자의 동의를 얻어야 하며, 동의를 얻은 경우에는 보호대상자가 신청한 것으로 본다."라는 규정(사회복지사업법 제33조의2 제2항)에서 확인할 수 있다. 이 간주는 추정처럼 상대적인 법률효과를 인정하는 것이 아니고, 절대적인 법률효과를 추정하는 것이므로 반증에 의해서 전복될 수 없다.

3) 법규범의 발견

확정된 구체적 사실에 적용될 법규범을 찾는 일은 성문법주의를 채택한 우리나라의 경우 성문법규에 의해서 쉽게 달성된다. 관심 있는 사회복지적 사실에 사회복지의 성문법들—사회보장기본법, 산업재해보상보험법, 사회복지사업법, 장애인복지법 등—을 적용하면 된다. 그런데 구체적 사실에 직접 적용할 만한 성문법규가 없거나, 있다 하더라도 그 표현이 모호한 경우에는 무엇이 해당 법규범인지를 확정하기가 어렵다. 보통 모호한 경우에는 모든 관계사항, 법이론, 선례 등을 고려하여 합리적인 판단을 하고, 아예 없는 경우에는 불문법규(관습법, 판례법, 조리)에 의할 수밖에 없다.[3]

---

3. 형법에서는 '조리'에 의해서 범죄를 확정한다는 것은 있을 수 없기 때문에 조리의 적용이 제한될 것이다.

구체적 사실에 대해서 적용할 법규범이 없는 경우를 '법의 흠결(欠缺)'이라고 한다. 재판과정에서 이런 경우가 나타나면 유추에 의해서 해결하는 것이 일반적이다. 유추적용이란 어떤 구체적 사실에 직접 적용할 법규가 없을 경우 유사한 사실에 법규칙을 적용하는 경우를 말한다. 이것은 "같은 근거 또는 같은 이유에는 같은 법이 적용된다."라는 법언에서 나타나듯이, 두 가지 사실이 비슷하고 공통된 요소를 갖고 있다는 점에 근거한다. 형법에서는 죄형법정주의로 인해 이러한 유추적용이 불가능하지만, 사회복지법에서는 복지대상자에 대한 서비스 이익의 제공이라는 차원에서 법의 흠결문제에 대해 유추적용이 가능할 것이다.

4) 법해석

법해석은 법의 적용을 위하여 일반적이고 추상적인 법규정의 의미를 분명하게 밝히는 것이다.

(1) 성문법의 불완전성

보통 법규정은 구체적인 사회생활에서 널리 적용되기 위하여 일반적이고 추상적인 용어로 표현된다. 또한 법제정 당시에 제정권자는 법에 그 사회의 공동선을 목적으로 하는 합리적인 가치요소들을 반영하고자 하였으나 실제로는 그렇지 못했을 수도 있으며, 제정 당시의 법이 변화하는 사회 속에서 새로운 사회상에 맞지 않게 되었을 수도 있을 것이다. 그러므로 법해석을 통해서 사실관계에 적용될 법규의 내용을 명료화하고 구체화하며, 법적인 의미를 정확히 밝혀내는 작업이 필요하다. 이처럼 법해석은 법의 내용이 현실화되는 과정이다.

(2) 법해석의 지도원리

법의 해석이 해석하는 사람에 따라 자의적으로 이루어진다면 객관성을 상실할 것이다. 그러므로 해석의 객관성을 유지시켜 주는 법해석의 지도원리에 따라 각종의 해석방법을 취사선택하거나 이를 종합하여 가장 타당한 해석을 시도하여야 한다. 이를 위해서는 법해석의 목적과 구체적 타당성, 법적 안정성을 고려하여야 한다.

① 법해석 목적의 고려

법해석의 목적을 입법자의 의사에 두는 견해와 법률의사에 두는 견해가 있다. 입법자의사설은 정립된 법은 입법자의 의사를 표현한 것이므로 법해석은 그 입법의사를 탐구하여 이를 명백히 하는 것이라고 주장한다. 그러나 법률의사설은 법률은 제정 당시의 입법의사를 떠나서 이제는 독자적, 객관적으로 존재하므로 법해석은 그 법률에 내재하는 합리적인 내용을 밝히는 것이어야 한다고 주장한다. 이 합리적인 내용에서는 법의 목적, 정신, 취지 등을 고려하게 된다.

② 구체적 타당성과 법적 안정성의 조화

법은 다양한 사회관계를 어느 정도 획일적, 형식적으로 규율하여 사회의 질서 유지와 행위의 예측 가능성을 제공하려는 목적을 지니고 있다(법적 안정성). 그러나 다양한 사회관계 속에서 각각의 사례들은 독특한 특징을 지니고 있으므로 법을 획일적·형식적으로 그대로 적용하기에는 한계가 있다(구체적 타당성). 일반적으로 법해석에 있어서는 이 두 가지 가치의 조화를 추구해야 하는데, 구체적으로 양자의 조화점을 어디에 두느냐는 그 당시의 시대적 요청과 법영역의 성질에 따라 개별적으로 검토해야 할 것이다.

(3) 법해석의 방법

법의 해석방법에는 법을 제정하거나 적용하는 권한이 있는 국가기관의 해석인 유권해석과 법률학적인 관점에서 해석하는 학리해석(무권해석)이 있다.

유권해석에는 입법해석, 사법해석, 행정해석이 있다. 입법해석은 법령을 통해서 법령의 용어를 해석하는 경우다. 사회복지사업법 제2조 제6호의 "사회복지서비스란 국가, 지방자치단체 및 민간부문의 도움을 필요로 하는 모든 국민에게 상담, 재활, 직업 소개 및 지도, 사회복지시설 이용 등을 제공하여 정상적인 사회생활이 가능하도록 제도적으로 지원하는 것을 말한다."라는 규정이 입법해석에 해당한다. 이 해석은 그 자체가 법규정이므로 절대적인 강제력을 갖는다. 사법해석(재판해석)은 법원에 의한 법의 해석을 말한다. 우리나라의 경우 성문법주의 국가이지만 전술한 바와 같이 대법원의 판결(법적 해석)이 하급법원의 판결을 기속하므로 그 범위 내에서 사법해석이 인정된다고 볼 수 있다. 행정해석은 행정관청에 의해서 이루어지는 해석이다. 이 해석은 법집행의 형식이나 상급관청의 하급관청에 대한 회답, 훈령의 형식으로 이루어지기 때문에 법집행적 행정단계에서 매우 강력한 힘을 발휘한다. 그러나 잘못된 법의 집행은 법원의 판결로 시정될 수 있다는 점에서 최종적인 권위를 갖는다고 볼 수는 없다.

학리해석은 개인의 학리(學理)적 사고에 기초하여 법규의 의미를 밝히는 것으로서 문리해석과 논리해석이 있다. 문리해석은 법규의 문자와 문장의 문법적 의미를 기초로 법규의 의미를 확정짓는 것을 말한다. 성문법은 문자와 문장으로 구성되어 있으므로 문리해석이 매우 중요하다. 그리고 이 해석방법은 문자에 기초하므로 다른 방법에 비해 1차적, 전단계적 해석방법이다. 그런데 이 문리해석이 법규의 문자적 성질에 너무 의존하다 보면 법의 목적을 간과하게 될 위험성이 있다. 논리해석은 법규의 문법적 의미에 얽매이지 않고 논리적 법칙에 따라 법규의 의미를 확정하는 것이다. 이 해석방법은 법해석의 객관성을 보장하지만, 지나친 형식논리에 치우치게 될 경우 현실세계에 적합하지 아니한 모순이 발생된다는 단점이 있다. 논리해석은 구체적으로 확장해석, 축소해석, 반대해석, 물론해석, 보정해석, 연혁해석, 유추해석으로 구별된다.

제11장

사회복지와 법의 통합적 관점과 실천

1 사회복지와 법의 통합적 관점의 발달

사회복지전문가들에게 법은 친숙하지는 않지만 필요한 것이라고 이해되어 왔다. 그것은 역사적인 사회복지영역의 권리보장을 위한 지속적인 법적 활동에서 확인할 수 있다. 예를 들면, 미국에서는 1874년 공공자선위원회 회의가 정신질환자와 빈민을 원조하기 위한 입법을 제안한 이후 부랑아동, 성인 및 재소자를 위한 원조입법, 노동조건개선입법 및 노인연금입법을 요구해 왔고, 19세기 후반과 20세기 초반 사이에는 여러 사회법률의 입법화, 소년법원의 출발 및 법률부조의 성장 등으로 사회사업과 법률영역에서 상호교류가 증가했다. 1960년대는 법과 사회사업에 대한 관심이 사회복지, 법률서비스 및 형사사법 프로그램의 확대로 나타났고, 나아가 빈민의 적정보호절차 확대, 사회복지조직체의 서비스 과정, 절차 및 자유재량에 대해서 법률가의 정밀조사가 증가하였다.

우리나라의 경우 법과 관련된 사회복지활동은 시민사회(NGO)와 밀접한 관련이 있다. 1970년대 후반 시민의 정치의식 성장과 1980년대의 민주화운동의 결과로 시민들의 법적 권리의식이 증대된 상황에서 사회복지영역의 법률 제·개정운동이 지속되어 왔다. 이러한 사회복지법적 활동은 국민기초생활보장법 제정, 보건의료개혁, 의료보험통합, 공익소송 등(〈표 11-1〉 참조) 주로 사회보장분야에서

〈표 11-1〉 사회복지 관련 대표적 NGO 활동

활 동	참여단체 및 활동
국민기초생활 보장법 제정운동 (1998~1999)	1998. 5 참여연대 공청회 1998. 5 사회복지학자 200인 선언 1998. 7 민노총 · 여성연합 등 19개 단체의 국민기초생활보장법제정 국민청원 및 제정 촉구대회 1999. 3 종교, 노동, 여성, 지역단체 및 시민단체 참여의 국민기초생활보장법제정추진연대회의 결성
보건의료개혁 운동(1998)	인도주의실천의사협의회, 건강사회를 위한 약사회 등 관련 전문가 단체
의료보험통합 운동(1980년대 후반)	의료보건단체 노동단체 농민단체
참여연대의 공익소송 (1994~2000)	1994 국민연금 기금운영손실에 대한 손해배상청구소송
	1996. 4 노령수당지급대상자선정제외처분취소청구소송
	2000 전입신고거부처분취소청구소송과 위법적 의보 수가인상에 대한 행정소송 및 헌법소원

출처: 김훈(2004). 기독교와 NGO복지 교과과정개발과 사회복지학의 기여. 기독교와 NGO복지: 학제 간 협동교과과정연구. 한들출판사 · 한일장신대학교출판부.

제한적으로 나타났지만, 나중에는 기부금품규제법 개정운동, 사회복지예산 확보를 위한 연대사업, 영유아보육법 개정운동 등에서 볼 수 있는 것처럼 사회복지서비스의 개선으로 관심영역과 참여가 확대되었다.

이와 같은 시민사회운동의 성과는 시민사회단체가 복지분야의 운동과제를 주체적으로 소화하며, 내부 주체를 형성해서 운동을 전개하게 되었다는 점, 선성장 · 후분배라는 논리를 극복하고 관련단체들의 연대사업으로 수행하고 있다는 점, 공익소송의 활성화, 국민의 복지권에 대한 국가권력의 자의적 행사의 제한과 구체적 복지권의 확인 등에서 성공적이었다는 점에 있다(김기식, 2001).

이와 같은 역사적 사실에도 불구하고 사회복지실천가들에게 여전히 법은 낯선 언어로 생각된다. 그것은 양 전문직 간 전문적 속성의 차이에서 연유할 것이다. 일반적으로 변호사를 포함한 법률가들은 법률적 쟁점이 있는 사건에서의 법적 승리에 많은 관심이 있을 것이다. 그러나 사회복지전문가는 욕구를 지닌 문제대상자들의 복지향상을 위한 법제도의 변화나 사회적 조화를 통한 문제해결을 도모하려고 한다. 법원사회사업가의 역할을 통해서 볼 때, 판사가 피고인에게 필요한 최선의 것에 대한 사회복지전문가의 견해를 수용할 자세는 되어 있어도 그들의 법률적 충고에 대해서는 거부할 것이다.

우리 사회는 어떤 전문직이나 그 직업 고유의 사명, 내용 및 이념을 갖고 있다. 법에서 사회적 조건의 개선이나 시민의 권리 및 자유의 보호에 대한 중요성이 증가할지라도, 기본적으로 법은 분쟁의 해결을 통한 사회질서의 유지, 즉 사회통제를 목적으로 한다. 그렇지만 사회복지실천은 사회복지조직을 통해서 인간과 관련된 문제들을 확인하고 완화시키는 역할을 한다. 그러므로 이 두 전문직은 서로 다르다. 그렇지만 특정 사회문제의 해결이라는 관계 속에서 상대 영역을 완성시켜 주고 강화시켜 준다. 법은 사회복지실천이 개인과 사회 문제를 처리하는 데 필요한 방향, 구조 및 적법성을 제공해 준다. 반면 사회복지실천은 법에게 인간관계, 문제 및 기법들(즉, 리서치, 계획수립, 정책분석 등)에 관한 실질적인 지식을 제공한다. 그러므로 이 두 전문직 간의 협력은 분쟁을 해결하거나 사회조건들의 개선방법을 수립하는 데 활용될 수 있다.

두 전문직이 필연적으로 독자적인 정체성과 사명을 가짐으로 인해 양자 간에 갈등이 존재하는 것이 본질적일 수도 있으나, 법이 사회문제를 어떻게 보고 사회복지실천이 사회복지대상자를 어떻게 다룰 것인가 하는 점에서 볼 때 갈등은 두 전문직에서 변화를 낳는 역동적인 힘일 수도 있다. 따라서 사회복지실천가와 법률전문가에 대한 이해를 증진시키고 함께 공유하는 영역에서 보다 효과적인 문제해결의 방식을 도출하도록 통합적 관점을 형성하는 것이 필요하다. 이렇게 할 때 두 전문직이 추구하는 목적인 인간다운 사회의 성취와 인간다운 생활을 보장하려는 노력을 보다 효율적으로 달성할 수 있을 것이다.

2 사회복지실천을 위한 법과의 통합적 관점

1) 사회복지와 법의 학제적 문제해결의 필요성

사회복지와 법이 중복되는 영역의 문제들을 취급하는 사회복지전문가들은 많은 실천상의 문제들이 있음을 깨닫는다. 즉, 그 실천상의 문제들과 관련된 법적 차원이 있다는 것이다. 그것은 첫째, 법률은 사회복지실천을 위한 실천적 구조이며, 둘째, 클라이언트 문제가 점차 '법률문제화'되어 가며, 셋째, 사회복지서비스의 클라이언트들(자신들이 깨닫지 못할지라도)은 자신들의 문제에 대해서 일단의 법률적 관점을 지니고 있다는 점이다.

따라서 법사회복지적 주제에 관한 문헌들을 살펴보면 전문직 간의 공동연구의 이익, 법적 기법이 필요한 세팅들, 법적 위임사항을 수행하기 위한 전제조건들, 사회복지교육과정에서 법과 법적 기법의 교육, 사회복지서비스 행정담당자에 관한 연구, 사회복지실천과 적정절차 개념, 사회복지적 옹호의 원리와 그 기법, 법적 자유재량과 사회복지실천의 한계, 비밀보장의 원리와 한계, 무책임한 전문직적 행위의 법적 의미, 특정 집단 또는 세팅과 관련된 쟁점 등에 관한 연구들이 있었음을 알려 주고 있다(Albert, 2000).

이와 같은 학제 간 쟁점과 관련된 문제해결을 위해서는 다차원적 문제해결의 통합적 관점이 필요한데, 이것은 법사회복지적 문제해결을 위한 구조화작업이다. 법사회복지적 문제에 대한 통합적 관점은 두 영역 간의 상호작용에 초점을 두어 문제에 대한 전문가의 접근을 증진시킬 기제를 제공한다. 그 결과 전문직적 행위를 알려 주고 학문 간 상호의존성의 자각을 증진시키는 가치를 가진다.

2) 사회복지실천에서의 법사회적 문제의 개념화

법은 사회문제의 범위를 형성하고, 사회복지실천은 이 문제의 해결을 다룬다. 사회복지실천가는 개인의 사적 문제들에서 법률적 개입이 필요한 조건들에 대해 오랫동안 관심을 가져왔고, 문제해결을 위한 매개적 역할을 담당해 왔다. 이러한 예로는 아동, 여성, 노인 등 가족 내 학대, 아동착취, 비행, 입양, 이혼, 매매춘 등과 같은 문제들에 대한 사법적 통제, 제도개혁 소송, 소년사법과 형사사법 환경, 행정기관의 자의적 집행, 공권력의 개입 등을 들 수 있다.

법과 사회의 맥락 속에서 전개되는 이 구체적인 문제들을 조작적으로 '법사회적'이라고 정의할 수 있다. 이 조작적 정의는 매우 실천적인 용어이며, 법과 관련된 사회복지실천 문제를 법률적 맥락 속에서 보도록 도와준다. 이 정의는 이런 문제유형들이 학제적 차원이므로 관련 전문직으로 하여금 적절한 문제해결 접근법을 구조화하도록 동기화시키고, 법사회적 세팅에 관계된 클라이언트들의 관심을 직접적으로 지각하게 해 준다. 이를 바탕으로 사회복지실천가들은 그 문제들의 복잡한 학제적 본질을 적절히 평가하여 클라이언트의 문제해결에 대한 기대에 부응할 수 있게 해 준다.

3) 법사회적 문제해결의 관점

법사회적 문제들은 그 해결의 조건을 제시할 뿐만 아니라 효과적인 문제해결에 필수적인 지식과 기법을 강조한다.

다음의 관점들(Mullen, 1978)은 각 관점들이 독자적인 중요성을 지니고 있으면서도 모두 상호 관련되어 있다. 법사회적 문제들은 사회복지실천전문가가 다음 사항들의 가치를 인정할 때 가장 효과적으로 해결될 것이다.

- 서비스전달 및 실천가와 클라이언트 관계에서 법적 한계가 존재한다.
- 어떤 문제는 개입을 위한 법적 기초를 제공하고, 나아가 법개혁의 전략을 암시한다.
- 학제 간 협력은 종종 갈등적이긴 하지만 그보다는 생산적이다.
- 몇몇 법률개념들과 기법들은 사회복지실천적 개입전략에서 필수적으로 보충적 역할을 한다.

(1) 사회복지실천의 법률적 맥락

사회복지실천의 법률적 맥락은 몇 가지 형태를 취한다. 즉, 사회복지기금조성을 위한 법률구조, 클라이언트의 법률적 권리를 보호하면서 동시 행정청의 자유재량을 통제하는 한계 및 전문직의 불법행위에 대한 조치들을 들 수 있다.

첫째, 사회복지의 법률은 사회복지서비스 선택에 영향을 주고, 클라이언트 및 실천가의 권리와 의무를 규정하며, 프로그램 실시에 필요한 기금을 할당한다. 즉, 법률은 이용 가능한 프로그램의 범위를 정하고, 전달될 서비스의 준거틀을 제공하며, 실질적인 권리, 입법의 목적과 목표 및 예정된 수혜자를 개괄하여 보여 준다. 예를 들면, 부모의 아동학대에 따른 아동보호를 위한 법적 강제명령을 실행하려 할 경우에는 아동보호와 반대로 부모의 어떤 권리가 침해되는 것과 같은 딜레마 속에서 법령상의 사회적 서비스를 제공하여야 한다.

둘째, 사회복지실천의 법적 맥락은 클라이언트의 법적 권리의 보호에 관한 것이다. 이 법적 맥락은 행정공무원의 '자유재량권' 남용을 방지하는 법률들과 이에 속한 하위규칙들로 구성된 구조다. 하위규칙들은 법률에 위임된 내용을 지녀야 하며, 그 집행은 입법자의 의도를 따라야 한다. 그러나 일정 부분 행정공무원은 법률과 관련하여 하위규칙들을 해석하는 자유재량을 갖는다. 이것은 법이 사회입법에 구체화된 목적을 수행하기 위해서 행정기관에 의존하는 경향이 증가된 결과다. 결과적으로 서비스 전달과정의 전문가들은 법령상의 권위, 기능적 역할, 전문화된 지식과 기법의 구사, 서비스제공 또는 접근의 보장권한, 법적 조치권 등을 갖고 있기 때문에 사회복지의 제공에서 막대한 재량권을 갖게 되며, 결과적으로 보통 사람들에게 강제력을 갖는다. 이러한 상황에서 빈민, 소수집단 또는 사회적 약자계층에 속한 개인은 거대한 행정적 관료제도의 권리침해에 대응할 수 있어야 한다.

그러므로 행정관리의 자유재량권의 행사에는 상당한 제한이 요구되고 있다. 이와 관련하여 '법의 적정절차(due process)' 개념이 유용하다. 법령에는 개인의 생명, 자유 또는 재산을 박탈할 수도 있는 조건들을 표현하고 있다. 이것은 개인이 정부로부터 공정한 절차를 요구할 수 있는 헌법상의 권리를 갖고 있음을 나타낸다. 예를 들면, 개인의 사적 문제에 대한 간섭, 개인의 자유 또는 재산의 박탈이 있기 전에 다음과 같은 여러 단계가 취해져야 한다. 즉, 개인을 보호하기 위한 절차적 단계로서 ① 시기적절한 고지, ② 증언을 검토할 기회, ③ 공개적인 소송절차, ④ 중립적인 의사결정자, ⑤ 기록에 기초한 의사결정, ⑥ 시기적절한 청문회 등이 요구된다.

셋째, 맥락은 법적 제한을 위반하는 전문가들에 대한 조치다. 클라이언트들의 비밀보장과 프라이버시권 보호는 전문직의 법적, 윤리적 문제다. 미국의 경우, '비밀보장적 의사소통특권'이란 개념이 있는데, 법정에서 거짓증언을 금지할지라도 전문직이 자신의 클라이언트 보호를 위하여 클라이언트에 관한 사실적 증언을 거부할 수 있는 권리를 말한다. 이런 특권은 법사회적 문제에 직면한 사회복지실천가에게 필요할 수 있는 권리다. 따라서 사회복지실천가는 이런 법적 권리에 대한 이해와 인식을 하고 있어야 한다. 한편 비밀보장특권에도 법적 딜레마가 있을 수 있다. 클라이언트가 제3자에게 심각한 해악을 줄 것 같다고 치료자가 판단했다면(또는 자기 전문직의 기준에 따라 그렇게 결정해야 한다면), 가상적 피해자를 보호해야 할 의무도 있으므로 클라이언트 비밀의 보장의무에 반하여 제3자에게 위험을 고지해야 할 것인가라는 점이다.

아울러 사회복지실천가의 자유재량권 행사도 제한이 있다. 자유재량권의 행사는 정확하게 결정할 책임을 수반한다. 사회복지실천가는 종종 실천상 잘못된 판단, 아동·부모의 권리에 대한 침해, 부적절한 시설서비스 및 부적절한 추후지도 등에 책임이 있다. 법규정이 특정한 상황에 대해서 명확하게 표현하고 있지 않다 할지라도, 사회복지실천가는 자신의 판단에 책임이 있다.

(2) 법사회적 영역 문제의 성격

법의 중요성은 사회정책 및 사회문제 간의 상호교환에서 나타나기 때문에 사회복지실천가는 클라이언트의 욕구와 사회문제들에 대해 법적 반응을 촉구하게 된다.

사회문제에 대한 법적 차원의 문제 정의는 임상가, 기관행정가, 지역사회조직사업가 등에 따라 다양하기 때문에 복잡해진다. 즉, 전문직적 훈련과 경험은 실천가가 개입내용을 선택하는 데 직접적 영향을 주며, 그 개입내용은 역으로 클라이언트의 문제인식을 형성한다. 그러나 전문직의 지식적 기초, 가치 및 원리를 공유하므로 문제의 해결방향을 찾을 수 있다.

여기에 법적 쟁점 때문에 문제범위가 확대된 사회복지실천 문제가 있다(Lukton, 1978). 세입자가 임차계약이 법적 기준에 못 미친다고 임대인을 고소한 사건이 있었다. 세입자는 그 주거가 '거주상태의 함축적인 보증(implied warranty of habitability)'을 위반한 것이며, 그로 인해 자신들이 정서적, 정신적, 가족 우호적 상태에 피해를 입었다고 주장하였다. '거주상태의 함축적인 보증'은 집주인이 임차인의 건강과 안전을 유지시키는 데 필수적인 모든 서비스를 제공한다는 내용의 계약을 보장해 주는 원칙이다.

임차인은 임대인의 함축적 보증의무 위반에 따른 배상에 적용할 법적 선례를 얻고자 했다. 여기서 배상요구에 필요한 증거자료와 전문가 증인역할에 필요한 자료를 수집하여 기준 이하의 주거상태 때문에 발생할 임차인의 심리적 피해를 구체화할 필요가 있었다. 사회복지실천가는 이런 사례를 통해서 개인(심리사회적 건강과 안전)과 환경(법) 간의 접합영역에서 발생하는 문제에 대한 개입방법을 경험할 수 있는 것이다.

(3) 전문직 간의 협조와 갈등

사회복지실천가와 법률가 간에는 얼마든지 알력이 생길 수 있다. 그러나 그 차이를 통해서 두 전문직 간에 합리적 논의가 가능하다. 사실 점증하는 법사회적 문제들은 사회복지실천적 문제들에서 학제적 차원이 있음을 암시하고 있다. 그러므로 모든 유형의 세팅에서 전문직 간의 협조가 규범일 필요가 있다.

법률구조서비스는 빈민들의 경제적, 사회적 및 개인적 문제의 외형적 증상인 법적 차원의 곤란을 해결하는 수단이다. 여기서 변호사는 직접적으로 사회 속의 법사회적 힘의 수정을 통해서 빈민의 삶의 질을 증진(이것은 역사적으로 사회복지 전문직의 목적과 동일하다)시키는 목적을 갖고 있다.

그러므로 사회복지실천가와 법률가의 연합은 잠재적으로 성공의 기회를 제공하는데, 여성학대, 성폭력, 아동학대, 아동보호와 이혼 등에서 특히 그러하다. 결론적으로 사회복지실천가와 법률가의 긴장은 상대 전문직의 역할, 가치, 목적,

방법론 등 상호 간 이익에 기여한다는 점을 이해한다면 해소될 것이다.

(4) 사회복지실천에서 법적 개념과 기법의 활용

법사회적 문제에서는 사회복지실천과 법적 기법의 통합이 필요하다. 사회복지실천가가 필요로 하는 법적 기법은 법, 법률제도 및 절차에 관한 일반적 지식, 조사, 인터뷰, 법률문서 리서치방법, 법률문서 작성, 판결자료의 준비, 공식 · 비공식적 옹호방법 및 자유재량적 의사결정의 이해 등이다.

사회복지실천가는 보다 많은 법리적 이론을 습득해야 한다. 즉, 판례와 법령이 규칙, 절차 및 행동을 통제하고 영향을 주는 정도, 법률조직 간의 관계와 그 관계가 법의 집행방식에 미치는 효과 등을 습득해야 한다.

또한 사회복지실천과 관련된 법적인 지식과 기법의 교육이 필요하다. 사회복지실천교육에서 필요한 법적인 내용들은 사회복지실천개입에 대한 클라이언트의 동의, 부모와 아동의 법적 권리에 대한 이해, 판례에 나타난 증거와 평가의 고증, 실천에서 법적 권위의 활용, 법정에서의 기본적이고 사실적인 증언방법, 전문적 실천에 함축된 법적인 의무 등을 들 수 있다.

마지막으로, 사회복지실천가는 입법과정과 행정과정의 이해가 필요하다. 입법과정에서 복지대상자의 보호에 필요한 입법이 되도록 감시, 평가 및 개입에 관한 기법이 필요하며, 행정과정에서 사회복지서비스의 제공을 입법목적 및 목표와 연결시키는 법적 기법이 필요하다. 예를 들면, 법령의 법리적 해석능력은 입법목적을 무시, 침해 또는 파괴하려는 시도를 저지할 수 있다.

4) 법사회적 문제해결을 위한 교육제도

많은 사회복지전공 학생들은 법에 대해 대단한 관심을 가지고 있다. 공공 및 사적인 사회기관들은 사회복지실천과 법, 양 분야에 자질을 갖춘 능력 있는 전문가를 필요로 한다. 사회복지실천과 법에서 논의되고 있는 주제들은 앞서 언급한 것들 이외에도 빈곤, 인종주의, 낙태, 학생권리, 성차별, 주택 및 소비자보호 등이 있다.

미국 내의 12개 대학들이 사회복지실천과 법 전공의 학위를 수여한다(Albert, 2000). 한 분야에서의 여러 학과과정들이 다른 분야에서 선택과목으로 인정될 수 있다. 또한 복수학위제도는 사회복지학과 법학의 전공학위를 동시에 취득하게 한다.

대부분의 사회복지실천학과는 법적 주제에 대해서 여러 소개를 하고 있다. 사회복지실천가에게는 최소한 사회복지와 관련된 법의 존재와 내용을 일반적인 수준에서 이해하고 있어야 하며, 나아가 자신의 실천영역과 관련된 문제 및 법원의 판결에 대해서 보다 자세히 알고 있어야 한다.

3 법적 과정과 사회복지실천

1) 법의 생태적 차원

법은 생성단계, 집행단계, 소멸단계를 거친다. 법의 생성은 이해집단들 간의 정치적 과정의 결과이며, 주로 입법부를 중심으로 행하여진다. 성문법주의 국가에서 법은 법제정권자에 의해서 만들어지며, 전술한 바와 같이 그 종류로서 입법부에 의한 법률과 행정부에 의한 명령, 규칙 등이 있다.

법의 집행단계는 법내용의 구체적 실현단계이며, 행정부 또는 사법부의 여러 공공기관이 관계된다. 행정부에 의한 집행은 법 본래의 실현이며 중앙정부와 지방자치단체에 의한 대국민적 서비스의 성격을 갖는다. 그러나 사법부에 의한 법의 실현은 법 위반에 대한 강제적 제재의 성격을 지니며, 법원제도에 의해서 행해진다. 물론 재판의 결과에 따른 처우는 다시 행정부 소속의 보호관찰소 또는 교정시설을 통해서 집행된다.

법의 소멸은 법의 폐지 또는 사문화(死文化)를 말하는데, 폐지는 기존 법의 개정 또는 신법의 제정에 의해서 이루어지며, 사문화는 법은 존재하지만 실효성을 지니지 못하는 경우를 말한다.

이 장에서는 법의 정태적 측면보다는 역동적 측면을 고려하고, 법의 생태에서 나타나는 역동적 과정에서의 사회복지실천가의 역할을 정리해 본다.

2) 입법과정과 사회복지실천가의 역할

사회복지법 자체는 사회복지의 공식적, 형식적 측면을 다루는 영역이어서 그 접근이 정태적일 뿐만 아니라 사회변화에 대해 능동적 대처가 미흡한 경우가 많다. 또한 법은 문제의 예방보다는 사후해결에 치우칠 가능성이 높다. 사회복지실천가의 입법과정에 대한 접근은 이와 같은 법의 공식적, 형식적, 정태적, 사후적 성격을 극복하고 사회복지법을 실천적, 역동적, 사전적 관점에서 이해하고 개입할 수 있도록 해 준다.

(1) 정책과정과 입법의 관계

입법부는 국가의 여러 정책적 목적을 내용으로 하는 법을 정립하므로 정책형성과 입법은 밀접한 관련이 있다. 정부의 정책형성과정은 이슈를 논의대상으로 삼는 단계, 해결대안을 설계하는 단계, 법안의 통과를 추진하는 단계, 실천을 하도록 영향력을 행사하는 단계로 구별할 수 있다(최일섭, 류진석, 2003). 이처럼 문제해결을 위한 정책형성은 입법으로 귀결되므로 각 단계에서 사회복지실천가는 중요한 역할을 할 수 있다. 첫 번째 단계에서는 정치인들에게 이슈에 대한 관심을 일으키고 그 중요성을 인식케 한다. 사회복지실천가에게는 유권자로서의 지위, 사회행동방법의 행사, 공청회 참석과 발언이 중요한 단계다. 두 번째 단계에서는 문제해결을 위한 법안이 제출되도록 한다. 사회복지실천가가 자신의 견해를 피력하거나 성안된 법안을 직접 제출할 수도 있다. 특히 세 번째 단계에서 법이나 규정의 통과를 위한 압력행사가 필요하다. 이러한 로비활동으로는 직접적인 의원 접촉, 편지 발송, 전화 통화, 위원회 증언 등이 있다. 네 번째 단계에서는 법이나 규정을 실천하도록 한다. 이는 법이 현실세계에서 강력하고 평등하게 집행되도록 하는 시기다. 이때는 의회 정치인보다는 행정부의 공무원이 밀접한 관련이 있다.

이와 같은 관계는 [그림 11-1]과 같이 정리할 수 있다.

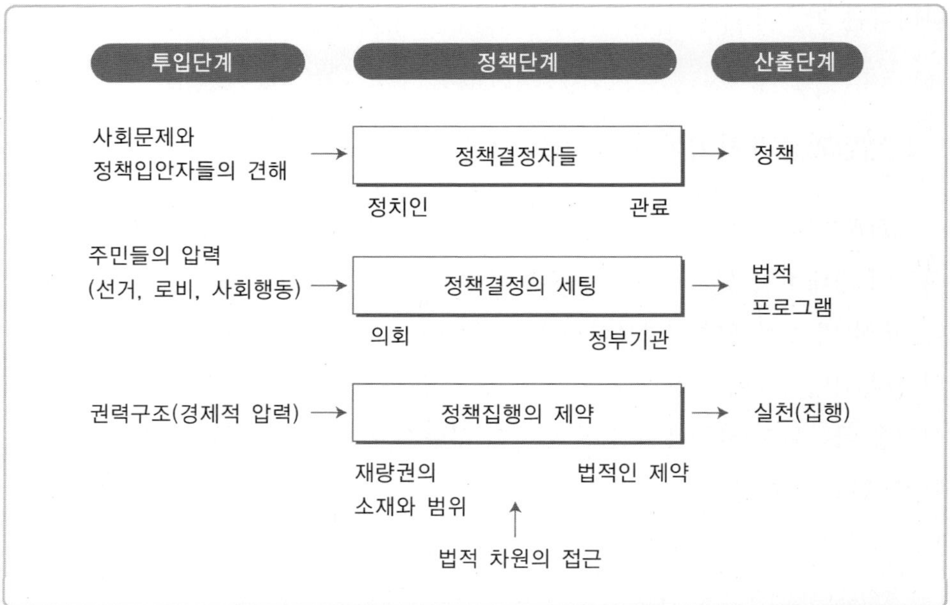

[그림 11-1] 정책결정과 법형성의 역동적 관계

출처: 최일섭, 류진석(2003). 지역사회복지론. 서울: 서울대출판부.

(2) 입법과정과 로비활동

의회는 입법부로서 헌법 규정에 따라 법률제정의 권한을 갖고 있다. 의회는 국민의 대표들로 구성되어 있기 때문에 사람들에게 매우 친숙한 법률제정기관인데, 경우에 따라 여러 이해집단들의 다양한 여론을 반영하다 보니 예측할 수 없는 결과를 내놓기도 한다. 그러나 다른 한편으로 입법부는 이해집단들 간의 타협의 장이기도 하다. 이것은 기본적으로 법이 다양하고 경쟁적인 이익집단들 간의 협상결과를 반영하기 때문이다. 또한 입법부는 입법목적의 달성을 고려하여 행정부와의 관계를 중요시한다. 즉, 입법부는 정책수행에 있어서 행정기관에 주로 의존하므로 각 법률의 입법의도와 행정부의 집행 간의 관계를 간과할 수 없다.

입법과정에서 사회복지실천가는 기본적으로 옹호자의 역할을 수행하는데, 이 역할은 로비스트의 역할과 유사하다. 사회복지실천가의 로비스트 역할이 사회복지정책 전반의 형성과 수행에 영향을 주는 것이다. Albert(2000)는 다음과 같이 입법과정에서의 로비스트의 역할을 정의하였다.

- 중간자(the contact man): 입법집단과 핵심적인 계약을 성립시키는 역할을 한다. 개입의 성공은 입법자와의 영향력 있는 개별적 접촉력에 의해 가능하다는 점에서 이 역할이 매우 중요하다.
- 조직가(the campaign organizer): 자기 조직체의 입법 프로그램의 지지를 얻기 위해 일반 대중을 조직하는 역할을 말한다.
- 정보제공자(the informer): 반드시 특정 지위나 프로그램을 주장하지 않고, 입법자에게 정보를 전달하는 역할을 말한다. 즉, 정보제공의 중간자 역할이다.
- 감시자(the watcher): 입법 일정을 면밀히 살피고 입법활동을 감시하는 일을 말한다. 자기 클라이언트 집단에게 영향을 줄 수 있는 입법체계의 상황을 면밀히 감시한다.
- 전략가(the strategist): 로비스트의 역할 중 보다 전문화된 역할인데, 입법전략을 구성하며 다른 로비스트들이 수행할 입법 캠페인을 계획한다.

입법과정에서 사회복지실천가가 이러한 역할을 수행하기 위해서는 다음과 같은 세세한 기법이 필요하다.

- 심의할 법안을 회기 중 일찍 또는 회의 시작 전에 미리 소개한다. 이것은 의원이 법안에 대한 검토와 계획 마련에 시간적 여유를 주기 위함이다.
- 법안을 지지할 입법가를 한 명 이상 확보한다.
- 다수당의 지지를 얻도록 노력하고, 가능하면 두 당의 지지를 얻도록 노력한다.
- 관련 행정단체장의 지지를 확보한다.
- 법안을 지지할 영향력 있는 입법가를 위촉하고, 그들이 영향력을 행사하도록 한다.
- 공청회를 열도록 압력을 넣고, 거기서 발언이나 증언하도록 준비한다.

3) 행정과정과 사회복지실천가의 역할

행정기관의 권위는 권력분립에 관한 헌법적 맥락에서 이해되어야 한다. 대한민국은 민주공화국이므로 주권은 국민에게 있고, 국가권력은 국민으로부터 나온다(제1조). 그리고 국민은 헌법에서 권력배분에 관한 총체적 의지를 표현하여 국가의 권력을 입법부(제40조), 사법부(제101조 제1항), 행정부(제66조 제4항)에게 분배하였다. 그 결과, 행정기관은 법률에 위임된 사항을 수행한다.

(1) 행정상 입법

행정과정에서의 입법관련성은 국회입법에 대한 보조역할로서의 입법활동과 국회법률의 위임에 의한 입법활동(행정상 입법)이 있다. 여기에서는 후자를 논의한다.

행정기관은 법조(法條)의 형식에 의하여 스스로 준수해야 할 일반적, 추상적인 규정을 정립하는데, 이것을 행정상 입법(行政上立法)이라고 한다. 이 행정상 입법은 통상적으로 위임입법[1]이라고 불린다. 오늘날에는 의회에서 제정하는 법률에서 국민의 법익과 관련된 많은 사항을 행정부의 법규·명령으로 정하도록 위임하고 있을 뿐만 아니라, 행정입법의 근거가 되는 수권법률의 제정에 행정부가 깊이 개입하고 있다. 따라서 입법에서의 행정부의 역할이 점차 증대되고 있다(박윤흔, 1993).

행정부의 위임입법도 법적 강제력을 갖는다. 그러나 그 위임입법이 수권법률상의 권한을 초과했을 때에는 무효가 된다. 그러므로 수권법률의 위임목적과 위임입법에 의한 기관규칙 간에는 목적수행 간에 상호작용이 있다고 할 수 있다.

행정상 입법에서도 사회복지실천가의 역할을 찾아볼 수 있다. 미국의 경우 이것은 주로 행정청문회에서 이루어진다. 행정집행에 대한 불만을 다루기 위해서 진행되는 행정차원의 '공정(fair)' 청문회에서 클라이언트들에게 상담을 제공하고, 클라이언트의 주장과 관련된 사실들을 증명할 준비를 한다. 또한 행정청문회의 결정에 대해서 불복하고 법원에 제소할 것인지도 조언을 한다.

이와 같은 행정청문회의 규칙제정과정에 참가하는 사회복지실천가는 규칙을 분석하는 능력과 의견서 작성, 청문회 증언에 관한 능력이 필요하다.

---

1. 위임입법의 넓은 의미에는 국회규칙(헌법 제64조 제1항)과 대법원규칙(헌법 제108조)도 포함된다.

(2) 행정행위

행정부는 여러 수준(중앙정부, 지방자치단체)에서 존재하며, 각 수준에서 법령상의 목적을 수행한다. 즉, 행정부는 법률상의 맥락 속에서 작용한다. 이 과정이 법의 집행단계다.

행정행위는 행정의 발동 형식의 하나로 행정처분을 의미하며(박윤흔, 1993), 행정청[2]의 행위를 말한다. 이 행정행위는 공법영역에 속하는 구체적 사실을 규율하는 행위이며, 공권력의 행사로 명령 또는 강제하는 권력적 단독행위다. 그 결과, 행정행위는 국민에 대해서 직접적인 법적 효과를 발생시킨다. 행정행위의 직접적인 법적 효과에 의해서 국민의 권리와 의무가 창설 또는 박탈되거나 그 범위가 확정되는 등 기존의 권리상태의 변동이나 일반적 법상태의 구체화가 직접 야기된다. 따라서 행정행위는 사회복지의 대상자에게서 권리와 의무의 변동이 발생하는 중요한 측면이다.

읍・면・동 행정청의 사회복지전담공무원을 통해서 행정과정에서의 법적 관련성을 살펴보면, 그들은 급여대상자의 조사, 급여신청의 접수, 자산 및 소득 조사, 급여의 결정, 수급자에 대한 서비스 제공, 직업훈련 및 취업알선의 복지업무를 담당하고 있다. 따라서 그들은 기초생활보장과 관련된 법령을 해석하고, 그 법령에 따라 집행하며, 법 시행상의 문제점을 파악하고, 개선을 제안하는 역할을 할 수 있을 것이다.

(3) 행정구제

행정구제란 행정작용으로 권리 또는 이익을 침해당한 자가 국가기관에 원상회복, 손해전보를 구하거나 당해 행정작용의 취소 또는 변경의 청구, 기타 피해구제를 청구하는 모든 제도를 말한다. 우리나라의 행정구제제도에는 손해전보제도(행정상 손해배상과 행정상 손실보상)와 행정쟁송제도(행정심판과 행정소송)가 있다.

행정구제제도는 행정청의 사회복지행정의 적법성 또는 타당성의 보장과 사회

---

2. 행정청은 국가 또는 지방자치단체의 행정기관, 공사, 기타 공법인, 사인이라도 국가로부터 행정권(공권력)을 부여받은 기관을 지칭한다(박윤흔, 1993: 314).

복지급여 대상자의 권익침해의 구제라는 측면에서 볼 때 '행정상의 쟁송'이 의미가 있다. 이 행정상의 쟁송은 행정기관 자체의 행정심판과 이에 대한 불복의 경우 진행되는 행정소송이 있다. 행정소송은 사법기관에 의한 절차이므로 다음의 사법과정과 함께 논의되는 것이 바람직하다.

행정심판[3]은 행정청의 위법 또는 부당한 처분, 그 밖의 공권력의 행사 또는 불행사 등으로 인한 국민의 권리 또는 이익의 침해를 구제하고, 아울러 행정의 적정한 운영을 기함을 목적으로 한다. 여기서의 처분은 구체적인 사실에 관한 법집행으로서의 공권력 행사 또는 그 거부와 그에 준하는 행정작용을 말한다. 사회복지에 대해 행정기관의 공권력 행사, 거부 또는 그에 준하는 행정작용으로 복지대상자가 권리 또는 이익이 침해되면 행정심판의 대상이 된다. 심판의 과정에는 당사자로서 심판 결과로 법률상 이익이 있는 자가 참여하지만, 행정심판위원회에서 필요하다고 인정할 때에는 그 요구에 의하여 이해관계자가 참가할 수 있다(행정심판법 제16조 제1항 및 제2항). 그러므로 사회복지실천가가 복지대상자와 관련된 행정심판에 참가할 수 있을 것이다. 이 경우 사회복지실천가는 전문직으로서 전문직적 차원의 견해를 증언한다거나, 담당하는 사례의 클라이언트가 관련되어 있을 경우 그 클라이언트의 안내자, 촉매자, 정보제공자의 지위에서 참가할 수 있을 것이다.

4) 사법과정과 사회복지실천가의 역할

(1) 사법제도

사법제도는 권력분립상의 사법권을 구현하기 위한 수단·장치의 총칭이다. 실질적 개념은 근대 헌법의 기본원리인 권력분립원칙과 연관되어 실질적인 입법·사법·행정기관 상호 간의 견제와 균형을 통해 국민의 기본권을 보호하는 자유주의 정치조직원리를 말한다. 그러나 형식적 개념에서는 사법작용의 담당기관에 착안하여 사법부가 하는 모든 일을 의미한다. 이런 차원에서 우리나라의 사법제

3. 행정심판과 유사한 쟁송절차로 이의신청, 심사청구, 재심요구 등의 용어가 사용되고 있으나, 행정심판법은 취소심판, 무효 등 확인심판 및 의무이행심판만을 인정하고 있다.

도는 민사 · 형사 사건에 관한 제도를 말하며, 이를 담당하는 기관으로는 법원, 교도소, 구치소, 치료감호소, 보호관찰소 등이 있다.

(2) 법 원

사회복지실천가는 법원에 계류된 사건들을 다룰 수 있다. 사회복지와 관련된 법원의 사건들에는 이혼, 학대(아동, 여성, 노인 등), 성폭력, 가정폭력, 아동후견, 범죄, 비행, 서비스 제공과정의 권리침해 등이 있다.

다음은 아동복지영역에서 소송이 발생하였을 경우 법원에서 행하게 되는 사회복지실천가의 역할이다(Albert, 2000).

- 원고(原告): 사회복지실천가는 부모가 자녀를 방치하거나 학대하고 있음을 주장하고 아동시설에 수용할 것을 청원한다. 즉, 사회복지실천가는 법원을 통해 아동의 권익보호를 추구함으로써 사회의 이익을 대변한다.
- 피고(被告): 사회복지실천가는 자신을 고용한 복지기관이 고소당했을 때 업무와 관련하여 변호해야 하거나, 경우에 따라서 사회복지개입 활동과 관련되어 개인적으로 피고인이 될 수도 있다. 예를 들어, 파양(破養)의 이유를 들어 자신의 입양아동을 다시 데려가려는 입양기관과 그 소속 사회복지실천가를 상대로 양부모가 소송을 제기하는 경우다.
- 옹호자: 사회복지실천가는 법정에서 클라이언트를 옹호하는 차원에서 그들의 문제를 설명하거나, 그들의 행동을 정당화하거나, 필요한 서비스를 제안하는 증인의 역할을 할 수 있다.
- 전문가 증인: 사회복지실천가는 사회복지영역에서 전문적 능력을 지닌 사회복지전문가이므로 법원으로부터 전문가적 판단을 증언하도록 요청받을 수 있다. 예를 들면, 사회복지실천가는 아동의 부모가 불법행위에 의해 사망하여 가해자가 아동을 양육해야 하는 대리부모에게 지불해야 하는 아동양육 비용에 대해서 법원으로부터 자료를 제공하고 설명하도록 요청받을 수 있다.
- 동료: 사회복지실천가는 법원의 직원으로 근무할 수 있다. 이때 사회복지실천가는 법원 스태프들의 동료로서 사실 발견과 지도 · 감독을 돕는 기능을

한다. 형사 사건의 경우 처분의 근거가 되는 판결 전 보고서를 작성하고 보고하거나, 이혼부부 간의 미성년 자녀에게 해가 될 수도 있는 후견다툼과 같은 민사사건의 경우 법원명령에 의한 중재 노력을 할 수도 있다.

(3) 법정증언

사회복지실천가는 증인 또는 전문가 증인으로서 전문영역과 관련된 정보를 제공하는 방법으로 법원의 진실 발견과정과 관련을 맺을 수 있다. 그 과업은 법정에 제출된 증거에 대한 입증과 관련이 있다.

사회복지실천가들은 자신의 클라이언트들이 관련된 문제 때문에 법정에 출두할 수 있는데, 이때 사회복지실천가들은 증언을 통해서 증거를 제시한다. 증언의 목적은 판사가 결론을 얻게 하기 위한 것이므로 사실에 대해 분명하고 상세한 용어를 사용해야 한다. 따라서 증언은 이름, 날짜, 장소 및 사건 등 사실의 정확한 제시가 필요하다.

증언은 오직 개인적 지식, 즉 실제로 보고 들은 것을 바탕으로 이루어져야 하므로 전문증언(hearing test)—'모든 사람이 알고 있는' 것 또는 증인이 제3자에게서 들은 것—은 보통 허락되지 않는다.

진실되고 바람직한 증언을 위해서는 법정의 방청, 증언의 역할 리허설, 변호사와의 토의 등이 필요하다.

(4) 교정사회사업가

교정복지사업은 사법제도 중 형사사법의 범주 안에서 공식적으로 진행되고 있는 사회복지사업이다. 교정복지사업은 범죄인 또는 비행청소년을 대상으로 교도소, 구치소, 소년원, 보호관찰소 및 지역사회에서 사회복지차원의 개입을 한다. 이 사업의 목적은 범죄인에 대해서 법률위반의 범죄성을 행위자에 대한 단죄보다는 행위에 대한 원인 규명 차원에서 접근하여 범죄상습성의 제거나 경감을 도모한다.

또한 범죄인의 사회적 적응과 재활을 목적으로 지역사회주민에 대해서 범죄인에 대한 낙인적 편견을 교정하며 지역사회자원을 동원 · 활용하는 것이다. 현대 사회에서는 교정시설 내 재활을 보완하고 교정효과를 증진시키기 위하여 지역사회 내 적응방법인 보호관찰의 중요성이 강조되고 있다. 보호관찰제도 내에서의 사회복지실천가는 보호관찰관, 전문상담가, 지역사회조직가로서 조력할 수 있다. 박종삼(1989)은 보호관찰관의 역할을 소년법원의 공직자로서의 역할, 교정사회사업가로서의 역할, 사회진단가로서의 역할, 비행청소년의 생활에서 통제자로서의 역할, 변화의 대행자로서의 역할로 구별한 바 있다.

이상과 같은 법의 생태(입법, 행정, 사법)에 따른 사회복지실천가의 역할을 정리하면 〈표 11-2〉와 같다.

〈표 11-2〉 법의 과정과 사회복지실천가의 역할

구 분	법의 진행과정		
	입법과정	행정과정	사법과정
활동 세팅	국회 지방의회 행정부 지역사회 NGO	보건복지부 등 관련 행정부처 시 · 도 사회복지국 시 · 군 · 구 사회복지과 읍 · 면 · 동 사회(복지)계	법원 교도소 소년원 구치소 보호관찰소
수행과제	법의 제 · 개정	행정법규 제 · 개정 법규 · 명령의 집행 행정심판 참가	소송참가 (행정, 형사, 민사) 교정사업활동
역 할	중간매개자 조직가 정보제공자 감시자 전략가 청원자	중간매개자 조직가 정보제공자 감시자 전략가 행정가 심판당사자 참고인 평가자 청원자	소송당사자 (피고/원고) 옹호자 증인 전문가(참고인) 변호사 동료 법원 직원 보호관찰직

제 3 부

사회보장법 분야

제12장 사회보장기본법

제12장

사회보장기본법

1 의 의

1) 개 념

'사회보장'이라는 용어는 1929년의 대공황을 극복하기 위하여 1930년 미국에서 사회보장법(Social Security Law)을 제정하면서 처음 사용되었다. 사회보장이란 사회정책을 실현하기 위한 한 방법인데, 보통 사회정책이란 사회적 요구에 대한 서비스, 사회문제에 대한 대책 및 사회적 평등과 보장을 증진시키는 정부의 역할을 말한다. 이 사회정책을 실현하기 위한 주요 제도(방법)로는 사회봉사, 사회보장, 사회계획, 사회사업, 조세정책, 노동정책 등이 있다.

1942년 ILO가 출간한 보고서인 『사회보장에의 길(*Approach to Social Security*)』에서는 "사회보장은 사회가 적절한 조직을 통하여 사회구성원이 겪는 일정한 사고에 대하여 제공하는 보장이다. 이 구성원이 겪는 사고는 소자본의 개인으로서는 스스로의 능력이나 예지, 혹은 동료와의 개인적 결합에 의해서도 유효하게 대처할 수 없는 본질적인 사고다."라고 규정하였다.

과거 우리나라의 '사회보장에관한법률'[1]에서는 사회보장의 범위를 사회보험에 의한 제 급여와 무상으로 행하는 공적부조로 한정하였으나, 현행의 사회보장기본법[2]에서는 사회보장의 범위를 사회보험, 공공부조, 사회복지서비스 및 관련복지제도로 규정하고 있다(제3조).

법은 그 시대의 사회사상을 바탕으로 설정된 사회적 목표를 나타내는 사회정책의 구체적 실현도구다. 사회보장법은 그 근거가 되는 사회보장사상 내지 사회보장정책에 따라 다의적일 수밖에 없다. 그러므로 사회보장법의 개념구성은 쉽지 않다. 사회보장법은 형식적으로는 사회보장제도에 관련된 법의 총체이며, 이념적으로는 생존권을 직접적이며 구체적으로 실현하는 법체계이며, 실질적으로는 국민의 사회보장의 권리 및 이를 실현해야 할 국가의 의무관계를 규정한 법체계다.

2) 성 격

사회보장에는 네 가지 성격(관점)이 있다. 첫째, 국가업무로서의 사회보장이다. 사회보장은 자본주의체제를 유지하거나 지지하는 도구로서 국가의 통치와 위기관리의 수단이다. 둘째, 경제질서로서의 사회보장이다. 사회보장은 사회적 불평등의 시정과 완화를 목적으로 사회보험과 공공부조를 통해서 소득재분배의 기능을 수행한다. 셋째, 사회운동으로서의 사회보장이다. 특히 사회보험의 경우 빈곤(궁핍)으로부터의 해방을 위한 사회운동, 계급투쟁 또는 사회개량의 노력의 결과로 보는 입장이다. 넷째, 사상으로서의 사회보장이다. 사회보장은 국민의 생

---

1. 사회보장에관한법률(제정 1963. 11. 5, 폐지 1995. 12. 30)

제1조 (목적) 국민의 인간다운 생활을 도모하기 위한 사회보장제도의 확립과 그 효율적인 발전을 기함을 목적으로 한다.

제2조 (사회보장의 정의) 사회보장이라 함은 사회보험에 의한 제급여와 무상으로 행하는 공적부조를 말한다.

제3조 (사회보장사업의 관장 및 그 내용) ① 정부는 사회보장사업을 행하며 필요하다고 인정할 때에는 그 일부를 지방자치단체 또는 기타의 법인으로 하여금 행하게 할 수 있다.

② 정부는 사회보장사업을 행함에 있어서 국민의 자립정신을 저해하지 아니하도록 하여야 한다.

③ 사회보장사업은 국가의 경제적 실정을 참작하여 순차적으로 법률이 정하는 바에 의해서 행한다.

④ 제1항의 비용은 국고로 부담한다.

2. 사회보장기본법(제정 1995. 12. 30, 법률 제5134호 보건복지부)

존권 혹은 생활권을 실현하고 보장하기 위한 목적을 가지고 있는데, 이러한 차원에서 보편적 인권규정이나 각국의 헌법에서 사회보장을 하나의 이데올로기로 규정하고 있다.

3) 원칙

사회보장은 여섯 가지의 원칙에 따라 보장된다. 여기서는 사회보장기본법에 따라 정리해 본다. 첫째, 보편성의 원칙이다. 이것은 사회보장이 모든 국민을 대상으로 하고(제24조 제1항), 모든 사회적 사고를 포함한다는 원칙이다. 그러므로 국가의 사회보장은 국민의 성별, 연령, 학력, 계층, 직업 등의 여러 차이와 관계없이 제공되며, 또한 국민이 지닌 질병, 고령, 실업, 재해 등 어떠한 사회적 사고에도 적용된다. 둘째, 통일성의 원칙이다. 사회보장을 실시하는 조직을 일원화한다는 원칙을 말한다(제28조). 그러므로 국가 또는 지방자치단체는 지역적으로 고루 분포되고 기능에 따라 균형이 이루어지도록 사회보장전달체계를 마련하여야 하고, 사회보장 관련업무를 수행함에 있어 관계기관과 관계자 간의 조정이 원활하게 이루어지도록 사회보장전달체계를 갖추어야 한다. 셋째, 민주성의 원칙이다. 사회보장운영에 당사자(예: 보험자, 피보험자)의 대표가 민주적 원칙에 따라 참가한다는 원칙이다. 그러므로 국가 및 지방자치단체는 사회보장제도의 정책결정 및 시행과정에 공익의 대표자 및 이해관계인 등을 참여시켜 민주성을 확보하여야 한다(제24조 제3항). 넷째, 연대성의 원칙이다. 사회보장에 있어서 개인과 사회 또는 국가의 관계는 사회정의나 개인의 자유라는 기본적 사회원칙에 의해 규정된다. 특히 개인과 사회가 상호 결합관계의 바탕 아래 각각의 책임을 지고 있다는 원칙을 말한다. 그러므로 국가 및 지방자치단체는 국가발전의 수준에 부응하는 사회보장제도를 확립하고 매년 이에 필요한 재원을 조달하여야 하며(제5조), 모든 국민은 자신의 능력을 최대한 발휘하여 자립 · 자활할 수 있도록 노력하고 국가의 사회보장정책에 협력하여야 한다(제7조). 다섯째, 형평성의 원칙이다(제24조 제2항). 국가와 지방자치단체는 사회보장에 의한 급여수준 및 비용부담에 있어서 형평성을 유지해야 한다는 원칙이다. 그러므로 국가는 모든 국민이 건강하고 문화적인 생활을 유지할 수 있도록 사회보장급여수준의 향상에 노력하여야 한다(제10조 제1항). 하지만 사회보장 종류 또는 국민의 소득수준별로 급여의 종류와 비용의 부담을 구별한다(제27조). 여섯째, 연계성과 전문성의 원칙이다(제24조 제4항). 이것은 국민의 다양한 복지욕구를 효율적으로 충족시키기 위함이다. 그러므로 사회보장기본법에서는 사회보험, 공공부조, 사회복지서비스 및 관련복지제도를 함께 규정하여 서로 유기적으로 연결될 수 있는 기반을 갖추고 있다. 또한 국가 및 지방자치단체는 사회보장에 대한 민간부문의 참여를 조장할 수 있도록 정책을 개발 · 시행하고 그 여건을 조성하며(제26조 제1항), 사회보장제도의 발전을 위하여 전문인력의 양성, 학술조사 및 연구, 국제교류의 증진 등에 노력한다(제29조).

2 사회보장기본법의 발달

1) 사회보장법과 사회보장에관한법률

우리나라의 사회보장에 관한 기본적 성격의 최초 법률은 1963년에 제정된 사회보장에관한법률이다. 우리나라는 한국전쟁과 4 · 19혁명을 겪으면서 국민의 생활안정에 대한 욕구가 하나의 가치로 대두되었으며, 5 · 16 군사정부는 '절대빈곤해방'이라는 정치공약을 내세우고 경제개발 우선의 국가정책을 추진하였다. 제3공화국 당시 '사회안정과 복지증진'이라는 정책적 목표를 제안하기는 하였지만, 빈곤의 문제가 커다란 국가적 문제였던 만큼 경제우선정책에 의해서 복지는 명목적, 선언적 의미를 가졌을 따름이다.

1960년대 초에는 다양한 사회복지입법이 있었는데, 1960년 공무원연금법, 1961년 생활보험법과 아동복리법, 1962년 선원보험법, 1963년 군인연금법과 산업재해보상보험법이 그것이다. 이처럼 다양한 사회복지입법이 있는 가운데 1963년 사회보장에관한법률이 제정되었다. 이 법의 입법배경은 기존의 여러 입법들이 시대적 당위성과 명분에 의해서 분산적으로 입법되었을 뿐 사회보장에 관한 어떤 법에 의해서 체계적으로 입법되지 않았으므로 그런 법들을 조정하고 사회보장사업을 균형 있게 유지하고 발전시켜야 할 필요가 커졌기 때문이었다. 그러나 사회보장에관한법률은 사회보장을 사회보험에 의한 제 급여와 무상으로 행하는 공적부조로 제한하거나(제2조), 국가의 경제적 실정을 참작하는 소극적 입장(제3조 제3항)으로 보았다. 그러나 이것은 매우 한정된 규정으로 사회보장에 관한 '기본법'으로서 기능을 수행할 수가 없었다. 이에 따라 1995년에 사회보장에관한법률이 폐지되고 사회보장기본법이 제정되었다.

2) 1995. 12. 30 **사회보장기본법 제정**(법률 제5134호)

사회보장기본법은 기존의 사회보장에관한법률을 폐지하고, 현실에 부합하는 사회보장제도를 확립하여 국민복지의 증진을 도모하기 위하여 제정되었다.

그 주요 내용은 사회보장제도의 기본이념의 정립, 사회보장 범위의 확대, 국가 및 지방자치단체의 책임 · 역할 및 비용부담의 명시, 민간부문의 적극적 참여여건 조성, 사회보장급여 수준 명문화, 사회보장급여권리 종류 및 보호 명문화, 사회보장심의위원회 설치 · 운영 규정 명문화, 사회보장장기발전방향의 수립과 추진, 사회보장제도의 기본적 운영원칙 제시, 사회보장전달체계 원칙 명문화, 사회보장 정보 공개 의무화, 비밀보호와 설명 · 상담 · 통지 의무 명문화 등이다.

3) 2005. 1. 27 **일부개정**(법률 제7378호)

이 개정법률은 다양하게 확대되고 있는 국민의 복지욕구에 대응하고 결과적으로 사회보장시책이 현실적이고 체계적으로 추진될 수 있도록 사회보장심의위원회 위원을 확대하고(제17조), 주요 사회보장시책의 추진실적에 대한 평가제도(제22조)를 도입하였다.

3 사회보장기본법의 이념과 목적

사회보장기본법은 모든 국민이 인간다운 생활을 할 수 있도록 최저생활을 보장하고 국민 개개인이 생활의 수준을 향상시킬 수 있도록 제도와 여건을 조성하여, 그 시행에 있어 형평과 효율의 조화를 기함으로써 복지사회를 실현하는 것을 기본이념으로 한다(제2조). 사회보장기본법은 이 기본이념을 실현하기 위하여 구체적으로 국민의 권리성, 국가와 지방자치단체의 책임, 사회보장제도의 기본사항을 규정하여 국민의 복지를 증진시키려는 목적을 갖는다(제1조).

사회보장기본법에 따르면 '사회보장제도'는 질병 · 장애 · 노령 · 실업 · 사망 등의 사회적 위험으로부터 모든 국민을 보호하고 빈곤을 해소하며, 국민생활의 질을 향상시키기 위하여 제공되는 사회보험 · 공공부조 · 사회복지서비스 및 관련복지제도를 지칭한다(제3조 제1호). 이 정의는 과거 사회보장에관한법률에서 사회보장을 '사회보험에 의한 제 급여'와 '무상으로 행하는 공적부조'(사회보장에관한법률 제2조)로 규정한 것보다 확대된 개념이다.

사회보험은 원래 노동자를 중심으로 발전해 온 제도이지만, 현대사회에서는 전 국민을 대상으로 하여 확장 · 발전된 사회보장제도다. 사회보험은 갹출주의에 의하여 사회적 위험을 분산하는 것을 특징으로 하며, 사회적 위험의 특성과 종류에 따라 의료보험(질병, 부상, 출산, 사망의 보험사고), 산업재해보상보험(산업재해, 직업병의 보험사고), 연금보험(노령, 폐질, 불구, 유족의 보험사고), 실업보험(실직, 실업의 보험사고), 가족수당제도(생계를 같이 하는 피부양가족의 부양을 위한)로 나누어진다. 그러나 공공부조는 현실적으로 생활불능 상태에 있거나 생활이 곤궁한 상태에 있는 국민을 대상으로 국가 또는 공공단체가 최종적인 생활보장 수단을 제공하는 것이다. 이것은 갹출을 전제하지 않고 최저생활에 필요한 급여를 행하는 제도다. 사회복지서비스는 비자립적 국민을 위한 지원적, 보호적, 재활적 서비스를 말한다. 보통 민간의 사회복지사업에 의해서 주도된다.

사회보장개념에 대한 입법해석(유권해석의 하나)을 통해 살펴보면 구체적으로 다음과 같다.

'사회보험'은 국민에게 발생하는 사회적 위험을 보험방식에 의하여 대처함으로써 국민건강과 소득을 보장하는 제도를 말한다(제3조 제2호). '공공부조'는 국가 및 지방자치단체의 책임하에 생활유지능력이 없거나 생활이 어려운 국민의 최저 생활을 보장하고 자립을 지원하는 제도를 말한다(제3조 제3호). 그리고 '사회복지서비스'는 국가 · 지방자치단체 및 민간부문의 도움을 필요로 하는 모든 국민에게 상담 · 재활 · 직업소개 및 지도 · 사회복지시설 이용 등을 제공하여 정상적인 사회생활이 가능하도록 지원하는 제도를 말한다(제3조 제4호). 기타 '관련복지제도'는 보건 · 주거 · 교육 · 고용 등의 분야에서 인간다운 생활이 보장될 수 있도록 지원하는 각종 복지제도를 말한다(제3조 제5호). 이처럼 현행 사회보장기본법의 사회보장 개념은 광의의 의미로 규정되고 있다.

한편 국민의 인간다운 생활을 할 권리의 보장은 국가의 책임이 원칙이나 현실적으로는 국가를 포함한 모든 국민의 노력으로 이루어진다. 그래서 국가 및 지방자치단체에게 국가발전의 수준에 부응하는 사회보장제도를 확립하고, 매년 이에 필요한 재원을 조달하여야 하는 책임(제5조)과 가정이 건전하게 유지되고 그 기능이 향상되도록 노력하는 책임(제6조 제1항), 사회보장제도를 시행함에 있어 가정과 지역공동체의 자발적 복지활동을 촉진하는 책임(제6조 제2항)을 부여하고 있다. 이렇게 사회보장기본법은 국가책임을 강력하게 부여하면서도 국민 스스로의 노력을 규정하였다. 즉, 모든 국민은 자신의 능력을 최대한 발휘하여 자립 · 자활할 수 있도록 노력하고, 국가의 사회보장정책에 협력하여야 한다(제7조)고 규정한 것이다. 한편 과거 사회보장에관한법률에서 "정부는 사회보장사업을 행하며, 필요하다고 인정할 때에는 그 일부를 지방자치단체 또는 기타의 법인으로 하여금 행하게 할 수 있다."(동법 제3조 제1항)라고 한 규정을 사회보장기본법에서 삭제한 것은 국가가 절대적으로 그렇게 할 수 없음을 말한 것이 아니라(왜냐하면 현재 하위의 법령에서 이러한 민간위탁의 가능성을 열어 놓았기 때문에) 단지 사회보장에 관한 국가의 기본법으로서 사회보장기본법에서 국가책임을 확실하게 표현하기 위한 방법으로 보인다.

사회보장기본법은 대한민국의 실정법이므로 기본적으로 대한민국 국민에 한해서 적용되지만, 상호주의원칙에 의하여 외국에 거주하는 한국인과 국내에 거주하는 외국인에 대해서도 '관계법령이 정하는 바'에 따라 적용된다(제8조). 이에 따른 규범이 국가 간에 체결된 사회보장협정[3]인데, 이 사회보장협정 체결[4]은 한편으로는 해외에 파견된 우리 기업근로자의 외국 사회보장비용 부담문제를 해소하며, 외국에 장기 체류하는 국민이나 이주자의 양국 연금가입기간을 합산하여 연금수급권을 취득하도록 하고 있다. 다른 한편으로는 외국기업의 국내 투자환경 조성에 기여하는 목적으로 체결된다. 그러므로 국내에 있는 외국인에 대해서도 마찬가지로 적용된다.

한편 공공부조영역에 있어서 외국인에 대한 특례가 규정되어 있다. 국민기초생활보장법은 국내에 체류하고 있는 외국인 중 대한민국 국민과 혼인하여 대한민국 국적의 미성년 자녀를 양육하고 있는 사람에 대해서 대통령이 정하는 바에 따라 수급권자로 인정하고 있다(동법 제5조의2조). 그러나 생존권에 관한 문제가 국적에 관계없이 인간의 보편적인 문제라는 점에서 국내 거주의 외국인에게는 공공부조 및 사회복지서비스법이 적극적으로 적용될 필요가 있다.

사회보장기본법은 국가의 기본법인 헌법의 하위법이므로 헌법의 생존권 규정의 이념에 근거하지만, 다른 사회복지에 관한 법들의 상위법으로서 그 법들의 제·개정의 범위와 방향을 정해 준다. 그러므로 사회보장에 관한 다른 법률을 제정 또는 개정하는 경우에는 이 사회보장기본법에 부합되도록 하여야 한다(제4조).

---

3. 사회보장협정의 구체적 목적은 사회보험에 있어서 이중가입의 배제, 가입기간의 합산, 법 적용상 동등대우, 급여의 자유송금이다.

4. 우리나라의 사회보장협정 체결 현황은 다음과 같다(2008년 8월 기준).

구분	국가	협정형태
협정발효	이란, 영국, 네덜란드, 일본, 이탈리아, 우즈베키스탄, 몽골	보험료면제협정
	캐나다, 미국, 독일, 헝가리, 프랑스	가입기간합산협정 (보험료면제 포함)
잠정조치	중국	보험료면제협정
협정서명	벨기에, 필리핀, 호주, 아일랜드, 체코	가입기간합산협정 (보험료면제 포함)

출처: 국민연금공단(http://www.nps.or.kr).

4 사회보장수급권

사회보장수급권이란 사회보장을 받을 권리를 말하며, 구체적으로 대한민국 국민[5]이 사회보장에 관한 '관계법령'이 정하는 바에 의하여 갖게 되는 사회보장의 급여를 받을 권리를 말한다(제9조). 이 수급권은 상호주의원칙에 의해서 외국인에게도 제한적으로 인정된다(제8조). 이 수급권은 사회보장의 종류에 따라 사회보험청구권, 공공부조청구권, 사회복지서비스청구권, 관련복지제도청구권으로 구별할 수 있다.

1) 보장의 수준과 절차

국가가 행하는 사회보장의 수준은 국민이 건강하고 문화적인 생활을 유지할 수 있는 수준이어야 한다(제10조 제1항). 이 '건강하고 문화적인 생활수준'은 구체적으로 최저생계비와 최저임금법에 의한 최저임금을 참작한 수준이다(제10조 제3항). 국가는 항상 이 급여수준의 향상에 노력하여야 한다(제10조 제1항). 이 사회보장수준을 정하기 위하여 국가는 관계법령[6]이 정하는 바에 의하여 최저생계비를 매년 공표하여야 한다(제10조 제2항).

사회보장실현의 절차 측면은 사회보장의 구체적인 보장내용만큼이나 그 권리보장에서 있어서 중요하다. 사회보장기본법은 사회보장의 급여를 받고자 하는 국민이 관계법령(예: 국민기초생활보장법, 아동복지법, 노인복지법 등)이 정하는 바에 의하여 국가 또는 지방자치단체에 신청하도록 하여(제11조 제1항), 기본적으로 신청주의를 채택하였다.[7] 그리고 사회보장의 급여를 신청하는 자가 다른 기관에 신청한 경우라 할지라도 당해 기관은 지체 없이 이를 정당한 권한이 있는 기관에

---

5. 국민이 되는 요건은 법률로 정하는데(헌법 제2조 제1항), 출생, 인지 또는 귀화에 의한 국적취득이 있어야 한다(국적법 제2조~제4조).
6. 보건복지부장관은 국민의 소득 · 지출수준과 수급권자의 가구유형 등 생활실태, 물가상승률 등을 고려하여 최저생계비를 결정하여야 한다(국민기초생활보장법 제6조 제2항).
7. 수급권자와 그 친족, 기타 관계인은 관할 시장 · 군수 · 구청장에게 수급권자에 대한 급여를 신청할 수 있다(국민기초생활보장법 제21조 제1항).

이송하도록 규정하였다. 그리고 이 경우 사회보장급여의 신청은 정당한 권한이 있는 기관에 이송된 날에 신청된 것으로 본다(제11조 제2항).

2) 수급권의 보호

(1) 수급권의 일반적 보호

사회보장기본법은 국민의 사회보장수급권을 보호하기 위하여 국가와 지방자치단체에게 홍보, 설명, 상담, 통지 의무를 부여하였다. 즉, 국가 및 지방자치단체는 국민이 사회보장제도에 관하여 필요로 하는 정보를 관계법령이 정하는 바에 의하여 공개하고 홍보하여야 하며(제30조 제1항), 사회보장에 관한 관계법령에 규정된 권리나 의무를 해당 국민에게 설명하도록 노력하여야 한다(제32조). 또한 사회보장에 관한 관계법령에 따라 사회보장에 관한 상담에 응하여야 하고(제33조), 사회보장에 관한 관계법령이 정하는 바에 따라 사회보장에 관한 사항을 해당 국민에게 통지하여야 한다(제34조).

이러한 사회보장수급권을 일반적으로 보호하고 사회보장제도를 효율적으로 운영하기 위해서는 사회보장에 관한 정보를 관리하는 체계를 확립하여야 한다(제30조 제2항). 그러나 정보의 관리에 있어서 사회보장의 업무에 종사하는 자는 사회보장과 관련하여 알게 된 개인·법인 또는 단체의 비밀을 관계법령이 정하는 바에 의하여 보호하도록 규정하였다(제31조).

(2) 수급권의 구체적 보호

사회보장수급권의 실체적 권리는 보호되어야 한다. 그래서 이 수급권은 관계법령이 정하는 바에 따라 타인에게 양도하거나 담보로 제공할 수 없으며 이를 압류할 수 없다(제12조). 또 제한되거나 정지될 수도 없다(제13조 제1항). 그러나 관계법령이 따로 정하는 바에 따라 제한 또는 정지되는 경우(제13조 제1항 단서조항)에도 그 목적에 필요한 최소한에 그쳐야 한다(제13조 제2항).

특히 사회보장기본법은 제3자의 불법행위에 의하여 피해를 입은 국민이 그로 인하여 사회보장수급권을 가지게 된 경우, 사회보장제도를 운영하는 자는 불법행위의 책임이 있는 자에 대하여 관계법령이 정하는 바에 의하여 구상권을 행사할 수 있도록(제15조) 규정하고 있다. 여기서 불법행위자의 책임불이행으로 인한 수급자의 피해를 막기 위하여 이 경우에도 일단 국가의 책임을 확보하는 방식을 취함으로써 국민의 수급권을 적극 보호하고 있다.

사회보장수급권은 정당한 권한이 있는 기관에 서면으로 통지하여 이를 포기할 수 있다(제14조 제1항). 그러나 그 포기가 타인에게 피해를 주거나 사회보장에 관한 관계법령에 위반되는 경우에는 포기할 수 없다(제14조 제3항). 그러나 수급권의 포기는 취소할 수 있다(제14조 제2항).

국가는 국민의 사회보장수급권을 최대한 보장하면서도 잘못된 수급권에 대해서는 보장하지 않는다. 즉, 원칙적으로 사회보장수급권은 제한되거나 정지될 수 없지만(제13조 제1항), 관계법령이 따로 정하고 있는 경우에는 제한과 정지가 가능하다(제13조 제1항 단서조항).

(3) 권리구제

국민의 사회보장수급권은 최종 단계로서 행정쟁송제도에 의해서 보호받는다. 즉, 위법 또는 부당한 처분을 받거나 필요한 처분을 받지 못함으로써 권리 또는 이익의 침해를 받은 국민은 행정심판법 또는 행정소송법의 규정에 의하여 행정심판을 청구하거나 또는 행정소송을 제기하여 그 처분의 취소 또는 변경 등을 청구할 수 있다(제35조). 한편 우리나라의 행정쟁송제도는 행정법상 부분적 행정심판전치주의를 채택하고 있으므로, 경우에 따라서 행정소송은 당사자가 행정심판의 결과에 불복할 경우에 제기할 수 있다.

5 사회보장장기발전방향의 수립

1) 내 용

보건복지부장관은 사회보장증진을 위한 장기발전방향을 5년마다 수립하여야 한다(제20조 제1항). 이 장기발전방향에는 ① 사회보장에 관한 기본목표 및 추진방향, ② 주요 추진과제 및 추진방법, ③ 재원조달방안, ④ 사회보장의 전달체계, ⑤ 사회보장관련 기금운용방안, ⑥ 기타 사회보장을 위하여 특히 필요하다고 인정되는 사항(제20조 제2항)이 포함된다.

2) 수립절차

이 수립과정에서 보건복지부장관은 관계중앙행정기관의 장과 협의하고 사회보장심의위원회의 심의를 거쳐(제20조 제1항) 국무회의의 심의로 확정한다(제20조 제3항). 특히 여론의 수렴을 위하여 보건복지부장관은 공청회를 열어 국민 및 관계전문가 등으로부터 의견을 들을 수 있다(제21조). 이렇게 해서 확정된 사회보장장기발전방향의 내용을 보건복지부장관은 지체 없이 관계중앙행정기관의 장 및 특별시장 · 광역시장 · 도지사 · 특별자치도지사에게 통보하여야 한다(영 제12조).

3) 시책의 수립, 시행, 보고 및 평가

확정된 장기발전방향을 기초로 하여 보건복지부장관 · 관계중앙행정기관의 장은 사회보장과 관련된 소관 주요시책의 추진방안을 매년 수립 · 시행하여야 하고, 관계행정기관의 장은 시책의 추진방안 및 전년도 추진실적을 대통령령이 정하는 바에 따라 보건복지부장관에게 제출하여야 한다(제22조 제1항 및 제2항). 그러면 보건복지부장관은 이 추진실적들을 종합하여 성과를 평가하고, 그 결과를 위원회에 보고하여야 한다(제22조 제3항). 또한 보건복지부장관은 추진실적들의 평가를 효율적으로 시행하기 위하여 필요한 조사 · 분석 등을 전문기관에 의뢰할 수 있다(제22조 제4항).

그리고 이들은 장기발전방향과 관련된 주요시책 추진방안의 수립 · 시행 및 평가를 위하여 필요한 때에는 관계공공기관, 사회단체 기타 민간기업체의 장에게 협조를 요청할 수 있다(제23조 제1항).

관계중앙행정기관의 장은 매년 1월 31일까지 소관 사회보장 관련업무에 관한 주요시책의 추진방안을 수립하여 보건복지부장관에게 제출하며, 보건복지부장관은 주요시책의 추진방안을 총괄하여 위원회에서 이를 심의하게 하고(영 제13조 제1항), 그 결과에 따라 주요시책의 추진방안에 대하여 필요한 사항을 관계중앙행정기관의 장에게 권고할 수 있다(영 제13조 제2항). 또한 관계중앙행정기관의 장은 매년 1월 31일까지 보건복지부장관에게 각각 전년도 주요시책의 추진방안의 추진실적을 제출하여야 한다(영 제13조 제3항).

6 사회보장심의위원회

1) 기능과 업무

사회보장심의위원회는 국무총리 소속으로 사회보장에 관한 주요시책을 심의한다(제16조). 구체적 심의사항(제18조)은 ① 사회보장의 증진을 위한 사회보장장기발전방향, ② 사회보장제도의 개선, ③ 사회보장제도의 도입 또는 확대에 따른 우선순위의 조정, ④ 2 이상의 부처에 관련되는 주요 사회보장정책, ⑤ 사회보장급여 및 비용부담의 조정, ⑥ 국가 및 지방자치단체의 역할 및 비용 분담, ⑦ 기타 위원장이 심의에 부치는 사항이 있다.

2) 조 직

사회보장심의위원회는 위원장 1인과 부위원장 2인을 포함한 위원 30인 이내로 구성한다(제17조 제1항). 이 위원회는 국무총리가 위원장이 되고 기획재정부장관 및 보건복지부장관이 부위원장이 된다(제17조 제2항). 그리고 각 위원은 대통령령이 정하는 관계중앙행정기관의 장[8]과, 근로자를 대표하는 자, 사용자를 대표하는 자, 사회보장에 관한 학식과 경험이 있는 자, 변호사의 자격이 있는 자 중에서 대통령이 위촉한 자다(제17조 제3항). 위원의 임기는 2년이지만(제17조 제4항), 공무원인 위원의 임기는 그 재임기간으로 한다(제17조 제4항 단서조항). 보궐위원의 임기는 전임자의 잔임기간으로 한다(제17조 제5항).

사회보장심의위원회의 위원장은 위원회를 대표하며, 위원회의 사무를 총괄한다(영 제2조 제1항). 위원장이 부득이한 사유로 직무를 수행할 수 없을 때에는 기획재정부장관 및 보건복지부장관의 순으로 그 직무를 대행한다(영 제2조 제2항). 위원장은 위원회의 회의를 소집하며 그 의장이 된다(영 제3조 제1항). 위원회의 회의는 재적위원 과반수의 출석으로 개의하고, 출석위원 과반수의 찬성으로 의결한다(영 제3조 제2항).

사회보장심의위원회에는 국무총리실 사회통합정책실장 및 보건복지부 사회복지정책실장을 간사로 둔다(영 제8조 제2항). 간사는 위원장의 명을 받아 위원회의 사무를 처리한다(영 제8조 제3항). 그리고 위원회에 출석한 위원, 실무위원, 관계기관 · 단체 등의 직원 또는 전문가에 대하여는 예산의 범위 안에서 수당과 여비를 지급할 수 있다. 다만 공무원이 그 소관업무와 직접 관련되어 출석한 경우에는 그러하지 아니한다(영 제10조).

3) 실무위원회

위원회를 효율적으로 운영하고 위원회의 심의사항을 보다 전문적으로 검토하기 위하여 위원회에 실무위원회를 두는데(제17조 제6항), 이 실무위원회는 위원회에서 심의할 안건에 관한 사항, 위원회로부터 검토지시를 받은 사항, 그 밖의 기

---

8. 법 제17조 제3항 제1호에서 '대통령령이 정하는 관계 중앙행정기관의 장'이란 교육과학기술부장관, 법무부장관, 행정안전부장관, 문화체육관광부장관, 농림수산식품부장관, 지식경제부장관, 환경부장관, 고용노동부장관, 여성가족부장관, 국토해양부장관 및 국가보훈처장을 말한다(시행령 제2조의2).

타 실무위원회의 운영에 관하여 필요한 사항을 검토한다(영 제4조).

실무위원회는 각각 실무위원장 1인을 포함한 30명 이내의 실무위원으로 구성한다(영 제5조 제1항). 실무위원회 위원장은 보건복지부차관이 되고, 실무위원은 관계중앙행정기관의 3급 공무원 또는 고위공무원단에 속하는 일반공무원과 사회보장 분야의 전문가 중에서 보건복지부장관이 임명 또는 위촉하는 자가 된다(영 제5조 제2항). 실무위원의 임기는 2년으로 하고(영 제6조), 공무원인 실무위원의 임기는 그 재임기간으로 한다(영 제6조 단서조항).

사회보장에 관한 전문적인 사항을 조사 · 연구하기 위하여 실무위원회에 6명 이내의 전문위원을 둘 수 있다(영 제7조 제1항). 이 전문위원에게는 예산의 범위 안에서 연구비 및 여비를 지급할 수 있다(영 제7조 제2항). 또한 보건복지부장관이 보건복지부 소속 일반직 4급 이상 일반직 공무원 또는 고의공무원단에 속하는 일반직 공무원 중에서 1명을 실무위원회의 간사로 지명한다(영 제8조 제2항).

실무위원회는 그 업무수행에 관하여 필요하다고 인정될 때에는 관계기관 · 단체 등에 대하여 필요한 자료를 요청하거나 관계기관 · 단체 등의 직원 또는 전문가로부터 의견을 들을 수 있다(영 제9조). 그리고 실무위원회에 출석한 위원, 실무위원, 관계기관 · 단체 등의 직원 또는 전문가에 대하여는 예산의 범위 안에서 수당과 여비를 지급할 수 있다. 다만 공무원이 그 소관업무와 직접 관련되어 출석한 경우에는 그러하지 아니한다(영 제10조).

7 사회보장제도의 운영

1) 사회보장제도의 운영원칙

사회보장의 운영에 있어 보편성, 형평성, 민주성, 연계성 및 전문성이 확보되어야 한다. 국가 및 지방자치단체는 사회보장제도를 운영함에 있어 이를 필요로 하는 모든 국민에게 적용하여야 하며(제24조 제1항), 사회보장제도의 급여수준 및 비용부담 등에 있어서 형평성을 유지하여야 한다(제24조 제2항). 또 사회보장제도의 정책결정 및 시행과정에 공익의 대표자 및 이해관계인 등을 참여시켜 민주성을 확보하며(제24조 제3항), 사회보장제도를 운영함에 있어서 국민의 다양한 복지욕구를 효율적으로 충족시키기 위하여 연계성 · 전문성을 높여야 한다(제24조 제4항).

2) 역할의 조정

국가는 지방자치단체와 사회보장에 관한 책임과 역할을 합리적으로 조정하여야 한다(제25조 제1항). 그래서 사회보험은 국가의 책임으로 행함을 원칙으로 하며, 공공부조 및 사회복지서비스는 국가 및 지방자치단체의 책임으로 행함을 원칙으로 하되, 국가 및 지방자치단체의 재정 형편 등을 감안하여 이를 조정할 수 있도록 규정하였다(제25조 제2항).

3) 민간의 참여

사회보장제도는 민간의 참여로 보다 효과적으로 운영된다. 그러므로 국가 및 지방자치단체는 사회보장에 대한 민간부문의 참여를 조장할 수 있도록 정책을 개발 · 시행하고 그 여건을 조성하기 위해서(제26조 제1항), 국가 또는 지방자치단체의 사회보장행정에 필요한 자원봉사인력의 활용사업, 사회보장에 관련된 민간의 자원봉사 활성화를 위한 각종 지원사업, 그 밖에 사회보장에 관련된 민간의 참여를 유도하는 데 필요한 사업이 포함된 시책을 수립 · 시행하여야 한다(제26조 제2항).

그리고 개인 · 법인 또는 단체의 사회보장에 대한 참여에 소요되는 경비의 전부 또는 일부를 지원하거나 그 업무수행에 필요한 지원을 할 수 있다(제26조 제3항).

사회보장에 대한 민간의 참여를 유도하고 이 사업을 효율적으로 수행하기 위하여 정부조직법 제6조 제3항 및 지방자치법 제104조 제3항의 규정에 의하여 국가와 지방자치단체는 법인 · 단체 또는 그 기관이나 개인에게 이를 위탁할 수 있다(영 제14조 제1항). 그리고 이 경우 그 사업수행에 필요한 비용을 지원할 수 있다(영 제14조 제2항).

4) 비용의 부담

사회보장비용의 부담은 각각의 사회보장제도에 대한 역할 분담에 따라 국가·지방자치단체 및 민간부문 간에 합리적으로 조정되어야 한다(제27조 제1항). 이를 구체적으로 살펴보면, 사회보험에 소요되는 비용은 사용자·피용자 및 자영자가 부담하는 것을 원칙으로 하되, 관계법령이 정하는 바에 따라 국가가 그 비용의 일부를 부담할 수 있다(제27조 제2항). 공공부조 및 관계법령이 정하는 일정 소득 수준 이하의 국민에 대한 사회복지서비스에 소요되는 비용의 전부 또는 일부는 국가 및 지방자치단체가 이를 부담한다(제27조 제3항). 그리고 부담능력이 있는 국민에 대한 사회복지서비스에 소요되는 비용은 그 수익자가 부담함을 원칙으로 하되, 관계법령이 정하는 바에 따라 국가 및 지방자치단체가 그 비용의 일부를 부담할 수 있다(제27조 제4항).

5) 사회보장전달조직과 인력

국가 또는 지방자치단체는 사회보장전달체계를 마련함에 있어서 지역적으로 고루 분포되게 하고 기능에 따라 균형이 이루어지도록 한다(제28조 제1항). 또한 사회보장 관련업무 수행 관계기관과 관계자 간의 조정이 원활하게 이루어지도록 해야 하며(제28조 제2항), 모든 국민이 쉽게 이용할 수 있도록 사회보장전달체계를 마련하여야 한다(제28조 제3항).

국가 및 지방자치단체는 사회보장제도의 발전을 위하여 전문인력의 양성, 학술조사 및 연구, 국제교류의 증진 등에 노력하여야 한다(제29조).

사회보장기본법의 체계

- **총 칙**
  - 목적(법 § 1)
    기본이념(법 § 2)
    정의(법 § 3)
  - 국가 및 지방자치단체의 책임(법 § 5)
    국가 등과 가정(법 § 6)
    국민의 책임(법 § 7)
  - 다른 법률과의 관계(법 § 4)
    외국인에의 적용(법 § 8)
- **사회보장을 받을 권리**
  - 사회보장을 받을 권리(법 § 9)
    사회보장급여의 수준(법 § 10)
    사회보장급여의 신청(법 § 11)
    권리구제(법 § 35)
    불법행위에 대한 구상(법 § 15)
  - 사회보장수급권의 보호(법 § 12)
    사회보장수급권의 제한 등(법 § 13)
    사회보장수급권의 포기(법 § 14)
- **사회보장 심의위원회와 사회보장계획**
  - 사회보장심의위원회(법 § 16)
    위원회의 구성(법 § 17)
    위원회의 직무(법 § 18)
    - 위원회의 위원(영 § 2조의2)
    - 실무위원회의 설치 등(영 § 4)
  - 사회보장장기발전방향의 수립(법 § 20)
    주요시책추진방안의 수립 및 평가(법 § 22)
    - 사회보장장기발전방향의 통보(영 § 12)
    - 주요시책추진방안 및 추진실적의 제출(영 § 13)
    - 공청회(법 § 21)
      관계행정기관의 협력(법 § 19)
      계획수립 등의 협조(법 § 23)
- **사회보장제도의 운영**
  - 운영원칙(법 § 24)
  - 역할의 조정(법 § 25)
    민간의 참여(법 § 26)
    비용의 부담(법 § 27)
    사회보장전달체계(법 § 28)
    전문인력의 양성 등(법 § 29)
    - 사회보장에 대한 민간의 참여조장(영 § 14)
  - 정보의 공개(법 § 30)
    사회보장에 관한 설명(법 § 32)
    사회보장에 관한 상담(법 § 33)
    사회보장에 관한 통지(법 § 34)
  - 비밀의 보호(법 § 31)

출처: 사회보장기본법(2008. 2. 29 개정), 시행령(2008. 2. 29 개정) 정리.

제 4 부

공공부조법 분야

제13장 국민기초생활보장법
제14장 긴급복지지원법

제13장

국민기초생활보장법

1 국민기초생활보장법의 특징

1) 목 적

국민기초생활보장법은 저소득 국민, 영세 도시빈민, 실업자 등을 지원하여 빈곤문제에 대한 사회안전망의 기초를 튼튼히 하고, 빈곤가구별로 자활지원계획을 수립하여 그에 맞는 자활급여를 실시함으로써 빈곤의 장기화를 방지하려는 목적으로 제정되었다. 즉, 국민기초생활보장법은 생활이 어려운 사람에게 필요한 급여를 실시하여 그들의 최저생활을 보장하고 자활을 돕는 것을 목적으로 한다(제1조).

이와 같은 목적을 달성하기 위하여 국민기초생활보장법은 생존권보장의 원리, 국가책임의 원리, 최저생활보장의 원리(제4조 제1항), 무차별평등의 원리, 보충성의 원리(제3조 제1항) 등 공공부조의 원리를 구체화하였다.

2) 제정 이유

2000년에 제정된 이 법은 그동안 실시되어 오던 빈곤층의 생계보호를 위한 공공부조법인 생활보호법을 대체하는 획기적인 법으로서 보장대상자의 근로유인

방안, 최저생계비 이하 국민의 지원, 조건부 보장, 시민의 민주적 참여 등의 중요한 내용을 규정하였다.

첫째, '소득인정액'을 개별가구의 소득평가액[1]과 재산의 소득환산액[2]을 합산한 금액으로 정하고, 이 중 소득평가액의 산정에 있어서 근로소득공제 등 근로유인을 위한 방안을 규정하였다(제2조 제7호 및 제8호). 둘째, 부양의무자가 없거나, 부양의무자가 있어도 부양능력이 없거나 부양을 받을 수 없는 사람으로서 소득인정액이 최저생계비 이하인 국민은 누구나 국가로부터 지원을 받을 수 있도록 하였다(제5조). 셋째, 보장수급자를 선정함에 있어 기준이 되는 최저생계비의 결정은 중앙생활보장위원회의 심의·의결을 거쳐 보건복지부장관이 공표하도록 하였고(제6조), 넷째, 근로능력이 있는 수급자에 대하여는 자활에 필요한 사업에 참가하는 것을 조건으로 하여 생계급여를 지급할 수 있도록 하였다(제9조). 마지막으로 생활보장에 관한 기획·조사·실시 등에 관한 사항을 심의·의결하기 위하여 보건복지부와 특별시·광역시·도 및 시·군·구에 생활보장위원회를 두도록 하고, 위원회의 구성과 자격기준 등을 명문화하여 민간의 민주적 참여와 동위원회의 전문성을 강화하였다(제20조).

---

1. '개별가구의 소득평가액'이란 개별가구의 실제소득에 불구하고 보장기관이 급여의 결정 및 실시 등에 사용하기 위하여 산출한 금액을 말한다. 이 경우 소득평가액의 구체적인 산정방식은 보건복지부령으로 정하되, 가구 특성에 따른 지출요인과 근로를 유인하기 위한 요소 등을 반영하여야 한다(제2조 제9호).

2. '재산의 소득환산액'이란 보장기관이 급여의 결정 및 실시 등에 사용하기 위하여 개별가구의 재산가액에 소득환산율을 곱하여 산출한 금액을 말한다(제2조 제9호). 이 경우 개별가구의 재산범위·재산가액의 산정기준 및 소득환산율, 기타 필요한 사항에 관하여는 보건복지부령으로 정한다(제2조 제10호).

2 생활보장급여의 시행

1) 급여의 기본원칙

이 법에 의한 급여는 수급자[3]가 자신의 생활을 유지 · 향상하기 위하여 그 소득 · 재산 · 근로능력 등을 활용하여 최대한 노력하는 것을 전제로 이를 보충 · 발전시키는 것을 기본원칙으로 한다(제3조 제1항). 나아가 부양의무자의 부양과 다른 법령에 의한 보호는 이 법에 의한 급여에 우선하여 행하여지는 것으로 한다(제3조 제2항). 그러나 이 타법우선보장의 원칙의 예외로서, 다른 법령에 의한 보호의 수준이 이 법에서 정하는 수준에 이르지 아니하는 경우에는 나머지 부분에 관하여 이 법에 의한 급여를 받을 권리를 잃지 아니한다(제3조 제2항 단서조항).

2) 급여의 기준 등

이 법에 의한 급여는 건강하고 문화적인 최저생활을 유지할 수 있는 것이어야 한다(제4조 제1항). 이 법에 의한 급여의 기준은 보건복지부장관이 수급자의 연령 · 가구 규모 · 거주지역 · 기타 생활여건 등을 고려하여 급여의 종류별로 정한다(제4조 제2항). 보장기관[4]은 이 법에 의한 급여를 개별가구를 단위로 하여 행하되(세대단위원칙), 특히 필요하다고 인정하는 경우에는 개인을 단위로 하여 행할 수 있다(제4조 제3항).

3) 수급권자[5]의 범위

수급권자는 부양의무자[6]가 없거나, 부양의무자가 있어도 부양능력이 없거나

---

3. '수급자'는 국민기초생활보장법에 의한 급여를 받는 사람을 말한다(제2조 제2호).
4. '보장기관'은 국민기초생활보장법에 의한 급여를 행하는 국가 또는 지방자치단체를 말한다(제2조 제4호).
5. '수급권자'는 국민기초생활보장법에 의한 급여를 받을 수 있는 자격을 가진 사람을 말한다(제2조 제1호).

부양을 받을 수 없는 사람으로서 소득인정액[7]이 최저생계비 이하인 사람으로 한다(제5조 제1항). 부양의무자가 있어도 부양능력이 없거나 부양을 받을 수 없는 경우는 대통령령으로 정한다(제5조 제3항, 시행령 제4조 및 제5조).

그리고 제1항에 의한 수급권자가 아니어도 생활이 어려운 사람을 보건복지부장관이 정하는 바에 따라 일정 기간 동안 수급권자로 보며(제5조 제2항), 대한민국 국민과 혼인한 국내 체류의 외국인이 본인 또는 배우자가 임신 중이거나 대한민국 국적의 자녀를 양육하고 있거나 배우자의 대한민국 국적인 직계존속과 생계나 주거를 같이하고 있는 경우도 대통령이 정하는 바에 따라 수급권자가 될 수 있다(제5조의2).

4) 최저생계비[8]의 결정

보건복지부장관은 국민의 소득 · 지출수준과 수급권자의 가구유형 등 생활실태, 물가상승률 등을 고려하여 최저생계비를 결정해야 하는데(제6조 제1항), 중앙생활보장위원회의 심의 · 의결을 거쳐 매년 9월 1일까지 다음 연도의 최저생계비를 공표하여야 한다(제6조 제2항). 보건복지부장관은 최저생계비를 결정하기 위하여 필요한 계측조사를 3년마다 실시하며, 이에 필요한 사항은 보건복지부령으로 정한다(제6조 제3항).

5) 급여의 종류와 방법

(1) 급여의 종류 및 수준

이 법에 의한 급여의 종류는 1호 생계급여, 2호 주거급여, 3호 의료급여, 4호

---

6. '부양의무자'는 국민기초생활보장법 제5조의 규정에 의한 수급권자를 부양할 책임이 있는 사람으로서 수급권자의 1촌의 직계혈족 및 그 배우자를 말한다(제2조 제5호).
7. '소득인정액'은 개별가구의 소득평가액과 재산의 소득환산액을 합산한 금액을 말한다(제2조 제7호).
8. '최저생계비'는 국민이 건강하고 문화적인 생활을 유지하기 위하여 소요되는 최소한의 비용으로서 국민기초생활보장법 제6조의 규정에 의하여 보건복지부장관이 공표하는 금액을 말한다(제2조 제6호).

교육급여, 5호 해산급여, 6호 장제급여, 7호 자활급여(제7조 제1항)가 있다. 수급권자에 대한 급여는 기본적으로 생계급여를 제공하고 동시에 수급자의 필요에 따라 법 제7조 제1항의 제2호 내지 제7호의 급여를 함께 행하는 것으로 한다. 이 경우 급여의 수준은 제1항 제1호 내지 제4호 및 제7호의 급여와 수급자의 소득인정액을 포함하여 최저생계비 이상이 되도록 하여야 한다(제7조 제2항). 차상위계층에 속하는 사람(이하 "차상위자"라 한다)에 대한 급여는 보장기관이 차상위자의 가구별 생활여건을 고려하여 예산의 범위 안에서 제1항 제2호 내지 제4호 · 제6호 및 제7호의 규정에 따른 급여의 전부 또는 일부를 행할 수 있다. 제1항 제3호의 의료급여는 따로 법률이 정하는 바에 의한다(제7조 제4항).

(2) 생계급여

생계급여는 수급자에게 의복 · 음식물 및 연료비와 기타 일상생활에 기본적으로 필요한 금품을 지급하여 그 생계를 유지하게 하는 것으로 한다(제8조). 이 수급품[9]은 대통령령이 정하는 바에 따라 매월 정기적으로 지급하여야 한다(제9조 제2항). 다만 특별한 사정이 있는 경우에는 그 지급방법을 다르게 정하여 지급할 수 있다(제9조 제2항 단서조항). 그리고 이 수급품은 수급자에게 직접 지급한다(제9조 제3항). 다만 제10조 제1항 단서의 규정에 의하여 제32조의 규정에 의한 보장시설이나 타인의 가정에 위탁하여 생계급여를 행하는 경우에는 그 위탁받은 자에게 이를 지급할 수 있다. 이 경우 보장기관은 보건복지부장관이 정하는 바에 따라 정기적으로 수급자의 수급 여부를 확인하여야 한다(제9조 제3항 단서조항).

생계급여는 현금보장의 원칙에 따라 금전을 지급함으로써 행한다(제9조 제1항). 다만 이에 의할 수 없거나 이에 의하는 것이 적당하지 아니하다고 인정하는 경우에는 물품을 지급함으로써 행할 수 있다(제9조 제1항 단서조항). 생계급여는 보건복지부장관이 정하는 바에 따라 수급자의 소득인정액 등을 감안하여 차등 지급할 수 있다(제9조 제4항).

---

9. '수급품'은 국민기초생활보장법에 의하여 수급자에게 급여하거나 대여하는 금전 또는 물품을 말한다(제2조 제3호).

보장기관은 대통령령이 정하는 바에 따라 근로능력이 있는 수급자에게 자활에 필요한 사업에 참가할 것을 조건으로 하여 생계급여를 지급할 수 있다. 이 경우 보장기관은 자활지원계획(제28조)을 감안하여 조건을 제시하여야 한다(제9조 제5항).

생계급여는 수급자의 주거에서 행한다(제10조 제1항). 다만 수급자가 그 주거가 없거나 주거가 있어도 그곳에서는 급여의 목적을 달성할 수 없는 경우 또는 수급자가 희망하는 경우에는 수급자를 제32조의 규정에 의한 보장시설이나 타인의 가정에 위탁하여 급여를 행할 수 있다(제10조 제1항 단서조항). 수급자에 대한 생계급여를 타인의 가정에 위탁하여 행하는 경우에는 거실의 임차료 기타 거실의 유지에 필요한 비용은 이를 수급품에 가산하여 지급한다. 이 경우 주거급여가 행하여진 것으로 본다(제10조 제2항).

(3) 주거급여

국민기초생활보장법은 주거생활의 중요성을 반영하여 주거급여를 신설하였다(주거보장의 원칙). 주거급여는 수급자에게 주거안정에 필요한 임차료, 유지·수선비, 기타 대통령령이 정하는 수급품을 지급하는 것으로 한다(제11조 제1항). 주거급여의 기준 및 지급절차 등에 관하여 필요한 사항은 보건복지부령으로 정한다(제11조 제2항).

(4) 교육급여

교육급여는 수급자에게 입학금·수업료·학용품비 기타 수급품을 지원하는 것으로 하되, 학교의 종류·범위 등에 관하여 필요한 사항은 대통령령으로 정한다(제12조 제1항). 교육급여는 금전 또는 물품을 수급자 또는 수급자의 친권자나 후견인에게 지급함으로써 행한다(제12조 제2항). 다만 보장기관이 필요하다고 인정하는 경우에는 수급자가 재학하는 학교의 장에게 수급품을 지급할 수 있다(제12조 제2항 단서조항).

(5) 해산급여

해산급여는 수급자에게 조산(助産) 또는 분만 전과 분만 후의 필요한 조치와 보호의 급여를 행하는 것으로 한다(제13조 제1항). 해산급여는 보건복지부령이 정하는 바에 따라 보장기관이 지정하는 의료기관에 위탁하여 행할 수 있다(제13조 제2항).

해산급여에 필요한 수급품은 보건복지부령이 정하는 바에 따라 수급자나 그 세대주 또는 세대주에 준하는 사람에게 지급한다(제13조 제3항). 다만 제2항의 규정에 의하여 그 급여를 의료기관에 위탁하는 경우에는 수급품을 그 의료기관에 지급할 수 있다(제13조 제3항 단서조항).

(6) 장제급여

장제급여는 수급자가 사망한 경우 사체의 검안 · 운반 · 화장 또는 매장 기타 장제조치를 행하는 것으로 한다(제14조 제1항).

장제급여는 보건복지부령이 정하는 바에 따라 실제로 장제를 행하는 사람에게 장제에 필요한 비용을 지급함으로써 행한다(제14조 제2항). 다만 이에 의할 수 없거나 이에 의하는 것이 적당하지 아니하다고 인정하는 경우에는 물품을 지급함으로써 행할 수 있다(제14조 제2항 단서조항).

(7) 자활급여

자활급여는 수급자의 자활을 조성하기 위하여 자활에 필요한 금품의 지급 또는 대여, 자활에 필요한 근로능력의 향상 및 기능습득의 지원, 취업알선 등 정보의 제공, 자활을 위한 근로기회의 제공, 자활에 필요한 시설 및 장비의 대여, 창업교육, 기능훈련 및 기술 · 경영지도 등 창업지원, 자활에 필요한 자산형성지원, 또는 기타 대통령령이 정하는 자활조성을 위한 각종 지원급여를 행하는 것으로 한다(제15조 제1항). 이 자활급여는 관련 공공기관 · 비영리법인 · 시설 그 밖에 대통령령이 정하는 기관에 위탁하여 이를 행할 수 있다. 이 경우 그에 소요되는 비용은 보장기관이 이를 부담한다(제15조 제2항).

3 자활지원

1) 자활센터

자활센터는 중앙자활센터, 광역자활센터 및 지역자활센터로 구별된다.

중앙자활센터는 법인으로 설치되며(제15조의2 제2항), 정부는 이의 설치 및 운영에 필요한 경비의 전부 또는 일부를 보조할 수 있다(제15조의2 제3항). 이 중앙자활센터는 수급자 및 차상위자의 자활촉진을 위하여 필요한 다음과 같은 사업을 수행한다(제15조의2 제1항).

- 자활지원을 위한 조사 · 연구 · 교육 및 홍보 사업
- 자활지원을 위한 사업의 개발 및 평가
- 광역자활센터(제15조의3), 지역자활센터(제16조), 자활기업(제18조)의 기술 · 경영 지도 및 평가
- 자활관련 기관 간의 협력체계 및 정보네트워크 구축 · 운영
- 취업 · 창업을 위한 자활촉진프로그램 개발 및 지원
- 그 밖에 자활촉진에 필요한 사업

광역자활센터는 시 · 도 단위에서 자활기업 창업지원, 필요한 취업 · 창업 지원 및 알선, 교육훈련, 자활프로그램의 개발 · 보급 · 지원 등을 위하여 법인 등의 신청을 받아 시 · 도 단위에 설치하는 자활센터다(제15조의3).

지역자활센터는 사회복지법인 등 비영리법인과 단체가 자신의 신청에 의하여, 지역사회복지사업 및 자활지원사업의 수행능력 · 경험 등이 고려된 후 보장기관으로부터 지역자활센터로 지정을 받은 시설로서, 수급자 및 차상위자의 자활의 촉진에 필요한 자활의욕 고취를 위한 교육, 자활을 위한 정보제공 · 상담 · 직업교육 및 취업알선, 생업을 위한 자금융자 알선, 자영창업 지원 및 기술 · 경영 지도, 자활기업의 설립 · 운영 지원, 기타 자활을 위한 각종 사업을 수행하고(제16조 제1항), 보장기관은 지역자활센터의 설립 · 운영비용 또는 제1항 각 호의 사업수

행비용의 전부 또는 일부, 국 · 공유재산의 무상임대, 보장기관이 실시하는 사업의 우선 위탁과 같은 지원을 행할 수 있다(제16조 제2항).

또한 지역자활센터들은 수급자 및 차상위자에 대한 효과적인 자활지원과 지역자활센터의 발전을 공동으로 도모하기 위하여 지역자활센터협회를 설립할 수 있다(제16조 제4항).

2) 자활기관협의체

시장 · 군수 · 구청장은 자활지원사업의 효율적인 추진을 위하여 지역자활센터, 직업안정기관(직업안정법 제2조의2 제1호), 사회복지시설(사회복지사업법 제2조 제3호)의 장 등과 상시적인 협의체계를 구축하여야 한다(제17조 제1항).

3) 자활기업

자활기업은 수급자 및 차상위자에 의해 상호 협력적으로 설립, 운영되는 조합 또는 부가가치세법상의 사업자다(제18조 제1항 및 제2항).

보장기관은 자활기업에게 직접 또는 중앙자활센터, 광역자활센터 및 지역자활센터를 통하여 자활을 위한 사업자금 융자, 국 · 공유지 우선 임대, 국가 또는 지방자치단체가 실시하는 사업의 우선 위탁, 국가 또는 지방자치단체의 조달구매 시 자활기업 생산품의 우선 구매, 기타 수급자의 자활촉진을 위한 각종 사업의 지원을 할 수 있다(제18조 제3항).

4) 수급자의 고용촉진

보장기관은 수급자의 고용을 촉진하기 위하여 상시근로자의 일정 비율 이상을 수급자로 채용하는 기업에 대하여 제18조 제3항의 다양한 지원을 할 수 있다(제18조의2). 또한 시장 · 군수 · 구청장은 수급자에게 가구별 특성을 감안하여 고용지원서비스를 연계하거나, 해당 가구의 아동 · 노인 등에게 사회복지서비스를 지원할 수 있다(제18조 제2항 및 제3항).

5) 자활기금의 적립

보장기관은 이 법에 의한 자활지원사업의 원활한 추진을 위하여 일정한 금액과 연한을 정하여 자활기금을 적립할 수 있다(제18조의3 제1항).

또한 보장기관은 자활지원사업의 효율적 추진을 위하여 필요하다고 인정하는 경우에는 자활기금의 관리 · 운영을 중앙자활센터 또는 자활지원사업을 수행하는 비영리법인에 위탁할 수 있으며, 그에 소요되는 비용을 부담한다(제18조의3 제2항).

6) 자산형성 지원

보장기관은 수급자가 자활에 필요한 자산을 형성할 수 있도록 재정적 지원과 필요한 교육을 실시할 수 있다(제18조의4 제1항 및 제2항).

4 생활보장의 실시주체

1) 국민기초생활보장기관

국민기초생활보장법에 의한 급여는 수급권자 또는 수급자의 거주지를 관할하는 특별시장 · 광역시장 · 도지사와 시장 · 군수 · 구청장(자치구의 구청장)이 행한다(제19조 제1항). 다만 수급권자의 주거가 일정하지 아니한 경우에는 수급권자 또는 수급자가 실제 거주하는 지역을 관할하는 시장 · 군수 · 구청장이 행한다(제19조 제1항 단서조항). 그러나 보건복지부장관과 시 · 도지사는 수급자를 각각 국가 또는 당해 지방자치단체가 경영하는 보장시설에 입소하게 하거나 다른 보장시설에 위탁하여 급여를 행할 수 있다(제19조 제2항).

보장기관은 수급권자 · 수급자 · 차상위계층에 대한 조사와 수급자 결정 및 급여의 실시 등 이 법에 의한 보장업무를 수행하게 하기 위하여 사회복지전담공무원(사회복지사업법 제14조)을 배치하여야 하며, 이 경우 자활급여(제15조) 업무를 수행하는 사회복지전담공무원은 따로 배치하여야 한다(제19조 제4항).

이 외에 수급권자 또는 수급자가 거주지를 변경하는 경우의 처리방법과 보장기관 상호 간의 협조, 기타 업무처리에 관하여 필요한 사항은 보건복지부령으로 정한다(제19조 제3항).

2) 생활보장위원회

국민기초생활보장법에 의한 생활보장사업의 기획 · 조사 · 실시 등에 관한 사항을 심의 · 의결하기 위하여 보건복지부와 특별시 · 광역시 · 도 및 시 · 군 · 구(자치구)에 각각 생활보장위원회를 둔다(제20조 제1항). 다만 시 · 도 및 시 · 군 · 구에 두는 생활보장위원회는 그 기능을 담당하기에 적합한 다른 위원회가 있고, 그 위원회의 위원이 제4항에 규정된 자격을 갖춘 경우에는 시 · 도 또는 시 · 군 · 구의 조례가 정하는 바에 따라 그 위원회가 생활보장위원회의 기능을 대신할 수 있다(제20조 제1항 단서조항).

보건복지부에 두는 생활보장위원회(즉, 중앙생활보장위원회)는 다음 사항을 심의 · 의결한다(제20조 제2항).

- 생활보장사업의 기본 방향 및 대책 수립
- 소득인정액 산정방식의 결정
- 급여기준의 결정
- 최저생계비의 결정
- 자활기금의 적립(제44조) · 관리 및 사용에 관한 지침의 수립
- 기타 위원장이 부의하는 사항

중앙생활보장위원회는 위원장을 포함하여 13인 이내의 위원으로 구성하고, 위원은 보건복지부장관이 다음 각 호의 1에 해당하는 사람 중에서 위촉 · 지명하며, 위원장은 보건복지부장관으로 한다(제20조 제3항).

- 공공부조 또는 사회복지와 관련된 학문을 전공한 전문가로서 대학의 조교수 이상인 사람 또는 연구기관의 연구원으로 재직 중인 사람
- 공익을 대표하는 사람
- 관계행정기관소속 3급 이상 공무원

시 · 도 및 시 · 군 · 구 생활보장위원회의 위원은 시 · 도지사 또는 시장 · 군수 · 구청장이 다음 각 호의 1에 해당하는 사람 중에서 위촉 · 지명하며, 위원장은 당해 시 · 도지사 또는 시장 · 군수 · 구청장으로 한다(제20조 제4항). 다만 제1항 단서의 규정에 의하여 다른 위원회가 생활보장위원회의 기능을 대신하는 경우 위원장은 조례로 정한다(제20조 제4항 단서조항).

- 사회보장에 관한 학식과 경험이 있는 사람
- 공익을 대표하는 사람
- 관계행정기관 소속의 공무원

생활보장위원회는 심의 · 의결과 관련하여 필요한 경우 보장기관에 대하여 그 소속공무원의 출석이나 자료의 제출을 요청할 수 있다. 이 경우 당해 보장기관은 정당한 사유가 없는 한 이에 응하여야 한다(제20조 제5항). 기타 시 · 도 및 시 · 군 · 구 생활보장위원회의 기능과 각 생활보장위원회의 구성 · 운영 등에 관하여 필요한 사항은 대통령령으로 정한다(제20조 제6항).

5 급여의 실시

1) 급여의 신청과 조사

국민기초생활보장법은 다음과 같이 시행상의 신청보장의 원칙을 구현하고 있다. 수급권자와 그 친족, 기타 관계인은 관할 시장 · 군수 · 구청장에게 수급권자

에 대한 급여를 신청할 수 있다(제21조 제1항). 또한 사회복지전담공무원은 이 법에 의한 급여를 필요로 하는 사람이 누락되지 아니하도록 하기 위하여 관할지역 내에 거주하는 수급권자에 대한 급여를 수급권자의 동의를 구하여 직권으로 신청할 수 있다(제21조 제2항). 이 경우 이를 수급권자의 신청으로 볼 수 있다(제21조 제2항). 또한 제21조 제1항 및 제2항의 경우 수급권자의 부양의무자는 금융자산 및 금융거래의 내용에 대한 자료 또는 정보 중 예금의 평균잔액과 그 밖에 대통령령으로 정하는 자료 또는 정보(금융실명거래및비밀보장에관한법률 제2조 제2호 및 제3호의 '신용정보'), 신용정보 중 채무액과 그 밖에 대통령령으로 정하는 자료 또는 정보(신용정보의이용및보호에관한법률 제2조 제1호의 '신용정보'), 보험에 가입하여 납부한 보험료와 그 밖에 대통령령으로 정하는 자료 또는 정보(보험업법 제4조 제1항 각 호의 '보험정보')의 제공에 대하여 동의한다는 서면을 제출하여야 한다(제21조 제3항).

또한 차상위계층에 대한 조사에 조사대상자가 동의한 경우 다음 연도의 급여신청으로 본다(제24조 제2항).

시장 · 군수 · 구청장은 급여신청(제21조)이 있는 경우에는 사회복지전담공무원으로 하여금 급여의 결정 및 실시 등에 필요한 다음 각 호의 사항을 조사하게 하거나, 수급권자에게 보장기관이 지정하는 의료기관에서 검진을 받게 할 수 있다(제22조 제1항).

- 부양의무자의 유무 및 부양능력 등 부양의무자와 관련된 사항
- 수급권자 및 부양의무자의 소득 · 재산에 관한 사항
- 수급권자의 근로능력 · 취업상태 · 자활욕구 등 자활지원계획수립에 필요한 사항
- 기타 수급권자의 건강상태 · 가구특성 등 생활실태에 관한 사항

보장기관은 수급권자 또는 부양의무자가 이 조사를 거부 · 방해 또는 기피하거나 검진지시에 따르지 아니한 때에는 급여신청을 각하할 수 있다. 이 경우 자료제출 요구에 관한 제29조 제2항의 규정을 준용한다(제22조 제6항). 이 조사를 실시하는 사회복지전담공무원은 그 권한을 표시하는 증표를 휴대하고 이를 관계인

에게 제시하여야 한다(제22조 제5항).

이 경우 시장 · 군수 · 구청장은 신청한 수급권자 또는 그 부양의무자의 소득 · 재산 및 건강상태 등을 확인하기 위하여 필요한 자료의 확보가 곤란한 경우 보건복지부령이 정하는 바에 따라 수급권자 또는 부양의무자에게 필요한 자료의 제출을 요구할 수 있다(제22조 제2항). 또한 시장 · 군수 · 구청장은 급여의 결정 또는 실시 등을 위하여 필요한 경우에는 위의 조사를 관계기관에 위촉하거나 수급권자 또는 그 부양의무자의 고용주, 기타 관계인에게 이에 관한 자료의 제출을 요청할 수 있다(제22조 제3항). 보장기관은 수급권자 또는 부양의무자가 제1항 및 제2항에 따른 조사 또는 자료제출 요구를 2회 이상 거부 · 방해 또는 기피하거나 검진지시에 따르지 아니한 때에는 급여신청을 각하할 수 있다(제22조 제8항). 이 경우 서면으로 그 이유를 명시하여 수급자에게 통지하여야 한다(제29조 제2항의 준용).

보장기관이 제1항 각 호의 조사를 실시하기 위하여 금융 · 국세 · 지방세 · 토지 · 건물 · 건강보험 · 국민연금 · 고용보험 · 출입국 · 병무 · 교정 등 관련 전산망 또는 자료를 이용하고자 할 경우에는 관계기관의 장에게 협조를 요청할 수 있다. 이 경우 관계기관의 장은 정당한 사유가 없는 한 이에 응하여야 한다(제22조 제4항).

보장기관은 제1항 내지 제4항의 규정에 의한 조사결과를 대장으로 작성 · 비치하여야 하며 조사에 관하여 기타 필요한 사항은 보건복지부장관이 정한다(제22조 제7항). 다만 전산정보처리조직에 의하여 관리되는 경우에는 전산화일로 대체할 수 있다(제22조 제7항 단서조항).

그리고 보장기관의 공무원 또는 공무원이었던 사람은 제1항 내지 제4항의 규정에 의하여 얻은 정보와 자료를 이 법이 정한 보장목적 외에 다른 용도로 사용하거나 다른 사람 또는 기관에 제공하여서는 아니 된다(제22조 제6항).

2) 확인조사 및 금융정보 등의 제공

시장 · 군수 · 구청장은 수급자 및 수급자에 대한 급여의 적정성을 확인하기 위하여 매년 연간조사계획을 수립하고 관할구역 안의 수급자를 대상으로 제22조

제1항 각 호의 사항을 매년 1회 이상 정기적으로 조사를 실시하여야 하며, 특히 필요하다고 인정하는 경우에는 보장기관이 지정하는 의료기관에서 검진을 받게 할 수 있다(제23조 제1항). 다만 보건복지부장관이 정하는 사항은 분기마다 조사를 실시하여야 한다(제23조 제1항 단서조항). 그리고 보장기관은 수급자 또는 부양의무자가 제1항에 따른 조사나 제2항에 따라 준용되는 제22조 제2항에 따른 자료제출 요구를 2회 이상 거부 · 방해 또는 기피하거나 검진지시에 따르지 아니한 때에는 수급자의 급여결정을 취소하거나 급여를 정지 또는 중지할 수 있다(제23조 제3항). 이 경우 서면으로 그 이유를 명시하여 수급자에게 통지하여야 한다(제29조 제2항 준용). 그리고 수급자의 자료제출, 조사의 위촉, 관련전산망의 이용 등 기타 확인조사를 위하여 필요한 사항에 관하여는 조사협조규정(제22조 제2항~제7항)을 준용한다(제23조 제2항).

보건복지부장관은 수급권자와 그 부양의무자가 급여신청(제21조 제3항)을 위해 제출한 동의 서면을 전자적 형태로 바꾼 문서에 의하여(제23조의2 제1항), 또한 확인조사(제23조)를 위하여 필요하다고 인정하는 경우 대통령령으로 정하는 기준에 따라 인적사항을 기재한 문서 또는 정보통신망으로(제23조의2 제2항), 관련 금융기관 또는 신용정보집중기관의 장에게 금융정보 · 신용정보 또는 보험정보의 제공을 요청할 수 있다(제23조의2). 이것은 금융실명거래및비밀보장에관한법률 제4조 제1항과 신용정보의이용및보호에관한법률 제32조 제1항의 예외를 인정한 것이다(제23조의2 제1항~제3항). 이 경우 금융정보 등을 제공한 금융기관 등의 장은 금융정보 등의 제공사실을 명의인에게 원칙적으로 통보하여야 하고(제23조의2 제4항), 이 업무에 종사하거나 종사하였던 사람은 업무를 수행하면서 취득한 금융정보 등을 이 법으로 정한 목적 외의 다른 용도로 사용하거나 다른 사람 또는 기관에 제공하거나 누설하여서는 아니 된다(제23조의2 제6항).

3) 차상위계층에 대한 조사

시장 · 군수 · 구청장은 최저생계비의 변경 등에 의하여 수급권자의 범위가 변동함에 따라 다음 연도에 이 법에 의한 급여가 필요할 것으로 예측되는 수급권자의 규모를 조사하기 위하여 보건복지부령이 정하는 바에 다라 수급권자(제5조)의 차상위계층에 대하여 조사를 실시할 수 있다(제24조 제1항). 시장 · 군수 · 구청장은 제1항의 규정에 의한 조사를 실시하고자 하는 경우 조사대상자의 동의를 얻어야 한다(제24조 제2항). 기타 조사대상자의 자료제출, 조사의 위촉, 관련전산망의 이용 등 기타 차상위계층에 대한 조사를 위하여 필요한 사항에 관하여는 제22조 제2항 내지 제7항의 규정을 준용한다(제24조 제3항).

제22조 내지 제24조의 규정에 의하여 시장 · 군수 · 구청장이 수급권자 · 수급자 · 부양의무자 및 차상위계층을 조사한 때에는 보건복지부령이 정하는 바에 따라 관할 시 · 도지사에게 보고하여야 하며, 보고를 받은 시 · 도지사는 이를 보건복지부장관에게 보고하여야 한다. 시 · 도지사가 조사한 때에도 같다(제25조).

4) 급여의 결정 등

시장 · 군수 · 구청장은 급여의 결정 및 실시를 위한 조사(제22조)를 한 때에는 지체 없이 급여실시의 여부와 급여의 내용을 결정하여야 한다(제26조 제1항). 이것은 필요즉응의 원칙을 반영하고 있다. 그리고 차상위계층을 조사(제24조)한 시장 · 군수 · 구청장은 제27조 제1항 단서(최저생계비 변경에 의한 신규대상자에 대한 급여개시일)에 규정된 급여개시일이 속하는 월에 급여실시 여부와 급여내용을 결정하여야 한다(제26조 제2항).

시장 · 군수 · 구청장은 급여실시 여부와 급여내용을 결정한 때에는 그 결정의 요지, 급여의 종류 · 방법 및 급여의 개시 시기 등을 서면으로 수급권자 또는 신청인에게 통지하여야 한다(제26조 제3항). 신청인에 대한 통지는 제21조의 규정에 의한 급여의 신청일부터 14일 이내에 하여야 한다(제26조 제4항). 다만 부양의무자의 소득 · 재산 등의 조사에 시일을 요하는 특별한 사유가 있는 경우, 또는 수급권자 또는 부양의무자가 제22조 제1항 및 제2항에 따른 조사나 자료제출 요구를 거부 · 방해 또는 기피하는 경우에는 신청일부터 30일 이내에 통지할 수 있다. 이 경우 통지서에 그 사유를 명시하여야 한다(제26조 제4항 단서조항).

5) 급여의 실시 등

급여실시 및 내용이 결정된 수급자에 대한 급여는 급여의 신청일(제21조)부터 개시한다(제27조 제1항). 다만 보건복지부장관이 매년 결정 · 공표하는 최저생계비(제6조)의 변경으로 인하여 매년 1월에 새로이 수급자로 결정되는 사람에 대한 급여는 해당 연도의 1월 1일을 그 급여개시일로 한다(제27조 제1항 단서조항). 그러나 시장 · 군수 · 구청장은 급여실시 여부의 결정 전이라도 수급권자에게 급여를 하여야 할 긴급한 필요가 있다고 인정될 때에는 급여(제7조 제1항)의 일부를 행할 수 있다(제27조 제2항).

만약 급여를 금전으로 지급할 경우에는 원칙적으로 수급자 명의의 급여수급계좌로 입금해야 하며, 해당 금융기관은 이 계좌에 이 법에 의한 급여만 입금되도록 관리하여야 한다(제27조의2 제1항 및 제2항).

6) 자활지원계획의 수립

자활지원계획은 수급자의 자활을 체계적으로 지원하기 위하여 수급자의 근로능력, 자활욕구, 취업상태, 가구여건 등을 감안하여 수급자 가구별로 수립되는 계획을 말한다. 시장 · 군수 · 구청장은 수급자의 자활을 체계적으로 지원하기 위하여 보건복지부장관이 정하는 바에 따라 급여신청에 의한 확인조사(제22조~제24조)의 결과를 감안하여 수급자 가구별로 자활지원계획을 수립하고, 그에 따라 이 법에 의한 급여를 실시하여야 한다(제28조 제1항). 보장기관은 수급자의 자활을 위하여 필요한 경우에는 사회복지사업법 등 다른 법률에 따라 보장기관이 제공할 수 있는 급여가 있거나 민간기관 등이 후원을 제공하는 경우 제1항의 자활지원계획에 따라 급여를 지급하거나 후원을 연계할 수 있다(제28조 제2항).

시장 · 군수 · 구청장은 수급자의 자활여건변화와 급여실시결과를 정기적으로 평가하고 필요한 경우 자활지원계획을 변경할 수 있다(제28조 제3항).

7) 급여의 변경

보장기관은 수급자의 소득 · 재산 · 근로능력 등에 변동이 있는 경우에는 직권 또는 수급자나 그 친족, 기타 관계인의 신청에 의하여 그에 대한 급여의 종류·방법 등을 변경할 수 있다(제29조 제1항). 이 급여의 변경은 서면으로 그 이유를 명시하여 수급자에게 통지하여야 한다(제29조 제2항).

8) 급여의 중지 등

보장기관은 수급자가 다음 각 호의 1에 해당하는 경우에는 급여의 전부 또는 일부를 중지하여야 한다(제30조 제1항).

- 수급자에 대한 급여의 전부 또는 일부가 필요 없게 된 때
- 수급자가 급여의 전부 또는 일부를 거부한 때

또한 근로능력이 있는 수급자가 자활사업참가조건부 생계급여(제9조 제5항)를 이행하지 않는 경우, 조건을 이행할 때까지 근로능력이 있는 수급자 본인의 생계급여의 전부 또는 일부를 지급하지 아니할 수 있다(제30조 제2항). 이 경우 서면으로 그 이유를 명시하여 수급자에게 통지하여야 한다(제30조 제3항, 제29조 제2항).

9) 청 문

보장기관은 제16조 제3항의 규정에 의하여 자활지원센터의 지정을 취소하고자 하는 경우와 제23조 제3항의 규정에 의하여 급여의 결정을 취소하고자 하는 경우에는 청문을 실시하여야 한다(제31조).

6 보장시설

1) 정 의

국민기초생활보장법에서 보장시설이라 함은 제7조에 규정된 생계급여, 주거

급여, 의료급여, 교육급여, 해산급여, 장제급여, 자활급여를 행하는 사회복지사업법에 의한 사회복지시설로서 대통령령이 정하는 시설을 말한다(제32조).

2) 보장시설의 장의 의무

보장시설의 장은 급여위탁거부금지의무, 최저기준 이상 급여제공의무, 신분상 차별금지의무, 자유로운 생활보장의무, 종교적 행위 강요금지의무를 준수하여야 한다(제33조).

급여위탁거부금지의무란 보장시설의 장은 보장기관으로부터 수급자에 대한 급여를 위탁받은 때에는 정당한 사유 없이 이를 거부하여서는 아니 된다는 의무다. 최저기준 이상 급여제공의무란 보장시설의 장이 위탁받은 수급자에게 보건복지부장관이 정하는 최저기준 이상의 급여를 행하여야 한다는 것을 말한다. 신분상 차별금지의무는 보장시설의 장이 위탁받은 수급자에게 급여를 행함에 있어서 성별·신앙 또는 사회적 신분 등을 이유로 차별대우를 하여서는 아니 된다는 의무를 말한다. 자유로운 생활보장의무는 보장시설의 장이 위탁받은 수급자에게 급여를 행함에 있어서 수급자의 자유로운 생활을 보장하는 것을 말한다. 그리고 종교적 행위 강요금지의무는 보장시설의 장에게 위탁받은 수급자에게 종교상의 행위를 강제하지 말라는 의무를 부여한 것이다.

7 수급자의 권리와 의무

1) 권리보호

수급자의 권리보호에는 급여변경의 금지(제34조), 압류금지(제35조) 및 양도금지(제36조)가 있다.

급여변경의 금지란 수급자에 대한 급여는 정당한 사유 없이 이를 불리하게 변경할 수 없는 경우를 말하며, 압류금지는 수급자에게 지급된 수급품과 이를 받을 권리는 압류할 수 없다는 것을 의미한다. 또한 양도금지는 수급자는 급여를 받을 권리를 타인에게 양도할 수 없음을 의미한다.

이와 반대로 수급자는 신고의무를 갖는다(제37조). 즉, 수급자는 거주지역 · 세대의 구성에 변동이 있거나 제22조 제1항 각 호의 사항에 현저한 변동이 있는 때에는 지체 없이 관할 보장기관에 이를 신고하여야 한다.

2) 이의신청과 절차

수급자나 급여 또는 급여변경의 신청을 한 사람은 그 결정의 통지를 받은 날부터 60일 이내에 시장 · 군수 · 구청장의 처분에 대하여 이의가 있는 경우에는 당해 보장기관을 거쳐 시 · 도지사에게 서면 또는 구두로 이의를 신청할 수 있다(제38조 제1항). 이 경우 구두로 이의신청을 접수한 보장기관의 공무원은 이의신청서를 작성할 수 있도록 협조하여야 한다(제38조 제1항). 이 이의신청을 받은 시장 · 군수 · 구청장은 10일 이내에 의견서와 관계서류를 첨부하여 이를 시 · 도지사에게 송부하여야 한다(제38조 제2항).

시장 · 군수 · 구청장으로부터 이의신청서를 송부받은 시 · 도지사는 그로부터 30일 이내에 필요한 심사를 하고, 이의신청을 각하하거나 당해 처분을 변경 또는 취소하거나 기타 필요한 급여를 명하여야 한다(제39조 제1항). 그리고 이와 같은 처분 등을 한 시 · 도지사는 지체 없이 신청인과 당해 시장 · 군수 · 구청장에게 각각 서면으로 이를 통지하여야 한다(제39조 제2항).

이의신청에 대한 시 · 도지사의 처분 등에 대하여 이의가 있는 사람은 그 처분 등의 통지를 받은 날부터 60일 이내에 시 · 도지사를 거쳐 보건복지부장관에게 서면 또는 구두로 이의를 신청할 수 있다(제40조 제1항). 이 경우 구두로 이의신청을 접수한 보장기관의 공무원은 이의신청서를 작성할 수 있도록 협조하여야 한다(제40조 제1항). 이와 같은 이의신청이 있은 때에는 시 · 도지사는 10일 이내에 의견서와 관계서류를 첨부하여 이를 보건복지부장관에게 송부하여야 한다(제40조 제2항).

이의신청서를 송부받은 보건복지부장관은 그로부터 30일 이내에 필요한 심사를 하고 이의신청을 각하하거나 당해 처분의 변경 또는 취소의 재결을 하여야 한다(제41조 제1항). 그리고 그것에 대한 재결을 한 때에는 지체 없이 당해 시 · 도지사와 신청인에게 각각 서면으로 재결내용을 통지하여야 한다(제41조 제2항).

8 보장비용

국민기초생활보장을 위한 보장비용이라 함은 국민기초생활보장법에 의한 보장업무에 소요되는 인건비와 사무비, 생활보장위원회의 운영(제20조)에 소요되는 비용, 각종 급여실시(제8조~제18조)의 비용, 기타 이 법에 의한 보장업무에 소요되는 비용을 말한다(제42조).

1) 보장비용의 부담 구분

보장비용의 부담은 다음 각 호의 구분에 의한다(제43조 제1항).

- 국가 또는 시 · 도가 직접 행하는 보장업무에 소요되는 비용은 국가 또는 당해 시 · 도가 부담한다.
- 위탁급여 또는 직접 운영시설에 의한 급여(제19조 제2항)의 실시비용은 국가 또는 당해 시 · 도가 부담한다.
- 시 · 군 · 구가 행하는 보장업무에 소요되는 비용 중 인건비, 사무비, 생활보장위원회 운영비(제42조 제1호 및 제2호)의 비용은 당해 시 · 군 · 구가 부담한다.
- 시 · 군 · 구가 행하는 보장업무에 드는 비용 중 제42조 제3호 및 제4호의 비용은 시 · 군 · 구의 재정여건, 사회보장비 지출 등을 고려하여 국가, 시 · 도 및 시 · 군 · 구가 차등 분담한다.[10]

---

10. 차등분담의 비율은 다음과 같다(제43조 제1항 제4호 각 목).
    가. 국가는 시 · 군 · 구 보장비용의 총액 중 100분의 40 이상 100분의 90 이하를 부담한다.
    나. 시 · 도는 시 · 군 · 구 보장비용의 총액에서 가목의 국가부담분을 차감한 금액 중 100분의 30 이상 100분의 70 이하를, 시 · 군 · 구는 시 · 군 · 구 보장비용의 총액 중에서 국가와 시 · 도가 부담하는 금액을 차감한 금액을 각각 부담한다. 다만 특별자치도는 시 · 군 · 구 보장비용의 총액 중에서 국가가 부담하는 금액을 차감한 금액을 부담한다.

2) 교부 및 반납

국가는 매년 이 법에 의한 보장비용 중 국가부담예정합계액을 각각 보조금으로 교부하고, 그 과부족은 정산에 의하여 추가로 교부하거나 반납하게 한다(제43조 제2항). 시 · 도는 매년 시 · 군 · 구에 대하여 제2항의 규정에 의한 국가의 보조금에 제1항 제4호의 규정에 의한 시 · 도의 부담예정액을 합하여 보조금으로 교부하고, 그 과부족은 정산에 의하여 추가로 교부하거나 반납하게 한다(제43조 제3항). 그리고 보조금의 산출 및 정산방법 등에 관하여 필요한 사항은 대통령령으로 정한다(제43조 제4항).

그러나 지방자치단체의 조례에 의하여 이 법에 의한 급여 범위 및 수준을 초과하여 급여를 실시하는 경우 그 초과 보장비용은 당해 지방자치단체가 부담한다(제43조 제5항).

3) 보장기금의 적립

보장비용의 재원에 충당하기 위하여 보장기관은 일정한 금액과 연한을 정하여 보장기금을 적립할 수 있다(제44조 제1항). 이 보장기금의 적립에 관하여 필요한 사항은 대통령령으로 정한다(제44조 제2항).

4) 비용의 징수

수급자에게 부양능력을 가진 부양의무자가 있음이 확인된 경우에는 보장비용을 지급한 보장기관은 생활보장위원회의 심의 · 의결을 거쳐 그 비용의 전부 또는 일부를 그 부양의무자로부터 부양의무의 범위 안에서 징수할 수 있다(제46조 제1항). 또한 사위, 기타 부정한 방법에 의하여 급여를 받거나 타인으로 하여금 급여를 받게 한 경우에는 보장비용을 지급한 보장기관은 그 비용의 전부 또는 일부를 그 급여를 받은 사람 또는 급여를 받게 한 사람(부정수급자)으로부터 징수할 수 있다(제46조 제2항).

위와 같은 경우 징수할 금액은 각각 부양의무자 또는 부정수급자에게 통지하여 이를 징수하고, 부양의무자 또는 부정수급자가 이에 응하지 아니하는 경우 국세 또는 지방세 체납처분의 예에 의하여 이를 징수한다(제46조 제3항).

5) 반환명령

보장기관은 급여의 변경 또는 급여의 정지·중지에 따라 수급자에게 이미 지급한 수급품 중 과잉지급분이 발생한 경우에는 즉시 수급자에 대하여 그 전부 또는 일부의 반환을 명하여야 한다(제47조 제1항). 다만 이미 이를 소비하였거나 기타 수급자에게 부득이한 사유가 있는 때에는 그 반환을 면제할 수 있다(제47조 제1항 단서조항). 시장·군수·구청장이 긴급급여(제27조 제2항)를 실시하였으나, 조사결과에 따라 급여를 실시하지 아니하기로 결정한 경우 급여비용의 반환을 명할 수 있다(제47조 제2항).

6) 유류금품의 처분

장제급여(제14조)를 행함에 있어 사망자에게 부양의무자가 없는 때에는 시장·군수·구청장은 사망자가 유류한 금전 또는 유가증권으로 그 비용을 충당하고, 그 부족액에 대하여는 유류물품의 매각대금으로 이를 충당할 수 있다(제45조).

국민기초생활보장법의 체계

구분	법	영·규칙
총 칙	• 목적(법 § 1) • 용어정의(법 § 2) • 급여의 기본원칙(법 § 3) • 급여의 기준등(법 § 4)	–소득의 범위(영 § 3) –차상위계층(영 § 3조의2) –재산의 범위 및 재산가액의 산정기준(규칙 § 3) –재산의 소득환산액(규칙 § 4) –연간조사계획의 수립(규칙 § 37)
	• 수급권자의 범위(법 § 5) • 외국인에 대한 특례(법 § 5조의2)	–부양능력이 없는 경우(영 § 4) –부양받을 수 없는 경우(영 § 5) –수급권자에 해당하는 외국인의 범위(영 § 5조의2)
	• 최저생계비의 결정(법 § 6)	–소득의 범위(영 § 3) –최저생계비 계측조사(규칙 § 5) –월세임차료의 지급(규칙 § 9)
급여의 종류와 방법	• 급여의 종류(법 § 7)	–차상위자에 대한 급여의 기준 등(영 § 5조의3) –긴급급여(규칙 § 41)
	• 생계급여의 내용(법 § 8) • 생계급여의 방법(법 § 9) • 생계급여를 행할 장소(법 § 10)	–생계급여의 지급방법(영 § 6) –근로능력이 있는 수급자(영 § 7) –조건부수급자(영 § 8) –자활에 필요한 사업(영 § 10) –생계급여의 조건제시 방법 및 결과통지(영 § 11) –조건부수급자의 생계급여 결정(영 § 15)
	• 주거급여(법 § 11) • 교육급여(법 § 12) • 해산급여(법 § 13) • 장제급여(법 § 14)	–임차료의 구분(규칙 § 8) –유지 · 수선비의 지급기준 및 방법(규칙 § 11) –교육급여(영 § 16) –해산급여의 지급신청(규칙 § 17) –장제급여의 신청(규칙 § 18)
	• 자활급여(법 § 15)	–자금의 대여 등(영 § 17) –직업훈련(영 § 18) –취업알선 등의 제공(영 § 19) –자활근로(영 § 20) –창업지원(영 § 21) –자산형성지원(영 § 21조의2) –자활급여의 위탁(영 § 21조의3) –중앙자활센터의 설치 및 운영 등(영 § 21조의4) –기금의 용도(영 § 26조의4) –자금의 대여 등(규칙 § 19) –지역자활센터의 지정취소(규칙 § 28)

구분	법	영·규칙
자활지원	• 중앙자활센터(법§15조의2) • 지역자활센터 등(법§16) • 자활기관협의체(법§17)	–중앙자활센터의 설치 및 운영 등(영§21조의4) –자활에 필요한 사업(영§10) –중앙자활센터의 임원(영§21) –지역자활센터의 사업(영§22) –보장시설(영§38) –유지·수선비의 지급기준 및 방법(규칙§11) –지역자활센터의 지정(규칙§27) –지역자활센터의 지정취소(규칙§28) –지역자활센터의 평가(규칙§29) –자활기업의 지원요청 등(규칙§32) –자활기관협의체의 구성 및 운영(규칙§30조의2)
	• 자활기업(법§18)	–자활에 필요한 사업(영§10) –수급자 채용기업에 대한 지원(영§26) –자활기금의 설치(영§26조의2) –기금의 용도(영§26조의4) –지원대상 자활기업(규칙§31) –자활기업의 지원요청 등(규칙§32)
	• 수급자의 고용촉진(법§18조의2) • 자활기금의 적립(법§18조의3)	–수급자 채용기업에 대한 지원(영§26) –기금의 용도(영§26조의4) –자활기금의 설치(영§26조의2)
국민기초생활 보장기관	• 보장기관(법§19) • 생활보장위원회(법§20)	–거주지변경에 따른 업무처리(규칙§33) –긴급급여(규칙§41) –중앙생활보장위원회의 조직 및 구성(영§27) –지방생활보장위원회의 조직과 구성(영§28) –최저생계비 계측조사(규칙§5)
급여의 실시 방법	• 급여의 신청(법§21)	–금융정보 등의 범위(영§36) –거주지변경에 따른 업무처리(규칙§33) –급여의 신청(규칙§34)
	• 신청에 의한 조사(법§22) • 확인조사(법§23) • 차상위계층에 대한 조사(법§24) • 금융정보 등의 제공(법§23조의2)	–보조금의 산출(영§39) –재산의 범위 및 재산가액의 산정기준(규칙§3) –거주지변경에 따른 업무처리(규칙§33) –자료의 제출요구(규칙§35) –조사의 위촉(규칙§36) –연간조사계획의 수립(규칙§37) –조사결과 등의 관리 및 보고(규칙§39) –지방생활보장위원회의 기능(영§29) –금융정보 등의 요청 및 제공(영§36조의2) –차상위계층조사(규칙§38)
	• 조사결과의 보고 등(법§25) • 급여의 결정 등(법§26) • 자활지원계획의 수립(법§28)	–조사결과 등의 관리 및 보고(규칙§39) –생계급여의 지급방법(규칙§6) –거주지변경에 따른 업무처리(규칙§33) –생계급여의 조건제시 방법 및 결과통지(영§11) –지역자활지원계획(영§37) –대여자금의 사후관리(규칙§20)
	• 급여의 실시 등(법§27) • 급여의 변경(법§29) • 급여의 중지 등(법§30) • 청문(법§31)	–긴급급여(규칙§41) –급여의 신청(규칙§34) –생계급여의 지급방법(규칙§6) –학비의 지급중지(규칙§15)

구분	법	시행령·시행규칙
국민기초생활 보장시설	• 보장시설(법 § 32) • 보장시설의 장의 의무(법 § 33)	–보장시설(영 § 38)
수급자의 권리와 의무	• 급여변경의 금지(법 § 34) • 압류금지(법 § 35)	–보장시설(영 § 38)
	• 양도금지(법 § 36) • 신고의 의무(법 § 37)	
	• 시 · 도지사에 대한 이의신청(법 § 38) • 시 · 도지사의 처분 등(법 § 39) • 보건복지부장관에 대한 이의신청 (법 § 40) • 보건복지부장관의 재결(법 § 41)	
보장비용	• 보장비용(법 § 42) • 보장비용의 부담구분(법 § 43)	–보장비용의 징수(영 § 41) –소득의 범위(영 § 3) –조건부수급자(영 § 8) –지방생활보장위원회의 기능(영 § 29) –보조금의 산출(영 § 39) –보조금의 정산(영 § 40)
	• 유류금품의 처분(법 § 45) • 비용의 징수(법 § 46) • 반환명령(법 § 47)	–보장비용의 징수(영 § 41)
벌 칙	• 벌칙(법 § 48~50)	–소득평가액의 산정방식(규칙 § 2)
	• 양벌규정(법 § 51)	

출처: 국민기초생활보장법(2008. 2. 29 개정), 시행령(2008. 10. 29 개정), 시행규칙(2008. 7. 1 개정) 정리.

제14장

긴급복지지원법

1 의 의

긴급복지지원법은 생계곤란 등의 위기상황에 처하여 도움이 필요한 사람을 신속하게 지원함으로써 그들이 위기상황에서 벗어나 건강하고 인간다운 생활을 하게 함을 목적으로 한다(제1조). 이 법이 지원의 대상으로 하는 위기상황은 본인 또는 본인과 생계 및 주거를 같이 하고 있는 가구구성원이 일정한 사유로 인하여 생계유지 등이 어렵게 된 것을 말한다(제2조).

국가 및 지방자치단체는 위기상황에 처한 사람을 찾아내어 최대한 신속하게 필요한 지원을 하도록 노력하여야 한다(제4조 제1항). 만약 이 지원 후에도 위기상황이 해소되지 아니하여 계속 지원이 필요한 것으로 판단되는 사람에게는 다른 법률에 따른 구호 · 보호 또는 지원이나 민간기관 · 단체와의 연계를 통하여 구호 · 보호 또는 지원을 받을 수 있도록 노력하여야 한다(제4조 제2항 및 제3항). 국가 및 지방자치단체는 긴급지원 업무를 수행하기 위하여 필요한 비용을 분담하여야 한다(제17조).

긴급지원대상자의 권리는 보호되는데, 이 법에 따라 긴급지원대상자에게 지급되는 금전 또는 현물은 압류할 수 없으며(제18조), 긴급지원대상자는 이 법에 따라 지급되는 금전 또는 현물을 생계유지 등의 목적 외의 다른 용도로 사용하기 위하여 양도하거나 담보로 제공할 수 없다(제18조 제2항).

2 긴급지원대상자

긴급복지지원법의 지원대상자는 위기상황에 처한 사람으로서 이 법에 따른 지원이 긴급하게 필요한 사람이다(제5조). 경우에 따라서 국내체류의 외국인에 대한 특례적용이 가능하다(제5조의2).

여기서 긴급지원대상자가 처한 위기상황이란 본인 또는 본인과 생계 및 주거를 같이 하고 있는 가구구성원이 다음과 같은 사유로 인하여 생계유지 등이 어렵게 된 것을 말한다(제2조).

- 주 소득자(主所得者)가 사망, 가출, 행방불명, 구금시설에 수용되는 등의 사유로 소득을 상실하고 가구 소득이 최저생계비(국민기초생활보장법 제6조) 이하인 경우
- 중한 질병 또는 부상을 당한 경우
- 가구구성원으로부터 방임(放任) 또는 유기(遺棄)되거나 학대 등을 당한 경우
- 가정폭력을 당하여 가구구성원과 함께 원만한 가정생활을 하기 곤란하거나 가구구성원으로부터 성폭력을 당한 경우
- 화재 등으로 인하여 거주하는 주택 또는 건물에서 생활하기 곤란하게 된 경우
- 그 밖에 보건복지부장관이 정하여 고시하는 사유가 발생한 경우

3 전달체계

1) 긴급지원기관

긴급복지지원은 긴급지원대상자의 거주지를 관할하는 시장·군수·구청장이 한다(제6조 제1항). 그러나 긴급지원대상자의 거주지가 분명하지 아니한 경우에는 지원요청 또는 신고(제7조)를 받은 시장·군수·구청장이 하며(제6조 제1항 단서), 이 지원요청 및 신고가 특정 지역에 집중되는 경우에는 보건복지부령에 따라 긴급지원기관을 달리 정할 수 있다(제6조 제2항). 한편 시장·군수·구청장은 긴급지원담당공무원을 지정하여야 한다(제6조 제3항).

2) 연계협력기관

긴급복지지원을 위해서는 여러 기관들과의 연계협력이 필요한데, 긴급복지지원법은 담당기구, 협의회, 지역사회복지협의체를 규정하고 있다. 구체적으로 보면, 보건복지부장관은 위기상황에 처한 사람에게 상담·정보제공 및 관련 기관·단체 등과의 연계서비스를 제공하기 위하여 담당기구를 설치·운영할 수 있으며(제11조 제1항), 긴급지원사업을 원활하게 수행하기 위하여 대한적십자사, 사회복지공동모금회 등 민간의 긴급지원 관련 기관·단체가 참여하는 협의회를 설치·운영할 수 있다(제11조 제2항). 또한 시장·군수·구청장은 긴급지원사업의 원활한 수행을 위하여 지역사회복지협의체를 통하여 사회복지·보건의료 관련 기관·단체 간의 연계·협력을 강화하여야 한다(제11조 제3항).

3) 긴급지원심의위원회

긴급지원심의위원회는 긴급지원연장 결정(제10조 제3항), 긴급지원의 적정성 심사(제14조 제1항), 긴급지원의 중단 또는 지원비용의 환수 결정(제15조 제1항), 그 밖에 긴급지원심의위원회의 위원장이 회의에 부치는 사항을 심의·의결하는 시 · 군 · 구에 둔 기구다(제12조 제1항).

긴급지원심의위원회는 위원장 1명을 포함한 15명 이내의 위원으로 구성하고(제12조 제2항), 위원장은 시장 · 군수 · 구청장이 되고, 위원은 시장 · 군수 · 구청장이 임명하거나 위촉한다(제12조 제3항). 만약 시 · 군 · 구에 생활보장위원회(국민기초생활보장법 제20조 제1항)가 있는 경우 그 위원회는 조례로 정하는 바에 따라 긴급지원심의위원회의 기능을 대신할 수 있다(제12조 제4항).

4 긴급지원의 절차

1) 지원요청 및 신고

긴급지원대상자와 친족, 그 밖의 관계인은 구술 또는 서면 등으로 관할 시장 · 군수 · 구청장에게 지원을 요청할 수 있다(제7조 제1항).

그리고 누구든지 긴급지원대상자를 발견한 경우에는 관할 시장 · 군수 · 구청장에게 신고하여야 한다(제7조 제2항). 특히 의료기관의 종사자(의료법), 교원(유아교육법, 초 · 중등교육법 및 고등교육법), 사회복지시설의 종사자 및 복지위원(사회복지사업법), 또는 공무원(국가공무원법 및 지방공무원법)은 진료 · 상담 등 직무수행과정에서 긴급지원대상자가 있음을 알게 된 경우에는 관할 시장 · 군수 · 구청장에게 이를 신고하고, 긴급지원대상자가 신속하게 지원을 받을 수 있도록 노력하여야 한다(제7조 제3항).

2) 현장 확인 및 지원 결정

시장 · 군수 · 구청장은 지원요청 또는 신고(제7조)를 받거나 위기상황에 처한 사람을 찾아낸 경우에는 지체 없이 긴급지원담당공무원으로 하여금 긴급지원대상자의 거주지 등을 방문하여 위기상황을 확인하여야 하고(제8조 제1항), 현장 확인 결과 위기상황의 발생이 확인된 사람에 대하여는 지체 없이 지원의 종류 및 내용(제9조)을 결정하여 지원을 하여야 한다(제8조 제3항).

지원을 요청할 때(제7조) 또는 긴급지원담당공무원이 위기상황을 확인할 때(제8조)에 그 긴급지원대상자 및 가구구성원은 금융정보, 신용정보, 금융정보의 제공에 대하여 동의한다는 서면을 제출하여야 한다(제8조의2).

3) 지원의 실시

긴급복지지원은 일시적으로 신속하게 지원하는 것을 기본원칙으로 한다(제3조 제1항). 그러나 중복지원을 방지하기 위하여 재해구호법, 국민기초생활보장법, 의료급여법, 사회복지사업법, 가정폭력방지및피해자보호등에관한법률, 성폭력방지및피해자보호등에관한법률 등 다른 법률에 따라 이 법에 따른 지원내용과 동일한 내용의 구호·보호 또는 지원을 받고 있는 경우에는 이 법에 따른 지원을 하지 아니한다(제3조 제2항).

긴급복지지원의 종류에는 금전 또는 현물(現物) 등의 직접지원과 민간기관·단체와의 연계 등의 지원이 있으며, 그 구체적 내용은 다음과 같다(제9조 제1항).

• 금전 또는 현물 등의 직접지원

가. 생계지원: 식료품비·의복비 등 생계유지에 필요한 비용 또는 현물 지원

나. 의료지원: 각종 검사 및 치료 등 의료서비스 지원

다. 주거지원: 임시거소(臨時居所) 제공 또는 이에 해당하는 비용 지원

라. 사회복지시설 이용 지원: 사회복지시설(사회복지사업법) 입소(入所) 또는 이용 서비스 제공이나 이에 필요한 비용 지원

마. 교육지원: 초·중·고등학생의 수업료, 입학금, 학교운영지원비 및 학용품비 등 필요한 비용 지원

바. 그 밖의 지원: 연료비나 그 밖에 위기상황의 극복에 필요한 비용 또는 현물 지원

• 민간기관·단체와의 연계 등의 지원

가. 대한적십자사, 사회복지공동모금회 등의 사회복지기관·단체와의 연계

지원

나. 상담 · 정보제공, 그 밖의 지원

금전 또는 현물 등의 직접지원 중 생계지원 및 주거지원의 경우 최저생계비를 한도로 한다(제9조 제2항). 그리고 생계지원, 주거지원, 시설이용 및 연료비 등 지원과 같은 긴급지원은 기본적으로 1개월간의 생계유지 등에 필요한 지원으로 하며, 시장 · 군수 · 구청장이 긴급지원대상자의 위기상황이 계속된다고 판단하는 경우에는 1개월씩 두 번의 범위에서 기간을 연장할 수 있다(제10조 제1항). 기본적으로 의료지원은 위기상황의 원인이 되는 질병 또는 부상을 검사 · 치료하기 위한 범위에서 한 번 실시하며, 마찬가지로 교육지원도 한 번 실시한다(제10조 제2항).

만약 전술한 지원에도 불구하고 위기상황이 계속되는 경우에는 긴급지원심의위원회(제12조)의 심의를 거쳐 지원을 연장할 수 있으나, 생계지원, 주거지원, 시설이용 및 연료비 등 지원은 기본 지원기간을 합하여 총 6개월을 초과하여서는 아니 되고, 의료지원 및 교육지원도 기본 지원 횟수를 합하여 총 두 번을 초과하여서는 아니 된다(제10조 제3항).

제 5 부

사회복지사업 기초 분야

제15장 사회복지사업법
제16장 건강가정기본법

제15장

사회복지사업법

1 의 의

사회복지사업법은 사회복지사업[1]에 관한 기본적 사항을 규정하여 사회복지를 필요로 하는 사람에 대하여 인간의 존엄성과 인간다운 생활을 할 권리를 보장하고 사회복지의 전문성을 높이며, 사회복지사업의 공정 · 투경 · 적정을 도모하고, 지역사회복지의 체계를 구축함으로써 사회복지의 증진에 이바지함을 목적으로

1. '사회복지사업'이란 다음과 같은 25개의 법률에 따른 보호 · 선도(善導) 또는 복지에 관한 사업과 사회복지상담, 직업지원, 무료 숙박, 지역사회복지, 의료복지, 재가복지(在家福祉), 사회복지관 운영, 정신질환자 및 한센병력자의 사회복귀에 관한 사업 등 각종 복지사업과 이와 관련된 자원봉사활동 및 복지시설의 운영 또는 지원을 목적으로 하는 사업을 말하는데, 이 근거 법률들은 국민기초생활보장법, 아동복지법, 노인복지법, 장애인복지법, 한부모가족지원법, 영유아보육법, 성매매방지및피해자보호등에관한법률, 정신보건법, 성폭력방지및피해자보호등에관한법률, 입양특례법, 일제하일본군위안부피해자에대한생활안정지원및기념사업등에관한법률, 사회복지공동모금회법, 장애인 · 노인 · 임산부등의편의증진보장에관한법률, 가정폭력방지및피해자보호등에관한법률, 농어촌주민의보건복지증진을위한특별법, 식품기부활성화에관한법률, 의료급여법, 기초노령연금법, 긴급복지지원법, 다문화가족지원법, 장애인연금법, 장애인활동지원에관한법률, 노숙인등의복지및자립지원에관한법률, 보호관찰등에관한법률, 장애아동복지지원법이다(제2조 제1호).

한다(제1조).

이와 같은 법의 목적은 사회복지사업의 기본이념을 구현하기 위한 것인데, 이 법은 서비스의 신청주의, 사회복지사업의 공공성, 인권보장을 기본이념으로 설정하였다. 구체적으로 보면, 사회복지를 필요로 하는 사람은 누구든지 자신의 의사에 따라 서비스를 신청하고 제공받을 수 있으며, 사회복지법인 및 사회복지시설은 공공성을 가지며 사회복지사업을 시행하는 데 있어서 공공성을 확보하여야 하며, 사회복지사업을 시행하는 데 있어서 사회복지를 제공하는 자는 사회복지를 필요로 하는 사람의 인권을 보장하여야 한다(제1조의2).

국가는 국민의 사회복지에 대한 이해를 증진하고 사회복지사업 종사자의 활동을 장려하기 위하여 매년 9월 7일을 사회복지의 날로 하고, 사회복지의 날부터 1주간을 사회복지주간으로 하며, 국가와 지방자치단체는 사회복지의 날의 취지에 적합한 행사 등 사업을 하도록 노력하여야 한다(제15조의2).

사회복지사업의 내용 및 절차 등에 관하여 사회복지사업의 근거법률(제2조 제1호)에 특별한 규정이 있는 경우를 제외하고는 이 법에서 정하는 바에 따르며, 이 근거 법률을 개정하는 경우에는 이 법에 부합하도록 하여야 한다(제3조). 특히 법인에 관하여 이 법에서 규정한 사항을 제외하고는 민법과 공익법인의설립·운영에 관한법률을 준용한다(제32조).

2 사회복지서비스 관련 주체의 책임과 내용

사회복지사업법은 사회서비스[2]의 한 분야인 사회복지서비스에 관한 기본법이다. '사회복지서비스'는 국가·지방자치단체 및 민간부문의 도움을 필요로 하는 모든 국민에게 상담, 재활, 직업 소개 및 지도, 사회복지시설의 이용 등을 제공하

2. 사회보장기본법은 제3조 제4호에서 '사회서비스'를 국가·지방자치단체 및 민간부문의 도움이 필요한 모든 국민에게 복지, 보건의료, 교육, 고용, 주거, 문화, 환경 등의 분야에서 인간다운 생활을 보장하고 상담, 재활, 돌봄, 정보의 제공, 관련 시설의 이용, 역량 개발, 사회참여 지원 등을 통하여 국민의 삶의 질이 향상되도록 지원하는 제도로 규정하였다.

여 정상적인 사회생활이 가능하도록 제도적으로 지원하는 것을 말한다(제2조 제6호). 따라서 이 법은 사회복지서비스에 관한 복지 및 인권 증진에 대한 책임을 규정하고 있다.

1) 국가와 지방자치단체

국가와 지방자치단체는 사회복지서비스에 관한 인권증진(제4조 제1항), 사회복지서비스와 보건의료서비스[3]의 연계(제4조 제2항), 사회복지시설의 균형 설치(제4조 제4항), 민간부문과 공공부문사업의 원활한 연계(제4조 제5항), 인권 존중방식 활용과 인권교육 강화(제4조 제6항), 인권침해 상황의 신속 대응 체계(제4조 제7항), 요구반영 지역사회보호체계 확보(제4조 제8항), 사회복지서비스 정보 제공(제4조 제9항), 주민복지욕구조사(제4조 제3항), 사회복지업무의 전자화(제6조의2) 등에 관하여 실시하고 노력하여야 한다.

또한 지방자치단체의 장은 사회복지사업을 수행할 때 관할 복지행정시스템과 제2항에 따른 정보시스템을 전자적으로 연계하여 활용하여야 하며(제6조 제4항), 시장 · 군수 · 구청장은 정당한 이유 없이 사회복지시설의 설치를 지연시키거나 제한하는 조치를 하여서는 아니 된다(제6조 제2항).

2) 사회복지사업 민간활동가

사회복지사업을 하는 자는 사회복지를 필요로 하는 사람에 대하여 그 사업과 관련한 상담, 작업치료(作業治療), 직업훈련 등을 실시하고 필요한 경우에는 주민의 복지 욕구를 조사할 수 있으며(제4조 제3항), 복지업무에 종사하는 사람은 그 업무를 수행할 때에 사회복지를 필요로 하는 사람을 위하여 인권을 존중하고 차별 없이 최대로 봉사하여야 한다(제5조). 사회복지법인의 대표이사와 사회복지시설의 장은 국가와 지방자치단체가 실시하는 사회복지업무의 전자화 시책에 협력

---

3. '보건의료서비스'란 국민의 건강을 보호 · 증진하기 위하여 보건의료인이 하는 모든 활동을 말한다(제2조 제7호).

하여야 한다(제6조 제5항).

3) 일반 국민

누구든지 정당한 이유 없이 사회복지시설의 설치를 방해하여서는 아니 된다(제6조 제1항).

3 사회복지사업법의 발달

1) 1970. 1. 1 **사회복지사업법 제정**(법률 제2191호)

사회복지사업법은 1970년 1월 1일에 사회복지사업에 관한 기본적인 사항을 규정하여 그 공정한 운영을 기함으로써 사회복지의 증진을 도모하려는 목적으로 신규 제정되었다. 이 법의 주요 내용을 살펴보면, 사회복지사업을 생활보호법 · 아동복리법 · 윤락행위등방지법 등에 의한 보호사업 · 복지사업 · 선도사업 · 복지시설의 운영 등을 목적으로 하는 사업으로 정의하였다. 그러면서 사회복지사업을 목적으로 하는 사회복지법인을 설립하고자 하는 자는 보건사회부장관의 인가를 받도록 하고, 사회복지시설의 설치 · 운영은 국가 · 지방자치단체 및 시 · 도지사의 허가를 받은 사회복지법인 또는 보건사회부장관의 허가를 받은 기타의 법인에 한정하였다. 그리고 보건사회부장관으로 하여금 공동모금의 목적달성을 위하여 법인인 모금회의 설립을 허가할 수 있도록 규정하였다.

2) 1983. 5. 21 **일부개정**(법률 제3656호)

사회복지사업법 제정 후 노인복지법 · 심신장애자복지법 · 아동복지법 등 사회복지사업에 관한 각종 법률이 제정되었으므로, 이에 맞추어 관련사항을 정비하고 새로운 복지수요에 대처하고 필요한 사항을 보완하기 위하여 1차 일부개정이 이루어졌다. 그 주요 내용은 첫째, 사회복지사업의 정의를 새로운 복지수요에 적합하도록 조정하였다. 둘째, 사회복지사업의 원활한 수행을 기할 수 있도록 하기 위하여 시장 · 군수는 읍 · 면 · 동에 복지위원을 위촉하여 두도록 하였다. 셋째, 사회복지시설을 이용한 자가 비용부담능력이 있게 된 경우, 그 수혜자 본인 또는 그 부양의무자로부터 당해 비용의 전부 또는 일부를 수납할 수 있는 근거규정을 마련하였다. 넷째, 보건사회부장관 또는 도지사는 기존 사회복지시설이 더 이상 존속할 필요가 없게 된 경우에는 그 시설에 대하여 그와 유사한 시설로의 전환이나 목적사업의 변경 또는 장소의 이전을 권고할 수 있도록 하고, 이에 불응할 때에는 폐쇄를 명할 수 있도록 하였다. 다섯째, 한국사회복지협의회를 법정단체화하고, 이에 업무를 위탁할 수 있도록 하였다.

3) 1992. 12. 8 전문개정(법률 제4531호)

사회복지행정의 전문성과 효율성을 높이기 위하여 일선행정기관에 사회복지전담공무원을 두고 시 · 군 · 구에는 복지사무전담기구를 설치할 수 있도록 하며, 사회복지사업의 범위를 조정하기 위하여 전문개정이 이루어졌다. 개정내용을 살펴보면, 첫째, 사회복지사업의 정의에 새로이 모 · 부자복지법 및 영유아보육법에 의한 사업과 재가복지 및 정신질환자의 사회복귀에 관한 사업을 추가하는 등 사회복지사업의 범위를 확대 · 조정하였다. 둘째, 읍 · 면 · 동에서 저소득층 · 노인 · 장애인 등 요보호대상자의 선정과 상담 · 지원업무를 담당하고 있는 사회복지전담공무원에 관한 법적 근거를 마련하였다. 셋째, 사회복지행정을 종합적이고 전문적으로 수행할 수 있도록 하기 위하여 필요한 경우 조례에 의하여 시 · 군 · 구에 복지사무전담기구를 설치할 수 있도록 하였다. 넷째, 사회복지법인의 설립허가 등에 관한 보건사회부장관 또는 시 · 도지사의 권한 중 시 · 도지사, 시장 · 군수 · 구청장에게 위임된 사항을 이들의 권한으로 이양하였다. 다섯째, 사회복지법인의 임원에 관한 사항을 보완하고 설립허가 취소사유, 잔여재산의 처리방법, 보조금반환에 관한 근거조항을 신설하는 등 사회복지법인의 운영을 합리화하도록 하였다. 여섯째, 행정처분 시 처분의 상대방 또는 대리인에게 의견진술 기회를 부여하도록 하였다.

4) 1997. 8. 22 전문개정(법률 제5358호)

사회복지사의 전문성을 제고하기 위하여 사회복지사 1급은 국가시험에 합격한 자로 하고, 현행 사회복지시설의 설치 · 운영에 대한 허가제를 신고제로 변경하여 시설의 설치 · 운영을 용이하게 하며, 개인도 시설을 설치 · 운영할 수 있도록 하고, 사회복지법인과 시설운영의 투명성을 보장할 수 있도록 제도적 장치를 강화하는 한편, 자원봉사활동을 지원할 수 있는 법적 근거를 마련하는 등 기타 미비한 사항을 정비 · 보완하여 사회복지사업을 활성화하기 위해서 전문개정이 이루어졌다.

그 내용은 첫째, 사회복지사업의 범위에 사회복지 자원봉사활동 및 정신보건법 등 사회복지관련 법률에 의한 사업을 포함하였다. 둘째, 누구든지 사회복지시설의 설치 · 운영을 방해할 수 없도록 하고, 복지업무에 종사하는 사람은 보호를 받아야 할 사람을 위하여 차별 없이 최대한 봉사하도록 하였다. 셋째, 보건복지부와 특별시 · 광역시 · 도 및 시 · 군 · 구에 사회복지위원회를 두도록 규정하고 있으나, 사회보장기본법상 사회보장심의위원회와 기능이 중복되어 보건복지부에 두는 사회복지위원회는 폐지하였다. 넷째, 사회복지 자원봉사활동을 지원 · 육성하기 위한 법적 근거를 신설하였다. 다섯째, 사회복지사 자격은 1 · 2 · 3등급으로 법에 규정하고, 사회복지사의 전문성을 제고시키기 위하여 사회복지사 1급은 국가시험에 합격한 자로 하며, 국가시험의 관리에 필요한 사항을 신설하였다. 여섯째, 임원의 결격사유에 미성년자를 추가하고, 사회복지법인의 이사는 시설장 이외의 종사자 겸직을 금지하며, 감사는 업무상 공정한 검사를 위하여 이사 · 시설 장 또는 직원의 겸직을 금지하도록 하고, 임원 취소사유를 명확히 하며, 기본재산처분 등에 관한 사항을 보강하였다. 일곱째, 사회복지사업의 활성화를 위하여 현행 사회복지시설의 설치 · 운영의 허가제를 신고제로 전환하는 한편 개인에게도 사회복지시설을 설치 · 운영할 수 있도록 하고, 보건복지부령이 정하는 시설은 사회복지법인 또는 비영리법인에 한하여 설치 · 운영하도록 하였다. 여덟째, 사회복지시설에 대한 평가제도를 도입하고, 그 결과를 동 시설의 감독 또는 지원에 반영할 수 있도록 하였다.

5) 1999. 4. 30 일부개정(법률 제5979호)

행정규제기본법에 의한 규제정비계획에 따라 사회복지사업에 관한 각종 규제를 폐지 또는 완화하여 사회복지사업의 활성화를 도모하고, 시 · 도지사의 허가로 설립되는 사회복지법인을 앞으로는 보건복지부장관의 허가를 받아 설립할 수 있도록 하며, 기타 현행 제도의 운영상 나타난 일부 미비점을 개선 · 보완하기 위하여 4차로 일부개정(1999. 4. 30)하였다. 그 주요 내용은 첫째, 사회복지법인을 설립하고자 하는 경우 종전에는 시 · 도지사의 허가를 받도록 하였으나, 앞으로는 보건복지부장관의 허가를 받도록 하였다. 둘째, 종전에는 사회복지법인의 임원은 주무관청의 승인을 얻어 취임하고 일정한 사유에 해당하는 임원에 대하여 취임승인을 취소하였으나, 앞으로는 사회복지법인이 임원을 임면한 후 그 사실을 보고하도록 하고 일정한 사유에 해당하는 임원에 대하여는 해임을 명할 수 있도록 하였다. 셋째, 사회복지법인은 수익사업으로부터 생긴 수익을 그 법인이나 사회복지시설의 운영 외의 목적에 사용할 수 없도록 하였다.

6) 2000. 1. 12 일부개정(법률 제6160호)

이 일부개정은 국민의 사회복지에 대한 이해를 증진하고 사회복지사업 종사자의 활동을 장려하기 위하여 사회복지의 날을 제정하는 한편 사회복지시설의 장은 화재로 인한 손해배상책임의 이행을 위하여 그 시설에 대한 화재보험에 가입하도록 하고, 국가 또는 지방자치단체는 예산의 범위 안에서 소요비용을 보조할 수 있도록 하는 등 현행 제도의 운영상 나타난 일부 미비점을 개선 · 보완하였다.

7) 2003. 7. 30 일부개정(법률 제6960호)

이 일부개정은 지역사회중심의 사회복지사업을 효율적으로 추진하기 위한 기반을 조성하고, 사회복지서비스의 제공절차를 구체적으로 정하는 한편 재가복지서비스를 활성화하도록 하는 등 현행 제도의 운영상 나타난 일부 미비점을 개선 · 보완하려는 것이었다. 그 주요 개정내용을 살펴보면, 첫째, 종전에 시 · 군 ·

구에 설치되어 있던 사회복지위원회를 폐지하고 그에 갈음하여 시 · 군 · 구에 지역사회복지협의체를 설치하도록 하였다. 이 협의체는 관할지역 안의 사회복지사업에 관한 중요사항과 지역사회복지계획을 심의하도록 하였다(제7조 및 제7조의2). 둘째, 지역사회복지를 효율적으로 실시하기 위하여 시 · 도지사 및 시장 · 군수 · 구청장은 지역보건의료계획과 연계하여 시 · 도 및 시 · 군 · 구 지역사회복지계획을 수립 · 시행하도록 하고, 보건복지부장관 또는 시 · 도지사는 시 · 도 또는 시 · 군 · 구의 지역사회복지계획의 시행결과를 평가하도록 하였다(제15조의3 내지 제15조의6 신설). 셋째, 시장 · 군수 · 구청장은 사회복지서비스를 필요로 하는 자에 대하여 개인별 보호계획을 수립하고, 이 보호계획에 따라 사회복지서비스를 제공하도록 하였다(제33조의5 및 제33조의6 신설). 넷째, 사회복지서비스를 필요로 하는 자에게 사회복지서비스를 제공하는 경우 재가복지서비스를 우선하여 제공하도록 하고, 국가 또는 지방자치단체는 재가복지서비스를 담당하는 가정봉사원을 양성하도록 하였다(제41조의2 내지 제41조의4 신설).

8) 2004. 3. 22 **일부개정(법률 제7212호)**

이 개정에서는 사회복지사업의 근거법령을 추가하였다. 즉, 성매매방지및피해자보호등에관한법률과 농어촌주민의보건복지증진을위한특별법을 추가하여 성매매대상자의 사회복귀를 위한 복지서비스와 농어촌주민의 보건복지서비스에 대한 근거를 마련하였다.

9) 2005. 7. 13 **일부개정(법률 제7587호)**

사회복지사의 결격사유가 국민의 직업선택의 자유 또는 경제활동의 자유 등 기본권을 제한하는 사항임에도 불구하고 그동안 하위법령인 대통령령에 규정되어 있었던 불합리함을 시정하였다. 이 개정을 통해서 사회복지사 결격사유를 상위법인 법률에 직접 규정하게 되었다.

10) 2007. 12. 14 일부개정(법률 제8691호)

이 일부개정을 통하여 사회복지업무 처리의 효율성 증대, 사회복지시설 종사자 처우 개선, 사회복지시설의 효율적 운영과 지도 · 감독 실시를 도모하였다.

그 주요 내용은 사회복지업무의 전자적 처리를 위한 근거규정 마련(제6조의2), 사회복지사의 결격사유 정비(현행 제11조의2 제2호 삭제 및 제11조의2 제5호 신설), 사회복지사에 대한 보수교육 신설(제13조 제2항~제5항), 사회복지시설에 대한 지원 강화(제15조의4 제6호의2, 제42조의2), 지방자치단체 간 협약에 따른 사회복지시설의 지도 · 감독 신설(제51조 제4항) 등이다.

4 사회복지전달체계

1) 사회복지위원회

사회복지사업에 관한 중요 사항과 지역사회복지계획을 심의하거나 건의하기 위하여 특별시 · 광역시 · 도 · 특별자치도에 사회복지위원회를 둔다(제7조 제1항). 사회복지위원회의 위원은 사회복지 또는 보건의료에 관한 학식과 경험이 풍부한 사람, 사회복지법인의 대표자, 사회복지사업을 하는 비영리 법인 또는 단체의 대표자, 사회복지를 필요로 하는 사람의 이익 등을 대표하는 사람, 지역사회복지협의체의 대표자, 공익단체(비영리민간단체지원법 제2조에 따른 비영리민간단체)에서 추천한 사람, 사회복지공동모금지회에서 추천한 사람 중에서 특별시장 · 광역시장 · 도지사 · 특별자치도지사가 임명하거나 위촉한다(제7조 제2항). 단, 대상자가 미성년자 등의 결격사유(제7조 제3항 각 호)에 해당하지 않아야 한다.[4]

---

4. 다음 각 호의 어느 하나에 해당하는 사람은 사회복지위원회의 위원이 될 수 없다(제7조 제3항).
   1. 미성년자
   2. 금치산자 또는 한정치산자
   3. 파산선고를 받고 복권되지 아니한 사람
   4. 법원의 판결에 따라 자격이 상실되거나 정지된 사람

2) 지역사회복지협의체

지역사회복지협의체는 관할지역의 사회복지사업에 관한 중요 사항과 지역사회복지계획을 심의하거나 건의하고, 사회복지·보건의료 관련 기관·단체가 제공하는 사회복지서비스 및 보건의료서비스의 연계·협력을 강화하기 위하여 특별자치도 또는 시·군·구에 두는 기구다(제7조의2 제1항). 이 지역사회복지협의체의 업무를 효율적으로 수행하기 위하여 지역사회복지협의체에 실무협의체를 둔다(제7조의2 제3항).

이 협의체의 위원은 사회복지 또는 보건의료에 관한 학식과 경험이 풍부한 사람, 사회복지사업을 하는 기관·단체의 대표자, 보건의료사업을 하는 기관·단체의 대표자, 공익단체에서 추천한 사람, 사회복지업무 또는 보건의료업무를 담당하는 공무원 중에서 특별자치도지사 또는 시장·군수·구청장이 임명하거나 위촉한다(제7조의2 제2항). 그러나 대상자가 미성년자 등의 결격사유(제7조의2 제5항, 제7조 제3항 각호)에 해당하지 않아야 한다.

---

5. 금고 이상의 실형을 선고받고 그 집행이 끝나거나(집행이 끝난 것으로 보는 경우를 포함한다) 집행이 면제된 날부터 3년이 지나지 아니한 사람
6. 금고 이상의 형의 집행유예를 선고받고 그 유예기간 중에 있는 사람
7. 제5호 및 제6호에도 불구하고 사회복지사업 또는 그 직무와 관련하여 아동복지법 제71조, 보조금관리에관한법률 제40조부터 제42조까지 또는 형법 제28장·제40장(제360조는 제외한다)의 죄를 범하거나 이 법을 위반하여 다음 각 목의 어느 하나에 해당하는 사람
   가. 100만 원 이상의 벌금형을 선고받고 그 형이 확정된 후 5년이 지나지 아니한 사람
   나. 형의 집행유예를 선고받고 그 형이 확정된 후 7년이 지나지 아니한 사람
   다. 징역형을 선고받고 그 집행이 끝나거나(집행이 끝난 것으로 보는 경우를 포함한다) 집행이 면제된 날부터 7년이 지나지 아니한 사람
8. 제5호부터 제7호까지의 규정에도 불구하고 성폭력범죄의처벌등에관한특례법 제2조의 성폭력범죄(성폭력범죄의처벌등에관한특례법 제2조 제1항 제1호는 제외한다) 또는 아동·청소년의성보호에관한법률 제2조 제2호의 아동·청소년대상 성범죄를 저지른 사람으로서, 형 또는 치료감호를 선고받고 확정된 후 그 형 또는 치료감호의 전부 또는 일부의 집행이 끝나거나(집행이 끝난 것으로 보는 경우를 포함한다) 집행이 유예·면제된 날부터 10년이 지나지 아니한 사람

3) 사회복지협의회

사회복지협의회는 민간사회복지조직으로서 사회복지에 관한 조사 · 연구 및 정책 건의, 사회복지 관련 기관 · 단체 간의 연계 · 협력 · 조정, 사회복지 소외계층 발굴 및 민간사회복지자원과의 연계 · 협력 및 대통령령으로 정하는 사회복지사업의 조성 등 같은 업무를 수행하기 위하여 전국 단위의 한국사회복지협의회와 시 · 도 단위의 시 · 도 사회복지협의회를 두며, 필요한 경우에는 시 · 군 · 구 단위의 시 · 군 · 구 사회복지협의회를 둘 수 있다(제33조 제1항). 이 사회복지협의회는 사회복지법인으로 하되 재산의 소유의무(제23조 제1항) 조항은 적용하지 아니한다(제33조 제2항).

4) 복지위원

복지위원은 읍 · 면 · 동의 사회복지사업을 원활하게 수행하기 위하여 읍 · 면 · 동 단위로 시장 · 군수 · 구청장이 위촉한다(제8조 제1항). 이 복지위원은 명예직으로 하되, 예산의 범위에서 수당을 지급할 수 있다(제8조 제2항).

5) 자원봉사자

국가와 지방자치단체는 사회복지 자원봉사활동을 지원 · 육성하여야 하며, 구체적으로 자원봉사활동의 홍보 및 교육, 자원봉사활동 프로그램의 개발 · 보급, 자원봉사활동 중의 재해에 대비한 시책의 개발, 그 밖에 자원봉사활동의 지원에 필요한 사항 등을 실시하여야 한다(제9조 제1항). 이를 효율적으로 수행하기 위해서 국가와 지방자치단체는 사회복지법인이나 그 밖의 비영리법인 · 단체에 이를 위탁할 수 있다(제9조 제2항).

6) 사회복지사

보건복지부장관은 사회복지에 관한 전문지식과 기술을 가진 사람에게 1급 ·

2급 · 3급의 사회복지사 자격증을 발급할 수 있다(제11조 제1항 및 제2항). 단, 금치산자 또는 한정치산자, 금고 이상의 형을 선고받고 그 집행이 끝나지 아니하였거나 그 집행을 받지 아니하기로 확정되지 아니한 사람, 법원의 판결에 따라 자격이 상실되거나 정지된 사람, 마약 · 대마 또는 향정신성 의약품의 중독자에 해당하는 사람은 사회복지사가 될 수 없다(제11조의2 각 호).

사회복지사 1급 자격증을 받으려는 사람은 국가시험에 합격하여야 하는데(제11조 제3항), 이 국가시험은 보건복지부장관이 시행하되, 시험의 관리는 시험관리 능력이 있다고 인정되는 관계 전문기관에 위탁할 수 있다(제12조 제1항).

사회복지사는 사회복지법인 및 사회복지시설을 설치 · 운영하는 자에 의해 그 종사자로 채용된다(제13조 제1항). 보건복지부장관은 사회복지사의 자질 향상을 위하여 필요하다고 인정하면 사회복지사에게 교육을 받도록 명할 수 있고, 사회복지법인 또는 사회복지시설에 종사하는 사회복지사는 정기적으로 인권에 관한 내용이 포함된 보수교육(補修敎育)을 받아야 한다(제13조 제2항).

7) 사회복지 법인 및 시설

사회복지법인은 사회복지사업을 할 목적으로 설립된 법인을 말하며(제2조 제3호), 사회복지시설은 사회복지사업을 할 목적으로 설치된 시설을 말한다(제2조 제4항). 사회복지법인은 국가 또는 지방자치단체 외의 자로서 시장 · 군수 · 구청장에게 신고하여 시설을 설치 · 운영할 수 있고(제34조 제2항), 국가나 지방자치단체가 설치한 시설을 수탁 · 운영할 수 있다(제34조 제4항).

8) 사회복지전담공무원 및 복지사무전담기구

사회복지사업에 관한 업무를 담당하게 하기 위하여 시 · 도, 시 · 군 · 구 및 읍 · 면 · 동 또는 복지사무전담기구(제15조)에 사회복지전담공무원을 둘 수 있다(제14조 제1항). 복지전담공무원은 사회복지사 자격을 가진 사람으로 하며(제14조 제2항), 국가는 복지전담공무원의 보수 등에 드는 비용의 전부 또는 일부를 보조할 수 있다(제14조 제5항). 보건복지부장관은 이 법이나 그 밖의 사회복지관련 법률의 시행에 관한 사무에 종사하는 공무원을 위하여 인권교육 등 필요한 지도와 훈련을 할 수 있다(제10조 제1항).

복지전담공무원은 그 역할로서 관할지역에서 사회복지를 필요로 하는 사람 등에 대하여 항상 그 생활 실태 및 가정환경 등을 파악하고, 사회복지에 관하여 필요한 상담과 지도를 한다(제14조 제3항). 따라서 관계 행정기관과 사회복지시설을 설치 · 운영하는 자는 복지전담공무원의 업무 수행에 협조하여야 한다(제14조 제4항).

사회복지사업에 관한 업무를 효율적으로 운영하기 위하여 필요한 경우 시 · 군 · 구 또는 읍 · 면 · 동에 복지사무를 전담하는 기구를 따로 설치할 수 있으며, 이 전담기구의 사무 범위 및 조직과 그 밖에 필요한 사항은 해당 시 · 군 · 구의 조례로 정한다(제1조).

5 지역사회복지계획

시장 · 군수 · 구청장은 관할 행정구역의 지역사회복지계획을 지역주민 등 이해관계인의 의견을 들은 후 당해 지역사회복지협의체의 심의를 거쳐 수립하여 시 · 도지사에게 제출하여야 한다. 시 · 도지사는 시 · 군 · 구의 지역사회복지계획을 종합 · 조정하여 사회복지위원회(제7조)의 심의를 거쳐 시 · 도의 지역사회복지계획을 수립하고 이를 보건복지부장관에게 제출하여야 한다(제15조의3 제2항). 이렇게 계획을 수립하는 과정에서 각 행정기관장은 지역보건의료계획(지역보건법 제3조) 및 사회보장증진장기발전방향(사회보장기본법 제20조)과 연계되도록 하여야 한다. 보건복지부장관이나 시 · 도지사는 지역복지계획의 내용에 관하여 필요하다고 인정하면 시 · 도지사 또는 시장 · 군수 · 구청장에게 그 조정을 권고할 수 있다(제15조의3 제4항).

지역복지계획에는 그 내용으로서 복지 수요의 측정 및 전망에 관한 사항, 사회복지시설 및 재가복지의 장기 · 단기 공급대책에 관한 사항, 인력 · 조직 및 재정 등 복지자원의 조달 및 관리에 관한 사항, 사회복지전달체계에 관한 사항, 사회복지서비스 및 보건의료서비스의 연계 제공 방안에 관한 사항, 지역사회복지에 관련된 통계의 수집 및 정리에 관한 사항, 사회복지시설에 종사하는 사람의 처우 개선에 관한 사항, 그 밖에 대통령령으로 정하는 사항이 포함되어야 한다(제15조의4).

지역복지계획을 시행하는 데 있어서 시·도지사 또는 시장·군수·구청장은 필요하다고 인정하면 민간의 사회복지관련 단체 등에 인력·기술 및 재정 지원을 할 수 있다(제15조의5 제2항). 보건복지부장관이나 시·도지사는 시·도 또는 시·군·구의 지역복지계획 시행결과를 평가할 수 있고, 필요한 경우 그 평가결과를 비용의 보조(제42조)에 반영할 수 있다(제15조의6).

6 사회복지서비스

사회복지서비스는 국가·지방자치단체 및 민간부문의 도움을 필요로 하는 모든 국민에게 상담, 재활, 직업 소개 및 지도, 사회복지시설의 이용 등을 제공하여 정상적인 사회생활이 가능하도록 제도적으로 지원하는 것을 말한다(제2조 제6호).

1) 신청과 결정

사회복지서비스를 필요로 하는 사람과 그 친족, 그 밖의 관계인은 관할 시장·군수·구청장에게 보호대상자에 대한 사회복지서비스의 제공을 신청할 수 있으며(제33조의2 제1항), 시·군·구 복지담당공무원에 의한 직권신청도 가능하다(제33조의2 제2항). 서비스신청 시 보호대상자에 관한 자료 또는 정보에 관하여 그 법적 근거, 이용 목적 및 범위, 이용방법, 보유기간 및 파기방법을 고지하여야 한다(제33조의2 제3항).

서비스 제공 신청을 받으면 시장·군수·구청장은 복지담당공무원에게 다음 사항을 조사하게 한다(제33조의3 제1항).

- 신청인의 복지 요구와 관련된 사항이나 그 밖에 신청인에게 필요하다고 인정되는 사회복지서비스 및 보건의료서비스에 관한 사항
- 보호대상자 및 그 부양의무자(국민기초생활보장법에 따른 부양의무자를 말한다. 이하 같다)의 소득 · 재산 · 근로능력 및 취업상태에 관한 사항
- 보호대상자 및 그 부양의무자에 대하여 제2조 제1호 각 목의 법률에 따라 실시되는 급여, 사회복지서비스 및 보건의료서비스 중 보건복지부령으로 정하는 수혜 이력에 관한 사항
- 그 밖에 보호 실시 여부를 결정하기 위하여 필요하다고 인정하는 사항

시장 · 군수 · 구청장은 조사를 하였을 때에는 서비스 제공의 실시 여부와 그 유형을 결정하여야 하는데(제33조의4 제1항), 이때에 보호대상자와 그 친족, 복지담당공무원 및 지역의 사회복지사업 · 보건의료사업 관련 기관 · 단체의 의견을 들을 수 있다(제33조의4 제2항). 그리고 서비스 제공의 실시 여부와 그 유형을 결정하였을 때에는 이를 서면이나 전자문서로 신청인에게 알려야 한다(제33조의4 제3항).

시장 · 군수 · 구청장은 조사의 목적으로 자료를 확보하기 위하여 필요한 자료의 제출을 요구할 수 있고(제33조의3 제2항), 관련 전산망 또는 자료를 이용하려는 경우에는 관계 기관의 장에게 협조를 요청할 수 있다(제33조의3 제4항). 보건복지부장관 및 시장 · 군수 · 구청장은 조사하거나 제공받은 정보(제33조의3 제2항~제4항) 중 보호대상자가 아닌 사람의 정보는 5년을 초과하여 보유할 수 없으며 정보의 보유기한이 지나면 지체 없이 이를 파기하여야 한다(제33조의8).

2) 서비스 제공

시장 · 군수 · 구청장은 보호대상자에 대하여 서비스 제공을 실시하기로 결정하였을 때에는 필요한 경우 지역사회복지협의체의 의견을 듣거나 보호대상자 또는 그 친족의 의견을 고려하여 보호대상자별 서비스 제공계획을 작성하여야 한다(제33조의5 제1항). 사회복지서비스 실시결과는 정기적으로 평가하고 필요한 경우 보호대상자별 서비스 제공계획을 변경할 수 있다(제33조의5 제2항). 사회복

지서비스 제공계획은 다음과 같은 내용을 포함한다(제33조의5 제1항).

- 사회복지서비스 및 보건의료서비스의 유형 · 방법 · 수량 및 제공기간
- 서비스를 제공할 기관 또는 단체
- 같은 보호대상자에 대하여 서비스를 제공하여야 할 기관 또는 단체가 둘 이상인 경우에는 기관 또는 단체 간의 연계방법

보호대상자에 대한 서비스 제공은 현물로 제공하는 것을 원칙으로 하지만(제33조7의 제1항), 국가 또는 지방자치단체 외의 자로 하여금 서비스 제공을 실시하게 하는 경우에는 사회복지서비스 이용권을 지급하여 국가 또는 지방자치단체 외의 자로부터 그 이용권으로 서비스 제공을 받게 할 수 있다(제33조의7 제2항).

7 사회복지법인

1) 설립 및 해산

사회복지법인은 시 · 도지사의 허가를 받아 설립하며, 법인의 주된 사무소의 소재지에서 설립등기를 하여야 한다(제16조). 사회복지법인이라는 명칭은 이 법에 따른 사회복지법인이 아닌 자는 사용하지 못한다(제31조).

법인의 정관에는 목적, 명칭, 주된 사무소의 소재지, 사업의 종류, 자산 및 회계에 관한 사항, 임원의 임면(任免) 등에 관한 사항, 회의에 관한 사항, 수익(收益)을 목적으로 하는 사업이 있는 경우 그에 관한 사항, 정관의 변경에 관한 사항, 존립시기와 해산 사유를 정한 경우에는 그 시기와 사유 및 남은 재산의 처리방법, 공고 및 공고방법에 관한 사항이 포함되어야 하고, 이를 변경하려는 경우에는 경미한 사항의 경우를 제외하고는 시 · 도지사의 인가를 받아야 한다(제17조).

시 · 도지사는 법인이 다음과 같은 경우에 해당할 때에는 기간을 정하여 시정명령을 하거나 설립허가를 취소할 수 있으나(제26조 제1항 본절), 다른 방법으로

감독 목적을 달성할 수 없거나 시정을 명한 후 6개월 이내에 법인이 이를 이행하지 아니한 경우로 한정한다(제26조 제2항). 그리고 거짓이나 그 밖의 부정한 방법으로 설립허가를 받았을 때 또는 법인 설립 후 기본재산을 출연하지 아니한 때에는 설립허가를 취소하여야 한다(제26조 제1항 단서).

- 설립허가 조건을 위반하였을 때
- 목적 달성이 불가능하게 되었을 때
- 목적사업 외의 사업을 하였을 때
- 정당한 사유 없이 설립허가를 받은 날부터 6개월 이내에 목적사업을 시작하지 아니하거나 1년 이상 사업실적이 없을 때
- 법인이 운영하는 시설에서 반복적 또는 집단적 성폭력범죄가 발생한 때
- 제18조 제1항의 임원정수를 위반한 때
- 제18조 제2항을 위반하여 이사를 선임한 때
- 제22조에 따른 임원의 해임명령을 이행하지 아니한 때
- 그 밖에 이 법 또는 이 법에 따른 명령이나 정관을 위반하였을 때

해산한 법인의 남은 재산은 정관으로 정하는 바에 따라 국가 또는 지방자치단체에 귀속되며(제27조 제1항), 이 귀속재산은 사회복지사업에 사용하거나 유사한 목적을 가진 법인에 무상으로 대여하거나 무상으로 사용·수익하게 할 수 있다. 다만 해산한 법인의 이사 본인 및 그와 대통령령으로 정하는 특별한 관계에 있는 사람이 이사로 있는 법인에 대하여는 그러하지 아니하다(제27조 제1항).

법인은 시·도지사의 허가를 받아 이 법에 따른 다른 법인과 합병할 수 있다. 다만 주된 사무소가 서로 다른 시·도에 소재한 법인 간의 합병의 경우에는 보건복지부장관의 허가를 받아야 한다(제30조 제1항).

2) 이사회 및 임원

법인은 대표이사를 포함한 이사 7명 이상과 감사 2명 이상을 두어야 하며(제18조 제1항), 이사 정수의 3분의 1 이상을 사회복지위원회(제7조) 또는 지역사회복

지협의체(제7조의2)가 일부 사회복지위원회의 위원자격(제7조 제2항 제1호, 제4호, 제6호~제7호)[5]의 어느 하나에 해당하는 사람 중 2배수로 추천한 사람 중에서 선임하여야 한다(제18조 제2항).[6] 그리고 감사는 이사와 제3항에 따른 특별한 관계에 있는 사람이 아니어야 하며, 감사 중 1명은 법률 또는 회계에 관한 지식이 있는 사람 중에서 선임하여야 한다. 다만 일정 규모 이상의 법인은 시 · 도지사의 추천을 받아 감사인(주식회사의외부감사에관한법률 제3조 제1항)에 속한 사람을 감사로 선임하여야 한다(제18조 제7항).[7]

이사회의 구성에 있어서 대통령령으로 정하는 특별한 관계에 있는 사람이 이사 현원(現員)의 5분의 1을 초과할 수 없으며(제18조 제3항), 이사의 임기는 3년으로 하고 감사의 임기는 2년으로 하며, 각각 연임할 수 있다(제18조 제4항). 법인은 임원을 임면하는 경우에는 지체 없이 시 · 도지사에게 보고하여야 한다(제18조 제6항).

사회복지법인 임원의 결격사유에는 사회복지위원회의 위원결격 사유(제7조 제3항)에 해당하는 사람, 해임명령(22조)에 따라 해임된 날부터 5년이 지나지 아니한 사람, 사회복지분야의 6급 이상 공무원으로 재직하다 퇴직한 지 2년이 경과하지 아니한 사람 중에서 퇴직 전 3년 동안 소속하였던 기초자치단체가 관할하는 법인의 임원이 되고자 하는 사람이 해당되며, 만약 기존 임원이 여기에 해당하게 되었을 때에는 그 자격을 상실한다(제19조). 만약 이사 또는 감사 중에 결원이 생겼을 때에는 2개월 이내에 보충하여야 한다(제20조).

이사는 법인이 설치한 사회복지시설의 장을 제외한 그 시설의 직원을 겸할 수 없으며, 감사는 법인의 이사, 법인이 설치한 사회복지시설의 장 또는 그 직원을 겸할 수 없다(제21조). 그리고 임원은 시 · 도지사에 의해 직무집행이 정지(제22조의2)되거나 해임명령(제22조)을 받을 수 있다. 만약 법인이 기간 내에 결원된 이사(제20조)를 보충하지 아니하여 법인의 정상적인 운영이 어렵다고 판단되는 경

---

5. 즉, 사회복지 또는 보건의료에 관한 학식과 경험이 풍부한 사람, 사회복지를 필요로 하는 사람의 이익 등을 대표하는 사람, 공익단체(비영리민간단체지원법 제2조의 비영리민간단체)에서 추천한 사람, 사회복지공동모금지회에서 추천한 사람 등이다.

6. 시행일: 2013. 1. 27

7. 시행일: 2013. 1. 27

우 시 · 도지사는 지체 없이 이해관계인의 청구 또는 직권으로 임시이사를 선임하여야 한다(제22조의3 제1항).

이사회는 개의, 회의 중지 및 산회 일시, 안건, 의사, 출석한 임원의 성명, 표결수, 그 밖에 대표이사가 작성할 필요가 있다고 인정하는 사항을 기재한 회의록을 작성하여야 하고(제25조 제1항 본절), 회의록을 공개하여야 한다(제25조 제4항). 만약 이사회 개최 당일에 회의록 작성이 어려운 사정이 있는 경우에는 안건별로 심의 · 의결 결과를 기록한 회의조서를 작성한 후 회의록을 작성할 수 있다(제25조 제1항). 회의록 및 회의조서에는 출석임원 전원이 날인하되 그 회의록 또는 회의조서가 2매 이상인 경우에는 간인(間印)하여야 한다(제25조 제2항).

3) 재 산

법인은 사회복지사업의 운영에 필요한 재산을 소유하여야 한다(제23조 제1항). 법인의 재산은 기본재산과 보통재산으로 구분하며, 기본재산은 그 목록과 가액(價額)을 정관에 적어야 한다(제23조 제2항). 법인은 기본재산에 관하여 매도 · 증여 · 교환 · 임대 · 담보제공 또는 용도변경을 하려는 경우 또는 보건복지부령으로 정하는 금액 이상을 1년 이상 장기 차입(長期借入)하려는 경우에는 시 · 도지사의 허가를 받아야 한다(제23조 제3항).

법인이 매수 · 기부채납(寄附採納), 후원 등의 방법으로 재산을 취득하였을 때에는 지체 없이 이를 법인의 재산으로 편입 조치하여야 한다. 이 경우 법인은 그 취득사유, 취득재산의 종류 · 수량 및 가액을 매년 시 · 도지사에게 보고하여야 한다(제24조).

법인은 목적사업의 경비에 충당하기 위하여 필요할 때에는 법인의 설립 목적 수행에 지장이 없는 범위에서 수익사업을 할 수 있으며(제28조 제1항), 수익사업에서 생긴 수익을 법인 또는 법인이 설치한 사회복지시설의 운영 외의 목적에 사용할 수 없다(제28조 제2항). 수익사업에 관한 회계는 법인의 다른 회계와 구분하여 회계 처리하여야 한다(제28조 제3항).

8 사회복지시설

1) 설치 · 운영

사회복지사업을 할 목적으로 설치된 시설을 사회복지시설이라고 하며(제2조 제4항), 그 수용인원은 300명을 초과할 수 없다(제41조). 사회복지시설은 국가나 지방자치단체가 설치 · 운영할 수 있고(제34조 제1항), 그 외의 자는 시장 · 군수 · 구청장에게 신고하여야 한다(제34조 제2항). 이때 설치 · 운영을 신고한 자는 지체 없이 시설의 운영을 시작하여야 한다(제38조 제1항).

국가나 지방자치단체가 설치한 시설은 필요한 경우 사회복지법인이나 비영리법인에 위탁하여 운영하게 할 수 있다(제34조 제4항). 그리고 사회복지시설은 통합 설치되거나 운영될 수 있는데, 국가 또는 지방자치단체 외의 자는 통합하여 설치 · 운영하려는 각각의 시설이나 사회복지사업에 관하여 해당 관계 법령에 따라 신고하거나 허가 등을 받아야 한다(제34조의2 제1항).

한편 사회복지관[8]의 설치 · 운영 · 사업 등에 필요한 사항은 보건복지부령으로 정한다(제34조의5 제3항).

2) 보험가입

시설의 운영자는 화재로 인한 손해배상책임을 이행하기 위하여 손해보험회사의 책임보험에 가입하거나 사회복지공제회(사회복지사등의처우및지위향상을위한법률 제4조)의 책임공제에 가입하여야 한다(제34조의3 제1항). 이 경우 국가나 지

8. 사회복지관은 모든 지역주민을 대상으로 사회복지서비스를 실시하되, 다음 각 호의 지역주민에게 우선 제공하여야 한다(제34조의5 제2항).
   1. 국민기초생활보장법에 따른 수급자 및 차상위계층
   2. 장애인, 노인, 한부모가족 및 다문화가족
   3. 직업 및 취업 알선이 필요한 사람
   4. 보호와 교육이 필요한 유아 · 아동 및 청소년
   5. 그 밖에 사회복지관의 사회복지서비스를 우선 제공할 필요가 있다고 인정되는 사람

방자치단체는 예산의 범위에서 그 비용의 전부 또는 일부를 보조할 수 있다(제34조의3 제2항). 그리고 시설의 장은 시설에 대하여 정기 및 수시 안전점검을 실시하여(제34조의4 제1항), 그 결과를 시장 · 군수 · 구청장에게 제출하여야 한다(제34조의4 제2항). 이 결과에 따라 시장 · 군수 · 구청장이 시설의 운영자에게 시설의 보완 또는 개수(改修) · 보수를 요구할 수 있으며, 이 경우 시설의 운영자는 요구에 따라야 한다(제34조의4 제3항). 그리고 국가나 지방자치단체는 예산의 범위에서 이 안전점검, 시설의 보완 및 개수 · 보수에 드는 비용의 전부 또는 일부를 보조할 수 있다(제34조의4 제4항).

3) 시설 장과 종사자

시설의 장은 상근(常勤)하여야 한다(제35조 제1항). 그리고 사회복지위원회 위원 결격사유(제7조 제3항)에 해당하는 사람, 시 · 도지사의 해임명령(제22조)에 따라 해임된 날부터 5년이 지나지 아니한 사람, 사회복지분야의 6급 이상 공무원으로 재직하다 퇴직한 지 2년이 경과하지 아니한 사람 중에서 퇴직 전 3년 동안 소속하였던 기초자치단체가 관할하는 시설의 장이 되고자 하는 사람에 해당하는 사람은 시설의 장이 될 수 없다(제35조 제2항).

그리고 다음에 해당하는 사람은 사회복지법인 또는 사회복지시설의 종사자가 될 수 없다(제35조의2 제2항).

- 사회복지위원회 위원 결격사유(제7조 제3항)의 제7호 또는 제8호에 해당하는 사람[9]
- 종사자로 재직하는 동안 시설이용자를 대상으로 성폭력범죄(성폭력범죄의처벌등에관한특례법 제2조) 및 아동 · 청소년대상 성범죄(아동 · 청소년의성보호에관한법률 제2조 제2호)를 저질러 금고 이상의 형 또는 치료감호를 선고받고 그 형이 확정된 사람

9. 238쪽을 참조하라.

사회복지사업 또는 사회복지업무에 종사하였거나 종사하고 있는 사람은 그 업무 수행과정에서 알게 된 다른 사람의 비밀을 누설하여서는 아니 된다(제47조).

4) 시설운영위원회

시설의 장은 시설의 운영에 관한 시설운영계획의 수립·평가에 관한 사항, 사회복지 프로그램의 개발·평가에 관한 사항, 시설 종사자의 근무환경 개선에 관한 사항, 시설 거주자의 생활환경 개선 및 고충 처리 등에 관한 사항, 시설 종사자와 거주자의 인권보호 및 권익증진에 관한 사항, 시설과 지역사회의 협력에 관한 사항, 그 밖에 시설의 장이 운영위원회의 회의에 부치는 사항을 심의하기 위하여 시설에 운영위원회를 두어야 하며, 보건복지부령으로 정하는 경우에는 복수의 시설에는 공동으로 운영위원회를 둘 수 있다(제36조 제1항). 그리고 시설의 장은 시설의 회계 및 예산·결산에 관한 사항, 후원금 조성 및 집행에 관한 사항, 그 밖에 시설운영과 관련된 사건·사고에 관한 사항을 운영위원회에 보고하여야 한다(제36조 제3항). 시설 운영자는 보건복지부장관이 마련한 서비스 최저기준 이상으로 서비스 수준을 유지하여야 한다(제43조).

5) 휴지·재개·폐지 신고 등

시설의 운영자는 그 운영을 일정 기간 중단하거나 다시 시작하거나 시설을 폐지하려는 경우에는 시장·군수·구청장에게 신고하여야 한다(제38조 제2항). 중단이나 폐지의 경우에 시장·군수·구청장은 시설 거주자의 권익을 보호하기 위하여 다음의 조치를 하여야 한다(제38조 제3항).

- 시설 거주자가 다른 시설을 선택할 수 있도록 하고 그 이행을 확인하는 조치
- 시설 거주자가 이용료·사용료 등의 비용을 부담하는 경우 납부한 비용 중 사용하지 아니한 금액을 반환하게 하고 그 이행을 확인하는 조치
- 보조금·후원금 등의 사용 실태 확인과 이를 재원으로 조성한 재산 중 남은 재산의 회수조치

- 그 밖에 시설 거주자의 권익 보호를 위하여 필요하다고 인정되는 조치

또한 시설운영을 재개하려고 할 때에는 시설 거주자의 권익을 보호하기 위하여 운영 중단 사유의 해소, 향후 안정적 운영계획의 수립, 그 밖에 시설 거주자의 권익 보호를 위하여 보건복지부장관이 필요하다고 인정하는 조치를 하여야 한다(제38조 제4항).

6) 시설의 개선, 사업의 정지, 시설의 폐쇄 등

보건복지부장관, 시 · 도지사 또는 시장 · 군수 · 구청장은 시설이 다음에 해당할 때에는 그 시설의 개선, 사업의 정지, 시설의 장의 교체를 명하거나 시설의 폐쇄를 명할 수 있다(제40조 제1항).

- 시설이 설치기준에 미달하게 되었을 때
- 사회복지법인 또는 비영리법인이 설치 · 운영하는 시설의 경우 그 사회복지법인 또는 비영리법인의 설립허가가 취소되었을 때
- 설치 목적이 달성되었거나 그 밖의 사유로 계속하여 운영될 필요가 없다고 인정할 때
- 회계부정이나 불법행위 또는 그 밖의 부당행위 등이 발견되었을 때
- 신고를 하지 아니하고 시설을 설치 · 운영하였을 때
- 시설운영위원회를 설치하지 아니하거나 운영하지 아니하였을 때
- 정당한 이유 없이 보고 또는 자료(제51조 제1항) 제출을 하지 아니하거나 거짓으로 하였을 때
- 정당한 이유 없이 검사 · 질문(제51조 제1항)을 거부 · 방해하거나 기피하였을 때
- 시설에서 성폭력범죄(성폭력범죄의처벌등에관한특례법 제2조 제1항 제3호~제5호) 또는 아동 · 청소년대상 성폭력범죄(아동 · 청소년의성보호에관한법률 제2조 제3호)가 발생한 때
- 1년 이상 시설이 휴지상태에 있어 시장 · 군수 · 구청장이 재개를 권고하였

음에도 불구하고 재개하지 아니한 때

7) 재정지원 등

국가나 지방자치단체는 사회복지사업을 하는 자 중 대통령령으로 정하는 자에게 필요한 비용의 전부 또는 일부를 보조할 수 있으며(제42조 제1항), 사회복지사업과 관련한 시설을 설치하거나 사업을 육성하기 위하여 필요하다고 인정하면 국유재산법과 공유재산및물품관리법에도 불구하고 사회복지법인 또는 사회복지시설에 국유 · 공유 재산을 우선매각하거나 임대할 수 있다(제42조의2).

또한 보건복지부장관은 시 · 도지사 및 시장 · 군수 · 구청장에게 사회복지사업의 수행에 필요한 비용을 지원할 수 있으며, 이 경우 사회복지시설평가(제15조의6)의 결과를 반영할 수 있다(제42조의3).

한편 이 법에 따른 복지조치에 필요한 비용을 부담한 지방자치단체의 장이나 그 밖에 시설을 운영하는 자는 그 혜택을 받은 본인 또는 그 부양의무자로부터 대통령령으로 정하는 바에 따라 그가 부담한 비용의 전부 또는 일부를 징수할 수 있다(제44조).

8) 재가복지

시장 · 군수 · 구청장은 보호대상자별 서비스 제공계획에 따라 보호대상자에게 사회복지서비스를 제공하는 경우 시설 입소에 우선하여 재가복지서비스[10]를 제공하도록 하여야 한다(제41조의2 제2항). 국가나 지방자치단체는 서비스 제공이 결정된 보호대상자를 자신의 가정에서 돌보는 사람에 대하여 그 보호자의 부담을 줄이기 위한 상담을 실시하거나 금전적 지원 등을 할 수 있으며(제41조의3), 재

---

10. 국가나 지방자치단체는 보호대상자가 다음 각 호의 어느 하나에 해당하는 재가복지서비스를 제공받도록 할 수 있다(제41조의2 제1항).
    1. 가정봉사서비스: 가사 및 개인활동을 지원하거나 정서활동을 지원하는 서비스
    2. 주간 · 단기 보호서비스: 주간 · 단기 보호시설에서 급식 및 치료 등 일상생활의 편의를 낮 동안 또는 단기간 동안 제공하거나 가족에 대한 교육 및 상담을 지원하는 서비스

가복지서비스를 필요로 하는 가정 또는 시설에서 보호대상자가 일상생활을 하기 위하여 필요한 각종 편의를 제공하는 가정봉사원을 양성하도록 노력하여야 한다(제41조의4).

9) 후원금의 관리

사회복지법인의 대표이사와 시설의 장은 아무런 대가 없이 무상으로 받은 금품이나 그 밖의 자산의 수입·지출 내용을 공개하여야 하며 그 관리에 명확성이 확보되도록 하여야 한다(제45조 제1항).

사회복지사업법의 체계

총 칙

- 목적(법 § 1)
  - 정의(법 § 2)
  - 다른 법률과의 관계(법 § 3)
    - –사회복지사의 채용(영 § 6)
    - –보험가입의무(영 § 18조의2)
    - –시설의 안전점검 등(영 § 18조의3)
    - –복지위원(규칙 § 2)
    - –기본재산의 기준(규칙 § 13)
  - 복지증진의 책임(법 § 4)
  - 최대봉사의 원칙(법 § 5)
  - 시설설치방해금지(법 § 6)
  - 압류금지(법 § 48)
  - 비밀누설의 금지(법 § 47)
  - 사회복지업무의 전자화(법 § 6조의2)
  - 사회복지의 날(법 § 15조의2)
- 사회복지위원회(법 § 7)
- 지역사회복지협의체(법 § 7조의2)
- 복지위원(법 § 8)
- 사회복지 자원봉사활동의 지원 · 육성(법 § 9)
  - –지역사회복지계획의 수립방법 및 제출시기 (영 § 7조의2)
  - –지역사회복지협의체의 구성 및 운영 (규칙 § 1조의3)
  - –실무협의체의 구성 및 운영(규칙 § 1조의4)
  - –복지위원(규칙 § 2)
  - –권한의 위임 · 위탁(영 § 25)
- 사회복지전담공무원(법 § 14)
- 복지사무전담기구의 설치(법 § 15)
  - –사회복지전담공무원의 임용(영 § 7)
  - –지역사회복지계획의 수립방법 및 제출시기 (영 § 7조의2)
  - –지역복지계획 시행결과의 평가(영 § 7조의4)
  - –지역사회복지계획의 조정권고(규칙 § 6조의2)
- 사회복지사자격증의 교부 등(법 § 11)
- 사회복지사의 결격사유(법 § 11조의2)
- 국가시험(법 § 12)
  - –사회복지사의 등급별 자격기준 등(영 § 2)
  - –사회복지사자격증의 교부신청 등(규칙 § 4)
  - –권한의 위임 · 위탁(영 § 25)
  - –국가시험의 시행 등(영 § 3)
  - –시험의 응시자격 및 시험관리(영 § 4)
  - –응시수수료(규칙 § 5)
- 지도훈련(법 § 10)
- 사회복지사의 채용 및 교육 등(법 § 13)
  - –사회복지사의 채용(영 § 6)
  - –권한의 위임 · 위탁(영 § 25)

지역사회복지계획

- 지역사회복지계획의 수립(법 § 15조의3)
- 지역복지계획의 내용(법 § 15조의4)
  - –지역사회복지계획의 수립방법 및 제출시기 (영 § 7조의2)
  - –지역사회복지계획의 조정권고(규칙 § 6조의2)
  - 지역복지계획의 시행(법 § 15조의5)
  - 지역복지계획 시행결과의 평가 (법 § 15조의6)
    - –지역복지계획 시행결과의 평가(영 § 7조의4)

- 사회복지법인
  - 법인의 설립허가(법§16) / 설립허가 취소 등(법§26) / 합병(법§30) / 청문(법§49)
    - 사회복지법인의 설립허가신청 등(영§8)
    - 권한의 위임·위탁(영§25)
    - 사회복지법인의 합병(영§11)
    - 권한의 위임·위탁(영§25)
    - 동일명칭 사용금지(법§31) / 다른 법률의 준용(법§32)
  - 정관(법§17)
    - 권한의 위임·위탁(영§25)
    - 정관의 변경(규칙§8)
    - 인가를 요하지 아니하는 정관변경(규칙§9)
    - 임원(법§18) / 임원의 결격사유(법§19) / 임원의 보충(법§20) / 임원의 겸직금지(법§21) / 임원의 해임명령(법§22)
      - 특별한 관계에 있는 자의 범위(영§9)
      - 감사의 추천(영§10)
      - 권한의 위임·위탁(영§25)
      - 법인의 설립허가 신청 등(규칙§7)
      - 임원의 임면보고(규칙§10)
      - 임시이사의 선임청구(규칙§11)
    - 재산 등(법§23) / 재산취득보고(법§24) / 수익사업(법§28) / 잔여재산의 처리(법§27)
      - 권한의 위임·위탁(영§25)
      - 재산의 구분 및 범위(규칙§12)
      - 기본재산의 기준(규칙§13)
      - 기본재산의 처분(규칙§14)
      - 장기차입금액의 허가(규칙§15)
      - 재산취득보고(규칙§16)
      - 이사와 특별한 관계에 있는 자의 범위(영§10조의2)
  - 사회복지협의회(법§33)
    - 한국사회복지협의회 등의 업무(영§12)
    - 보호의 신청 및 통지(규칙§19조의2)
    - 보호계획의 작성 등(규칙§19조의3)
    - 사회복지서비스 이용권(규칙§19조의4)
- 사회복지서비스의 실시
  - 사회복지서비스의 신청(법§33조의2)
    - 보호의 신청 및 통지(규칙§19조의2)
  - 복지요구의 조사(법§33조의3) / 보호의 결정(법§33조의4)
    - 보호의 신청 및 통지(규칙§19조의2)
    - 보호대상자별 보호계획의 수립 등(법§33조의5)
      - 보호계획의 작성 등(규칙§19조의3)
  - 보호의 실시(법§33조의6) / 보호의 방법(법§33조의7)
    - 사회복지서비스 이용권(규칙§19조의46)

- **사회 복지 시설**
  - • 시설의 설치(법 § 34)
    - –보험가입의무(영 § 18조의2)
    - –시설의 안전점검 등(영 § 18조의3)
    - –기본재산의 기준(규칙 § 13)
    - –시설의 설치 · 운영신고 등(규칙 § 20)
    - –사회복지관의 설치기준(규칙 § 21)
    - –시설의 위탁기준 및 방법(규칙 § 22조의2)
    - –시설의 위탁(규칙 § 23)
    - • 시설의 휴지 · 재개 · 폐지신고 등(법 § 38)
• 시설의 개선, 사업의 정지, 폐쇄 등(법 § 40)
• 청문(법 § 49)
      - –시설의 휴지 · 재개 · 폐지신고 등(규칙 § 26)
      - –행정처분의 기준(규칙 § 26조의2)
    - • 시설수용인원의 제한(법 § 41)
      - –수용인원 300인 초과시설(영 § 19)
  - • 보험가입의무(법 § 34조의2)
• 시설의 안전점검 등(법 § 34조의3)
• 시설의 서류비치(법 § 37)
    - –보험가입의무(영 § 18조의2)
    - –시설의 안전점검 등(영 § 18조의3)
    - –시설의 서류비치(규칙 § 6)
  - • 시설의 장(법 § 5)
• 운영위원회(법 § 36)
    - –사회복지관의 운영기준(규칙 § 22)
    - –운영위원회의 조직 및 운영(규칙 § 23)
  - • 지도 · 감독 등(법 § 51)
    - –지도 · 감독공무원의 증표(규칙 § 29)
  - • 시설의 평가(법 § 43)
    - –권한의 위임 · 위탁(영 § 25)
    - –시설의 평가(규칙 § 27)
- **재가 복지**
  - • 재가복지서비스(법 § 41조의2)
  - • 보호대상자의 보호자에 대한 지원(법 § 41조의3)
• 가정봉사원의 양성(법 § 41조의4)
- **보 칙**
  - • 보조금 등(법 § 42)
• 국 · 공유재산의 우선매각(법 § 42조의2)
• 지방자치단체에 대한 지원금(법 § 42조의3)
    - –보조금 등(영 § 20)
  - • 비용의 징수(법 § 44)
    - –비용의 징수(영 § 21)
  - • 후원금의 관리(법 § 45)
  - • 포상(법 § 50)
  - • 권한의 위임 또는 위탁(법 § 52)
    - –권한의 위임 · 위탁(영 § 25)
  - • 한국사회복지사협회(법 § 46)
    - –시험의 응시자격 및 시험관리(영 § 4)
    - –사회복지사자격증의 교부신청 등(규칙 § 4)
- **벌 칙**
  - • 벌칙(법 § 53~55)
• 양벌규정(법 § 56)
  - • 벌칙적용에 있어서의 공무원 의제(법 § 57)
  - • 과태료(법 § 58)
    - –과태료의 부과 · 징수(영 § 26)

출처: 사회복지사업법(2008. 2. 29 개정), 시행령(2008. 10. 28 개정), 시행규칙(2008. 11. 5 개정) 정리.

제16장

건강가정기본법

1 의 의

2004년 2월 9일 건강가정기본법이 제정 · 공포(법률 제7166호)되어 2005년 1월 1일부터 시행되었다. 이 법의 입법은 급변하는 현대사회에서 제기되고 있는 다양한 가족문제를 예방 · 해결하고 가족[1]의 복지를 증진하기 위해서는 종합적인 가족지원정책 등이 필요하므로 이를 위한 제도적 틀을 마련하려는 목적을 가지고 이루어졌다.

이 법은 건강한 가정생활의 영위와 가족의 유지 및 발전을 위한 국민의 권리 · 의무와 국가 및 지방자치단체 등의 책임을 명백히 하고, 가정문제의 적절한 해결방안을 강구하며 가족구성원의 복지증진에 이바지할 수 있는 지원정책을 강화함으로써 건강가정구현에 기여하는 것을 목적으로 한다(제1조). 이것은 가정은 개인의 기본적인 욕구를 충족시키고 사회통합을 위하여 기능할 수 있도록 유지 · 발전되어야 한다는 기본이념을 바탕으로 하고 있다(제2조).

가정의 구성원으로서의 모든 국민은 안정되고 인간다운 삶을 유지할 수 있는 가정생활을 영위할 권리(제4조 제1항)를 가지는 동시에, 가정의 중요성을 인식하

1. '가족'이라 함은 혼인 · 혈연 · 입양으로 이루어진 사회의 기본단위를 갈한다(제3조 제1호).

고 그 복지의 향상을 위하여 노력하여야 하는 책임도 있다(제4조 제2항). 이와 같은 권리와 의무는 혼인과 출산의 사회적 중요성을 인식하고(제8조 제1항), 가족구성원으로서 부양 · 자녀양육 · 가사노동 등 가정생활의 운영에 함께 참여하고 서로 존중, 신뢰할 때(제7조) 더욱 확실하게 성취될 것이다.

그리고 건강가정에 대한 책임은 국가 및 지방자치단체에게도 있다. 즉, 국가 및 지방자치단체는 건강가정을 위하여 필요한 제도와 여건을 조성하고 가족구성원의 특성과 가정유형을 고려한 시책을 강구하여 추진하여야 하며(제5조 제1항 및 제2항), 민주적인 가정형성, 가정 친화적 환경조성, 양성 평등한 가족가치 실현 및 가사노동의 정당한 가치평가를 위하여 노력하여야 한다(제5조 제3항). 또한 국가와 지방자치단체의 책임은 모성보호와 출산환경 지원(제8조 제2항), 가족해체 예방(제9조 제2항), 지역사회자원의 개발 · 활용(제10조), 정보관리체계 확립(제11조) 등으로 활성화될 것이다.

건강가정기본법은 건강가정에 관한 기본법으로서 국가는 건강가정사업과 관련되는 다른 법률을 제정 또는 개정하는 경우에는 이 법에 부합되도록 하여야 한다(제6조).

2 건강가정정책의 실천

1) 건강가정위원회

이 법은 건강가정에 관한 주요시책을 심의하기 위하여 국무총리 소속하에 중앙건강가정정책위원회(즉, 중앙위원회)를 두고(제13조 제1항), 건강가정에 관한 중요사항을 심의하기 위하여 특별시 · 광역시 · 도에 건강가정위원회(즉, 시 · 도 위원회)를 둔다(제14조 제1항).

또한 중앙위원회는 건강가정실무기획단(즉, 실무기획단)을 두고(제13조 제3항), 직무수행을 위하여 필요한 때에는 전문적인 지식과 경험이 있는 관계공무원 또는 관계전문가를 참석하게 하여 의견을 듣거나 관계 기관 · 단체 등에 대하여 필요한 자료 또는 의견의 제출 등 필요한 협조를 요청할 수 있다(제13조 제4항).

중앙위원회는 다음의 사항을 심의한다(제13조 제2항).

- 건강가정기본계획 수립 및 시행에 관한 사항
- 건강가정을 위한 중 · 장기 발전방향
- 건강가정제도의 개선에 관한 사항
- 건강가정정책의 평가
- 건강가정 전담인력의 선발 · 관리에 관한 기본방안
- 국가 및 지방자치단체의 역할 및 비용 분담
- 그 밖에 중앙위원회 위원장이 부의하는 사항

시 · 도 위원회는 다음의 사항을 심의한다(제14조 제2항).

- 건강가정에 관한 시행계획
- 건강가정을 위한 재정지원
- 건강가정과 관련된 사업
- 그 밖에 시 · 도 위원회 위원장이 부의하는 사항

2) 건강가정기본계획

(1) 기본계획의 수립과 내용

보건복지부장관은 관계중앙행정기관의 장과 협의하고 중앙위원회의 심의를 거쳐 건강가정기본계획(즉, 기본계획)을 5년마다 수립하여야 한다(제15조 제1항).

이 기본계획에는 다음 사항들이 포함되어야 한다(제15조 제2항).

- 가족기능의 강화 및 가정의 잠재력 개발을 통한 가정의 자립 증진 대책
- 사회통합과 문화계승을 위한 가족공동체문화의 조성
- 다양한 가족의 욕구충족을 통한 건강가정구현

- 민주적인 가족관계와 양성 평등적인 역할분담
- 가정 친화적인 사회환경의 조성
- 가족의 양육 · 부양 등의 부담완화와 가족해체예방을 통한 사회비용절감
- 위기가족에 대한 긴급지원책
- 가족의 건강증진을 통한 건강사회구현
- 가족지원정책의 추진과 관련한 재정조달방안

(2) 수립의 절차

기본계획은 국무회의의 심의를 거쳐 확정하고(제15조 제3항), 확정된 기본계획을 보건복지부장관은 지체 없이 관계중앙행정기관의 장 및 특별시장 · 광역시장 · 도지사에게 통보하여야 한다(제15조 제4항).

매년 이 기본계획에 따라 보건복지부장관, 관계중앙행정기관의 장 및 시 · 도지사는 건강가정시행계획(즉, 시행계획)을 수립 · 시행 및 평가하여야 한다(제16조 제1항 전반). 이 경우 관계중앙행정기관의 장 및 시 · 도지사는 그 시행계획 및 추진실적을 매년 보건복지부장관에게 제출하여야 한다(제16조 제1항 후반).

한편 보건복지부장관은 기본계획에 기초하여 시 · 도별 시행계획을 조정하고 그 이행상황을 점검하여야 한다(제17조 제1항). 또 이 계획이 기본계획 및 중앙행정기관의 시행계획에 위배되는 경우에는 당해 시 · 도지사에게 이를 변경하도록 요구할 수 있다(제17조 제2항).

이와 같은 계획수립의 과정에서 필요한 때에는 보건복지부장관, 관계중앙행정기관의 장 및 시 · 도지사는 기본계획 또는 시행계획의 수립 · 시행을 위하여 관계공공기관 · 사회단체, 그 밖의 민간기업체의 장에게 협조를 요청할 수 있고, 협조요청을 받은 자는 특별한 사유가 없는 한 이에 응하여야 한다(제18조).

3) 교육 · 연구의 진흥

국가 및 지방자치단체는 건강가정과 관련된 연구를 진흥하고 전문가를 양성하여(제19조 제1항), 건강가정을 위한 교육프로그램을 지속적으로 개발 · 제공하여

야 한다(제19조 제2항).

4) 가족실태조사

국가 및 지방자치단체는 개인과 가족의 생활실태를 파악하고, 건강가정구현 및 가정문제예방 등을 위한 서비스의 욕구와 수요를 파악하기 위하여 5년마다 가족실태조사를 실시하고 그 결과를 발표하여야 한다(제20조 제1항).

3 건강가정사업

1) 정 의

이 법은 '가정'을 가족구성원이 생계 또는 주거를 함께 하는 생활공동체로서 구성원의 일상적인 부양 · 양육 · 보호 · 교육 등이 이루어지는 생활단위로 정의하고(제3조 제2호), 가족구성원의 욕구가 충족되고 인간다운 삶이 보장되는 '건강가정'을 추구한다(제3조 제3호). 따라서 이 법은 건강가정을 저해하는 문제(즉, 가정문제)의 발생을 예방하고 해결하기 위한 여러 가지 조치와 가족의 부양 · 양육 · 보호 · 교육 등의 가정기능을 강화하기 위한 건강가정사업(제3조 제4호)을 실시한다.

2) 지원의 철학과 가치

이 법은 건강가정사업 실천의 기초적 가치로서 가사노동의 가치인정(제22조 제2항), 가족단위 복지증진(제23조 제1항), 민주적이고 양성 평등한 가족관계(제26조 제2항)를 삼고 있다.

그러므로 국가 및 지방자치단체는 가사노동의 가치에 대한 사회적 인식을 제고하고, 이를 관련 법 · 제도 및 가족정책에 반영하도록 노력한다(제22조 제2항).

또한 사회보험 · 공공부조 등 사회보장제도의 운용과 관련하여 보험료의 산정 · 부과, 급여 등을 운용함에 있어서 가족을 지지하는 시책을 개발 · 추진하며(제23조 제1항), 경제 · 사회, 교육 · 문화, 체육, 지역사회개발 등 각 분야의 제도 · 정책 및 사업을 수립 · 추진함에 있어 가족을 우대하는 방안을 강구한다(제23조 제2항). 그리고 부부 및 세대 간에 가족갈등이 있는 경우 이를 예방 · 상담하고, 민주적이고 양성 평등한 가족관계를 증진시킬 수 있도록 가족지원서비스를 확대하고, 다양한 가족생활교육 · 부모교육 · 가족상담 · 평등가족홍보 등을 추진한다(제26조 제1항).

3) 건강가정지원의 책임과 내용

(1) 기본적 지원내용

국가 및 지방자치단체는 가정이 원활한 기능을 수행하도록 지원해야 하는 책임이 있으며, 원칙적 차원에서 다음과 같은 사항들을 지원하여야 한다(제21조).

- 가족구성원의 정신적 · 신체적 건강 지원
- 소득보장 등 경제생활의 안정
- 안정된 주거생활
- 태아검진 및 출산 · 양육의 지원
- 직장과 가정의 양립
- 음란물 · 유흥가 · 폭력 등 위해환경으로부터의 보호
- 가정폭력으로부터의 보호
- 가정 친화적 사회분위기의 조성
- 그 밖에 건강한 가정의 기능을 강화 · 지원할 수 있는 관련사항

(2) 사회적 보호대상 가정의 지원

또한 국가 및 지방자치단체는 한부모가정, 노인단독가정, 장애인가정, 미혼모가정, 공동생활가정, 자활공동체 등 사회적 보호를 필요로 하는 가정에 대하여 적극적으로 지원하여야 한다(제21조 제4항). 이 경우 지원의 세부적 사항은 관계 법률이 정하는 바에 의한다(제21조 제5항).

(3) 여성 및 아동의 지원

국가 및 지방자치단체는 취업여성의 임신 · 출산 · 수유와 관련된 모성보호 및 부성보호를 위한 유급휴가시책이 확산되도록 노력하여야 하며(제21조 제3항), 자녀를 양육하는 가정에 대하여 자녀양육으로 인한 부담을 완화하고 아동의 행복추구권을 보장하기 위한 보육 및 방과 후 서비스, 양성 평등한 육아휴직제 활용을 적극적으로 확대하여 나아가야 한다(제22조 제1항).

(4) 가족의 건강증진대책

국가 및 지방자치단체는 영 · 유아, 아동, 청소년, 중 · 장년 등 생애주기에 따르는 가족구성원의 종합적인 건강증진대책을 마련하여야 한다(제24조).

(5) 가족부양의 지원

국가 및 지방자치단체는 영 · 유아 혹은 노인 등 부양지원을 요하는 가족구성원이 있는 가정에 대하여 부양부담을 완화하기 위한 시책을 적극적으로 강구하여야 한다(제25조 제1항).

따라서 국가 및 지방자치단체는 질환이나 장애로 가족 내 수발을 요하는 가족구성원이 있는 가정을 적극 지원하며, 보호시설을 이용할 수 있도록 전문보호시설을 확대하고(제25조 제2항), 가족구성원 중 장기요양을 필요로 하는 질병이나 사고로 간병을 요할 경우 가족간호를 위한 휴가 등의 시책을 마련하여야 한다(제

25조 제3항).

(6) 가족관계의 증진과 가족단위 복지증진

국가 및 지방자치단체는 부부 및 세대 간에 가족갈등이 있는 경우 이를 예방·상담하고, 민주적이고 양성 평등한 가족관계를 증진시킬 수 있도록 가족지원서비스를 확대하며, 다양한 가족생활교육·부모교육·가족상담·평등가족홍보 등을 추진하여야 한다(제26조 제1항). 민주적이고 양성 평등한 가족관계를 훼손하는 가정폭력에 대해서 국가 및 지방자치단체는 가정폭력피해자와 피해자 가족에 대한 개입과정에서 전문가의 체계적인 개입과 서비스가 이루어지도록 노력하여야 한다(제26조 제2항).

또한 국가 및 지방자치단체는 사회보험·공공부조 등 사회보장제도의 운용과 관련하여 보험료의 산정·부과, 급여 등을 운용함에 있어서 가족을 지지하는 시책을 개발·추진하여야 하고(제23조 제1항), 경제·사회, 교육·문화, 체육, 지역사회개발 등 각 분야의 제도·정책 및 사업을 수립·추진함에 있어 가족을 우대하는 방안을 강구하여야 한다(제23조 제2항).

(7) 가족단위의 시민적 역할 증진

국가 및 지방자치단체는 가족의 결속력과 가족구성원의 발전을 위하여 가족이 시민으로서의 역할을 증진할 수 있는 기회와 서비스를 제공하여야 하고(제27조 제1항), 가족단위의 자원봉사 참여가 확대되도록 노력하여야 한다(제27조 제2항).

이것은 건강가정사업을 수행하는 단체 또는 개인에 대하여 필요한 비용의 전부 또는 일부를 보조하거나 그 업무수행에 필요한 지원을 함으로써(제36조) 더욱 활성화될 것이다.

(8) 가정생활문화의 발전

국가 및 지방자치단체는 건강가정의 생활문화를 고취하고 그에 대한 지원정책을 수립하여야 한다(제28조 제1항). 지원해야 할 건강가정의 생활문화는 다음과 같은 사항을 포함한다(제28조 제2항).

- 가족여가문화
- 양성 평등한 가족문화
- 가족단위 자원봉사활동
- 건강한 의식주 생활문화
- 합리적인 소비문화
- 지역사회 공동체문화
- 그 밖에 건강가정의 생활문화와 관련된 사항

(9) 가정봉사원

국가 및 지방자치단체는 건강가정과 관련되는 자원봉사활동사업을 육성하고 장려하여야 한다(제33조). 따라서 건강한 가정을 유지하기 위하여 필요한 경우에는 가정을 방문하여 가사 · 육아 · 산후조리 · 간병 등을 돕는 가정봉사원을 지원할 수 있으며(제30조 제1항), 특히 가정봉사원에게 예산의 범위 안에서 일정 금액을 지급할 수 있다(제30조 제3항). 이 가정봉사원은 보건복지부령이 정하는 바에 따라 교육을 받아야 한다(제30조 제2항).

(10) 이혼예방 및 이혼가정 지원

국가 및 지방자치단체는 이혼하고자 하는 부부가 이혼 전 상담을 받을 수 있게 하는 등 이혼조정을 내실화할 수 있도록 필요한 조치를 강구하여야 하며(제31조 제1항), 나아가 이혼의 의사가 정해진 가족에 대하여도 이들 가족이 자녀양육 · 재산 · 정서 등의 제반문제를 준비할 수 있도록 도움을 주는 지원서비스를 제공하도록 하여야 한다(제31조 제2항).

특히 국가 및 지방자치단체는 이혼한 가족에 대하여 양육비에 대한 집행력의 실효성을 강화하고 그 적용대상을 확대하도록 하여야 한다(제31조 제3항).

(11) 건강가정교육

국가 및 지방자치단체는 건강가정교육으로서 결혼준비교육, 부모교육, 가족윤리교육, 가족가치실현 및 가정생활관련 교육 등을 실시하여야 한다(제32조).

4 건강가정전담조직 등

1) 공공행정조직 – 건강가정사업 전담 수행

보건복지부, 시 · 도 및 시 · 군 · 구는 건강가정사업에 관한 업무를 전담하여 수행할 수 있도록 하여야 한다(제34조).

2) 건강가정지원센터의 조직 및 기능

국가 및 지방자치단체는 가정문제의 예방 · 상담 및 치료, 건강가정의 유지를 위한 프로그램의 개발, 가족문화운동의 전개, 가정관련 정보 및 자료 제공 등을 위하여 중앙, 시 · 도 및 시 · 군 · 구에 건강가정지원센터를 둔다(제35조 제1항). 국가 및 지방자치단체는 건강가정사업을 수행하기 위하여 설립된 사회복지법인 등 민법 제32조의 규정에 의한 비영리법인 또는 고등교육법 제2조의 규정에 의한 학교에 건강가정지원센터의 운영을 위탁할 수 있다(시행규칙 제35조 제5항).

중앙건강가정지원센터에는 센터장과 건강가정사업의 수행에 필요한 팀을 두며(시행령 제13조 제1항), 중앙건강가정지원센터의 장은 매 연도별로 사업계획을 수립하고, 중앙건강가정지원센터의 조직 · 인사 · 복무 · 보수 · 회계 · 물품 · 문서의 처리에 관한 규정을 정한 후 이에 따라 사무를 처리하여야 한다(시행령 제13조 제2항).

시 · 도 및 시 · 군 · 구 건강가정지원센터에는 센터장과 가정상담팀, 가정교육팀, 가정문화팀 등 건강가정사업의 수행에 필요한 팀을 둔다(시행령 제14조 제1항).

3) 건강가정사의 자격 및 직무

건강가정지원센터에는 건강가정사업을 수행하기 위하여 관련분야에 대한 학식과 경험을 가진 전문가인 건강가정사를 두어야 한다(제35조 제2항). 이 건강가정사는 대학 또는 이와 동등 이상의 학교에서 사회복지학 · 가정학 · 여성학 등 보건복지부령이 정하는 관련 교과목을 이수하고 졸업한 자이어야 한다(제35조 제3항).

건강가정사의 직무는 다음과 같다(시행령 제15조).

- 가정문제의 예방 · 상담 및 개선
- 건강가정의 유지를 위한 프로그램의 개발
- 건강가정 교육(민주적이고 양성 평등한 가족관계 교육을 포함)
- 가정생활문화운동의 전개
- 가정관련 정보 및 자료 제공
- 가정에 대한 방문 및 실태파악
- 아동보호전문기관 등 지역사회자원에의 연계
- 그 밖에 건강가정사업과 관련하여 보건복지부장관이 정하는 활동

건강가정기본법의 체계

총 칙

- 법의 목적(법 § 1)
- 기본이념(법 § 2)
  - 국민의 권리와 의무(법 § 4)
  - 국가 및 지방자치단체의 책임(법 § 5)
    - 민간단체 등의 지원(법 § 36)
    - 가족가치(법 § 7)
    - 혼인과 출산(법 § 8)
    - 가족해체 예방(법 § 9)
    - 지역사회자원의 개발 · 활용(법 § 10)
    - 정보제공(법 § 11)
    - 가정의 날(법 § 12)
    - 교육 · 연구의 진흥(법 § 19)
    - 가족실태조사(법 § 20)
- 정의(법 § 3)
- 다른 법률과의 관계(법 § 6)

건강가정정책

- 중앙건강가정정책위원회(법 § 13)
- 시 · 도 건강가정위원회(법 § 14)
  - –건강가정실무기획단의 구성 등(영 § 8),
  - –시 · 도 건강가정위원회의 구성 등(영 § 11)
  - 건강가정기본계획의 수립(법 § 15)
    - 연도별 시행계획의 수립 · 시행 등(법 § 16)
    - 시 · 도별 시행계획의 조정 등(법 § 17)
      - –연도별 시행계획의 심의 · 평가 등(영 § 12)
  - 계획수립의 협조(법 § 18)

건강가정 사업

- 가정에 대한 지원(법 § 21)
    - 자녀양육지원의 강화(법 § 22)
    - 가족의 건강증진(법 § 24)
    - 가족부양의 지원(법 § 25)
    - 이혼예방 및 이혼가정지원(법 § 31)
    - 가족단위 복지증진(법 § 23)
    - 가정봉사원(법 § 30)
        - –가정봉사원의 교육 등(규칙 § 3)
- 민주적이고 양성 평등한 가족관계의 증진(법 § 26)
- 가정생활문화의 발전(법 § 28)
- 가정의례(법 § 29)
- 가족단위의 시민적 역할증진(법 § 27)
- 건강가정교육(법 § 32)
    - –건강가정교육계획의 수립 등(규칙 § 4)
    - –건강가정지원센터의 위탁운영(규칙 § 6)
    - 자원봉사활동의 지원(법 § 33)

건강가정 전담조직

- 건강가정사업의 전담수행(법 § 34)
    - 건강가정지원센터의 설치(법 § 35)
        - –중앙건강가정지원센터의 조직 등(영 § 13)
        - –시 · 도 및 시 · 군 · 구 건강가정지원센터의 조직 등(영 § 14)
        - –건강가정사의 직무(영 § 15)
        - –가정봉사원의 교육 등(규칙 § 3)
        - –건강가정사의 이수교과목(규칙 § 5)
        - –건강가정지원센터의 위탁운영(규칙 § 6)

출처: 건강가정기본법(2008. 2. 29 개정), 시행령(2008. 12. 31 개정), 시행규칙(2008. 3. 3 개정) 정리.

제 6 부

아동복지법 분야

제17장 영유아보육법
제18장 아동복지법

제17장

영유아보육법

1 의 의

영유아보육법은 영유아의 심신을 보호하고 건전하게 교육하여 건강한 사회구성원으로 육성함과 아울러 보호자의 경제적 · 사회적 활동이 원활하게 이루어지도록 함으로써 영유아 및 가정의 복지 증진에 이바지함을 목적으로 한다(제1조) 이 법은 세 가지 보육이념을 제시하고 있는데, 첫째, 영유아[1]를 보육하는 데 있어서 영유아의 이익을 최우선적으로 고려하여 제공되어야 하며, 둘째, 영유아가 안전하고 쾌적한 환경에서 건강하게 성장할 수 있도록 하여야 하며, 셋째, 영유아는 자신이나 보호자의 성, 연령, 종교, 사회적 신분, 재산, 장애, 인종 및 출생지역 등에 따른 어떠한 종류의 차별도 받지 아니하고 보육되어야 한다(제3조).

이 법이 규정한 목적에 따라 보육이념을 실현하기 위하여 모든 국민은 영유아를 건전하게 보육할 책임을 지며(제4조 제1항), 국가와 지방자치단체는 보호자와 더불어 영유아를 건전하게 보육할 책임을 진다(제4조 제2항). 특별자치도지사 · 시장 · 군수 · 구청장은 영유아의 보육을 위한 적절한 어린이집을 확보하여야 한

1. 이 법에서 영유아는 6세 미만의 미취학 전 아동을 말한다(제2조 제1호). 그러나 이 법에 정한 어린이집 이용대상은 보육이 필요한 영유아를 원칙으로 하되, 필요한 경우 어린이집의 원장은 만 12세까지 연장하여 보육할 수 있다(제27조).

다(제4조 제3항). 그리고 보건복지부장관은 이 법의 적절한 시행을 위하여 보육실태 조사를 3년마다 하여야 한다(제9조 제1항).

어린이집은 어린이집의 수급계획에 따른다. 보건복지부장관, 시 · 도지사 및 시장 · 군수 · 구청장은 보육사업을 원활하게 추진하기 위하여 보건복지부장관의 경우에는 중앙보육정책위원회, 그 밖의 경우에는 각 지방보육정책위원회의 심의를 거쳐 어린이집 수급계획 등을 포함한 보육계획을 수립 · 시행하여야 하고(제11조 제1항), 이 보육계획의 수립 · 시행을 위하여 필요하면 어린이집, 보육관련 법인 · 단체 등에 대하여 자료 제공 등의 협조를 요청할 수 있으며, 그 요청을 받은 어린이집과 보육관련 법인 · 단체 등은 정당한 사유가 없으면 요청에 따라야 한다(제11조 제2항).

또한 시 · 도지사, 시장 · 군수 · 구청장은 도시개발법, 도시및주거환경정비법, 택지개발촉진법, 산업입지및개발에관한법률 및 보금자리주택건설등에관한특별법 등에 따라 시행하는 개발 · 정비 · 조성사업에 어린이집 또는 어린이집 용지가 확보될 수 있도록 노력하여야 한다(제11조의2).

2 전달체계

1) 보육정책조정위원회

보육정책조정위원회는 보육정책에 관한 관계부처 간의 의견을 조정하기 위하여 국무총리 소속으로 둔다(제5조 제1항). 이 위원회는 보육정책의 기본 방향에 관한 사항, 보육관련 제도개선과 예산지원에 관한 사항, 보육에 관한 관계부처 간 협조사항, 그 밖에 위원장이 회의에 부치는 사항을 심의 · 조정한다(제5조 제2항).

보육정책조정위원회는 위원장을 포함한 12명 이내의 위원으로 구성하되, 위원장은 국무총리실장이 되고, 위원은 기획재정부차관, 교육과학기술부차관, 보건복지부차관, 고용노동부차관 및 여성가족부차관, 그리고 앞의 위원들이 추천하여 위원장이 위촉하는 보육계 · 유아교육계 · 여성계 · 사회복지계 · 시민단체 및 보호자를 대표하는 자들로 구성된다(제5조 제3항).

2) 보육정책위원회

보육정책위원회는 보육에 관한 각종 정책·사업·보육지도 및 어린이집 평가인증사항 등을 심의하기 위한 기구인데, 기본적으로 보건복지부에 중앙보육정책위원회를, 특별시·광역시·도·특별자치도 및 시·군·구에는 지방보육정책위원회를 둔다(제6조 제1항 본문).

지방보육정책위원회의 경우 그 기능을 담당하기에 적합한 다른 위원회가 있고 그 위원회의 위원이 자격(제6조 제2항)을 갖춘 경우에는 시·도 또는 시·군·구의 조례로 정하는 바에 따라 그 위원회가 지방보육정책위원회의 기능을 대신할 수 있다(제6조 제1항 단서).

각 위원회의 위원은 보육전문가, 어린이집의 원장 및 보육교사 대표, 보호자 대표 또는 공익을 대표하는 자, 관계 공무원 등으로 구성한다(제6조 제2항).

3) 보육정보센터

보육정보센터는 보육에 관한 정보의 수집·제공 및 상담을 위한 기구다. 보건복지부장관은 중앙보육정보센터를, 특별시장·광역시장·도지사·특별자치도지사 및 시장·군수·구청장은 지방보육정보센터를 설치·운영하여야 한다. 이 경우 필요하다고 인정하는 경우에는 영아·장애아 보육 등에 관한 보육정보센터를 별도로 설치·운영할 수 있다(제7조 제1항). 센터에는 센터장과 보육전문요원 등을 둔다(제7조 제2항).

4) 보육개발원

보육개발원은 보육에 관한 연구와 정보 제공, 프로그램 및 교재 개발, 평가척도 개발 및 보육교직원 연수 등의 업무를 위한 기관이다. 보건복지부장관은 이를 설치하거나, 그 업무를 관련 연구기관 등에 위탁할 수 있다(제8조 제1항).

5) 직장어린이집명단공표심의위원회

보건복지부장관 및 대통령령으로 정하는 기관의 장은 직장어린이집 설치 등 의무 이행에 관한 실태조사(제14조)를 매년 실시하여야 하는데, 보건복지부장관은 실태조사 결과 직장어린이집 설치 등의 의무를 이행하지 아니한 사업장의 명단을 공표할 수 있다(제14조의2 제1항 및 제2항). 이 미이행 사업장 명단 공표 여부를 심의하기 위하여 보건복지부에 두는 위원회가 직장어린이집명단공표심의위원회다(제14조의2 제3항).

이 위원회의 위원은 위원장을 포함하여 5인 이상으로 구성하고, 위원은 보건복지부에서 보육정책을 담당하는 3급 공무원 또는 고위공무원단에 속하는 일반직 공무원, 변호사 등 법률전문가, 근로자를 대표하는 사람, 사업주를 대표하는 사람, 공익을 대표하는 사람, 그 밖에 보육전문가 등 대통령령으로 정하는 사람 중에서 보건복지부장관이 임명 또는 위촉한다(제14조의2 제3항).

6) 비상재해대비시설기준 심의위원회

2009년 7월 3일 이전에 이미 인가받은 기인가 어린이집이 비상재해 대비에 지장이 없는지 여부를 심의하여 종전 인가 당시 기준을 적용할지 판단하기 위해 특별자치도지사 · 시장 · 군수 · 구청장이 구성 · 운영하는 위원회다(제15조의3 제2항).

비상재해대비시설기준 심의위원회의 위원은 5인 이상으로 하며 소방공무원, 소방기술사, 소방시설관리사, 소방시설설치 · 유지및안전관리에관한법률 제4조의2에 따른 소방 · 방재 분야에 관한 전문지식을 갖춘 사람, 보육관련 업무를 담당하는 공무원, 고등교육법 제2조에 따른 학교에 재직하고 있는 보육관련 분야 교수 중에서 특별자치도지사 · 시장 · 군수 · 구청장이 임명하거나 위촉한다(제15조의3 제3항).

7) 어린이집운영위원회

어린이집의 원장은 어린이집 운영의 자율성과 투명성을 높이고 지역사회와의 연계를 강화하여 지역 실정과 특성에 맞는 보육을 실시하기 위하여 어린이집에 어린이집운영위원회를 설치 · 운영할 수 있으며, 취약보육(제26조)을 우선적으로 실시하여야 하는 어린이집과 대통령령으로 정하는 어린이집은 어린이집운영위원회를 설치 · 운영하여야 한다(제25조 제1항).

이 운영위원회는 그 어린이집의 원장, 보육교사 대표, 학부모 대표 및 지역사회 인사(직장어린이집의 경우에는 그 직장의 어린이집 업무담당자)로 구성하고(제25조 제1항), 원장은 어린이집운영위원회의 위원 정수를 5명 이상, 10명 이내의 범위에서 어린이집의 규모 등을 고려하여 정할 수 있다(제25조 제2항).

어린이집운영위원회는 어린이집 운영규정의 제정이나 개정에 관한 사항, 어린이집 예산 및 결산의 보고에 관한 사항, 영유아의 건강 · 영양 및 안전에 관한 사항, 보육시간, 보육과정의 운영방법 등 어린이집의 운영에 관한 사항, 보육교직원의 근무환경 개선에 관한 사항, 영유아의 보육환경 개선에 관한 사항, 어린이집과 지역사회의 협력에 관한 사항, 그 밖에 어린이집 운영에 대한 제안 및 건의사항을 심의한다(제25조 제4항).

8) 어린이집

영유아보육법에 의한 어린이집의 종류와 특징은 다음과 같다(제10조 제1항).

- 국공립어린이집: 국가나 지방자치단체가 설치 · 운영하는 어린이집
- 사회복지법인어린이집: 사회복지법인이 설치 · 운영하는 어린이집
- 법인 · 단체등어린이집: 각종 법인(사회복지법인을 제외한 비영리법인)이나 단체 등이 설치 · 운영하는 어린이집으로서 대통령령으로 정하는 어린이집
- 직장어린이집: 사업주가 사업장의 근로자를 위하여 설치 · 운영하는 어린이집(국가나 지방자치단체의 장이 소속 공무원을 위하여 설치 · 운영하는 어린이집을 포함)
- 가정어린이집: 개인이 가정이나 그에 준하는 곳에 설치 · 운영하는 어린이집
- 부모협동어린이집: 보호자들이 조합을 결성하여 설치 · 운영하는 어린이집
- 민간어린이집: 앞에 해당하지 않는 기타 어린이집

9) 보육전문요원

보육전문요원은 중앙보육정보센터와 지방보육정보센터에서 보육에 관한 정보 제공 및 상담 업무 등을 담당한다(제7조 제2항).

10) 보육교직원

어린이집에는 보건복지부령의 배치기준에 따라 보육교직원을 두어야 한다(제17조). 보육교직원에는 어린이집 원장과 보육교사가 해당된다(제18조).

3 어린이집의 설치 · 운영

1) 설치 · 운영의 주체

국공립어린이집은 국가나 지방자치단체가 설치 · 운영한다. 이 경우 국공립어린이집은 보육계획(제11조)에 따라 도시 저소득주민 밀집 주거지역 및 농어촌지역 등 취약지역에 우선적으로 설치하여야 한다(제12조). 그리고 국가나 지방자치단체 외의 자로서 어린이집을 설치 · 운영하려는 자는 특별자치도지사 · 시장 · 군수 · 구청장의 인가를 받아야 한다(제13조 제1항).

직장어린이집은 일정 규모 이상의 사업장의 사업주가 직장 내에 설치해야 하는 어린이집이다. 만약 사업주가 단독으로 설치할 수 없을 때에는 사업주 공동으로 설치 · 운영하거나, 지역의 어린이집과 위탁계약을 맺어 근로자 자녀의 보육을 지원하거나, 근로자에게 보육수당을 지급하여야 한다(제14조 제1항).

어린이집을 설치 · 운영할 수 없는 사람은 미성년자 · 금치산자 또는 한정치산자, 정신질환자, 마약 · 대마 또는 향정신성 의약품 중독자, 파산선고를 받고 복권되지 아니한 자, 금고 이상의 실형을 선고받고 그 집행이 종료(집행이 종료된 것으로 보는 경우를 포함)되거나 집행이 면제된 날부터 3년이 경과되지 아니한 자,

금고 이상의 형의 집행유예를 선고받고 그 유예기간 중에 있는 자, 어린이집의 폐쇄명령(제45조)을 받고 1년이 경과되지 아니한 자다(제16조).

2) 설치 · 운영의 기준

어린이집 설치기준은 보건복지부령으로 정하고 있으며, 어린이집을 설치 · 운영하려는 자는 놀이터 설치와 비상재해대비시설과 관련된 사항을 제외하고는 이 설치기준을 갖추어야 한다(제15조). 놀이터의 경우 보육 정원 50명 미만인 어린이집, 또는 100미터 이내에 보건복지부령으로 정하는 기준을 충족하는 놀이터가 설치되어 있는 어린이집을 제외하고는 보건복지부령에 따라 놀이터를 설치하여야 한다(제15조의2).[2] 비상재해대비시설의 경우도 어린이집을 설치 · 운영하는 자는 보건복지부령에 따라 반드시 1층과 2층 이상 등 종류별 비상재해대비시설을 설치하여야 한다(제15조의3 제1항).[3]

어린이집을 설치 · 운영하는 자는 운영기준(보건복지부령)에 따라 어린이집을 운영하여야 한다(제24조 제1항). 국가나 지방자치단체는 국공립어린이집(제12조)을 법인 · 단체 또는 개인에게 위탁하여 운영할 수 있으며(제24조 제2항), 직장어린이집(제14조)을 설치한 사업주는 이를 법인 · 단체 또는 개인에게 위탁하여 운영할 수 있다(제24조 제3항).

3) 보육대상 등

영유아보육법의 어린이집 이용대상은 보육이 필요한 영유아를 원칙으로 하되,

---

2. 예외적으로 특별자치도지사 · 시장 · 군수 · 구청장은 지방보육정책위원회(제6조 제1항)의 심의를 거쳐 2005년 1월 29일 이전에 인가받은 어린이집이 도심지 및 도서 · 벽지 등 지역의 여건상 놀이터를 설치하기 곤란한 경우로서 보육상 지장이 없다고 인정하는 경우에는 놀이터를 설치하지 아니하거나 놀이터 설치기준을 완화하여 변경 인가할 수 있다(제15조의2 제2항).

3. 예외적으로 특별자치도지사 · 시장 · 군수 · 구청장은 2009년 7월 3일 이전에 이미 인가받은 어린이집이 비상재해 대비에 지장이 없다고 판단할 경우 종전 인가 당시 기준을 적용할 수 있다. 이 경우 특별자치도지사 · 시장 · 군수 · 구청장은 기인가 어린이집이 비상재해 대비에 지장이 없는지 여부를 판단하기 위해 비상재해대비시설기준 심의위원회를 구성 · 운영하여야 하며 해당 위원회의 심의를 반드시 거쳐야 한다(제15조의3 제2항).

필요한 경우 어린이집의 원장은 만 12세까지 연장하여 보육할 수 있다(제27조). 그런데 일정한 사유에 해당하는 경우 보육을 우선 실시해야 한다. 예를 들면, 취약보육, 수급자 등의 보육, 고용촉진상의 보육, 직장보육 등의 경우다.

우선 국가나 지방자치단체, 사회복지법인, 그 밖의 비영리법인이 설치한 어린이집과 대통령령으로 정하는 어린이집의 원장은 영아 · 장애아 · 다문화가족지원법 제2조 제1호에 따른 다문화가족의 아동 등에 대한 보육(이하 '취약보육'이라 한다)을 우선적으로 실시하여야 하여, 보건복지부장관, 시 · 도지사 및 시장 · 군수 · 구청장은 취약보육을 활성화하는 데에 필요한 각종 시책을 수립 · 시행하여야 한다(제26조).

또한 국가나 지방자치단체, 사회복지법인, 그 밖의 비영리법인이 설치한 어린이집과 대통령령으로 정하는 어린이집의 원장은 수급자(국민기초생활보장법), 한부조가족지원법의 보호대상자의 자녀(법 제5조), 차상위계층의 자녀(국민기초생활보장법 제24조), 장애인(장애인복지법 제2조) 중 보건복지부령으로 정하는 장애등급 이상에 해당하는 자의 자녀, 다문화가족의 자녀(법 제2조 제1호), 그 밖에 소득수준 등을 고려하여 보건복지부령으로 정하는 자의 자녀에 해당하는 자가 우선적으로 어린이집을 이용할 수 있도록 하여야 한다(제28조 제1항 본문).

그리고 고용촉진시설의 설치 · 운영을 위탁받은 공공단체 또는 비영리법인(고용정책기본법 제40조 제2항)이 설치 · 운영하는 어린이집의 원장은 근로자의 자녀가 우선적으로 어린이집을 이용하게 할 수 있으며(제28조 제1항 단서), 직장보육시설을 설치한 사업주는 사업장 근로자의 자녀가 우선적으로 직장어린이집을 이용할 수 있도록 하여야 한다(제28조 제2항).

4) 보육과정

보육과정은 영유아의 신체 · 정서 · 언어 · 사회성 및 인지적 발달을 도모할 수 있는 내용을 포함하여야 한다(제29조 제1항). 이를 위하여 보건복지부장관은 표준보육과정을 개발 · 보급하여야 하며, 필요하면 그 내용을 검토하여 수정 · 보완하여야 한다(제29조 제2항). 어린이집의 원장은 표준보육과정에 따라 영유아를 보육하도록 노력하여야 하고(제29조 제3항), 영유아 생활지도 및 초등학교 교육과의 연계지도에 활용할 수 있도록 영유아의 발달상황 등을 종합적으로 관찰 · 평가하여 보건복지부장관이 정하는 기준에 따라 생활기록부를 작성 · 관리하여야 한다(제29조의2).

5) 어린이집 평가인증

보건복지부장관은 보육서비스의 질적 수준을 향상시키기 위하여 어린이집 설치 · 운영자의 신청에 따라 어린이집의 보육환경, 보육과정 운영 및 보육인력의 전문성 등을 평가하여 해당 어린이집에 대한 평가인증을 실시할 수 있다(제30조 제1항). 보건복지부장관은 어린이집 설치 · 운영자에게 평가인증에 필요한 비용을 받을 수 있으며(제30조 제2항), 평가인증의 결과에 따라 보육사업 실시에 필요한 지원을 할 수 있다(제30조 제3항).

보건복지부장관은 평가인증을 받은 어린이집의 설치 · 운영자가 인증취소사유에 해당하는 경우에는 그 평가인증을 취소할 수 있으며(제30조 제5항 본문), 만약 거짓이나 그 밖의 부정한 방법으로 평가인증을 받은 경우에는 그 인증을 반드시 취소하여야 한다(제30조 제5항 단서).

4 보육교직원

1) 직무와 관리

보육교직원에는 어린이집 원장과 보육교사가 있는데, 어린이집의 원장은 어린이집을 총괄하고 보육교사와 그 밖의 직원을 지도 · 감독하며 영유아를 보육하며, 보육교사는 영유아를 보육하고 어린이집의 원장이 불가피한 사유로 직무를 수행할 수 없을 때에는 그 직무를 대행한다(제18조).

보육교직원의 권익 보장과 근로여건 개선을 위한 보육교직원의 임면(任免)과 경력 등에 관한 사항은 특별자치도지사 · 시장 · 군수 · 구청장이 관리하여야 하며(제19조 제1항), 어린이집의 원장은 보육교직원의 임면에 관한 사항을 특별자치도지사 · 시장 · 군수 · 구청장에게 보고하여야 한다(제19조 제2항).

보육교직원의 보수교육은 보건복지부장관이 어린이집 원장의 자질 향상을 위해서는 사전직무교육과 직무교육(제23조)을, 보육교사의 자질 향상을 위해서는 직무교육과 승급교육을 실시하여야 한다(제23조의2).

2) 결격사유

영유아보육법은 어린이집에 근무할 수 없는 보육교직원의 결격자로서 어린이집을 설치 · 운영할 수 없는 사람(제16조) 각 호의 어느 하나에 해당하는 자, 자격정지 중인 자(제46조나 제47조), 자격이 취소(제48조)된 후 1년이 경과되지 아니한 자를 규정하고 있다(제20조).

3) 자격증

어린이집의 원장은 대통령령으로 정하는 자격을 가진 자로서 보건복지부장관이 검정 · 수여하는 자격증을 받은 자이어야 하고, 보육교사는 일정한 조건[4]에 해당하는 자로서 보건복지부장관이 검정 · 수여하는 1 · 2 · 3급의 자격증을 받은 자이어야 한다(제21조).

이 자격증의 명의대여 등은 금지되어 있는데, 어린이집의 원장 또는 보육교사는 다른 사람에게 자기의 성명이나 어린이집의 명칭을 사용하여 어린이집의 원장 또는 보육교사의 업무를 수행하게 하거나 자격증을 대여하여서는 아니 된다(제22조의2).

---

4. 영유아보육법 제21조 제2항
- 고등교육법 제2조에 따른 학교에서 보건복지부령으로 정하는 보육관련 교과목과 학점을 이수하고 전문학사학위 이상을 취득한 사람
- 법령에 따라 고등교육법 제2조에 따른 학교를 졸업한 사람과 같은 수준 이상의 학력이 있다고 인정된 사람으로서 보건복지부령으로 정하는 보육관련 교과목과 학점을 이수하고 전문학사학위 이상을 취득한 사람
- 고등학교 또는 이와 같은 수준 이상의 학교를 졸업한 자로서 시 · 도지사가 지정한 교육훈련시설에서 소정의 교육과정을 이수한 사람

5 건강 · 영양 및 안전

어린이집 원장은 어린이의 건강 · 영양 및 안전에 관한 다양한 법적 의무가 있다.

어린이집의 원장은 영유아와 보육교직원에 대하여 정기적으로 건강진단을 실시하는 등 건강관리를 하여야 한다(제31조 제1항). 그리고 건강진단(제31조)과 질병에 감염되었거나 감염될 우려가 있는 영유아에 대하여 그 보호자와 협의하여 질병의 치료와 예방에 필요한 격리 등의 조치를 하여야 하고, 필요하면 보건소 및 보건지소, 의료기관에 협조를 구할 수 있다(제32조).

어린이집의 원장은 영유아에 대하여 최초로 보육을 실시한 날부터 30일 이내에 특별자치도지사 · 시장 · 군수 · 구청장 또는 영유아의 보호자로부터 특별자치도지사 · 시장 · 군수 · 구청장 또는 예방접종을 한 자가 발급한 예방접종증명서 또는 그 밖에 이에 준하는 증명자료(감염병의예방및관리에관한법률 제27조)를 제출받아 영유아의 예방접종에 관한 사실을 확인할 수 있으며(제31조의3 제1항), 필요한 예방접종을 받도록 보호자를 지도할 수 있으며, 필요한 경우 관할 보건소장에게 예방접종 지원 등의 협조를 요청할 수 있다(제31조의3 제2항). 그리고 어린이집 생활기록에 예방접종 여부 및 내역에 관한 사항을 기록하여 관리하여야 한다(제31조의3 제3항).

어린이집의 원장은 영유아에게 보건복지부령으로 정하는 바에 따라 균형 있고 위생적이며 안전한 급식을 하여야 한다(제33조).

어린이집 상호 간의 협동조직을 통하여 어린이집의 안전사고를 예방하고 어린이집 안전사고로 인하여 생명 · 신체 또는 재산상의 피해를 입은 영유아 및 보육교직원 등에 대한 보상을 하기 위하여 보건복지부장관의 허가를 받아 어린이집 안전공제사업을 할 수 있다(제31조의2 제1항). 어린이집의 원장이 이 어린이집 안전공제회의 공제료를 납부하는 경우 보험가입의무(사회복지사업법 제34조의2)를 이행한 것으로 본다(제31조의2 제11항).

6 보육비용 등

1) 국가의 비용 부담

국가나 지방자치단체는 국민기초생활보장법에 따른 수급자와 보건복지부령으로 정하는 일정 소득 이하 가구의 자녀 등의 보육에 필요한 비용의 전부 또는 일부를 부담하여야 하지만, 가구의 소득수준과 거주지역 등을 고려하여 차등 지원할 수 있고, 자녀가 2인 이상인 경우에 대하여 추가적으로 지원할 수 있다(제34조).

또한 국가와 지방자치단체는 어린이집이나 유아교육법 제2조에 따른 유치원을 이용하지 아니하는 영유아에 대하여 영유아의 연령과 보호자의 경제적 수준을 고려하여 양육에 필요한 비용을 지원할 수 있다(제34조의2 제1항).

초등학교 취학 직전 1년의 유아(幼兒)와 장애아 및 다문화가족의 자녀(다문화가족지원법 제2조 제1호)에 대한 보육은 무상으로 하되, 대통령령으로 정하는 바에 따라 순차적으로 실시한다(제35조 제1항).

영유아의 보호자는 보육(제34조), 양육수당(제34조의2) 및 무상보육(제35조)에 따른 비용의 지원을 신청할 수 있으며(제34조의4 제1항), 국가와 지방자치단체는 이러한 비용지원을 위하여 보육서비스 이용권을 영유아의 보호자에게 지급할 수 있다(제34조의3 제1항).

2) 비용의 보조 등

국가나 지방자치단체는 대통령령으로 정하는 바에 따라 제10조에 따른 어린이집의 설치, 보육교사(대체교사를 포함한다)의 인건비, 초과보육(超過保育)에 드는 비용 등 운영 경비 또는 지방보육정보센터의 설치 · 운영, 보육교직원의 복지증진, 취약보육의 실시 등 보육사업에 드는 비용의 전부 또는 일부를 보조한다(제36조).

3) 사업주의 비용 부담

직장어린이집을 설치한 사업주는 대통령령으로 정하는 바에 따라 그 어린이집의 운영과 보육에 필요한 비용의 전부 또는 일부를 부담하여야 한다(제37조).

4) 보육료 등의 수납

국공립어린이집(제12조), 국공립 외의 어린이집(제13조) 및 직장어린이집(제14조)을 설치 · 운영하는 자는 그 어린이집의 소재지를 관할하는 시 · 도지사가 정하는 범위에서 그 어린이집을 이용하는 자로부터 보육료와 그 밖의 필요경비 등을 받을 수 있다. 다만 시 · 도지사는 필요시 어린이집 유형과 지역적 여건을 고려하여 그 기준을 다르게 정할 수 있다(제38조).

5) 세제지원

사업주가 직장어린이집을 설치 · 운영하거나 보육수당을 지급하는 데에 드는 비용과 보호자가 영유아의 보육을 위하여 지출한 보육료와 그 밖에 보육에 드는 비용에 관하여는 조세특례제한법에서 정하는 바에 따라 조세를 감면한다(제39조 제1항). 또한 직장어린이집을 제외한 어린이집(제10조 제4호)의 운영비에 대하여도 조세특례제한법에서 정하는 바에 따라 조세를 감면한다(제39조 제2항).

제18장

아동복지법

1 의 의

아동복지법은 무차별성, 가정보장성, 아동이익우선성을 기본이념으로 한다. 즉, 아동은 자신 또는 부모의 성별, 연령, 종교, 사회적 신분, 재산, 장애 유무, 출생지역, 인종 등에 따른 어떠한 종류의 차별도 받지 아니하고 자라나야 하며(제2조 제1항), 완전하고 조화로운 인격발달을 위하여 안정된 가정환경에서 행복하게 자라나야 한다(제2조 제2항). 또한 아동에 관한 모든 활동에 있어서 아동의 이익이 최우선적으로 고려되어야 한다(제2조 제3항). 이와 같은 이념을 바탕으로 아동복지법은 아동[1]이 건강하게 출생하여 행복하고 안전하게 자라나도록 그 복지를 보장함을 목적으로 한다(제1조).

위와 같은 기본이념과 목적을 달성하기 위하여 국가나 모든 국민이 노력하여야 하는데, 국가와 지방자치단체는 아동이 자신 또는 부모의 성별, 연령, 종교, 사회적 신분, 재산, 장애 유무, 출생지역 또는 인종 등에 따른 어떠한 종류의 차별도 받지 아니하도록 필요한 시책을 강구하여야 하고(제4조 제4항), 아동의 건강과 복지증진에 노력하여야 하며 이를 위한 시책을 시행하여야 하고(제4조 제1항), 아동

1. 이 법에서 '아동'이라 함은 18세 미만의 자를 말한다(제2조 제1호).

의 보호자는 아동을 가정 안에서 그의 성장 시기에 맞추어 건강하고 안전하게 양육하여야 한다(제5조 제1항). 또한 모든 국민은 아동의 권익과 안전을 존중하여야 하며, 아동을 건강하게 양육하여야 한다(제5조 제2항). 나아가 국가와 지방자치단체는 장애아동의 권익을 보호하기 위하여 필요한 시책을 강구하여야 한다(제4조 제3항). 한편 경우에 따라서 이 법에 의한 보건복지부장관 또는 시 · 도지사의 권한은 그 일부를 대통령령이 정하는 바에 의하여 시장 · 군수 · 구청장에게 위임할 수 있다(제68조).

아동복지법은 어린이에 대한 사랑과 보호의 정신을 높이고 그들을 옳고 아름답고 슬기로우며 씩씩하게 자라나도록 하기 위하여 매년 5월 5일을 어린이날, 5월 1일부터 5월 7일까지를 어린이주간으로 정하였다(제6조).

2 아동복지법의 발달

1) 1961. 12. 30 아동복리법 제정(법률 제912호)

아동복리법은 아동이 그 보호자로부터 유실, 유기 또는 이탈되었을 경우, 그 보호자가 아동을 양육하기에 부적당하거나 양육할 수 없는 경우, 또는 아동의 건전한 출생을 기할 수 없는 경우에 아동이 건전하고 행복하게 육성되도록 아동의 복리를 보장하기 위하여 1961년 12월에 제정되었다. 이 법의 제정으로 일제시대인 1923년 9월 제정되어 해방 후에도 아동복지에 관한 법으로 효력을 가졌던 조선감화령(제령 제12호)이 폐지되었다.

아동복리법의 내용을 살펴보면, 첫째, 보건사회부에 중앙아동복리위원회를, 서울특별시와 도에 지방아동복리위원회를 두어 아동복리에 관한 사항을 조사 · 연구토록 하였다. 둘째, 아동복리에 관한 사항을 지도하기 위하여 서울특별시와 도에 아동복리지도원을, 구 · 시 · 읍 · 면에는 아동위원을 둘 수 있도록 하였다. 셋째, 구청장 · 시장 또는 군수가 그 관할구역에서 보호를 필요로 하는 아동이나 보호가 필요한 임산부를 발견하였을 때에는 서울특별시장 또는 도지사에게 보고하도록 하고, 보호를 필요로 하는 아동이 보고되었을 때에는 10일 이내에 보육, 조산시설 등에 입소시키거나 기타 조치를 취하도록 하였다. 넷째, 서울특별시장이나 도지사는 법원에 친권상실선고를 청구할 수 있도록 하고, 또한 아동의 후견인의 선임이나 해임을 법원에 청구할 수 있도록 하였다. 마지막으로 재단법인이 아동복리시설을 설치하는 경우에는 서울특별시장이나 도지사의 허가를 받도록 하고, 국가와 지방자치단체도 아동복리시설을 설치할 수 있도록 하였다.

2) 1981. 4. 13 **전문개정**(아동복지법으로 명칭 변경, 법률 제3438호)

초기의 아동복리법은 구호적 성격의 복지제공에 중점을 두고 있었고, 일반아동을 보호대상으로 포함하지 못하였고, 특히 유아기 아동의 발달에 미흡하였기에 1981년 4월 13일에 기존의 명칭을 아동복지법으로 바꾸고 전문을 개정하였다.

이 법은 개정된 주요 내용으로서 보호대상 범위를 전체아동으로 확대, 국가·지방자치단체 및 보호자가 공동책임, 어린이날 제정, 아동복지지도원의 별정직화, 비법인의 무료탁아시설 설치 신고, 아동복지시설종사자 자격, 아동보호비용 징수권자의 범위 확대 및 비용징수의 승인, 시설설치 법인에 대한 국·공유재산 무상 대여 등을 규정하였다.

3) 2000. 1. 12 **전문개정**(법률 제6151호)

21세기를 맞이하여 우리 사회의 아동복지수요에 능동적으로 대응하고, 점차 심각한 사회문제가 되고 있는 학대아동에 대한 보호 및 아동안전에 대한 제도적 지원을 공고히 하기 위하여 2000년 1월에 다시 아동복지법이 전문 개정되었다.

이 법에서는 아동복지지도원을 별정직공무원에서 사회복지전담공무원으로 그 신분을 변경하였고, 아동학대에 대한 정의와 금지유형을 명확히 규정하였으며, 아동학대에 대한 신고의무를 규정하였다.

4) 2004. 1. 29 일부개정(법률 제7143호)

이 개정법은 아동의 권리증진과 건강한 출생 및 성장을 위해 종합적인 아동정책을 수립하고 관계부처의 의견을 조정하며 그 정책의 이행을 감독하고 평가하기 위하여 국무총리 소속하에 아동정책조정위원회를 신설하였다. 또한 어린이날 및 어린이주간의 취지와 시기를 명료하게 하고, 아동복지시설로서 공동생활가정 및 지역아동센터를 추가로 규정하였으며, 상습적인 아동학대행위자에 대해서 가중처벌을 규정하였다.

3 전달체계

아동복지의 전달체계에는 아동정책의 심의·조정을 위한 자문기구, 협력위원인 아동위원, 행정공무원인 아동복지전담공무원, 기타 아동복지서비스 전달의 시설 및 기관이 있다. 여기에서는 자문기구, 협력위원 및 공무원에 대해서 알아본다.

1) 아동정책조정위원회

아동정책조정위원회는 아동의 권리증진과 건강한 출생 및 성장을 위하여 종합적인 아동정책을 수립하고 관계부처의 의견을 조정하며, 그 정책의 이행을 감독하고 평가하기 위하여 국무총리 소속하에 설치한 자문기구다(제10조 제1항). 이 위원회는 위원장을 포함한 25인 이내의 위원들로 구성되어 있으며, 위원장은 국무총리가 되고, 위원은 다음과 같은 자가 된다(제10조 제3항).

- 기획재정부장관·교육과학기술부장관·법무부장관·행정안전부장관·문화체육관광부장관·지식경제부장관·보건복지부장관·고용노동부장관·여성가족부장관 및 위원회의 심의사항과 관련되어 위원장이 지정하는 중앙

행정기관의 장
• 아동관련 단체의 장이나 아동에 대한 학식과 경험이 풍부한 자 중 위원장이 위촉하는 15인 이내의 위원

아동정책조정위원회의 심의 · 조정사항은 다음과 같다(제10조 제2항).

• 아동정책 및 아동의 권리증진의 기본방향에 관한 사항
• 아동정책의 개선과 예산지원에 관한 사항
• 아동정책에 관한 관련부처 간 협조사항
• 아동관련 국제조약의 이행 및 평가 · 조정에 관한 사항
• 그 밖에 위원장이 부의하는 사항

특히 위원회는 국제조약의 이행확인(제10조 제2항 제4호)을 위하여 필요한 업무를 관계 전문기관 또는 단체에게 위탁할 수 있고(제10조 제4항), 필요하다고 인정하는 때에는 관계행정기관에 대하여 그 소속직원의 출석 · 설명과 자료의 제출을 요구할 수 있다(제10조 제5항). 기타 위원회의 구성 및 운영 등에 관하여 필요한 사항은 대통령령으로 정한다(제10조 제6항).

2) 아동위원

아동위원이란 시 · 군 · 구에서(제14조 제1항) 그 관할구역 안의 아동에 대하여 항상 그 생활상태 및 가정환경을 상세히 파악하고 아동복지에 관하여 필요한 원조와 지도를 행하며, 아동복지전담공무원 및 관계행정기관과 협력하는 민간인을 말한다(제14조 제2항). 그러므로 아동위원은 명예직이며, 그 활동에 대해서 수당이 지급될 수 있다(제14조 제4항). 아동위원은 그 업무의 원활한 수행을 위하여 적절한 교육을 받을 수 있다(제14조 제3항). 기타 아동위원에 관하여 필요한 사항은 당해 시 · 군 · 구의 조례로 정한다(제14조 제5항).

3) 아동복지전담공무원

아동복지전담공무원은 아동복지에 관한 다음의 사항을 수행하는 사회복지전담공무원을 말한다(제13조 제1항). 이들은 특별시 · 광역시 · 도 및 시 · 군 · 구에 둔다(제13조 제1항). 아동복지전담공무원은 사회복지사업법 제11조에 따른 사회복지사의 자격을 가진 사람으로 하고 그 업무는 다음과 같다.

- '보호대상아동'[2]에 대한 적절한 보호조치
- 아동 및 그 가족 또는 관계인에 대한 상담
- 아동지도에 필요한 가정환경의 조사
- 아동에 관한 전문적 · 기술적 지도를 필요로 하는 경우의 개별지도 · 집단지도 및 그 알선
- 아동복지시설[3] 또는 보호대상아동에 대한 조사 · 지도 및 감독
- 아동을 위한 지역사회자원의 활용 알선
- 지역사회의 학교부적응아, 비행청소년에 대한 예방 · 지도 및 원조
- 기타 아동의 복지증진 및 육성에 관한 업무

4) 보건소

보건소는 아동복지법과 관련하여 다음과 같은 업무를 행한다(제36조).

- 아동의 전염병 예방조치
- 아동의 건강상담, 신체검사와 보건위생에 관한 지도
- 아동의 영양개선

---

2. '보호대상아동'이란 보호자가 없거나 보호자로부터 이탈된 아동 또는 보호자가 아동을 학대하는 경우 등 그 보호자가 아동을 양육하기에 부적당하거나 양육할 능력이 없는 경우의 아동을 말한다(제3조 제4호). 또한 아동복지법상의 아동은 가정폭력범죄의처벌등에관한특례법 제2조 제8호에 의하여 가정폭력범죄로부터 보호받는 아동이기도 하다.
3. '아동복지시설'이란 아동복지법 제50조의 규정(아동복지시설규정)에 의하여 설치된 시설을 말한다(제3조 제10호).

4 복지조치

1) 아동의 건강 및 안전

국가, 보호자 및 국민은 아동의 건강과 안전을 위하여 노력하여야 한다. 아동의 보호자의 경우 아동의 건강유지와 향상을 위하여 최선의 주의와 노력을 하여야 하지만(제5조), 나아가 국민, 국가 및 지방자치단체도 안전기준 마련 및 준수, 교육 실시 및 아동보호구역 감시에서 구체적 노력이 필요하다.

구체적으로 국가는 대통령령이 정하는 바에 따라 아동복지시설과 아동용품에 대한 안전기준을 정하고 아동용품을 제작 · 설치 · 관리하는 자에게 이를 준수하도록 하여야 하고(제30조), 어린이집, 유치원, 초 · 중 · 고등학교의 장은 대통령령이 정하는 바에 따라 교통안전, 실종 · 유괴의 예방과 방지, 약물오남용 예방 및 재난대비 안전교육 및 성폭력 예방교육을 실시하여야 한다(제31조 제1항).

국가와 지방자치단체는 유괴 등 범죄의 위험으로부터 아동을 보호하기 위하여 필요하다고 인정하는 때에는 유치원(유아교육법 제2조), 초등학교 또는 특수학교(초 · 중등교육법 제38조 및 제55조), 보육시설(영유아보육법 제10조), 도시공원(도시공원및녹지등에관한법률 제15조)의 주변구역을 아동보호구역으로 지정하여 폐쇄회로 텔레비전을 설치하거나[4] 그 밖의 필요한 조치를 할 수 있다(제32조 제1항).

2) 보호조치

(1) 보호조치의 내용

시 · 도지사 또는 시장 · 군수 · 구청장은 그 관할구역 안에서 보호대상아동을 발견하거나 보호자의 의뢰를 받은 때에는 아동의 최상의 이익을 위하여 대통령령이 정하는 바에 의하여 다음과 같은 필요한 보호조치를 하여야 한다(제15조

---

4. 이 법으로 정한 것 외에 폐쇄회로 텔레비전의 설치 등에 관한 사항은 개인정보보호법에 따른다(제32조 제3항).

제1항).[5]

- 아동복지전담공무원 또는 아동위원에게 보호대상아동 또는 그 보호자[6]에 대한 상담 · 지도를 행하게 하는 것
- 보호자 또는 대리양육을 원하는 연고자에 대하여 그 가정에서 보호양육할 수 있도록 필요한 조치를 하는 것
- 아동의 보호를 희망하는 자에게 보호대상아동의 보호를 위탁하는 것
- 보호대상아동에 적합한 아동복지시설에 입소시키는 것
- 약물 및 알코올 중독, 정서장애, 발달장애, 성폭력피해 등으로 특수한 치료나 요양 등의 보호대상아동에 대하여 전문치료기관 또는 요양소에 입원 또는 입소시키는 것

시 · 도지사 또는 시장 · 군수 · 구청장은 가정위탁(제15조 제1항 제3호), 아동복지시설 입소(제15조 제1항 제4호), 전문치료기관 또는 요양소 입원 또는 입소(제15조 제1항 제5호), 입양특례법에 따른 입양과 관련하여 필요한 조치(제15조 제1항 제6호) 등이 이루어지기 전까지 필요한 경우에는 적당하다고 인정하는 자에게 일시 위탁하여 그 보호대상아동을 보호하게 할 수 있다(제15조 제4항). 위의 네 가지 보호조치(제3호~제6호)를 행할 경우에는 시 · 도지사 또는 시장 · 군수 · 구청장은 당해 보호대상아동의 의사를 존중하여야 하며, 보호자가 있을 경우에는 그 의견을 들어야 한다(제15조 제3항).

시 · 도지사 또는 시장 · 군수 · 구청장은 상담지도(제15조 제1항 제1호), 보호양육조치(제15조 제1항 제2호)의 보호조치가 적합하지 아니한 자에 대하여 제3호에서 제6호까지의 보호조치를 할 수 있다(제15조 제2항).[7] 이 경우 시설의 장은 당해

5. 입양기관의 장이 입양 알선이 곤란한 자라고 보고한 경우에도 그 보고를 받은 시 · 도지사 또는 시장 · 군수 · 구청장은 보호조치(아동복지법 제15조)를 지체 없이 취하여야 한다(입양촉진및절차에관한특례법 제15조 제2항).

6. '보호자'라 함은 친권자, 후견인, 아동을 보호 · 양육 · 교육하거나 그 의무가 있는 자 또는 업무 · 고용 등의 관계로 사실상 아동을 보호 · 감독하는 자를 말한다(제2조 제3호).

7. 이 외에도 소년부판사가 심리의 결과 보호처분의 필요가 있다고 인정한 때에는 그 결정으로써 아동복지법상의 아동복지시설에 감호를 위탁할 수 있다(소년법 제32조 제1항 제6호).

보호대상아동의 개별보호 · 관리계획을 세워 보호하여야 하며, 보호대상아동의 보호자를 참여시킬 수 있다(제15조 제2항).

시 · 도지사 또는 시장 · 군수 · 구청장은 그 관할구역 안에서 약물 및 알코올 중독, 정서장애, 발달장애 등의 문제 발생 가능성이 있는 아동의 가정에 대하여 예방차원에서의 적절한 조치를 강구하여야 한다.

(2) 시설보호아동에 대한 퇴소조치 등

아동복지시설에 입소한 보호대상아동의 연령이 18세에 달하였거나, 보호의 목적을 달성하였다고 인정될 때에는 당해 시설의 장은 그 보호 중인 아동을 퇴소시켜야 한다(제16조 제1항). 아동이 다음 어느 하나에 해당하는 경우에는 시설의 장이 보호기간을 연장할 수 있다(제16조 제2항).

- 고등교육법 제2조의 규정에 따른 대학 이하의 학교에 재학 중인 경우
- 제52조 제1항 제1호의 아동양육시설 또는 근로자직업능력개발법 제2조 제3호의 직업능력개발훈련시설에서 교육 · 훈련 중인 경우
- 그 밖의 시설에서 계속 보호 · 양육이 필요하다고 인정하여 대통령령이 정하는 경우

3) 친권상실 및 후견인

시 · 도지사 또는 시장 · 군수 · 구청장은 아동의 친권자가 그 친권을 남용하거나 현저한 비행, 기타 친권을 행사할 수 없는 중대한 사유가 있는 것을 발견한 경우 아동의 복지를 위하여 필요하다고 인정할 때에는 법원에 친권행사의 제한 또는 친권상실의 선고를 청구하여야 한다(제18조 제1항). 또한 이와 같은 사유에 해당하는 경우 아동복지전담기관, 아동복지시설, 초 · 중등교육법에 따른 학교의 장은 시 · 도지사 또는 시장 · 군수 · 구청장에 대하여 친권행사 제한 또는 친권상실의 선고를 청구하도록 요청할 수 있다(제18조 제2항).

시 · 도지사 또는 시장 · 군수 · 구청장은 친권자 또는 후견인이 없는 아동을 발

견한 경우 그 복지를 위하여 필요하다고 인정할 때에는 법원에 후견인의 선임 또는 그 해임을 청구하여야 한다. 이 경우 당해 아동의 의견을 존중하여야 한다(제19조 제3항). 특히 아동복지시설에 입소 중인 보호대상아동에 대하여는 '보호시설에있는미성년자의후견직무에관한법률'을 적용한다(제19조 제4항).

4) 아동복지시설

(1) 설치, 휴지 및 폐지

국가 또는 지방자치단체는 아동복지시설을 설치할 수 있다(제50조 제1항). 그러나 이 이외의 자는 관할 시장 · 군수 · 구청장에게 신고하고 아동복지시설을 설치할 수 있다(제50조 제2항). 기타 시설기준 및 설치 등에 관하여 필요한 사항은 보건복지부령으로 정한다(제50조 제3항). 그리고 아동복지시설을 폐지 또는 휴지하거나 그 운영을 재개하고자 하는 자는 보건복지부령이 정하는 바에 따라 미리 시장 · 군수 · 구청장에게 신고하여야 한다.

(2) 아동복지시설의 종류

아동복지시설[8]의 종류는 다음과 같으며(제52조 제1항), 이 아동복지시설들은 종합시설로 설치할 수 있다(제52조 제2항).

- 아동양육시설: 보호대상아동을 입소시켜 보호, 양육하는 것을 목적으로 하는 시설
- 아동일시보호시설: 보호대상아동을 일시보호하고 아동에 대한 향후의 양육대책 수립 및 보호조치를 행하는 것을 목적으로 하는 시설
- 아동보호치료시설: 불량행위를 하거나 불량행위를 할 우려가 있는 아동으로서 보호자가 없거나 친권자나 후견인이 입소를 신청한 아동 또는 가정법원, 지

---

8. 아동복지시설은 '보호시설에있는미성년자의후견직무에관한법률시행령'에 의하여 동법의 적용을 받는 '보호시설'이 될 수 있다(제2조 제1호 가목).

방법원 소년부지원에서 보호 위탁된 아동을 입소시켜 그들을 선도하여 건전한 사회인으로 육성하는 것을 목적으로 하는 시설

- 아동직업훈련시설: 아동복지시설에 입소되어 있는 만 15세 이상의 아동과 생활이 어려운 가정의 아동에 대하여 자활에 필요한 지식과 기능을 습득시키는 것을 목적으로 하는 시설
- 자립지원시설: 아동복지시설에서 퇴소한 자에게 취업준비기간 또는 취업 후 일정 기간 보호함으로써 자립을 지원하는 것을 목적으로 하는 시설
- 아동단기보호시설: 일반가정에 아동을 보호하기 곤란한 일시적 사정이 있는 경우 아동을 단기간 보호하며 가정의 복지에 필요한 지원조치를 하는 것을 목적으로 하는 시설
- 아동상담소: 아동과 그 가족의 문제에 관한 상담, 치료, 예방 및 연구 등을 목적으로 하는 시설
- 아동전용시설: 어린이공원, 어린이놀이터, 아동회관, 체육, 연극, 영화, 과학실험전시시설, 아동휴게숙박시설, 야영장 등 아동에게 건전한 놀이 · 오락, 기타 각종 편의를 제공하여 심신의 건강유지와 복지증진에 필요한 서비스를 제공하는 것을 목적으로 하는 시설
- 아동복지관: 지역사회 아동의 건전육성을 위하여 심신의 건강유지와 복지증진에 필요한 서비스를 제공하는 것을 목적으로 하는 시설
- 공동생활가정: 보호대상아동에게 가정과 같은 주거여건과 보호를 제공하는 것을 목적으로 하는 시설
- 지역아동센터: 지역사회 아동의 보호 · 교육, 건전한 놀이와 오락의 제공, 보호자와 지역사회의 연계 등 아동의 건전육성을 위하여 종합적인 아동복지서비스를 제공하는 시설

특히 아동전용시설에는 국가와 국민의 책임을 추가로 규정하고 있는데, 즉 국가와 지방자치단체는 아동이 항상 이용할 수 있는 아동전용시설을 설치하도록 노력하여야 하며(제53조 제1항), 아동이 이용할 수 있는 문화 · 오락시설 · 교통, 기타 서비스시설 등을 설치 · 운영하는 자는 대통령령이 정하는 바에 의하여 아동의 이용편의를 고려한 편익설비를 갖추고, 아동에 대한 입장료와 이용료 등을

감면할 수 있다(제53조 제2항). 이와 같은 아동전용시설의 설치기준 등에 관하여 필요한 사항은 보건복지부령으로 정한다(제53조 제3항).

(3) 아동복지시설의 고유업무 외 사업

아동복지시설은 각 시설의 고유업무 외에도 다음과 같은 사업을 실시할 수 있다(제52조 제3항).

- 아동가정지원사업: 지역사회 아동의 건전한 발달을 위하여 아동, 가정, 지역주민에게 상담, 조언 및 정보를 제공해 주는 사업
- 아동주간보호사업: 부득이한 사유로 가정에서 낮 동안 보호를 받을 수 없는 아동을 대상으로 개별적인 보호와 교육을 통하여 아동의 건전한 성장을 도모하는 사업
- 아동전문상담사업: 학교부적응아동 등을 대상으로 올바른 인격형성을 위한 상담, 치료 및 학교폭력예방을 실시하는 사업
- 학대아동보호사업: 학대아동의 발견, 보호, 치료 및 아동학대의 예방 등을 전문적으로 실시하는 사업
- 공동생활가정사업: 보호대상아동에게 가정과 같은 주거여건과 보호를 제공하는 것을 목적으로 하는 사업
- 방과 후 아동지도사업: 저소득층 아동을 대상으로 방과 후 개별적인 보호와 교육을 통하여 건전한 인격형성을 목적으로 하는 사업

(4) 시설 종사자

아동복지전담기관 및 아동복지시설의 장은 보호아동의 권리를 최대한 보장하여야 한다(제57조). 이를 위해 친권자가 있는 경우 보호아동의 가정복귀를 위하여 적절한 상담과 지도를 병행하여야 하며(제57조), 시설에는 필요한 전문인력을 배치하여야 한다(제54조 제1항). 기타 아동복지시설 종사자의 직종과 수, 그 자격 및 배치기준은 대통령령으로 정한다(제54조 제2항).

아동복지시설 종사자[9]의 양성 및 자질향상을 위해서 시 · 도지사 또는 시장 · 군수 · 구청장은 교육 · 훈련을 실시하여야 한다(제55조 제1항). 시 · 도지사 또는 시장 · 군수 · 구청장은 이러한 교육 · 훈련을 대학(전문대학을 포함) 또는 아동복지단체, 기타 교육훈련시설에 위탁하여 실시할 수 있다(제55조 제2항).

(5) 시설의 개선, 사업의 정지, 폐쇄 등

보건복지부장관, 시 · 도지사 또는 시장 · 군수 · 구청장은 아동복지시설, 교육훈련시설(대학 및 전문대학은 제외)이 다음 사항에 해당하는 때에는 소관에 따라 그 시설의 개선, 사업의 정지, 위탁의 취소 또는 시설의 장의 교체를 명하거나 시설의 폐쇄를 명할 수 있다(제56조 제1항). 다만 청문을 실시하여야 한다(제67조).

- 시설이 설치기준에 미달하게 된 때
- 사회복지법인 또는 비영리법인이 설치 · 운영하는 시설의 경우 그 사회복지법인 또는 비영리법인의 설립허가가 취소된 때
- 설치목적의 달성, 기타의 사유로 계속하여 운영될 필요가 없다고 인정할 때
- 기타 이 법 또는 이 법에 의한 명령에 위반한 때

5) 아동복지단체의 육성

국가 및 지방자치단체는 아동의 권리를 보장하고 복지증진을 목적으로 설립된 기관 및 단체(아동복지단체)를 지도 · 육성할 수 있다(제58조).

---

9. '아동복지시설 종사자'란 아동복지시설에서 아동의 상담 · 지도 · 치료 · 양육 · 기타 아동의 복지에 관한 업무를 담당하는 자를 말한다(제3조 제11호).

5 아동학대[10]와 아동보호전문기관

1) 아동학대의 예방과 방지

국가와 지방자치단체는 아동학대의 예방과 방지를 위하여 아동학대의 예방과 방지를 위한 각종 정책의 수립 및 시행, 아동학대의 예방과 방지를 위한 연구·교육·홍보 및 아동학대 실태조사, 아동학대에 관한 신고체제의 구축·운영, 그 밖에 대통령령으로 정하는 아동학대의 예방과 방지를 위한 사항의 조치를 취하여야 한다(제22조 제1항).

이를 위하여 국가와 지방자치단체는 아동학대를 예방하고 수시로 신고를 받을 수 있도록 긴급전화를 설치하여야 하고(제22조 제2항), 보건복지부장관은 아동학대의 실태를 파악하며, 아동학대의 예방 및 방지에 관한 정책 수립을 위하여 5년마다 아동종합실태조사를 실시하고 그 결과를 발표하여야 한다(제11조 제1항).

또한 국가와 지방자치단체는 아동보호전문기관의 장이 학대받은 아동의 보호, 치료 등의 업무를 수행함에 있어서 학대받은 아동, 그 보호자 또는 아동학대행위자에 대한 신분조회 등 필요한 조치의 협조를 요청할 경우 정당한 사유가 없는 한 이에 적극 응하여야 한다(제22조 제3항).

2) 아동보호전문기관의 설치와 업무

아동보호전문기관에는 중앙 및 지역의 두 종류가 있다. 중앙아동보호전문기관은 아동학대예방사업을 활성화하고 지역 간 연계체계를 구축하기 위하여 국가가 설치한다(제45조 제1항). 지역아동보호전문기관은 학대받은 아동의 발견, 보호, 치료에 대한 신속처리 및 아동학대예방을 담당하기 위하여 지방자치단체에 의하여 시·도 및 시·군·구에 설치된다(제45조 제2항). 이렇게 설치된 아동보호전문

---

10. '아동학대'란 보호자를 포함한 성인에 의하여 아동의 건강·복지를 해치거나 정상적 발달을 저해할 수 있는 신체적·정신적·성적 폭력 또는 가혹행위 및 아동의 보호자에 의하여 이루어지는 유기와 방임을 말한다(제3조 제7호).

기관을 보건복지부장관, 시 · 도지사 및 시장 · 군수 · 구청장은 아동학대예방사업을 목적으로 하는 비영리법인을 지정하여 그 운영을 위탁할 수 있다(제45조 제4항).

중앙아동보호전문기관의 업무는 다음과 같다(제46조 제1항).

- 지역아동보호전문기관에 대한 지원
- 아동학대예방사업과 관련된 연구 및 자료 발간
- 효율적인 아동학대예방사업을 위한 연계체제 구축
- 아동학대예방사업을 위한 프로그램 개발 및 평가
- 상담원 직무교육, 아동학대예방 관련 교육 및 홍보
- 아동보호전문기관 전산시스템 구축 및 운영
- 그 밖에 대통령령으로 정하는 아동학대예방사업과 관련된 업무

또한 지역아동보호전문기관의 업무는 다음과 같다(제46조 제2항).

- 아동학대 신고접수, 현장조사 및 응급보호
- 학대받은 아동, 아동학대행위자를 위한 상담 및 교육
- 아동학대예방 교육 및 홍보
- 학대가정의 사후관리
- 아동학대사례판정위원회 설치 · 운영 및 자체사례회의 운영
- 그 밖에 대통령령으로 정하는 아동학대예방사업과 관련된 업무

3) 아동학대의 신고

(1) 신고자

누구든지 아동학대를 알게 된 때에는 아동보호전문기관 또는 수사기관에 신고할 수 있다(제25조 제1항).[11] 특히 다음과 같은 사람들[12]은 그 직무상 아동학대를 알게 된 때에는 즉시 아동보호전문기관 또는 수사기관에 신고하여야 한다(제25조

제2항). 신고인의 신분은 보호되어야 하며 그 의사에 반하여 신원이 노출되어서는 아니 된다(제25조 제3항).

- 가정위탁지원센터의 장과 그 종사자
- 아동복지시설의 장과 그 종사자[13]
- 제13조에 따른 아동복지전담공무원
- 가정폭력방지및피해자보호등에관한법률 제5조에 따른 가정폭력 관련 상담소 및 같은 법 제7조의2에 따른 가정폭력피해자 보호시설의 장과 그 종사자
- 건강가정기본법 제35조에 따른 건강가정지원센터의 장과 그 종사자
- 다문화가족지원법 제12조에 따른 다문화가족지원센터의 장과 그 종사자
- 사회복지사업법 제14조에 따른 사회복지 전담공무원 및 같은 법 제34조에 따른 사회복지시설의 장과 그 종사자
- 성매매방지및피해자보호등에관한법률 제5조에 따른 지원시설 및 같은 법 제10조에 따른 성매매피해상담소의 장과 그 종사자
- 성폭력방지및피해자보호등에관한법률 제10조에 따른 성폭력피해상담소 및 같은 법 제12조에 따른 성폭력피해자보호시설의 장과 그 종사자
- 소방기본법 제34조에 따른 구급대의 대원
- 응급의료에 관한 법률 제36조에 따른 응급구조사
- 영유아보육법 제10조에 따른 어린이집의 원장 등 보육교직원
- 유아교육법 제20조에 따른 교직원 및 같은 법 제23조에 따른 강사 등
- 의료기사등에관한법률 제1조에 따른 의료기사
- 의료법에 따른 의료인과 의료기관의 장
- 장애인복지법 제58조에 따른 장애인복지시설의 장과 그 종사자로서 시설에서 장애아동에 대한 상담 · 치료 · 훈련 또는 요양 업무를 수행하는 사람
- 정신보건법 제13조의2에 따른 정신보건센터의 장과 그 종사자

---

11. 가정폭력범죄의처벌등에관한특례법 제4조 제3항 참조.
12. 이들의 자격취득교육과정에서 아동학대예방 및 신고의무와 관련된 교육이 시행되어야 한다(제26조 제1항).
13. 가정폭력범죄의처벌등에관한특례법 제4조 제2항 제3호 참조.

- 청소년기본법 제3조 제6호에 따른 청소년시설 및 같은 조 제8호에 따른 청소년단체의 장과 그 종사자
- 청소년보호법 제33조의2에 따른 청소년보호센터 및 청소년재활센터의 장과 그 종사자
- 초 · 중등교육법 제19조에 따른 교직원, 같은 법 제19조의2에 따른 전문상담교사 및 같은 법 제22조에 따른 산학겸임교사 등
- 한부모가족지원법 제19조에 따른 한부모가족복지시설의 장과 그 종사자
- 학원의 설립 · 운영 및 과외교습에 관한 법률 제6조에 따른 학원의 운영자 · 강사 · 직원 및 같은 법 제14조에 따른 교습소의 교습자 · 직원

(2) 응급조치의무 등

아동학대신고를 접수한 아동보호전문기관 직원이나 사법경찰관리는 지체 없이 아동학대의 현장에 출동하여야 하며, 아동학대행위자로부터의 격리 또는 치료가 필요한 때에는 아동보호전문기관 또는 치료기관의 인도에 필요한 조치를 하여야 한다(제27조 제1항, 제2항). 아동학대의 신고를 접수한 아동보호전문기관이나 수사기관은 대통령령이 정하는 바에 따라 학대받은 아동의 보호와 학대의 방지를 위하여 가정보호양육(제15조 제1항 제2호), 가정위탁(제15조 제1항 제3호), 아동보호시설입소(제15조 제1항 제4호)의 조치 등을 의뢰할 수 있다(제27조 제2항).

4) 아동학대사건의 조사와 심리

법원의 심리과정에서 변호사, 법정대리인, 직계친족, 형제자매, 아동보호전문기관의 상담원은 학대아동사건의 심리에 있어서 보조인이 될 수 있다(제21조 제1항). 다만 변호사가 아닌 경우에는 법원의 허가를 받아야 한다(제21조 제1항 단서).

아동학대의 피해자를 증인으로 신문하는 경우 검사, 피해자 또는 아동보호전문기관의 신청이 있는 때에는 법원은 피해자와 신뢰관계에 있는 자의 동석을 허가할 수 있다(제21조 제2항). 수사기관이 피해자를 조사하는 경우에도 동일하다(제21조 제3항).

6 가정위탁지원센터와 지역연계체계

1) 가정위탁지원센터의 설치와 목적

국가는 가정위탁사업을 활성화하고 지역 간 연계체계를 구축하기 위하여 중앙가정위탁지원센터를 두며(제48조 제1항), 시 · 도 및 시 · 군 · 구에는 보호대상아동에 대한 가정위탁사업을 활성화하기 위하여 지역가정위탁지원센터를 둔다(제48조 제2항). 이 센터는 가정위탁지원을 목적으로 하는 비영리법인에게 위탁하여 운영하게 할 수 있다(제48조 제4항).

가정위탁지원센터의 상담원의 자격 및 배치기준 등 설치기준과 운영, 위탁 지정의 요건 등에 관하여 필요한 사항은 대통령령으로 정한다(제48조 제5항).

2) 가정위탁지원센터의 업무

중앙가정위탁지원센터는 다음과 같은 업무를 수행한다(제49조 제1항).

- 지역가정위탁지원센터에 대한 지원
- 효과적인 가정위탁사업을 위한 연계체계 구축
- 가정위탁사업과 관련된 연구 및 자료발간
- 가정위탁사업을 위한 프로그램의 개발 및 평가
- 상담원에 대한 교육 등 가정위탁에 관한 교육 및 홍보
- 가정위탁사업을 위한 정보기반 구축 및 정보제공
- 그 밖에 대통령령이 정하는 가정위탁사업과 관련된 업무

그리고 지역가정위탁지원센터는 다음과 같은 업무를 수행한다(제49조 제2항).

- 가정위탁사업의 홍보 및 위탁가정의 발굴
- 가정위탁을 하고자 하는 가정 및 가정위탁 대상아동의 조사

- 가정위탁 부모의 교육
- 가정위탁을 하는 가정의 사후관리
- 그 밖에 대통령령이 정하는 가정위탁사업과 관련된 업무

7 아동의 보호

1) 아동 위해행위 금지

누구든지 아동에게 피해를 입히는 다음과 같은 행위를 하여서는 아니 된다(제17조).

- 아동의 신체에 손상을 주는 학대행위
- 아동에게 성적 수치심을 주는 성희롱, 성폭행 등의 학대행위
- 아동의 정신건강 및 발달에 해를 끼치는 정서적 학대행위
- 자신의 보호 · 감독을 받는 아동을 유기하거나 의식주를 포함한 기본적 보호 · 양육 및 치료를 소홀히 하는 방임행위
- 아동을 타인에게 매매하는 행위
- 아동에게 음행을 시키거나 음행을 매개하는 행위
- 장애를 가진 아동을 공중에 관람시키는 행위
- 아동에게 구걸을 시키거나 아동을 이용하여 구걸하는 행위[14]
- 공중의 오락 또는 흥행을 목적으로 아동의 건강 또는 안전에 유해한 곡예를 시키는 행위
- 정당한 권한을 가진 알선기관 외의 자가 아동의 양육을 알선하고 금품을 취득하는 행위
- 아동을 위하여 증여 또는 급여된 금품을 그 목적 외의 용도에 사용하는 행위

---

14. 이 행위는 가정폭력범죄의처벌등에관한특례법에 의하여 '가정폭력범죄'에 해당한다(가정폭력범죄의처벌등에관한특례법 제2조 제3호 차목).

2) 국가의 의무

보건복지부장관, 시·도지사 또는 시장·군수·구청장은 필요하다고 인정할 때에는 관계공무원, 아동복지전담공무원으로 하여금 아동복지시설과 아동의 주소·거소, 아동의 고용장소 또는 제17조의 금지행위를 위반할 우려가 있는 장소에 출입하여 아동 또는 관계인에 대하여 필요한 조사를 하거나 질문을 하게 할 수 있다(제66조 제1항). 이 경우 관계공무원, 아동복지전담공무원은 그 권한을 증명하는 증표를 제시하여야 한다(제66조 제2항).

3) 수급금품의 보호 및 비밀누설의 금지

누구도 아동복지법에 의하여 지급된 금품과 이를 받을 권리는 압류하지 못하며(제64조), 아동복지사업 또는 아동보호전문기관을 포함하여 아동복지업무에 종사하였거나 종사하는 자는 그 직무상 지득한 비밀을 누설하지 못한다(제65조).

8 재정지원 및 제한

1) 비용 보조

국가 및 지방자치단체는 대통령령이 정하는 바에 의하여 다음과 같은 비용의 전부 또는 일부를 보조할 수 있다(제59조).

- 아동복지시설의 설치 및 운영과 프로그램의 운용에 필요한 비용 또는 수탁보호 중인 아동의 양육 및 보호관리에 필요한 비용
- 보호대상아동의 대리양육이나 가정위탁보호에 따른 비용
- 아동복지사업의 지도·감독, 계몽 및 선전에 필요한 비용
- 아동보호전문기관의 설치·운영에 소요되는 비용

- 제37조에 따른 취약계층 아동에 대한 통합서비스지원에 필요한 비용
- 제38조에 따른 보호대상아동의 자립지원에 필요한 비용
- 제42조에 따른 자산형성지원사업에 필요한 비용
- 제58조의 규정에 의한 아동복지단체의 지도 · 육성에 필요한 비용

2) 비용의 징수

시 · 도지사, 시장 · 군수 · 구청장 또는 아동복지시설의 장은 가정위탁(제15조 제1항 제3호), 아동복지시설 입소(제15조 제1항 제4호), 전문치료기관 또는 요양소 입원 또는 입소(제15조 제1항 제5호), 아동일시보호시설 입소 또는 적당하다고 인정되는 자에게 일시 위탁 보호(제15조 제4항), 예방차원의 적절한 조치(제15조 제5항) 등에 필요한 비용의 전부 또는 일부를 대통령령으로 정하는 바에 따라 각각 그 아동의 부양의무자로부터 징수할 수 있다(제60조).

3) 국유재산의 대부 등

국가 또는 지방자치단체는 아동복지시설의 설치 · 운영을 위하여 필요하다고 인정하는 경우 국유재산법 및 공유재산및물품관리법에도 불구하고 국유 · 공유재산을 무상으로 대부하거나 사용 · 수익하게 할 수 있다(제60조 제1항). 이때 국유 · 공유 재산의 대부 · 사용 · 수익의 내용 및 조건에 관하여는 해당 재산을 사용 · 수익하고자 하는 자와 해당 재산의 중앙관서의 장 또는 지방자치단체의 장 간의 계약에 의한다(제60조 제2항).

4) 면 세

아동복지시설에서 그 보호아동을 위하여 사용하는 건물 및 토지, 시설 설치 및 운영에 소요되는 비용에 대하여는 조세특례제한법, 기타 관계법령이 정하는 바에 의하여 조세, 기타의 공과금을 면제할 수 있다(제63조).

5) 보조금의 반환명령

국가 또는 지방자치단체는 아동복지시설의 장 등 보호수탁자, 대리양육자 및 아동복지단체의 장이 다음과 같은 행위를 한 때에는 이미 교부한 보조금의 전부 또는 일부의 반환을 명할 수 있다(제61조).

- 보조금의 교부조건에 위반한 때
- 사위, 기타 부정한 방법으로 보조금의 교부를 받은 때
- 아동복지전담기관 또는 아동복지시설의 경영에 관하여 개인의 영리를 도모하는 행위를 한 때
- 이 법 또는 이 법에 의한 명령에 위반한 때
- 보조금의 사용 잔액이 있을 때

9 벌칙

전술한 바와 같이 아동복지법은 아동의 복지를 해하는 행위를 규정하고 이를 금지하고 있으며(제17조), 이를 포함한 동법의 위법행위의 여러 가지 형태를 처벌하고 있다.

아동위해행위금지 규정(제17조)을 위반한 자는 다음의 구분에 따라 처벌된다(제71조). 특히 상습범은 그 죄에 정한 형의 2분의 1까지 가중한다(제72조).

- 제17조 제1호 또는 제2호에 해당하는 행위를 한 자는 10년 이하의 징역 또는 3천만 원 이하의 벌금에 처한다.[15] [16]
- 제17조 제1호 내지 제4호, 제7호 및 제8호에 해당하는 행위를 한 자는 5년

15. 제17조 제1호의 경우 미완성의 행위도 '미수범'으로 처벌된다(제73조).

16. 제17조 제1호 또는 제2호의 위반은 '중대범죄'로 처벌된다(범죄수익은닉의규제및처벌등에관한법률 제2조 제1호 별표).

이하의 징역 또는 1천5백만 원 이하의 벌금에 처한다.

- 제17조 제10호 또는 제11호에 해당하는 행위를 한 자는 3년 이하의 징역 또는 2천만 원 이하의 벌금에 처한다.
- 제17조 제9호에 해당하는 행위를 한 자는 1년 이하의 징역 또는 500만 원 이하의 벌금에 처한다.

또한 다음과 같은 행위는 1년 이하의 징역 또는 500만 원 이하의 벌금에 처해진다(제71조 제2항).

- 제25조 제3항을 위반하여 신고인의 인적사항 또는 신고인임을 미루어 알 수 있는 사실을 다른 사람에게 알려주거나 공개 또는 보도한 자
- 제27조 제5항을 위반하여 폭행이나 협박을 하거나 현장 조사를 거부하는 등 업무 수행을 방해한 자
- 제50조 제2항에 따른 신고를 하지 아니하고 아동복지시설을 설치한 자
- 거짓으로 서류를 작성하여 제54조 제1항에 따른 아동복지시설 전문인력의 자격을 인정받은 자
- 제56조에 따른 사업의 정지, 위탁의 취소 또는 시설의 폐쇄명령을 받고도 그 시설을 운영하거나 사업을 한 자
- 제65조를 위반하여 비밀을 누설한 자
- 제66조 제1항에 따른 조사를 거부 · 방해 또는 기피하거나 질문에 대하여 답변을 거부 · 기피 또는 거짓 답변을 하거나, 아동에게 답변을 거부 · 기피 또는 거짓 답변을 하게 하거나 그 답변을 방해한 자

특히 아동복지법은 양벌규정을 두고 있는데, 법인의 대표자 또는 법인이나 개인의 대리인, 사용인, 기타의 종업원이 그 법인 또는 개인의 업무에 관하여 제71조의 위반행위를 한 때에는 그 행위자를 벌하는 외에 그 법인 또는 개인에 대하여도 각 해당 조의 벌금형을 과한다(제74조).

아동복지법의 체계

총 칙

- 목적(법 § 1)
- 용어의 정의(법 § 3)
- 기본이념(법 § 2)
  - 책임(법 § 4)
    - 아동관련 국제조약의 이행 확인 등(영 § 10)
- 아동정책조정위원회(법 § 10)
- 아동복지전담공무원(법 § 13)
- 보건소(법 § 36)
  - 아동관련 국제조약의 이행 확인 등(영 § 10)
  - 아동보호전문기관 직원의 자격 등(영 § 43)
- 아동위원(법 § 14)

복지 시책과 복지조치

- 어린이날 및 어린이주간(법 § 6)
- 아동의 건강(법 § 35)
- 아동보호구역에서의 폐쇄회로 텔레비전 설치 등 (법 § 32)
- 아동복지단체의 육성(법 § 58)
  - 아동복지시설 및 아동용품의 안전기준(영 § 27)
  - 아동의 안전에 대한 교육(영 § 28)
- 보호조치(법 § 15)
  - 가정위탁보호의 신청 등(영 § 14)
  - 입소조치 의뢰 등(영 § 15)
  - 입원 등 조치의 의뢰(영 § 17)
  - 귀가조치(영 § 16)
  - 일시보호의 의뢰(영 § 19)
  - 아동에 관한 조치의 통보(규칙 § 10)
  - 보호조치의 변경(규칙 § 11)
  - 친권상실 선고 등의 청구(법 § 18)
  - 아동의 후견인 선임청구(법 § 19)
  - 보호대상아동에 대한 퇴소조치 등 (법 § 16)
    - 보호기간의 연장(영 § 22)
    - 시설보호아동에 대한 퇴소 또는 보호기간 연장보고 (규칙 § 12)

아동복지 시설

- 아동복지시설의 설치(법 § 50)
- 아동전용시설의 설치(법 § 53)
  - 아동전용시설의 입장료 등의 감면(영 § 51)
  - 시설의 설치신고 등(규칙 § 23)
  - 시설기준 등(규칙 § 24)
  - 아동전용시설의 설치기준 등(규칙 § 27)
  - 아동복지시설의 종류(법 § 52)
    - 아동보호전문기관의 설치기준 등(영 § 42)
    - 가정위탁지원센터의 설치기준 등(영 § 47)
    - 시설의 보호기간 등(규칙 § 26)
  - 휴업 · 폐업 등의 신고(법 § 51)
  - 시설의 개선, 사업의 정지, 폐쇄 등 (법 § 56)
  - 청문(법 § 67)
    - 휴업 · 폐업 등의 신고(규칙 § 25)
- 시설의 장의 의무(법 § 57)
- 아동복지시설종사자(법 § 54)
  - 아동복지시설종사자의 배치기준(영 § 52)
  - 아동복지시설종사자의 교육훈련 (법 § 55)

- **아동 학대와 아동보호 전문기관**
  - • 아동학대의 예방과 방지의무(법 § 22)
    - –긴급전화의 설치 · 운영 등(영 § 24)
  - • 아동보호전문기관의 설치 등(법 § 45)
    - –긴급전화의 설치 · 운영 등(영 § 24)
    - –아동보호전문기관의 설치기준 등(영 § 42)
    - –아동보호전문기관 직원의 자격(영 § 43)
    - • 아동보호전문기관의 업무(법 § 46)
      - –아동보호전문기관의 설치기준 등(영 § 42)
  - • 아동학대 신고의무와 절차(법 § 25)
    - –아동학다 의 예방 및 방지 등(영 § 23)
    - • 아동학대 신고의무자 교육(법 § 26조)
    - • 보조인의 선임 등(법 § 21)
      - –가정위탁지원센터의 설치기준 등(영 § 47)
      - –가정위탁지원센터 직원의 자격기준(영 § 48)
      - –가정위탁지원센터의 업무(영 § 50)
      - –아동보호구역의 지정 신청 등(규칙 § 16)
  - • 가정위탁지원센터의 설치 등(법 § 48)
    - –가정위탁지원센터의 설치기준 등(영 § 47)
    - –가정위탁지원센터 직원의 자격기준(영 § 48)
    - –아동보호구역의 지정 신청 등(규칙 § 16)
    - • 가정위탁지원센터의 업무(법 § 49)
      - –가정우 탁지원센터의 설치기준 등(영 § 47)
      - –가정위탁지원센터의 업무(영 § 50)
- **금지행위**
  - • 금지행위(법 § 17)
    - • 벌칙(법 § 71)
    - • 상습범(법 § 72)
    - • 미수범(법 § 73)
    - • 양벌규정(법 § 74)
- **보 칙**
  - • 비용보조(법 § 59)
  - • 비용의 징수(법 § 60)
    - –비용보조(영 § 54)
    - –비용 징수(영 § 55)
    - • 보조금의 반환명령(법 § 61)
  - • 국유재산의 대부 등(법 § 62)
  - • 면세(법 § 63)
  - • 압류금지(법 § 64)
  - • 비밀 유지의 의무(법 § 65)
  - • 권한의 위임(법 § 68)
  - • 조사 등(법 § 66)
- **벌 칙**
  - • 벌칙(법 § 71)
  - • 양벌규정(법 § 74)

출처: 아동복지법(2011. 8. 4 개정), 시행령(2012. 8. 3 개정), 시행규칙(2012. 8. 3 개정) 정리.

제 7 부

장애인복지법 분야

제19장 장애인복지법

제20장 장애아동복지지원법

제21장 장애인활동지원에관한법률

제22장 장애인연금법

제23장 정신보건법

제19장

장애인복지법

1 의의

1) 장애인복지의 이념과 목적

모든 사람은 인간으로서 존엄과 가치를 존중받아야 한다. 장애인도 인간으로서 존엄과 가치를 존중받으며, 그에 걸맞은 대우를 받아야 한다(제4조 제1항). 장애인복지의 기본이념은 장애인의 완전한 사회참여와 평등을 통한 사회통합이다(제3조). 이 장애인복지의 이념은 장애인의 국가·사회의 구성원으로서 정치·경제·사회·문화, 그 밖의 모든 분야의 활동에 참여할 권리(제4조 제2항), 장애인관련 정책결정과정에 우선적으로 참여할 권리(제4조 제3항)가 보장될 때 실현된다.

장애인복지법은 장애인복지 이념의 실현과 장애인의 인간다운 삶과 권리보장을 위하여 국가와 지방자치단체 등의 책임을 명백히 하고, 장애발생 예방과 장애인의 의료·교육·직업재활·생활환경개선 등에 관한 사업을 정하여 장애인복지대책을 종합적으로 추진하며, 장애인의 자립생활·보호 및 수당지급 등에 관하여 필요한 사항을 정하여 장애인의 생활안정에 기여하는 등 장애인의 복지와 사회활동 참여증진을 규정할 목적(제1조)으로 제정되었다.

2) 장애인의 권리와 국가의 책임

장애인은 인간으로서 존엄과 가치를 존중받으며, 그에 걸맞은 대우를 받아야 한다. 그래서 누구든지 장애를 이유로 정치 · 경제 · 사회 · 문화 생활의 모든 영역에서 차별을 받지 아니하고, 또한 누구든지 장애를 이유로 정치 · 경제 · 사회 · 문화 생활의 모든 영역에서 장애인을 차별하여서는 아니 된다(제8조 제1항). 나아가 누구든지 장애인을 비하 · 모욕하거나 장애인을 이용하여 부당한 영리행위를 하여서는 아니 되며, 장애인의 장애를 이해하기 위하여 노력하여야 한다(제8조 제2항).

그리고 장애인은 국가 및 지방자치단체로부터 보호받아야 한다. 국가 및 지방자치단체의 장애인정책의 결정과 그 실시에 장애인 및 장애인의 부모, 배우자, 그 밖에 장애인을 보호하는 자의 의견이 수렴되어야 하며, 이 경우 당사자의 의견수렴을 위한 참여가 보장되어야 한다(제5조). 장애정도가 심하여 자립하기가 매우 곤란한 장애인은 필요한 보호 등을 평생 받을 수 있어야 하고(제6조), 여성장애인에게는 자신의 권익 보호와 사회참여 확대를 위하여 기초학습과 직업교육 등 필요한 시책이 제공되어야 한다(제7조).

3) 장애인복지의 책임

장애인복지의 책임은 국가와 지방자치단체뿐만 아니라 일반 국민에게도 있다.

먼저 국가와 지방자치단체는 장애 발생을 예방하고, 장애의 조기 발견에 대한 국민의 관심을 높이며, 장애인의 자립을 지원하고, 보호가 필요한 장애인을 보호하여 장애인의 복지를 향상시킬 책임을 진다(제9조 제1항). 특히 국가와 지방자치단체는 여성장애인의 권익을 보호하기 위한 정책을 강구하여야 한다(제9조 제2항). 또한 모든 국민은 장애 발생의 예방과 장애의 조기 발견을 위하여 노력하여야 하며, 장애인의 인격을 존중하고 사회통합의 이념에 기초하여 장애인의 복지향상에 협력하여야 한다(제10조).

이러한 국가의 장애인복지정책에 대해서 국가와 지방자치단체는 장애인과 그 보호자에게 적극적으로 홍보하여야 하며, 국민이 장애인을 올바르게 이해하도록 하는 데에 필요한 정책을 강구하여야 한다(제9조 제3항). 장애인복지법은 장애인에 대한 국민의 이해를 깊게 하고 장애인의 재활의욕을 높이기 위하여 매년 4월 20일을 장애인의 날로 하며, 장애인의 날부터 1주간을 장애인 주간으로 정하였으며(제14조 제1항), 국가와 지방자치단체가 장애인의 날의 취지에 맞는 행사 등 사업을 하는 노력을 하도록 하였다(제14조 제2항).

4) 다른 법률과의 관계

장애인복지법에 정의된 장애인(제2조) 중 정신보건법과 국가유공자등예우및지원에관한법률 등 대통령령으로 정하는 다른 법률을 적용받는 장애인에 대하여는 대통령령으로 정하는 바에 따라 이 법의 적용을 제한할 수 있다(제15조).

국가와 지방자치단체는 이 장애인복지법의 목적을 달성하기 위하여 필요한 법제(法制)·재정과 관련된 조치를 강구하여야 한다(제16조). 예를 들면, 제30조의 공공기관의운영에관한법률 및 지방공기업법에 관련된 기관은 법령에 의해서 장애인을 위한 경제적 감면의 정책을 수립, 시행하여야 한다.

2 장애인복지법의 발달

장애인을 위한 사회복지법은 1981년 심신장애자복지법으로 처음 제정되었고, 1989년 장애인복지법으로 전문 개정되어 오늘에 이르기까지 수차례의 일부개정 또는 전문개정이 있었다. 주요 개정을 중심으로 그 내용을 살펴보면 다음과 같다.

1) 1981. 6. 5 심신장애자복지법 제정(법률 제3452호)

산업화·도시화 추세에 따른 생활환경의 변화로 심신장애자의 수가 증가하고, 그들의 복지욕구도 크게 증대되고 있음에 대처하여 심신장애의 발생예방과 심신장애자의 의료·직업재활 및 생활보호 등 복지시책을 효과적으로 추진함으로써 장애자의 재활 · 자립과 그 가족의 정상적인 경제 · 사회활동을 도와주며, 나아가 사회복지의 증진에 기여하려는 목적으로 제정되었다.

그 주요 내용은 다음과 같다.

첫째, 심신장애자의 복지를 위한 상담 및 지도 업무를 담당하도록 하기 위하여 시 · 군 · 구에 심신장애자복지지도원을 둘 수 있도록 하였다. 둘째, 보건사회부장관 · 서울특별시장 · 직할시장 · 도지사 또는 시장 · 군수(복지실시기관)가 심신장애자에 대한 검진 또는 재활상담을 실시하고, 의료 · 보건지도 또는 심신장애자복지시설에의 입소 · 통원 등의 조치를 하도록 하였다. 셋째, 복지실시기관이 심신장애자에 대하여 보장구를 교부 또는 수리하여 주거나 그에 필요한 비용을 지급할 수 있도록 하였다. 넷째, 국가 또는 지방자치단체가 심신장애자의 고용을 촉진하기 위하여 적성직종의 개발 · 보급, 적성검사, 적응훈련 및 직업지도를 실시하도록 하였다. 다섯째, 도로 · 공공건물 · 교통 · 통신시설 등 공중이 이용하는 시설을 설치하는 자는 심신장애자를 위한 편의시설의 설치에 노력하도록 하였다. 여섯째, 국가 또는 지방자치단체는 심신장애의 정도가 중하여 자립하기가 심히 곤란한 심신장애자를 부양 또는 보호하는 자에 대하여 부양수당을 지급할 수 있도록 하였다. 일곱째, 심신장애자복지시설을 장애종류별로 다양화하도록 하였다. 여덟째, 국가 또는 지방자치단체가 심신장애자복지시설을 설치할 수 있도록 하고 사회복지법인, 기타 비영리법인은 도지사의 허가를 받아 심신장애자복지시설을 설치할 수 있도록 하였다. 아홉째, 국가 또는 지방자치단체는 심신장애자복지시설에 대하여 그 설치 또는 운영에 필요한 비용을 보조할 수 있도록 하였다. 열째, 보장구의 제조 또는 수리를 업으로 하는 자는 도지사의 허가를 받도록 하였다.

2) 1989. 12. 30 **전문개정(장애인복지법으로 명칭 변경, 법률 제4179호)**

이 전문개정은 심신장애자들이 자립 · 자활할 수 있도록 필요한 법적 지원을 개선하려는 것이다. 첫째, '심신장애자'라는 용어를 '장애인'으로 변경하고, 이에 따라 이 법의 제명을 '장애인복지법'으로 개칭하였다. 둘째, 장애인복지에 관한 사항을 심의 · 건의하기 위하여 보건사회부에 장애인복지위원회를 설치하였다. 셋째, 장애인등록제를 신설하였다. 넷째, 국가 또는 지방자치단체는 장애인의 의료비 및 자녀교육비를 지급할 수 있도록 하였다. 다섯째, 국가 또는 지방자치단체는 방송국에 청각장애자를 위한 수화 또는 자막의 방영을 요청할 수 있도록 하였다. 여섯째, 장애인의 체육진흥을 위하여 한국장애인복지체육회를 설립하였다.

3) 1997. 4. 10 일부개정(법률 제5332호)

장애인 · 노인 · 임산부 등이 생활을 영위함에 있어 안전하고 편리하게 시설 및 설비를 이용하고 정보에 용이하게 접근하도록 함으로써 그들의 사회활동 참여와 복지증진을 도모하기 위한 목적으로 개정되었다. 그 내용으로는 첫째, 장애인 등의 시설 · 설비 및 정보에 대한 접근권을 인정하였다. 둘째, 편의시설을 설치하여야 하는 대상시설을 도로 · 공원 · 공공건물 · 공중이용시설 · 공동주택 · 교통수단 · 통신시설 등으로서 대통령령이 정하는 시설로 하고 편의시설의 종류는 대통령령으로, 그 세부적인 설치기준은 보건복지부령으로 정하도록 하였다. 셋째, 편의시설의 설치 및 운영에 관하여 지도 · 감독을 행하는 중앙행정기관장과 시 · 도지사 및 시장 · 군수 · 구청장은 편의시설 실태조사를 실시하고, 편의시설 설치촉진을 위하여 소관 대상시설에 대한 편의시설 설치계획을 수립 · 시행하도록 하였다. 넷째, 국가 및 지방자치단체는 민간의 편의시설 설치지원을 위하여 금융 · 기술지원 등 필요한 조치를 취하고 민간의 편의시설 설치비용에 대하여는 조세관계법령이 정하는 바에 따라 조세감면을 하도록 하였다. 다섯째, 시설주는 구조적으로 세부기준에 따른 편의시설 설치가 곤란한 대상시설에 대하여 세부기준을 완화한 별도의 기준을 정하고 시설주관기관의 승인을 얻어 적용할 수 있도록 하였다. 여섯째, 장애인 등의 이용이 많은 공공건물 및 공중이용시설의 시설주는 휠체어 등을 비치하여 장애인 등이 시설을 편리하게 이용할 수 있도록 하고 그 이용료는 무료 또는 실비로 하도록 하였다. 일곱째, 편의시설의 설치를 활성화하기 위하여 편의시설설치촉진기금을 설치하며, 그 재원은 정부출연금 및 이행강제금 등으로 하였다. 여덟째, 시설주관기관으로부터 편의시설의 설치 및 개선 등의 시정명령을 받고 이에 응하지 아니한 시설주에 대하여 편의시설 설치비용 등을 고려하여 5천만 원 이하의 이행강제금을 부과하도록 하였다.

4) 1999. 2. 8 **전문개정**(법률 제5931호)

장애인의 인간존엄의 실현과 완전한 사회참여를 위하여 장애인보조견, 장애유형에 따른 재활서비스 제공, 장애인생산품의 구매, 재활보조기구의 개발 · 보급 등 장애인의 새로운 복지수요에 대응하여 장애인복지정책의 효율적 수행을 도모하기 위하여 개정하였다. 그 주요 내용은 첫째, 장애인복지종합정책을 수립하고 관계부처 간의 의견을 조정하며 그 정책의 이행을 감독하고 평가하기 위하여 국무총리 소속하에 장애인복지조정위원회를 둔다. 둘째, 국가와 지방자치단체는 장애인의 정보접근을 위하여 전기통신, 방송시설의 개선과 방송, 국가적인 주요 행사, 민간주최의 주요행사에 수화통역, 폐쇄자막방송 등을 실시하도록 하고 음성도서의 보급을 추진하도록 하였다. 셋째, 국가와 지방자치단체는 공동주택을 건설할 때에 장애인에게 우선 분양 또는 임대하도록 하고 주택의 구입, 임차 자금과 개 · 보수를 위한 비용의 지원 등을 하도록 규정하였다. 넷째, 장애인보조견의 육성 · 보급지원을 위한 시책의 강구와 장애인보조견표식 발급, 그리고 장애인보조견을 동반한 장애인의 대중교통수단 이용 거부와 숙박업소 · 식품접객업소 이용 거부의 금지를 하였다.

5) 2004. 3. 5 **일부개정**(법률 제7184호)

이 개정은 장애인복지조정위원회의 실무위원회 및 지방장애인복지위원회의 설치를 내용으로 하고 있다. 즉, 장애인복지종합정책을 총괄하는 장애인복지조정위원회가 업무를 효율적으로 추진할 수 있도록 실무위원회를 설치하여 이 위원회가 장애인복지정책과 관련된 부처별 업무추진 상황을 점검하고 성과를 평가하며 그 결과를 정책에 반영하는 업무를 수행하도록 하는 한편 지방자치단체 차원에서도 장애인복지 관련정책의 수립 · 조정 · 평가 등을 담당하는 지방장애인복지위원회를 설치하는 규정을 추가하였다.

6) 2007. 4. 11 전부개정(법률 제8367호)

이 전부개정은 장애인의 권익을 신장하고, 중증장애인 및 여성장애인을 포함한 장애인의 자립생활 등을 실현하기 위한 각종 제도를 도입하는 데에 주요 목적이 있었다. 이 외에 법 문장 표기의 한글화와 다수의 우리말 사용이 이루어졌다. 개정된 주요 내용은 다음과 같다.

첫째, 장애인의 권익을 신장하기 위한 제도를 도입(제4조 제3항 및 제12조)하여, 장애인도 장애인관련 정책결정과정에 우선적으로 참여할 권리가 있고, 중앙행정기관의 장은 해당 기관의 장애인정책을 효율적으로 수립 · 시행하기 위하여 소속 공무원 중에서 장애인정책책임관을 지정할 수 있도록 하였다.

둘째, 여성장애인의 자립생활을 지원하기 위한 제도를 도입하였다(제7조, 제37조 및 제55조 제2항). 즉, 국가와 지방자치단체는 여성장애인의 사회참여를 확대하기 위하여 기초학습과 직업교육 등 필요한 시책을 강구하도록 하고, 경제적 부담능력 등을 감안하여 임산부인 여성장애인과 신생아의 건강관리를 위하여 여성장애인의 가정을 방문하여 산전 · 산후 조리를 돕는 도우미를 지원할 수 있도록 하며, 여성장애인의 임신 및 출산과 관련한 진료 등을 위하여 활동보조인의 파견 등 활동보조서비스를 지원할 수 있도록 하였다.

셋째, 장애인의 정보접근성을 제고하였다(제22조 제2항, 제3항 및 제6항). 국가와 지방자치단체는 방송 프로그램에 청각장애인을 위한 수화 또는 폐쇄자막 외에 시각장애인을 위한 화면해설 또는 자막해설 등의 방영을 방송국의 장 등 민간사업자에게 요청하도록 하고, 국가적인 행사 등을 개최하는 경우 수화통역 외에 점자자료를 제공하도록 하며, 장애인의 특성을 고려하여 정보통신망 및 정보통신기기의 접근 · 이용에 필요한 지원 및 도구의 개발 · 보급 등 필요한 시책을 강구하도록 하였다.

넷째, 장애인에 대한 사회적 인식의 개선에 관한 내용을 규정하였다(제25조). 국가와 지방자치단체는 국민들을 대상으로 장애인에 대한 인식개선을 위한 교육 및 공익광고 등 홍보사업을 실시하도록 하고, 초 · 중등교육법에 따른 학교에서 사용하는 교과용도서에 장애인에 대한 인식개선을 위한 내용이 포함되었다.

다섯째, 중증장애인의 자립생활을 실현하기 위한 제도가 도입되었다(제53조~

제55조). 국가와 지방자치단체는 중증장애인이 스스로 자립할 수 있도록 필요한 시책을 강구하고, 중증장애인자립생활지원센터를 통해 각종 지원서비스를 제공하도록 하며, 중증장애인에게 활동보조인을 파견하는 등의 활동보조서비스를 지원할 수 있도록 하였다.

3 장애인복지 전달체계

1) 장애인정책조정위원회

장애인종합정책을 수립하고 관계부처 간의 의견을 조정하며 그 정책의 이행을 감독 · 평가하기 위하여 국무총리 소속하에 장애인정책조정위원회를 설치하며(제11조 제1항), 이 위원회의 심의사항을 미리 검토하고 관계기관 사이의 협조사항을 정리하기 위하여 산하에 장애인정책조정실무위원회를 둔다(제11조 제4항). 장애인정책위원회는 다음과 같은 사항을 심의 · 조정한다(제11조 제2항).

- 장애인복지정책의 기본방향에 관한 사항
- 장애인복지 향상을 위한 제도개선과 예산지원에 관한 사항
- 중요한 특수교육정책의 조정에 관한 사항
- 장애인 고용촉진정책의 중요한 조정에 관한 사항
- 장애인 이동보장 정책조정에 관한 사항
- 장애인정책 추진과 관련한 재원조달에 관한 사항
- 장애인복지에 관한 관련부처의 협조에 관한 사항
- 그 밖에 장애인복지와 관련하여 대통령령으로 정하는 사항

2) 장애인정책책임관

장애인정책책임관은 장애인정책을 효율적으로 수립 · 시행하기 위하여 지정된

공무원이다. 즉, 중앙행정기관의 장은 해당 기관의 소속공무원 중에서 장애인정책책임관을 지정할 수 있다(제12조 제1항). 장애인정책책임관의 임무는 다음 각 호와 같다(제12조 제2항 및 영 제11조 제2항).

- 장애인정책 추진계획의 수립에 관한 사항
- 장애인정책 추진상황의 점검 및 평가에 관한 사항
- 장애인정책 추진 관련 대외협력 업무
- 그 밖에 장애인의 권익증진과 장애인에 대한 사회적 인식개선을 위한 사항으로서 중앙행정기관의 장이 정하는 업무

3) 지방장애인복지위원회

지방장애인복지위원회는 장애인복지 관련사업의 기획 · 조사 · 실시 등을 하는 데에 필요한 사항을 심의한다(제13조 제1항). 이 위원회는 지방자치단체에 두며(제13조 제1항), 그 조직과 운영에 필요한 사항은 대통령령으로 정하는 기준에 따라 지방자치단체의 조례로 정한다(제13조 제2항).

4) 장애인복지상담원

장애인복지상담원은 장애인복지 향상을 위한 상담 및 지원 업무를 맡기기 위하여 시 · 군 · 구에 배치(제33조 제1항)되는 장애인복지 담당공무원이다. 장애인복지상담원은 그 업무를 할 때 개인의 인격을 존중하고, 업무상 알게 된 개인의 신상에 관한 비밀을 누설하여서는 아니 된다(제33조 제2항).

5) 중증장애인자립생활지원센터

국가와 지방자치단체는 중증장애인의 자립생활을 실현하기 위하여 중증장애인자립생활지원센터를 통하여 필요한 각종 지원서비스를 제공한다(제54조 제1항).

6) 장애인복지시설

국가와 지방자치단체는 장애인의 성 · 연령 및 장애의 유형과 정도를 고려하여 그들에게 보호 · 의료 · 생활지도 · 재활훈련과 자립생활지원 등의 서비스를 제공함으로써 장애인이 기능 회복과 사회성 향상을 도모할 수 있도록 장애인 생활시설, 장애인 지역사회재활시설, 장애인 직업재활시설, 장애인 유료복지시설, 그 밖에 대통령령으로 정하는 시설을 장애인복지시설로서 규정하고 있다(제58조 제1항).

4 장애인복지정책의 기본 방향

1) 장애발생 예방

국가와 지방자치단체는 장애의 발생 원인과 예방에 관한 조사 · 연구를 촉진하여야 하며, 모자보건사업의 강화, 장애의 원인이 되는 질병의 조기 발견과 조기 치료, 그 밖에 필요한 정책을 강구하여야 한다(제17조 제1항). 특히 국가와 지방자치단체는 교통사고 · 산업재해 · 약물중독 및 환경오염 등에 의한 장애발생을 예방하기 위하여 필요한 조치를 강구하여야 한다(제17조 제2항).

2) 의료, 재활치료 및 사회적응

국가와 지방자치단체는 장애인이 생활기능을 익히거나 되찾을 수 있도록 필요한 기능치료와 심리치료 등 재활의료를 제공하고 장애인의 장애를 보완할 수 있는 장애인보조기구를 제공하는 등 필요한 정책을 강구하여야 한다(제18조).

국가와 지방자치단체는 장애인이 재활치료를 마치고 일상생활이나 사회생활을 원활히 할 수 있도록 사회적응 훈련을 실시하여야 한다(제19조).

3) 교육재활

국가와 지방자치단체는 장애인의 교육에 관한 조사 · 연구를 촉진하고(제20조 제2항), 사회통합의 이념에 따라 장애인이 연령 · 능력 · 장애의 종류 및 정도에 따라 충분히 교육받을 수 있도록 교육 내용과 방법을 개선하는 등 필요한 정책을 강구하여야 한다(제20조 제1항). 나아가 국가와 지방자치단체는 장애인에게 전문 진로교육을 실시하는 제도를 강구하여야 한다(제20조 제3항).

각급 학교의 장은 교육을 필요로 하는 장애인이 그 학교에 입학하려는 경우 장애를 이유로 입학지원을 거부하거나 입학시험 합격자의 입학을 거부하는 등의 불리한 조치를 하여서는 아니 되며(제20조 제4항), 모든 교육기관은 교육대상인 장애인의 입학과 수학(受學) 등에 편리하도록 장애의 종류와 정도에 맞추어 시설을 정비하거나 그 밖에 필요한 조치를 강구하여야 한다(제20조 제5항).

4) 직업재활

국가와 지방자치단체는 장애인이 적성과 능력에 맞는 직업에 종사할 수 있도록 직업지도, 직업능력평가, 직업적응훈련, 직업훈련, 취업 알선, 고용 및 취업 후 지도 등 필요한 정책을 강구하여야 한다(제21조 제1항). 그리고 장애인 직업재활 훈련이 원활히 이루어질 수 있도록 장애인에게 적합한 직종과 재활사업에 관한 조사 · 연구를 촉진하여야 한다(제21조 제2항).

5) 정보접근 · 이용

국가와 지방자치단체는 장애인이 정보에 원활하게 접근하고 자신의 의사를 표시할 수 있도록 전기통신 · 방송시설 등을 개선하기 위하여 노력하여야 한다(제22조 제1항). 그리고 장애인의 특성을 고려하여 정보통신망 및 정보통신기기의 접근 · 이용에 필요한 지원 및 도구의 개발 · 보급 등 필요한 시책을 강구하여야 한다(제22조 제6항).

장애인의 정보접근권은 구체적으로 다음과 같이 보호된다. 먼저 국가와 지방자치단체는 방송국의 장 등 민간 사업자에게 뉴스와 국가적 주요 사항의 중계 등 대통령령으로 정하는 방송 프로그램에 청각장애인을 위한 수화 또는 폐쇄자막과 시각장애인을 위한 화면해설 또는 자막해설 등을 방영하도록 요청하여야 한다(제22조 제2항). 둘째, 국가와 지방자치단체는 국가적인 행사, 그 밖의 교육 · 집회 등 대통령령으로 정하는 행사를 개최하는 경우에는 청각장애인을 위한 수화통역 및 시각장애인을 위한 점자자료 등을 제공하여야 하며, 민간이 주최하는 행사의 경우에는 수화통역 및 점자자료 등을 제공하도록 요청할 수 있다(제22조 제3항). 특히 국가와 지방자치단체는 시각장애인이 정보에 쉽게 접근할 수 있도록 점자도서와 음성도서 등을 보급하기 위하여 노력하여야 한다(제22조 제5항).

6) 편의시설 이용보장, 안전 및 문화체육활동 지원

국가와 지방자치단체는 장애인이 공공시설과 교통수단 등을 안전하고 편리하게 이용할 수 있도록 편의시설의 설치와 운영에 필요한 정책을 강구하여야 하고(제23조 제1항), 공공시설 등 이용편의를 위하여 수화통역 · 안내보조 등 인적서비스 제공에 관하여 필요한 시책을 강구하여야 한다(제22조 제2항).

그리고 장애인의 각종 안전사고에 대비하여 국가와 지방자치단체는 추락사고 등 장애로 인하여 일어날 수 있는 안전사고와 비상재해 등에 대비하여 시각 · 청각장애인과 이동이 불편한 장애인을 위하여 피난용 통로를 확보하고, 점자 · 음성 · 문자 안내판을 설치하며, 긴급 통보체계를 마련하는 등 장애인의 특성을 배려한 안전대책 등의 필요한 조치를 강구하여야 한다(제24조).

국가와 지방자치단체는 장애인의 문화생활과 체육활동을 늘리기 위하여 관련 시설 및 설비, 그 밖의 환경을 정비하고 문화생활과 체육활동 등을 지원하도록 노력하여야 한다(제28조).

7) 사회적 인식개선과 교육

국가와 지방자치단체는 학생, 공무원, 근로자, 그 밖의 일반국민 등을 대상으로 장애인에 대한 인식개선을 위한 교육 및 공익광고 등 홍보사업을 실시하여야 한다(제25조 제1항). 한 가지 방법으로 국가는 초·중등교육법에 따른 학교에서 사용하는 교과용도서에 장애인에 대한 인식개선을 위한 내용이 포함되도록 하여야 한다(제25조 제2항).

8) 선거권의 보장

국가와 지방자치단체는 장애인이 선거권을 행사하는 데에 불편함이 없도록 편의시설·설비를 설치하고, 선거권 행사에 관하여 홍보하며, 선거용 보조기구를 개발·보급하는 등 필요한 조치를 강구하여야 한다(제26조).

9) 주택 보급의 지원

국가와 지방자치단체는 공공주택 등 주택을 건설할 경우에는 장애인에게 장애정도를 고려하여 우선 분양 또는 임대할 수 있도록 노력하여야 한다(제27조 제1항). 또한 국가와 지방자치단체는 주택의 구입자금·임차자금 또는 개·보수비용의 지원 등 장애인의 일상생활에 적합한 주택의 보급·개선에 필요한 시책을 강구하여야 한다(제27조 제2항).

10) 경제적 부담의 경감

국가와 지방자치단체, 공공기관의운영에관한법률 제4조에 따른 공공기관, 지방공기업법에 따른 지방공사 또는 지방공단은 장애인과 장애인을 부양하는 자의 경제적 부담을 줄이고 장애인의 자립을 촉진하기 위하여 세제상의 조치, 공공시설 이용료 감면, 그 밖에 필요한 정책을 강구하여야 한다(제30조 제1항).

국가와 지방자치단체, 공공기관의운영에관한법률 제4조에 따른 공공기관, 지방공기업법에 따른 지방공사 또는 지방공단이 운영하는 운송사업자는 장애인과 장애인을 부양하는 자의 경제적 부담을 줄이고 장애인의 자립을 돕기 위하여 장애인과 장애인을 보호하기 위하여 동행하는 자의 운임 등을 감면하는 정책을 강구하여야 한다(제30조 제2항).

11) 장애인복지 연구 등의 진흥

국가와 지방자치단체는 장애인복지의 종합적이고 체계적인 조사 · 연구 · 평가 및 장애인 체육활동 등 장애인정책 개발 등을 위하여 필요한 정책을 강구하여야 한다(제28조 제1항).

이를 위하여 재단법인 한국장애인개발원(이하 '개발원'이라 한다)을 설립한다(제28조 제2항). 국가와 지방자치단체는 연구원의 운영에 필요한 비용을 보조할 수 있으며, 조세특례제한법에서 정하는 바에 따라 조세를 감면하고 개발원에 기부된 재산에는 소득계산의 특례를 적용한다(제28조 제4항).

또한 보건복지부장관은 이 법의 적절한 시행을 위하여 3년마다 장애인의 실태조사를 실시하여야 한다(제31조 제1항).

5 장애인복지 조치

1) 장애인 등록

장애인, 그 법정대리인 또는 대통령령이 정하는 보호자는 장애상태와 그 밖에 보건복지부령이 정하는 사항을 시장 · 군수 또는 구청장에게 등록하여야 하며, 시장 · 군수 · 구청장은 등록을 신청한 장애인이 법적 기준[1]에 맞으면 장애인등록증을 발급하여야 한다(제32조 제1항). 그리고 장애인의 장애 인정과 등급 사정(査定)에 관한 업무를 담당하게 하기 위하여 보건복지부에 장애판정위원회를 둘 수 있다(제32조 제4항). 시장 · 군수 · 구청장은 장애상태의 변화에 따른 장애등급 조

---

1. 제2조(장애인의 정의 등) ① '장애인'이란 신체적 · 정신적 장애로 오랫동안 일상생활이나 사회생활에서 상당한 제약을 받는 자를 말한다.
   ② 이 법을 적용받는 장애인은 제1항에 따른 장애인 중 다음 각 호의 어느 하나에 해당하는 장애가 있는 자로서 대통령령으로 정하는 장애의 종류 및 기준에 해당하는 자를 말한다.
   1. '신체적 장애'란 주요 외부 신체기능의 장애, 내부기관의 장애 등을 말한다.
   2. '정신적 장애'란 발달장애 또는 정신질환으로 발생하는 장애를 말한다.

정을 위하여 장애 진단을 받게 하는 등 필요한 조치를 할 수 있다(제32조 제3항 전단). 장애인은 등록증을 양도하거나 대여하지 못하며, 등록증과 비슷한 명칭이나 표시를 사용하여서는 아니 된다(제32조 제5항).

만약 등록증을 받은 자와 그 법정대리인 또는 대통령령이 정하는 보호자는 해당 장애인이 이 기준에 맞지 아니하게 되거나 사망하면 그 등록증을 반환하여야 한다(제32조 제2항). 또한 장애 진단 명령 등 필요한 조치를 거부하거나 제2항 또는 제5항을 위반한 경우에는 등록증을 반환하게 할 수 있다(제32조 제3항 후단).

2) 재활상담과 입소 등의 조치

보건복지부장관, 특별시장 · 광역시장 · 도지사 · 특별자치도지사 또는 시장 · 군수 · 구청장(이하 '장애인복지실시기관'이라 한다)은 장애인에 대한 검진 및 재활상담을 하고, 필요하다고 인정되면 다음과 같은 조치를 하여야 한다(제34조 제1항).

- 국 · 공립병원, 보건소, 보건지소, 그 밖의 의료기관에 의뢰하여 의료와 보건지도를 받게 하는 것
- 국가 또는 지방자치단체가 설치한 장애인복지시설에서 주거편의 · 상담 · 치료 · 훈련 등의 필요한 서비스를 받도록 하는 것
- 장애인복지시설(제59조)에 위탁하여 그 시설에서 주거편의 · 상담 · 치료 · 훈련 등의 필요한 서비스를 받도록 하는 것
- 공공직업능력개발훈련시설이나 사업장 내 직업훈련시설에서 하는 직업훈련 또는 취업알선을 필요로 하는 자를 관련 시설이나 직업안정업무기관에 소개하는 것

장애인복지실시기관은 위의 재활상담을 하는 데에 필요하다고 인정되면 장애인복지상담원(제33조)이 해당 장애인의 가정 또는 장애인이 주거편의 · 상담 · 치료 · 훈련 등의 서비스를 받는 시설이나 의료기관을 방문하여 상담하게 하거나 필요한 지도를 하게 할 수 있다(제34조 제2항).

3) 장애유형 · 장애정도별 재활 및 자립지원 서비스 제공 등

국가와 지방자치단체는 장애인의 일상생활을 편리하게 하고 사회활동 참여를 높이기 위하여 장애유형 · 장애정도별로 재활 및 자립지원 서비스를 제공하는 등 필요한 정책을 강구하여야 하며, 예산의 범위 안에서 지원할 수 있다(제35조).

(1) 의료비 및 자녀교육비 지급

장애인복지실시기관은 의료비를 부담하기 어렵다고 인정되는 장애인에게 장애정도와 경제적 능력 등을 고려하여 장애정도에 따라 의료에 소요되는 비용을 지급할 수 있다(제36조 제1항).

장애인복지실시기관은 경제적 부담능력 등을 고려하여 장애인이 부양하는 자녀 또는 장애인인 자녀의 교육비를 지급할 수 있다(제38조 제1항).

(2) 산후조리도우미 지원 등

국가 및 지방자치단체는 임산부인 여성장애인과 신생아의 건강관리를 위하여 경제적 부담능력 등을 감안하여 여성장애인의 가정을 방문하여 산전 · 산후 조리를 돕는 도우미를 지원할 수 있다(제37조 제1항). 산후조리도우미 지원사업에 대하여 국가 및 지방자치단체는 정기적으로 모니터링[2]을 실시하여야 한다(제37조 제2항).

(3) 장애인이 사용하는 자동차 등에 대한 지원 등

국가와 지방자치단체, 그 밖의 공공단체는 장애인이 이동수단인 자동차 등을 편리하게 사용할 수 있도록 하고 경제적 부담을 줄여 주기 위하여 조세감면 등 필요한 지원정책을 강구하여야 한다(제39조 제1항).

---

2. '산후조리모니터링'이란 산후조리도우미 지원사업의 실효성 등을 확보하기 위한 정기적인 점검활동을 말한다(제37조 제2항).

그리고 시장 · 군수 · 구청장은 장애인이 이용하는 자동차 등을 지원하는 데에 편리하도록 장애인사용자동차등표지(장애인이 사용하는 자동차 등임을 알아볼 수 있는 표지)를 발급하여야 한다(제39조 제2항). 이것을 대여하거나 보건복지부령이 정하는 자 외의 자에게 양도하는 등 부당한 방법으로 사용하여서는 아니 되며, 이와 비슷한 표지 · 명칭 등을 사용하여서는 아니 된다(제39조 제3항).

(4) 장애인보조견의 훈련 · 보급 지원 등

국가와 지방자치단체는 장애인의 복지 향상을 위하여 장애인을 보조할 장애인보조견의 훈련 · 보급을 지원하는 방안을 강구하여야 한다(제40조 제1항).

보건복지부장관은 장애인보조견에 대하여 장애인보조견표지를 발급할 수 있다(제40조 제2항). 누구든지 보조견표지를 붙인 장애인보조견을 동반한 장애인이 대중교통수단을 이용하거나 공공장소, 숙박시설 및 식품접객업소 등 여러 사람이 다니거나 모이는 곳에 출입하려는 때에는 정당한 사유 없이 거부하여서는 아니 된다(제40조 제3항).

보건복지부장관은 장애인보조견의 훈련 · 보급을 위하여 전문훈련기관을 지정할 수 있다

(5) 자금 대여 등

국가와 지방자치단체는 장애인이 사업을 시작하거나 필요한 지식과 기능을 익히는 것 등을 지원하기 위하여 대통령령으로 정하는 바에 따라 자금을 대여할 수 있다(제41조).

(6) 생업지원

첫째, 국가와 지방자치단체, 그 밖의 공공단체는 소관 공공시설 안에 식료품 · 사무용품 · 신문 등 일상생활용품을 판매하는 매점이나 자동판매기의 설치를 허가하거나 위탁할 때에는 장애인이 신청하면 우선적으로 반영하도록 노력하여야

한다(제42조 제1항). 그리고 설치 허가권자는 매점 · 자동판매기 설치를 허가하기 위하여 설치 장소와 판매할 물건의 종류 등을 조사하고 그 결과를 장애인에게 알리는 조치를 강구하여야 한다(제42조 제5항).

둘째, 시장 · 군수 또는 구청장은 장애인이 담배사업법에 따라 담배소매인으로 지정받기 위하여 신청하면 그 장애인을 우선적으로 지정하도록 노력하여야 한다(제42조 제2항).

셋째, 장애인이 우편법령에 따라 국내 우표류 판매업 계약 신청을 하면 우편관서는 그 장애인이 우선적으로 계약할 수 있도록 노력하여야 한다(제42조 제3항).

위와 같은 허가 · 위탁 또는 지정 등을 받은 자는 특별한 사유가 없으면 직접 그 사업을 하여야 한다(제42조 제4항).

(7) 자립훈련비 지급

장애인복지실시기관은 장애인복지시설에서 주거편의 · 상담 · 치료 · 훈련 등을 받도록 하거나 위탁한 장애인(제34조 제1항 제2호 및 제3호)에 대하여 그 시설에서 훈련을 효과적으로 받는 데 필요하다고 인정되면 자립훈련비를 지급할 수 있으며, 특별한 사정이 있으면 훈련비 지급을 대신하여 물건을 지급할 수 있다(제43조 제1항).

(8) 생산품 우선구매, 수의계약 및 인증제도

국가와 지방자치단체, 그 밖의 공공단체는 그 소요물품 중 보건복지부장관이 정한 품목과 물량의 범위 안에서 매년 그 품목과 물량을 정하여 장애인복지시설과 장애인복지단체에 생산을 의뢰하여야 하며, 생산한 물품의 구매를 요청받으면 우선적으로 구매하여야 한다(제44조 제1항). 이 경우 장애인복지시설과 장애인복지단체에서 생산한 물품을 수의계약으로 구매할 수 있다(제44조 제2항).

보건복지부장관은 장애인복지시설, 장애인복지단체에서 생산한 물품의 판매촉진 · 품질향상 및 소비자와 구매자 보호를 위하여 인증제도를 실시할 수 있다(제45조 제1항).

(9) 공공시설의 우선 이용

국가와 지방자치단체, 그 밖의 공공단체는 장애인의 자립을 지원하는 데에 필요하다고 인정되면 그 공공시설의 일부를 장애인이 우선 이용하게 할 수 있다(제47조).

4) 고용 촉진

국가와 지방자치단체는 직접 경영하는 사업에 능력과 적성이 맞는 장애인을 고용하도록 노력하여야 하며, 장애인에게 적합한 사업을 경영하는 자에게 장애인의 능력과 적성에 따라 장애인을 고용하도록 권유할 수 있다(제46조).

5) 국유 · 공유 재산의 우선매각이나 유상 · 무상 대여

국가와 지방자치단체는 이 법에 따른 장애인복지시설을 설치하거나 장애인복지단체가 장애인복지사업과 관련한 시설을 설치하는 데에 필요할 경우 국유 · 공유 토지와 시설 등을 우선 매각하거나 임대 또는 무상으로 대부할 수 있다(제48조 제1항).

국가와 지방자치단체는 제1항에 따라 국가나 지방자치단체로부터 토지와 시설을 매수 · 임차하거나 대부받은 자가 그 매수 · 임차 또는 대부한 날부터 2년 이내에 장애인복지시설을 설치하지 아니하거나 장애인복지단체의 장애인복지사업 관련 시설을 설치하지 아니할 때에는 토지와 시설을 환수하거나 임차계약을 취소할 수 있다(제48조 제2항).

6) 수 당

장애인 등에게 소득보전을 위하여 다음과 같은 여러 수당제도가 필요하다. 한편 거짓이나 그 밖의 부정한 방법으로 장애수당, 장애아동수당 등을 받거나 타인으로 하여금 받게 한 경우에는 수당을 지급한 기관은 그 수당의 전부를 부정수급자(수당을 받은 자 또는 수당을 받게 한 자)로부터 징수하여야 한다(제51조).

(1) 장애수당

국가와 지방자치단체는 장애인의 장애정도와 경제적 수준을 고려하여 장애인의 소득보전을 위한 장애수당을 지급할 수 있다. 다만 국민기초생활보장법에 따른 생계급여를 받는 장애인에게는 장애수당을 반드시 지급하여야 한다(제49조 제1항).

(2) 장애아동수당과 보호수당

국가와 지방자치단체는 장애아동에게 보호자의 경제적 생활수준 및 장애아동의 장애정도를 고려하여 장애로 인한 추가적 비용을 보전하게 하기 위하여 장애아동수당을 지급할 수 있다(제50조 제1항).

국가와 지방자치단체는 장애인을 보호하는 보호자에게 그의 경제적 수준과 장애인의 장애정도를 고려하여 장애로 인한 추가적 비용을 보전하게 하기 위하여 보호수당을 지급할 수 있다(제50조 제2항).

7) 장애인의 재활 및 자립생활의 연구

국가와 지방자치단체는 장애인 재활 및 자립생활에 대하여 종합적이고 체계적으로 조사 · 연구 · 평가하기 위하여 전문 연구기관에 장애예방 · 의료 · 교육 · 직업재활 및 자립생활 등에 관한 연구과제를 선정하여 의뢰할 수 있다(제52조 제1항). 그리고 국가와 지방자치단체는 제1항에 따른 연구과제를 수행하는 데에 들어가는 비용을 예산의 범위 안에서 보조할 수 있다(제52조 제2항).

6 자립생활의 지원

국가와 지방자치단체는 중증장애인의 자기결정에 의한 자립생활을 위하여 활동보조인의 파견 등 활동보조서비스 또는 장애인보조기구의 제공, 그 밖의 각종 편의 및 정보제공 등 필요한 시책을 강구하여야 한다(제53조). 이에 따라 장애인복지법은 중증장애인자립생활지원센터, 활동보조인, 장애인동료 간 상담 등의 서비스를 규정하고 있다.

국가와 지방자치단체는 중증장애인의 자립생활을 실현하기 위하여 중증장애인자립생활지원센터를 통하여 필요한 각종 지원서비스를 제공한다(제54조 제1항).

또한 중증장애인이 일상생활 또는 사회생활을 원활히 할 수 있도록 국가와 지방자치단체는 그 활동에 필요한 활동보조인의 파견 등 활동보조서비스를 지원할 수 있으며(제55조 제1항), 임신 등으로 인하여 이동이 불편한 여성장애인에게 임신 및 출산과 관련한 진료 등을 위하여 경제적 부담능력 등을 감안하여 활동보조인의 파견 등 활동보조서비스를 지원할 수 있다(제55조 제2항).

그리고 장애인이 장애를 극복하는 데 도움이 되도록 장애동료 간 상호대화나 상담의 기회를 제공하도록 노력하여야 한다(제56조 제1항).

7 복지 시설과 단체

국가와 지방자치단체는 장애인의 성 · 연령 및 장애의 유형과 정도를 고려하여 그들에게 보호 · 의료 · 생활지도 · 재활훈련과 자립생활지원 등의 서비스를 제공함으로써 장애인이 기능 회복과 사회성 향상을 도모할 수 있는 여러 장애인복지시설을 규정하고 있다.

1) 장애인복지시설의 종류

장애인복지시설의 종류는 다음과 같다(제58조 제1항).

- 장애인 생활시설: 장애인이 필요한 기간 생활하면서 재활에 필요한 상담 · 치료 · 훈련 등의 서비스를 받아 사회복귀를 준비하거나 장애로 인한 장기 요양을 하는 시설
- 장애인 지역사회재활시설: 장애인을 전문적으로 상담 · 치료 · 훈련하거나 장애인의 여가활동과 사회참여 활동 등에 편의를 제공하는 장애인복지관 · 의료재활시설 · 체육시설 · 수련시설 및 공동생활가정 등의 시설
- 장애인 직업재활시설: 일반 작업환경에서는 일하기 어려운 장애인이 특별히 준비된 작업환경에서 직업훈련을 받거나 직업생활을 할 수 있도록 하는 시설
- 장애인 유료복지시설: 장애인이 필요한 치료 · 상담 · 훈련 등 편의를 제공받고 그에 소요되는 모든 비용을 시설 운영자에게 납부하여 운영하는 시설
- 그 밖에 대통령령으로 정하는 시설

2) 장애인복지시설 설치 및 제한

국가와 지방자치단체는 장애인복지시설을 설치할 수 있다(제59조 제1항). 이 외의 자가 장애인복지시설을 설치 · 운영하려면 해당 시설 소재지 관할 시장 · 군수 · 구청장에게 신고하여야 하며, 신고한 사항 중 보건복지부령으로 정하는 중요한 사항을 변경할 때에도 신고하여야 한다(제59조 제2항 본절).

그런데 의료재활시설의 경우 의료법에 따라 설치한다(제59조 제3항). 그러나 장애인복지시설의 설치 폐쇄 명령(제62조)을 받고 1년이 지나지 아니한 자는 시설의 설치 · 운영 신고를 할 수 없다(제59조 제2항 단서).

3) 시설 운영의 개시 또는 폐지

장애인복지시설을 설치 · 신고한 자는 지체 없이 시설 운영을 시작하여야 한다

(제60조 제1항). 시설 운영을 중단 또는 재개하거나 시설을 폐지하려는 시설 운영자는 보건복지부령이 정하는 바에 따라 미리 시장 · 군수 · 구청장에게 신고하여야 한다(제60조 제2항). 시설 운영을 중단 또는 재개하거나 시설을 폐지할 때에는 시설 운영자는 보건복지가족부령이 정하는 바에 따라 시설 거주자의 권익을 보호하기 위하여 다음과 같은 조치를 하여야 한다(제60조 제3항).

- 시설의 장에게 시설 거주자를 다른 시설로 보내게 하고 그 이행을 확인하는 조치
- 시설 거주자가 이용료 · 사용료 등의 비용을 부담하는 경우 이를 반환하게 하고 그 이행을 확인하는 조치
- 보조금 · 후원금 등의 사용실태 확인과 이를 재원으로 조성한 재산 중 남은 재산의 회수조치
- 그 밖에 시설 거주자의 권익 보호를 위하여 필요하다고 인정되는 조치

4) 감 독

장애인복지실시기관은 장애인복지시설을 설치 · 운영하는 자의 소관업무 및 시설이용자의 인권실태 등을 지도 · 감독하며, 필요한 경우 그 시설에 관한 보고 또는 관련 서류 제출을 명하거나 소속 공무원에게 그 시설의 운영상황 · 장부, 그 밖의 서류를 조사 · 검사하거나 질문하게 할 수 있다(제61조 제1항). 관계 공무원이 그 직무를 할 때에는 권한을 표시하는 증표를 관계인에게 내보여야 한다(제61조 제2항).

5) 시설의 개선, 사업의 정지, 폐쇄 등

장애인복지실시기관은 장애인복지시설이 다음 사유들 중 어느 하나에 해당하는 때에는 그 시설의 개선, 사업의 정지, 시설의 장의 교체를 명하거나 해당 시설의 폐쇄를 명할 수 있다(제62조).

- 시설기준(제59조 제4항)에 미치지 못한 때
- 정당한 사유 없이 필요한 보고(제61조)를 하지 아니하거나 거짓으로 보고한 때 또는 조사 · 검사 및 질문을 거부 · 방해하거나 기피한 때
- 사회복지법인이나 비영리법인이 설치 · 운영하는 시설인 경우 그 사회복지법인이나 비영리법인의 설립 허가가 취소된 때
- 시설의 회계 부정이나 시설이용자에 대한 인권침해 등 불법행위, 그 밖의 부당행위 등이 발견된 때
- 설치 목적을 이루었거나 그 밖의 사유로 계속하여 운영할 필요가 없다고 인정되는 때
- 이 법 또는 이 법에 따른 명령이나 처분을 위반한 경우

6) 장애인복지단체협의회

장애인복지단체의 활동을 지원하고 장애인의 복지를 향상하기 위하여 장애인복지단체협의회를 설립할 수 있다(제63조 제1항). 이 협의회는 사회복지사업법에 따른 사회복지법인으로 하되, 사회복지사업법 제23조 제1항[3]은 적용하지 아니한다(제63조 제2항). 이 협의회도 법인으로 조직되는 것이므로 그 조직과 운영 등에 관하여 필요한 사항은 정관으로 정하게 된다(제63조 제3항).

8 장애인보조기구

장애인의 일상생활의 영유와 사회적 활동에 중요한 도구가 장애인보조기구다. 국가는 장애인보조기구[4]의 개발과 보급을 위하여 다양한 노력을 하고 있다.

---

3. 사회복지사업법 제23조 제1항에서 사회복지법인은 사회복지사업의 운영에 필요한 재산을 소유하여야 한다고 규정하고 있다.
4. '장애인보조기구'란 장애인이 장애의 예방 · 보완과 기능 향상을 위하여 사용하는 의지(義肢) · 보조기 및 그 밖에 보건복지부장관이 정하는 보장구와 일상생활의 편의 증진을 위하여 사용하는 생활용품을 말한다(제65조 제1항).

1) 품질관리 및 연구개발

보건복지부장관은 장애인보조기구의 품질 향상 등을 위하여 장애인보조기구에 관한 연구개발을 장려하고 보호·육성하기 위한 정책을 강구하고(제68조 제1항), 국가와 지방자치단체는 장애인보조기구에 관한 연구개발활동에 대하여 자금의 보조 등 필요한 지원정책을 강구하여야 한다(제68조 제2항).

또한 보건복지부장관은 장애인보조기구의 품질 향상 등을 위하여 장애인보조기구의 품목·기준 및 규격을 정하여 고시할 수 있다(제65조 제2항).

2) 장애인보조기구의 교부 등

장애인보조기구를 교부·대여 또는 수리하거나 장애인보조기구 구입 또는 수리에 필요한 비용을 장애인의 신청이 있을 때에 국가와 지방자치단체가 예산의 범위 안에서 지급할 수 있다(제66조 제1항). 단, 이 비용의 지급은 장애인보조기구의 교부 또는 수리가 곤란하다고 인정되는 경우에만 한다(제66조 제2항).

3) 장애인보조기구업체의 육성·연구지원 등

국가와 지방자치단체는 장애인보조기구의 개발·보급을 촉진하기 위하여 장애인보조기구생산업체에 대한 생산장려금 지급, 기술지원, 연구개발의 장려 등 필요한 조치를 강구하여야 한다(제67조 제1항).

따라서 국가와 지방자치단체는 장애인보조기구업체의 육성을 위하여 우수업체를 지정하여 자금을 융자하거나 보조할 수 있으며(제67조 제2항), 지정된 우수업체가 지정의 필요성을 상실하였다고 인정될 경우 그 지정을 취소할 수 있다(제67조 제3항).

4) 의지·보조기제조업의 개설사실의 통보 등

의지·보조기를 제조·개조·수리하거나 신체에 장착하는 사업(의지·보조기

제조업)을 하는 자는 그 제조업소를 개설한 후 7일 이내에 시장 · 군수 · 구청장에게 제조업소의 개설사실을 알려야 한다. 제조업소의 소재지 변경 등 보건복지가족부령이 정하는 중요 사항을 변경한 때에도 동일하다(제69조 제1항). 시장 · 군수 · 구청장은 의지 · 보조기 제조업자가 의지 · 보조기 기사 채용(제69조 제2항)을 위반하여 의지 · 보조기 기사를 두지 아니하고 의지 · 보조기제조업을 한 경우 또는 영업정지처분 기간에 영업을 하거나 3회 이상 영업정지처분을 받은 경우에는 그 제조업소의 폐쇄를 명할 수 있다(제70조 제1항). 그리고 의지 · 보조기 제조업자가 폐쇄 명령(제70조)을 받은 후 6개월이 지나지 아니하면 같은 장소에서 같은 제조업을 하여서는 아니 된다(제69조 제3항).

시장 · 군수 · 구청장은 의지 · 보조기 제조업자가 의지 · 보조기제조업을 하면서 고의나 중대한 과실로 의지 · 보조기를 착용하는 사람의 신체에 손상을 입힌 사실이 있는 때에는 6개월의 범위 안에서 보건복지부령으로 정하는 바에 따라 영업정지를 명할 수 있다(제70조 제2항).

9 장애인복지전문인력

1) 범위와 양성

국가와 지방자치단체 그 밖의 공공단체는 수화통역사, 점역(點譯) · 교정사 등 장애인복지 전문인력, 그 밖에 장애인복지에 관한 업무에 종사하는 자를 양성 · 훈련하는 데에 노력하여야 한다(제71조 제1항). 국가와 지방자치단체는 장애인복지전문인력의 양성업무를 관계 전문기관 등에 위탁할 수 있으며(제71조 제3항), 장애인복지전문인력의 양성에 소요되는 비용을 예산의 범위 안에서 보조할 수 있다(제71조 제4항).

2) 의지 · 보조기 기사

(1) 채용 의무

의지 · 보조기 제조업자는 의지 · 보조기 기사(제72조)를 1명 이상 두어야 한다. 다만 의지 · 보조기 제조업자 자신이 의지 · 보조기 기사인 경우에는 따로 기사를 두지 아니하여도 된다(제69조 제2항). 그리고 의지 · 보조기 제조업자는 의사의 처방에 따라 의지 · 보조기를 제조하거나 개조하여야 한다(제69조 제4항).

(2) 자격증 교부 및 자격 제한과 취소

보건복지부장관은 다음 사유들에 해당하는 자로서 국가시험(제73조)에 합격한 자에게 의지 · 보조기 기사자격증을 내주어야 한다(제72조 제1항).

- 고등교육법에 따른 전문대학이나 교육과학기술부장관이 이와 같은 수준 이상의 학력이 있다고 인정하는 학교에서 보건복지부령으로 정하는 의지 · 보조기 관련 교과목을 이수하고 졸업한 자
- 보건복지부장관이 인정하는 외국에서 제1호에 해당하는 학교와 같은 수준 이상의 교육과정을 마치고 외국의 해당 의지 · 보조기 기사자격증을 받은 자

그리고 보건복지부장관은 의지 · 보조기 기사가 의지 · 보조기 기사의 업무를 하면서 고의 또는 중대한 과실로 의지 · 보조기 착용자의 신체에 손상을 입힌 사실이 있는 때, 또는 보수교육(제75조)을 연속하여 2회 이상 받지 아니한 때에는 6개월 이내의 범위 안에서 자격을 정지시킬 수 있으며(제77조), 의지 · 보조기 기사가 타인에게 의지 · 보조기 기사자격증을 대여한 때(제72조 제3항), 국가시험응시무자격자(제74조 제1항), 또는 자격정지처분(제77조) 기간에 그 업무를 하거나 자격정지 처분을 3회 받은 때에는 그 자격을 취소해야 한다(제76조).

(3) 국가시험

의지·보조기 기사 국가시험은 보건복지부장관이 실시하되, 실시시기·실시방법·시험과목, 그 밖에 시험 실시에 관하여 필요한 사항은 대통령령으로 정하며(제73조 제1항), 보건복지부장관은 이 국가시험의 실시에 관한 업무를 대통령령으로 정하는 바에 따라 시험관리능력이 있다고 인정되는 관계 전문기관에 위탁할 수 있다(제73조 제2항).

이 국가시험의 경우 다음의 사유에 해당하는 자는 응시할 수 없다(제74조 제1항).

- 정신질환자(정신보건법 제3조 제1호). 다만 전문의가 의지·보조기 기사로서 적합하다고 인정하는 사람은 그러하지 아니하다.
- 마약·대마 또는 향정신성 의약품 중독자
- 금치산자·한정치산자
- 장애인복지법이나 형법 제234조 및 제317조 제1항, 의료법, 국민건강보험법, 종전의 국민의료보험법, 의료보험법, 의료보호법, 보건범죄단속에관한특별조치법, 마약법, 대마관리법, 향정신성의약품관리법 또는 후천성면역결핍증예방법을 위반하여 금고 이상의 형을 선고받고 그 형의 집행이 끝나지 아니하였거나 집행을 받지 아니하기로 확정되지 아니한 자

(4) 보수교육

보건복지부장관은 의지·보조기 기사에 대하여 자질 향상을 위하여 필요한 보수(補修)교육을 받도록 명할 수 있다(제75조 제1항).

10 비 용

1) 비용 부담

이 법에 의한 복지조치(제36조 제1항, 제38조 제1항, 제43조 제1항, 제49조 제1항, 제50조 제1항, 제2항, 제55조 제1항, 제66조 제1항 및 제67조 제1항, 제2항)와 장애인복지시설의 설치 · 운영 비용(제59조 제1항)은 예산의 범위 안에서 대통령령으로 정하는 바에 따라 장애인복지실시기관이 부담하게 할 수 있다(제79조).

2) 비용 수납

국 · 공립병원, 보건소, 보건지소, 그 밖의 의료기관에 의뢰하여 의료와 보건지도를 받게 하는 조치(제34조 제1항 제1호)에 필요한 비용을 부담한 장애인복지실시기관은 해당 장애인 또는 그 부양의무자로부터 대통령령으로 정하는 바에 따라 장애인복지실시기관이 부담한 비용의 전부 또는 일부를 받을 수 있다(제80조 제1항).

그리고 장애인 유료복지시설(제58조 제1항 제4호)을 설치 · 운영하는 자는 그 시설에 입소하는 자로부터 필요한 비용을 받으려면 미리 시장 · 군수 · 구청장에게 신고하여야 한다(제80조 제2항).

3) 비용 보조

국가와 지방자치단체는 대통령령으로 정하는 바에 따라 장애인복지시설의 설치 · 운영에 필요한 비용의 전부 또는 일부를 보조할 수 있다(제81조).

4) 조세감면

장애인복지법에 따라 지급되는 금품, 장애인복지시설(제58조) 및 장애인복지단체(제63조)에서 장애인이 제작한 물품에 대해서는 조세특례제한법과 지방세법, 그 밖의 조세 관계법령이 정하는 바에 따라 조세가 감면된다(제83조 제1항). 또한 국가 및 지방자치단체는 장애인복지시설에 대하여 기반시설부담금에관한법률이 정하는 바에 따라 부담금을 부과하지 아니할 수 있다(제83조 제2항).

11 권리보호 및 구제

사회보장기본법의 규정에 근거하여 장애인복지법에 의해 장애인에게 지급되는 금품은 압류하지 못한다(제82조).

또한 장애인, 장애인의 법정대리인 또는 대통령령으로 정하는 보호자는 이 법에 따른 복지조치에 이의가 있으면 해당 장애인복지실시기관에 심사를 청구할 수 있고(제84조 제1항), 장애인복지실시기관은 이 심사청구를 받은 때에는 1개월 이내에 심사 · 결정하여 청구인에게 통보하여야 한다(제84조 제2항). 이때의 심사 · 결정에 이의가 있는 자는 행정심판법에 따라 행정심판을 제기할 수 있다(제84조 제3항).

장애인복지법의 체계

총 칙

- • 목적(법 § 1)
- • 장애인의 정의 등(법 § 2)
  - –다른 법률과의 관계(영 § 13)
- • 기본이념(법 § 3)
  - • 장애인의 권리(법 § 4)
  - • 차별금지 등(법 § 8)
  - • 국민의 책임(법 § 10)
  - • 장애인 및 보호자 등에 대한 의견수렴과 참여(법 § 5)
  - • 중증장애인의 보호(법 § 6)
  - • 여성장애인의 권익보호 등(법 § 7)
  - • 국가와 지방자치단체의 책임(법 § 9)
- • 장애인정책조정위원회(법 § 11)
- • 장애인정책책임관의 지정 등(법 § 12)
- • 지방장애인복지위원회(법 § 13)
  - –장애인정책조정위원회의 구성(영 § 3)
  - –장애인정책조정실무위원회의 구성 등(영 § 10)
  - –장애인정책책임관의 지정 등(영 § 11)
  - –지방장애인복지위원회의 구성(영 § 12)
- • 장애인의 날(법 § 14)
- • 다른 법률과의 관계(법 § 15)
- • 법제와 관련된 조치 등(법 § 16)
  - –다른 법률과의 관계(영 § 13)

기본 정책의 강구

- • 장애발생 예방(법 § 17)
- • 복지 연구 등의 진흥(법 § 29)
- • 의료와 재활치료(법 § 18)
- • 사회적응 훈련(법 § 19)
- • 교육(법 § 20)
- • 직업(법 § 21)
- • 정보에의 접근(법 § 22)
- • 편의시설(법 § 23)
- • 안전대책 강구(법 § 24)
- • 사회적 인식개선(법 § 25)
- • 경제적 부담의 경감(법 § 30)
  - –수화・폐쇄자막 또는 화면해설방영 방송프로그램의 범위(영 § 14)
  - –수화통역 또는 점자자료 등의 제공(영 § 15)
  - –사회적 인식 개선 교육(영 § 16)
  - –감면대상시설의 종류 등(영 § 17)
- • 선거권 행사를 위한 편의 제공(법 § 26)
- • 주택 보급(법 § 27)
- • 문화환경 정비 등(법 § 28)

복지 조치

- 조사(법 § 31)
- 장애인 등록(법 § 32)
- 장애인의 재활 및 자립생활의 연구(법 § 52)
  - 실태조사의 방법 및 내용(영 § 18)
  - 다른 법률과의 관계(영 § 13)
  - 감면대상시설의 종류 등(영 § 17)
  - 보호자 범위(영 § 20)
  - 장애상태 확인(규칙 § 7)
  - 등록증 반환명령(규칙 § 8)
  - 장애판정위원회의 심의사항(규칙 § 11)
  - 장애인자동차 등 표지의 발급대상(규칙 § 26)

- 장애인복지상담원(법 § 33)
  - 장애인복지상담원 임용(영 § 21)

- 장애유형 · 장애정도별 재활 및 자립지원 서비스 제공 등(법 § 35)
  - 재활상담과 입소 등의 조치(법 § 34)
    - 다른 법률과의 관계(영 § 13)
    - 장애인의 시설입소 등(규칙 § 19)
  - 의료비 지급(법 § 36)
  - 산후조리도우미 지원 등(법 § 37)
  - 자녀교육비 지급(법 § 38)
  - 장애인이 사용하는 자동차 등에 대한 지원 등(법 § 39)
  - 장애인보조견의 훈련 · 보급 지원 등 (법 § 40)
    - 비용 부담(영 § 42)
    - 의료비 지급 대상 및 기준(규칙 § 20)
    - 자녀교육비 지급 대상 및 기준(규칙 § 23)
    - 산후조리도우미 지원 기준 및 방법(영 § 23)
    - 산후조리도우미 지원사업에 대한 모니터링 (규칙 § 22)
    - 장애인자동차 등 표지의 발급대상(규칙 § 26)
    - 보행상 장애가 있는 자에 대한 배려(규칙 § 28)
    - 장애인 보조견표지 발급대상(규칙 § 29)
  - 자금 대여 등(법 § 41)
  - 생업지원(법 § 42)
  - 자립훈련비 지급(법 § 43)
  - 생산품 구매(법 § 44)
  - 생산품 인증(법 § 45)
    - 자금 대여의 용도 및 대여한도 등(영 § 24)
    - 자금 대여절차 등(영 § 25)
    - 대여자금 상환방법 등(영 § 26)
    - 생업지원(영 § 27)
    - 비용 부담(영 § 42)
    - 자립훈련비 지급 등(규칙 § 33)
    - 생산품 구매 등(영 § 28)
    - 국가 등의 구매 의무(영 § 29)
    - 장애인 생산품 인증 신청 및 기준(규칙 § 34)
  - 장애수당(법 § 49)
  - 장애아동수당과 보호수당(법 § 50)
  - 비용의 징수(법 § 51)
    - 장애수당 등의 지급대상자(영 § 30)
    - 비용 부담(영 § 42)
    - 비용의 징수(영 § 34)

- 고용 촉진(법 § 46)
- 공공시설의 우선 이용(법 § 47)
- 국유 · 공유 재산의 우선매각이나 유상 · 무상 대여 (법 § 48)

구분	법	시행령·시행규칙
자립생활의 지원 및 장애인보조기구	• 자립생활지원(법 § 53) • 중증장애인자립생활지원센터(법 § 54)	
	• 활동보조인 등 서비스 지원(법 § 55)	–활동보조서비스 지원의 기준 및 방법(영 § 35) –비용 부담(영 § 42) –활동보조서비스 지원대상자 신청 등(규칙 § 40)
	• 장애동료 간 상담(법 § 56)	
	• 장애인보조기구(법 § 65) • 장애인보조기구의 교부 등(법 § 66) • 장애인보조기구업체의 육성 · 연구지원 등(법 § 67) • 장애인보조기구 연구개발의 지원 등(법 § 68) • 의지 · 보조기제조업의 개설사실의 통보 등(법 § 69) • 의지 · 보조기 제조업소의 폐쇄 등(법 § 70)	–비용 부담(영 § 42) –의지 · 보조기 제조업소의 개설사실 통보 등(규칙 § 54) –장애인보조기구 교부 등 신청대상자(규칙 § 45) –장애인보조기구업체 지원 · 육성 등(규칙 § 51) –우수업체 지정 및 취소 등(규칙 § 52) –의지 · 보조기 제조업소의 개설사실 통보 등(규칙 § 54) –청문(영 § 45) –행정처분기준(규칙 § 64)
장애인복지시설과 단체	• 보호조치 등(법 § 57) • 장애인복지시설(법 § 58)	–장애인복지시설(영 § 36) –장애인자동차 등 표지의 발급대상(규칙 § 26) –장애인복지시설의 종류와 사업(규칙 § 41)
	• 장애인복지시설 설치(법 § 59) • 시설 운영의 개시 등(법 § 60) • 시설의 개선, 사업의 정지, 폐쇄 등(법 § 62) • 감독(법 § 61)	–비용 부담(영 § 42) –청문(영 § 45) –시설의 설치 · 운영기준(규칙 § 42) –시설의 설치 · 운영신고 등(규칙 § 43) –시설 운영의 중단 · 재개 · 폐지 신고 등(규칙 § 44)
	• 단체의 보호 · 육성(법 § 63) • 장애인복지단체협의회(법 § 64)	–장애인자동차 등 표지의 발급대상(규칙 § 26)
장애인 전문 인력	• 장애인복지 전문인력 양성 등(법 § 71)	–장애인복지전문인력의 범위(규칙 § 55)
	• 의지 · 보조기 기사자격증 교부 등(법 § 71) • 의지 · 보조기 기사 국가시험의 실시 등(법 § 73) • 응시자격 제한 등(법 § 74) • 보수교육(법 § 75) • 자격취소(법 § 76) • 자격정지(법 § 77) • 수수료(법 § 78)	–국가시험의 시행 및 공고 등(영 § 37) –의지 · 보조기 관련 교과목(규칙 § 56) –자격증 발급신청 등(규칙 § 57) –보수교육의 대상 및 실시방법 등(규칙 § 61) –청문(영 § 45) –행정처분기준(규칙 § 64) –수수료(규칙 § 65)
보 칙	• 비용 부담(법 § 79) • 비용 수납(법 § 80) • 비용 보조(법 § 81) • 조세감면(법 § 83)	–비용 부담(영 § 42) –비용 수납(영 § 43) –비용 수납(규칙 § 66) –비용 보조(영 § 44)
	• 압류 금지(법 § 82)	
	• 심사청구(법 § 84)	–보호자 범위(영 § 20)
	• 권한위임 등(법 § 85)	
벌 칙	• 벌칙(법 § 86, 87) • 양벌규정(법 § 88)	
	• 과태료(법 § 89)	–과태료의 부과 · 징수(영 § 46)

출처: 장애인복지법(2008. 2. 29 개정), 시행령(2008. 12. 31 개정), 시행규칙(2008. 12. 31 개정) 정리.

제20장

장애아동복지지원법

1 의 의

이 법은 국가와 지방자치단체가 장애아동[1]의 특별한 복지적 욕구에 적합한 지원을 통합적으로 제공함으로써 장애아동이 안정된 가정생활 속에서 건강하게 성장하고 사회에 활발하게 참여할 수 있도록 하며, 장애아동 가족의 부담을 줄이는 데 이바지함을 목적으로 제정되었고(법 제1조), 장애아동의 복지지원에 관하여는 다른 법률에 우선하여 이 법이 적용된다(제5조).

이 법의 기본이념은 장애아동 이익의 최우선성 및 자유표현권리의 최대보장성이다. 즉, 장애아동을 위한 모든 활동에 있어서 장애아동의 이익이 최우선적으로 고려되어야 하고(제3조 제1항), 장애아동은 자신에게 영향을 미치는 모든 활동에 대하여 자신의 견해를 자유로이 표현할 권리를 최대한 보장받아야 한다(제3조 제2항). 이와 같은 장애아동복지지원의 기본이념에 따라 이 법의 대상인 장애아동은 여섯 가지의 분야, 즉 학대 등 모든 위험, 부모와 가정, 교육, 건강, 여가와 문화, 의사소통과 권리 분야에서 권리를 보장받는다(제4조).

---

1. '장애아동'이란 18세 미만의 사람 중 장애인복지법 제32조에 따라 등록한 장애인을 말한다. 다만 6세 미만의 아동으로서 장애가 있다고 보건복지부장관이 별도로 인정하는 사람을 포함한다(제2조 제1호).

2 국가와 지방자치단체의 임무

1) 업무수행과 관련위원회의 심의

장애아동의 복지지원[2]을 위해서 국가와 지방자치단체는 장애아동에게 적절한 복지지원을 제공하기 위하여 장애아동과 그 가족을 위한 복지지원대책의 강구, 장애아동을 위한 복지지원 사업의 연구·개발, 장애의 조기발견을 위한 홍보, 복지지원 전달체계의 구축, 복지지원 이용권의 수급 및 이용에 대한 관리·감독, 그 밖에 장애아동과 그 가족의 복지지원을 위하여 필요하다고 인정하는 사항 등의 업무를 수행하여야 한다(제6조). 그리고 장애아동복지지원에 관한 중요한 정책조정에 관한 사항은 장애인정책조정위원회(장애인복지법 제11조)의 심의를 거쳐야 하고, 특히 지방자치단체의 업무의 주요 사항은 지방장애인복지위원회(장애인복지법 제13조)의 심의를 거쳐야 한다(제7조).

2) 장애아동지원센터의 설치·운영

보건복지부장관은 장애아동지원 업무를 수행하기 위하여 중앙장애아동지원센터를 설치·운영할 수 있는데(제8조 제1항), 이 중앙센터는 장애아동의 복지지원에 관한 조사·연구, 지역장애아동지원센터(제9조)에 대한 평가 및 운영지원, 장애아동의 복지지원 정책에 관한 정보 및 자료 제공, 장애아동의 장애유형별 지원 프로그램의 개발, 가족지원업무 수행기관(제23조 제2항)에 대한 운영지원 및 평가, 지역장애아동지원센터와 복지지원을 제공하는 기관 등 복지지원 관련기관에 대한 정보의 수집 및 제공, 그 밖에 보건복지부장관이 필요하다고 인정하는 업무를 수행한다.

마찬가지로 지역장애아동지원센터가 설치·운영될 수 있는데, 이 지역센터는

---

2. '장애아동 복지지원'이란 국가와 지방자치단체가 장애아동의 특별한 복지적 욕구에 따라 의료비지원, 보육지원, 가족지원 및 장애아동의 발달에 필요한 지원 등 다양한 인적·물적 자원을 제공하는 것을 말한다(제2조 제3호).

특별자치도지사 · 시장 · 군수 · 구청장이 특별자치도 · 시 · 군 · 구에 설치 · 운영할 수 있고(제9조 제1항), 장애의 조기발견을 위한 홍보, 장애아동의 복지지원 사업에 관한 정보 및 자료 제공, 장애아동과 그 가족에 대한 복지지원 제공기관의 연계, 장애아동의 사례관리, 장애아동 및 그 가족을 지원하기 위한 가족상담 및 교육의 실시, 그 밖에 시장 · 군수 · 구청장이 위탁하거나 필요하다고 인정하는 업무를 수행한다. 특히 지역센터는 복지지원의 효과적인 시행을 위하여 장애영유아어린이집(제32조), 장애인복지시설(장애인복지법 제58조), 아동복지시설(아동복지법 제50조), 유치원(유아교육법 제2조 제2호), 학교(초 · 중등교육법 제2조), 특수학교 전공과(장애인등에대한특수교육법 제24조), 의료기관(의료법 제3조), 공공보건의료기관(공공보건의료에관한법률 제2조 제2호), 보건소(지역보건법 제7조), 특수교육지원센터(장애인등에대한특수교육법 제11조), 보육정보센터(영유아보육법 제7조), 그 밖에 복지지원과 관계된 기관 또는 단체와 연계 및 협력 체계를 구축하여야 하고(제10조 제1항), 시장 · 군수 · 구청장은 복지지원의 효과적인 시행을 위하여 지역센터와 이들 기관 또는 단체 사이의 원활한 연계 · 협력을 위하여 노력하여야 한다(제10조 제2항).

3) 실태조사와 조기발견

보건복지부장관은 장애아동 및 그 가족의 복지지원과 관련한 실태조사를 3년마다 실시하여야 한다(제11조 제1항). 단, 장애인복지법 제31조에 따른 장애인의 실태조사에 포함하여 실시할 수 있다(제11조 제2항). 그리고 시장 · 군수 · 구청장은 국민건강보험법 제47조, 의료급여법 제14조 및 모자보건법 제10조 제1항에 따라 영유아에 대하여 정기적인 건강검진 · 예방접종을 실시하는 경우 장애의 유무를 조기에 발견하기 위하여 선별검사를 실시할 수 있으며(제12조 제1항), 이때 국가와 지방자치단체는 장애의 조기발견을 위하여 방송 · 신문 및 인터넷 등 다양한 매체를 이용하여 홍보하여야 한다(제12조 제2항).

3 복지지원의 절차

1) 복지지원의 신청

장애아동 및 그 보호자[3]는 시장 · 군수 · 구청장에게 이 법에서 정하는 복지지원을 신청[4]할 수 있다(제13조 제1항). 이 복지지원을 신청할 때에 장애아동과 그 가구원[5]은 금융정보, 신용정보, 보험정보의 제공에 동의한다는 서면을 제출하여야 한다(제13조 제2항). 상세한 복지지원의 신청 방법 및 절차 등에 필요한 사항은 보건복지부령으로 정한다(제13조 제3항).

2) 복지지원 대상자의 선정

복지지원의 신청을 받은 시장 · 군수 · 구청장은 관련법령에서 정하는 바에 따라 소득 · 재산, 장애정도, 가구특성 등을 고려하여 복지지원 대상자 여부를 심사하여야 한다(제14조 제1항). 그리고 30일 이내에 복지지원 대상자로의 선정 여부, 복지지원의 내용 및 복지지원 이용권의 금액 등을 결정하여 복지지원 신청자에게 즉시 알려 주어야 한다(제14조 제2항). 보건복지부장관은 신청자를 복지지원 대상자로 선정하고자 하는 경우 금융정보 등의 제공 요청 및 제공 등의 필요한 절차를 진행한다(제15조).

만약 복지지원 대상자 선정 및 복지지원 내용 결정이나 그 밖에 이 법에 따른 처분에 이의가 있는 사람은 시장 · 군수 · 구청장에게 이의신청을 할 수 있다(제38조 제1항).

3) 복지지원방법

시장 · 군수 · 구청장은 복지지원 대상자[6]로 선정한 장애아동과 그 가족에게 복

---

3. '장애아동 보호자'란 친권자, 후견인, 장애아동을 보호 · 양육 · 교육하거나 그 의무가 있는 자 또는 업무 · 고용 등의 관계로 사실상 장애아동을 보호 · 감독하는 자를 말한다(제2조 제2호).
4. 다만 제22조에 따른 보육지원은 영유아보육법 제34조의4를 따른다(제13조 제1항 단서).
5. 국민기초생활보장법 제2조 제7호에 따른 개별가구의 가구원을 말한다(제13조 제2항).

지지원 제공기관을 연계하여야 하고, 이때에는 복지지원 대상자에게 복지지원 제공시간 및 방법 · 비용부담 등 관련정보를 제공하여야 한다(제16조). 또한 시장 · 군수 · 구청장은 장애아동에게 적합한 복지지원을 제공하기 위하여 개인별 지원계획을 수립할 수 있고, 이 경우 보호자, 복지지원을 제공하는 인력, 복지관계 전문가 등에게 자문할 수 있다(제17조).

시장 · 군수 · 구청장은 제공기관 연계 및 개인별 지원계획 수립을 지역센터에 위탁할 수 있는데(제16조 및 제17조), 이 경우 시장 · 군수 · 구청장과 업무를 위탁받은 기관의 장은 장애아동과 그 가족에 대한 정보의 수집과 관리에 있어 개인정보가 분실 · 도난 · 유출 · 변조 또는 훼손되지 아니하도록 필요한 조치를 하여야 한다(제18조 제1항). 그리고 복지지원에 종사하거나 종사하였던 자는 직무상 알게 된 장애아동과 그 가족의 개인정보를 보호자의 동의 없이 누설하거나 권한 없이 처리하거나 다른 사람이 이용하도록 제공하는 등 부당한 목적으로 사용하여서는 아니 된다(제18조 제2항).

4 복지지원의 내용

복지지원의 종류에는 의료비(제19조), 보조기구(제20조), 발달재활서비스(제21조), 보육(제22조), 가족(제23조), 돌봄 및 일시적 휴식지원서비스(제24조), 지역사회전환서비스(제25조), 문화 · 예술 등 복지(제26조) 등의 지원이 있으며, 취약가정에는 이러한 복지지원이 우선제공(제27조)된다. 이 법에 따른 복지지원은 개별 복지지원의 목적에 따라 장애아동과 그 가족에게 현금 또는 현물로 제공하고, 현물의 경우 복지지원 이용권[7]으로 제공할 수 있다(제28조 제1항).

6. '복지지원 대상자'란 이 법에 따라 복지지원을 받는 사람을 말한다(제2조 제4호).
7. '장애아동 복지지원 이용권'이란 그 명칭 또는 형태와 상관없이 이용자가 제공자에게 제시하여 일정한 복지지원을 받을 수 있도록 복지지원의 수량 또는 그에 상응하는 금액이 기재(전자적 또는 자기적 방법에 따른 기록을 포함한다)된 증표를 말한다. 다만 제22조 제1항에 따른 보육료 지원의 경우에는 영유아보육법 제34조의3에 따른 보육서비스 이용권으로 대체한다(제2조 제5호).

그런데 만약 이 법에 따른 복지지원을 제공받은 사람이 거짓이나 그 밖의 부정한 방법으로 제공받은 경우, 잘못 제공된 경우, 이 법에 따른 복지지원을 제공받은 후 복지지원을 받게 된 사유가 소급하여 소멸한 경우의 어느 하나에 해당하는 경우에는 국가나 지방자치단체는 그 비용의 전부 또는 일부를 환수할 수 있다(제29조 제1항).

5 복지지원 제공기관

장애아동에게 필요한 복지지원을 할 수 있는 기관 또는 단체는 장애인복지법 제58조에 따른 장애인복지시설, 아동복지법 제52조의 아동복지시설, 건강가정기본법 제35조에 따른 건강가정지원센터, 장애아동복지지원법 제21조 제3항에 따른 발달재활서비스 제공기관, 제23조에 따른 가족지원업무 수행기관, 제32조에 따른 장애영유아를 위한 어린이집,[8] 그 밖에 보건복지부장관 또는 지방자치단체의 장이 필요하다고 인정하는 기관 또는 단체다(제30조).

복지지원 제공기관은 장애아동의 연령 및 장애유형에 적합한 프로그램을 계획하고 실시하여야 한다(제31조 제1항). 그리고 시장 · 군수 · 구청장 또는 지역센터로부터 복지지원 제공의뢰를 받은 복지지원 제공기관의 장은 정당한 사유가 없는 한 지체 없이 복지지원을 제공하여야 하며(제31조 제2항), 복지지원 제공기관은 시설, 인력 등 이 법에 따른 복지지원의 내용과 관련한 정보를 지역센터(제9조)에 제공하여야 한다[9](제31조 제3항).

---

8. 국가와 지방자치단체는 지역별로 적절한 균형을 이루도록 장애영유아를 위한 어린이집을 확보하기 위하여 노력하여야 한다(제32조 제1항).

9. 특히 발달재활서비스 제공기관의 장은 서비스를 제공하는 인력이 보유하고 있는 자격의 명칭, 발급기관, 취득요건과 경력 등 서비스의 질에 영향을 미치는 정보를 관할 시장 · 군수 · 구청장, 지역센터의 장, 발달재활서비스를 제공받고자 하는 장애아동 및 그 보호자에게 제공하여야 한다(제33조 제1항).

제21장

장애인활동지원에관한법률

1 의 의

장애인활동지원에관한법률은 신체적 · 정신적 장애 등의 사유로 혼자서 일상생활과 사회생활을 하기 어려운 장애인에게 제공하는 활동지원급여에 관한 사항을 규정하여 장애인의 자립생활을 지원하고 그 가족의 부담을 줄임으로써 장애인의 삶의 질을 높이는 것을 목적으로 한다(제1조). 즉, 이 법은 장애인복지법제2조에 따른 장애인(제2조 제1호)에게 활동보조, 방문목욕, 방문간호 등의 활동지원급여서비스(제2조 제2호)를 제공하기 위한 제반 사항을 규정한다. 이 법에 의한 활동지원급여를 받을 권리는 양도 또는 압류하거나 담보로 제공할 수 없다(제46조).

이를 위해서 국가와 지방자치단체는 적절한 활동지원급여를 제공하여 장애인이 일상생활과 사회생활을 원활히 할 수 있도록 시책을 마련하여야 하고(제3조 제1항), 활동지원사업이 장애인의 자립생활을 지원하고 그 가족의 부담을 줄일 수 있도록 매년 필요한 재원을 조달하여야 한다(제3조 제2항). 이와 관련하여 장애인정책조정위원회(장애인복지법 제11조)는 활동지원사업의 기본방향에 관한 사항, 활동지원사업의 추진과 관련한 재원 조달에 관한 사항, 활동지원사업에 대한 관련부처의 협조사항, 그 밖에 이 법 시행과 관련하여 대통령령으로 정하는 주요 사항 등 활동지원사업에 관하여 심의를 한다(제4조).

2 활동지원급여

1) 급여의 신청

이 법에 의한 활동지원급여를 받기 위해서는 신청인이 혼자서 일상생활과 사회생활을 하기 어려운 중증장애인으로 대통령령으로 정하는 장애정도 이상인 사람이면서, 노인장기요양보험법 제2조 제1호에 따른 노인 등이 아닌 사람으로서 대통령령으로 정하는 연령 이상인 사람[1]에 해당하지 않고, 활동지원급여와 비슷한 다른 급여를 받고 있거나 국민기초생활보장법 제32조에 따른 보장시설에 입소한 경우 등 대통령령으로 정하는 경우에 해당하지 아니하는 사람(제5조)으로서, 관할 특별자치도지사 · 시장 · 군수 · 구청장에게 활동지원급여 신청서를 제출하여야 한다(제6조 제1항).

활동지원급여를 받으려는 사람 또는 수급자가 신체적 · 정신적인 사유로 이 법에 따른 활동지원급여 신청, 수급자격의 갱신 신청 또는 활동지원등급의 변경 신청 등을 직접 할 수 없을 때에는 각 사정에 따라 본인의 가족이나 친족, 그 밖의 관계인(제15조 제1항), 사회복지전담공무원(제15조 제2항), 특별자치도지사 · 시장 · 군수 · 구청장이 지정하는 자(제15조 제3항)가 대리할 수 있다.

2) 급여신청의 조사

신청서를 접수한 관할 특별자치도지사 · 시장 · 군수 · 구청장은 신청인의 신체 · 정신기능 상태, 신청인에게 필요한 활동지원급여의 종류 및 내용, 본인부담

---

1. 다만 이 법에 따른 수급자였다가 65세 이후에 노인장기요양보험법에 따른 장기요양급여를 받지 못하게 된 사람으로서 보건복지부장관이 정하는 기준에 해당하는 사람은 신청자격을 갖는다(제5조 제2호).

금(제33조)의 산정에 필요한 자료로서 신청인과 그 부양의무자[2]의 소득 및 재산 등 생활수준에 관하여 대통령령으로 정하는 사항, 또는 그 밖에 활동지원급여의 지원을 위하여 필요한 사항으로서 보건복지부령으로 정하는 사항을 조사하고, 조사결과서를 작성하여야 한다(제7조 제1항).

특별자치도지사 · 시장 · 군수 · 구청장은 신청인의 장애정도에 대하여 장애인복지법 제32조(장애인등록)에 따라 심사를 할 수 있으며(제7조 제2항), 필요한 사항을 확인하거나 심사를 하기 위하여 필요한 자료를 확보하기 곤란한 경우에는 신청인, 그 부양의무자 또는 그 밖의 관계인에게 소득 · 재산 및 장애정도 등의 확인에 필요한 자료의 제출을 요구할 수 있다(제7조 제3항). 만약 특별자치도지사 · 시장 · 군수 · 구청장은 신청인과 그 부양의무자가 조사 및 심사에 필요한 서류 · 자료의 제출 및 조사 · 질문 또는 제3항에 따른 자료 제출 요구를 두 번 이상 거부 · 방해 또는 기피하는 경우에는 활동지원급여의 신청을 각하할 수 있다. 이 경우 서면으로 그 이유를 분명하게 밝혀 신청인과 그 부양의무자에게 통지하여야 한다(제7조 제6항).

그리고 특별자치도지사 · 시장 · 군수 · 구청장 또는 보건복지부장관은 필요하다고 인정하는 경우에 국세 · 지방세 등에 관한 자료의 제공을 관계기관의 장에게 요청할 수 있으며, 요청받은 관계기관의 장은 타당한 사유가 없으면 요청에 따라야 한다(제7조 제4항).

3) 수급자격의 심의

특별자치도지사 · 시장 · 군수 · 구청장은 필요한 조사를 마치면 신청서, 조사결과서, 그 밖에 심의에 필요한 자료를 수급자격심의위원회[3]에 제출하여야 한다

2. '부양의무자'란 수급자(제6조 제1항의 신청인 포함)를 부양할 책임이 있는 사람으로서 수급자의 1촌 이내 직계혈족 또는 그 배우자 및 그 밖에 수급자의 생계를 책임지는 대통령령으로 정하는 사람을 말한다(제2조 제5호).

3. 활동지원급여의 수급자격 인정 및 활동지원등급 등을 심의하기 위하여 특별자치도 · 시 · 군 · 구에 단수 또는 복수로 장애인활동지원 수급자격심의위원회를 둘 수 있다(제8조 제1항 및 제2항). 수급자격심의위원회는 임기 3년의 9명 이내의 위원으로 구성되며(제8조 제3항 및 제5항), 특별자치도지사 · 시장 · 군수 · 구청장은 해당 지역 장애인단체 대표, 의료법에 따른 의료인, 사

(제9조 제1항). 수급자격심의위원회는 신청인이 신청서를 제출한 날부터 30일 이내에 수급자격을 심의하여(제10조 제1항) 신청자격 요건을 충족한 경우에 심신상태 및 활동지원이 필요한 정도 등 활동지원등급에 관한 수급자격 심의기준에 따라 수급자로 인정한다(제9조 제2항).

수급자격심의위원회가 수급자격 심의를 마쳤을 때에는 특별자치도지사 · 시장 · 군수 · 구청장은 지체 없이 수급자격 인정 여부, 활동지원등급,[4] 활동지원급여의 종류 및 내용, 본인부담금, 급여개시일, 그 밖에 활동지원급여에 관한 사항으로서 보건복지부령으로 정하는 사항이 포함된 활동지원수급자격결정통지서와 표준급여이용계획서(제11조 제2항)를 작성하여 신청인에게 보내고, 그 내용을 수탁기관(제31조 제3항)에 통보하여야 한다(제11조).

결정된 수급자격의 유효기간은 최소 1년 이상이며, 수급자가 65세가 되는 경우에는 그 해당 월의 다음 월까지 수급자격을 인정한다(제12조 제1항). 또한 수급자격의 유효기간이 끝난 후 계속하여 활동지원급여를 받으려는 수급자는 유효기간이 끝나기 전 30일까지 관할 특별자치도지사 · 시장 · 군수 · 구청장에게 수급자격 갱신을 신청하여야 한다(제13조).

4) 급여의 종류와 제공

장애인활동지원에관한법률에 따른 활동지원급여의 종류는 활동보조, 방문목욕, 방문간호 및 기타급여다. 각 급여의 내용은 다음과 같다(제16조 제1항).

- 활동보조: 장애인활동지원인력인 활동보조인(제27조)이 수급자의 가정 등을 방문하여 신체활동, 가사활동 및 이동보조 등을 지원하는 활동지원급여
- 방문목욕: 활동지원인력이 목욕설비를 갖춘 장비를 이용하여 수급자의 가정

회복지사업법에 따른 사회복지사, 특별자치도 · 시 · 군 · 구 소속 장애인 복지담당 공무원, 또는 그 밖에 장애인 복지 또는 활동지원사업에 관한 학식과 경험이 풍부한 사람 등으로 위원을 임명하거나 위촉한다(제8조 제4항).

4. 활동지원등급을 변경하여 활동지원급여를 받으려는 수급자는 특별자치도지사 · 시장 · 군수 · 구청장에게 변경신청을 하여야 한다(제14조 제1항).

등을 방문하여 목욕을 제공하는 활동지원급여

- 방문간호: 활동지원인력인 간호사 등이 의사, 한의사 또는 치과의사의 지시서(이하 '방문간호지시서'라 한다)에 따라 수급자의 가정 등을 방문하여 간호, 진료의 보조, 요양에 관한 상담 또는 구강위생 등을 제공하는 활동지원급여
- 그 밖의 활동지원급여: 야간보호 등 대통령령으로 정하는 활동지원급여

이 법의 수급자는 활동지원수급자격결정통지서(제11조 제1항)에 적혀 있는 급여개시일부터 활동지원급여를 받을 수 있으며(제17조 제1항), 또한 특별자치도지사 · 시장 · 군수 · 구청장이 지급할 수 있는 활동지원급여이용권을 통해 활동지원급여를 받을 수도 있다(제17조 제2항). 활동지원급여는 활동지원등급 등을 고려하여 산정된 월 한도액의 범위에서 제공된다(제18조 제1항).

활동지원급여는 제한 또는 정지될 수 있는데, 활동지원급여를 받고 있거나 받을 수 있는 사람이 거짓이나 그 밖의 부정한 방법으로 수급자로 선정된 경우(제19조 제1항), 수급자가 타당한 사유 없이 자료의 제출 및 질문 · 검사 요구를 거부 · 방해 · 기피하거나 거짓 자료를 제출한 경우(제19조 제2항), 또는 시설입소 등 사유[5]가 있는 경우(제19조 제3항)다.

3 활동지원기관

1) 활동지원기관의 지정 등

장애인활동지원기관이란 보건복지부령으로 정하는 시설 및 인력 기준을 갖추

---

5. 다음과 같은 사유가 있는 경우에는 그 기간 중 활동지원급여를 중단한다(제19조 제3항).
   1. 국민기초생활보장법 제32조에 따른 보장시설에 입소한 경우
   2. 금고 이상의 실형을 선고받고 형의집행및수용자의처우에관한법률 또는 치료감호법에 따른 교정시설 또는 치료감호시설에 수용 중인 경우
   3. 그 밖에 장기간의 국외체류 등으로 활동지원급여를 받는 것이 어려운 경우로서 보건복지부령으로 정하는 경우

고 소재지를 관할하는 특별자치도지사 · 시장 · 군수 · 구청장으로부터 지정을 받은 기관으로서 수급자에게 활동지원급여를 제공하는 기관을 말한다(제2조 제6호, 제20조 제1항). 이 기관의 지정에 있어서 특별자치도지사 · 시장 · 군수 · 구청장은 활동지원기관의 지역적 분포 및 적정공급 규모, 활동지원급여 대상자 수 등을 고려하여 지정하여야 하고(제20조 제2항), 수급자가 활동지원기관을 쉽게 선택하도록 하고 활동지원기관이 제공하는 활동지원급여의 질을 보장하기 위하여 활동지원기관별 활동지원급여의 내용, 시설 · 인력 현황 자료 등을 활동지원기관의 장으로부터 제출받아 수급자에게 안내하여야 한다(제21조 제1항).

특별자치도지사 · 시장 · 군수 · 구청장은 활동지원기관이 거짓이나 그 밖의 부정한 방법으로 지정을 받은 경우 등에 해당하는 경우에는 그 업무를 정지하거나 그 지정을 취소할 수 있으며(제24조 제1항), 활동지원기관은 폐업 또는 휴업 예정일 전 30일까지 특별자치도지사 · 시장 · 군수 · 구청장에게 신고하여 폐업 또는 휴업할 수 있다(제23조 제1항).

특별자치도지사 · 시장 · 군수 · 구청장은 활동지원기관이 활동지원급여의 제공 기준 · 절차 · 방법 등(제16조 제2항)에 따라 적정하게 활동지원급여를 제공하였는지를 평가한 후 그 결과를 공개하는 등 필요한 조치를 할 수 있으며, 활동지원급여의 수준을 향상시킬 수 있도록 노력하여야 한다(제25조).

2) 활동지원기관의 의무

활동지원기관은 수급자로부터 활동지원급여 제공을 요청받았을 때에 활동지원인력의 수급(需給)이 원활하지 아니한 경우 등 타당한 사유가 있는 경우 외에는 이를 거부하여서는 아니 된다(제22조 제1항). 수급자에게 활동지원급여를 제공한 경우 활동지원기관의 장은 활동지원급여비용의 명세서를 발급하여야 하고(제22조 제3항), 활동지원급여를 제공한 자료를 기록 · 관리하여야 한다(제22조 제4항).

활동지원기관은 영리를 목적으로 본인부담금을 면제하거나 할인하는 행위, 금품 등을 제공하는 등 수급자를 소개 · 알선 · 유인하는 행위 및 이를 조장하는 행위를 하여서는 아니 된다(제22조 제5항).

4 활동지원인력

장애인활동지원인력이란 장애인활동지원기관에 소속되어 수급자에 대한 활동지원급여(제16조 제1항)를 수행하는 사람을 말한다(제2조 제7호). 활동지원인력은 활동지원급여의 종류별로 정해지며 그 범위 · 업무 및 교육 등에 필요한 사항은 대통령령으로 정한다(제26조). 활동지원인력의 하나인 활동보조인(제27조)은 활동보조급여를 제공하는 지원인력으로서 활동보조인교육기관[6]에서 교육과정을 수료하거나, 대통령령으로 정하는 일정 자격을 갖추어야 한다.

활동지원인력의 자격이 제한되는 경우가 있는데, 정신질환자, 마약 · 대마 또는 향정신성 의약품 중독자, 금치산자 · 한정치산자, 금고 이상의 형을 선고받고 그 형의 집행이 끝나지 아니하였거나 그 집행을 받지 아니하기로 확정되지 아니한 사람, 특정 성폭력범죄자, 특정 활동지원인력의 자격이 상실된 사람 등은 활동지원인력이 될 수 없다(제29조 각 호). 그리고 이 자격제한에 해당하는 사람들을 포함하여 일정한 사유(제30조 제1항 각 호)에 해당하는 사람들은 활동지원인력으로서의 자격이 상실된다. 나아가 특별자치도지사 · 시장 · 군수 · 구청장은 활동지원인력이 보건복지부령으로 정하는 본인의 가족인 수급자를 대상으로 이 법에 따라 활동지원급여비용이 지급되는 활동지원급여를 수행하는 것을 제한할 수 있다(제30조 제2항).

5 활동지원급여비용 등

1) 국가의 비용지원

국가와 지방자치단체는 이 법에 따른 활동지원사업에 필요한 비용을 부담하며

---

6. 특별시장 · 광역시장 · 도지사 또는 특별자치도지사가 활동보조인의 양성을 위하여 보건복지부령으로 정하는 지정기준에 맞는 시설을 활동보조인교육기관으로 지정한다(제28조 제1항).

(제39조 제1항), 지방자치단체가 부담하는 금액은 보건복지부령으로 정하는 바에 따라 특별시·광역시·도 또는 특별자치도·시·군·구가 분담한다(제39조 제2항).

활동지원급여를 수급자에게 제공한 활동지원기관은 특별자치도지사·시장·군수·구청장에게 활동지원급여비용을 청구한다(제31조 제1항 전단). 청구를 받은 특별자치도지사·시장·군수·구청장은 활동지원급여의 종류 및 활동지원등급 등에 따라 보건복지부장관이 정하여 고시한(제32조 제1항) 급여비용을 지급하여야 하고(제31조 제1항 후단), 이때에 활동지원급여의 평가결과(제25조 제1항)에 따라 급여비용을 가산 또는 감액 조정하여 지급할 수 있다(제31조 제2항).

2) 수급자의 본인부담금

일정 수급자에게는 본인부담금[7]이 있는데, 수급자는 해당 급여비용의 100분의 15 한도에서 대통령령으로 정하는 수급자와 그 부양의무자의 소득 및 재산 등 생활수준에 따라 그 비용의 일부를 차등 부담하게 되거나(제33조 제1항), 의료급여법의 수급자(제3조 제1항 제2호~제9호), 국민기초생활보장법의 차상위계층(제2조 제11호), 소득 및 재산 등 생활수준이 보건복지부장관이 정하는 금액 이하인 사람, 또는 천재지변 등 보건복지부령으로 정하는 사유로 생계가 곤란한 사람의 경우에는 정액의 본인부담금을 부담하게 된다(제33조 제3항).

또한 이 법에 따른 급여의 범위 및 대상에 포함되지 아니하는 활동지원급여, 또는 활동지원급여의 월 한도액(제18조)을 초과하는 활동지원급여에 대한 비용에 대해서는 수급자 본인이 전부 부담한다(제33조 제2항). 이 외에도 수급자는 활동지원급여 중 방문간호(제16조 제1항 제3호)를 위한 방문간호지시서의 발급비용을 보건복지부령으로 정하는 한도 안에서 부담한다. 다만 국민기초생활보장법에 따른 수급자는 부담하지 아니한다(제34조 제1항).

---

7. 제33조 제1항과 제3항에도 불구하고 국민기초생활보장법에 따른 수급자는 본인부담금을 부담하지 아니한다(제33조 제4항).

제22장

장애인연금법

1 의의

장애인연금법은 장애로 인하여 생활이 어려운 중증장애인에게 장애인연금을 지급함으로써 중증장애인의 생활안정 지원과 복지증진 및 사회통합을 도모하는 데 이바지함을 목적으로 한다(제1조). 이 목적을 달성하기 위하여 국가 및 지방자치단체는 장애인연금이 중증장애인의 생활안정을 지원하고 복지를 증진하는 데 필요한 수준이 되도록 최대한 노력하여야 하며, 매년 필요한 재원(財源)을 조달하여야 하고(제3조 제1항), 장애인연금의 지급에 따라 계층 간 소득 역전(逆轉) 현상이 발생하지 아니하고 근로 의욕 및 저축 유인이 저하되지 아니하도록 최대한 노력하여야 한다(제3조 제2항).

이 장애인연급법의 대상으로서 수급권자는 18세 이상의 중증장애인[1]으로서 소득인정액이 그 중증장애인의 소득·재산·생활수준과 물가상승률 등을 고려하여 대통령령으로 정하는 금액 이하인 사람이고(제4조), 다만 20세 이하로서 초·중등교육법 제2조에 따른 학교에 재학 중인 사람은 제외한다(제4조 단서).

1. '중증장애인'이란 장애인복지법 제32조에 따라 등록한 장애인 중 근로능력이 상실되거나 현저하게 감소된 사람으로서 같은 법 제2조 제2항에 따라 제1급 및 제2급의 장애등급을 받은 사람과 제3급의 장애등급을 받은 사람 중 대통령령으로 정하는 사람을 말한다(제2조 제1호).

장애인연금은 사회복지의 권리이므로 수급자에게 장애인연금으로 지급된 금품이나 이를 받을 권리는 압류할 수 없으며(제19조 제1항), 수급자는 장애인연금을 받을 권리를 다른 사람에게 양도하거나 담보로 제공할 수 없다(제19조 제2항).

2 장애인연금의 종류 및 내용

장애인연금에는 근로능력의 상실 또는 현저한 감소로 인하여 줄어드는 소득을 보전(補塡)하여 주기 위하여 지급하는 급여인 기초급여와 장애로 인하여 추가로 드는 비용의 전부 또는 일부를 보전하여 주기 위하여 지급하는 급여인 부가급여가 있다(제5조).

먼저 기초급여의 급여액은 기본적으로 국민연금법 제51조 제1항 제1호에 따른 금액의 100분의 5에 해당하는 금액이다(제6조 제1항). 다만 수급권자[2]와 그 배우자가 모두 기초급여를 받는 경우에는 각각의 기초급여액에 대하여 100분의 20을 감액하여 지급하며(제6조 제1항 단서), 소득인정액[3]과 기초급여액을 합한 금액이 일정 금액 이상인 경우(제4조)에도 기초급여액의 일부를 감액하여 지급할 수 있다(제6조 제3항).

기초급여액의 적용기간은 매년 4월 1일부터 다음 연도 3월 31일까지로 하며(제6조 제2항), 수급권자 중 기초노령연금 지급대상자(기초노령연금법 제3조)에게는 이 법의 기초급여를 지급하지 아니한다(제6조 제4항).

부가급여액의 경우 월정액으로 하며, 수급권자와 그 배우자의 소득수준 및 장애로 인한 추가비용 등을 고려하여 대통령령으로 정한다(제7조).

---

2. '수급권자'란 이 법에 의한 수급권을 가진 사람을 말한다(제2조 제3호).
3. '소득인정액'이란 수급권자와 그 배우자의 소득평가액과 재산의 소득환산액을 합산한 금액을 말한다(제2조 제5호).

3 장애인연금의 지급

1) 신청과 조사

수급권자는 관할 특별자치도지사 · 시장 · 군수 · 구청장에게 장애인연금의 지급을 신청할 수 있다(제8조 제1항). 그러나 특별자치도 · 시 · 군 · 구 소속 공무원은 이 법에 따른 장애인연금을 필요로 하는 사람이 누락되지 아니하도록 하기 위하여 관할 지역에 거주하는 수급권자의 동의를 받아 그를 대신하여 장애인연금의 지급을 신청할 수 있다(제8조 제2항). 이와 같이 장애인연금을 신청할 때 수급권자와 그 배우자는 금융정보, 신용정보, 보험정보에 관한 자료 또는 정보의 제공에 동의한다는 뜻을 서면으로 제출하여야 한다(제8조 제3항).

장애인연금의 신청을 받은 보건복지부장관 또는 특별자치도지사 · 시장 · 군수 · 구청장은 소속 공무원으로 하여금 장애인연금의 지급 결정 및 실시 등에 필요한 사항들, 즉 수급권자와 그 배우자의 소득 및 재산에 관한 사항, 수급권자의 가구 특성 및 장애등급에 관한 사항, 수급권자의 지급계좌 등 장애인연금의 지급에 필요한 사항을 조사하게 할 수 있다(제9조 제1항).

이때에 수급권자의 장애상태와 장애등급을 확인하기 위하여 장애등급을 재심사할 수 있으며(제9조 제2항), 제1항의 사항을 확인하거나 제2항의 재심사를 하기 위하여 필요한 자료를 확보하기 곤란한 경우에는 수급권자, 그 배우자 또는 그 밖의 관계인에게 소득 · 재산 및 장애등급 등의 확인에 필요한 자료의 제출을 요구할 수 있다(제9조 제3항). 또한 국세 · 지방세 등 필요한 자료의 제공을 관계기관의 장에게 요청할 수 있다(제9조 제4항).

특별자치도지사 · 시장 · 군수 · 구청장은 수급권자 등이 조사(제1항) 및 재심사(제2항)에 필요한 서류 · 자료의 제출 및 조사 · 질문 또는 자료제출 요구(제3항)를 두 번 이상 거부 · 방해 또는 기피하는 경우에는 장애인연금 지급의 신청을 각하(却下)할 수 있다. 이 경우 서면으로 그 이유를 분명하게 밝혀 수급권자 등에게 통지하여야 한다(제9조 제8항).

2) 지급의 결정 등

특별자치도지사 · 시장 · 군수 · 구청장은 장애인연금 신청에 따른 조사를 하였을 때에는 지체 없이 장애인연금 지급의 여부와 내용을 결정하고, 그 결정의 요지, 장애인연금의 종류 및 지급 개시시기 등을 신청일부터 30일 이내에 서면으로 수급권자에게 통지하여야 한다(제10조 제1항~제3항). 예외적으로 수급권자와 그 배우자의 소득 · 재산의 조사 및 수급권자의 장애등급의 재심사에 시일이 필요한 특별한 사유가 있는 경우와 수급권자 등이 조사나 자료제출 요구를 거부 · 방해 또는 기피하는 경우에는 그 사유를 분명히 밝혀 신청일부터 60일 이내에 통지할 수 있다(제10조 제4항).

특별자치도지사 · 시장 · 군수 · 구청장은 수급자, 그 배우자 또는 그 밖의 관계인이 장애인연금 지급적정성 확인 전국조사(제11조 제1항)와 연간계획조사(제11조 제2항) 및 사후관리조사(제11조 제3항)에 따라 준용되는 자료제출 요구를 두 번 이상 거부 · 방해 또는 기피한 경우에는 수급자에 대한 장애인연금 지급결정을 취소하거나 장애인연금 지급을 정지 또는 중지할 수 있고, 이 경우 서면으로 그 이유를 분명하게 밝혀 수급자에게 통지하여야 한다(제11조 제4항). 장애인연금의 지급결정이나 그 밖에 이 법에 따른 처분에 이의가 있는 사람은 특별자치도지사 · 시장 · 군수 · 구청장에게 이의신청을 할 수 있다(제18조 제1항).

3) 지급기간 및 지급시기

장애인연금은 특별자치도지사 · 시장 · 군수 · 구청장이 해당 수급권자에게 장애인연금을 신청한 날이 속하는 달부터 수급권이 소멸한 날이 속하는 달까지 매월 정기적으로 지급한다(제13조 제1항). 장애인연금의 지급은 정지사유가 발생하면 정지할 수 있으며(제13조 제2항), 수급자가 사망한 경우 그 수급자에게 지급되어야 할 장애인연금으로서 아직 지급되지 아니한 것이 있을 때에는 수급자의 사망 당시 생계를 같이 한 유족의 청구에 의하여 그 미지급 장애인연금을 지급한다(제14조).

그러나 장애인연금을 받은 자가 거짓이나 그 밖의 부정한 방법으로 장애인연금을 받은 경우, 장애인연금을 받은 후 그 장애인연금을 받게 된 사유가 소급하여 소멸한 경우, 또는 잘못 지급된 경우에 해당되면 특별자치도지사 · 시장 · 군수 · 구청장은 장애인연금의 전부 또는 일부를 환수하여야 하고, 특히 장애인연금을 받은 자가 거짓이나 그 밖의 부정한 방법으로 장애인연금을 받은 경우에는 이자를 가산하여 환수하여야 한다(제17조 제1항).

4 장애인연금 수급권의 변동

장애인연금의 수급권의 소멸과 지급정지가 될 수 있다. 수급권자가 사망한 경우, 국적을 상실하거나 외국으로 이주하기 위하여 출국하는 경우, 수급 요건(제4조)에 해당하지 아니하게 된 경우, 또는 장애등급의 변경 등으로 중증장애인에 해당하지 아니하게 된 경우에는 그 수급권은 소멸한다(제15조 제1항). 또한 일정한 사유에 해당하면 장애인연금의 지급이 정지된다(제15조 제2항). 이처럼 수급권이 소멸하거나 장애인연금의 지급을 정지하는 경우에도 서면으로 그 이유를 분명하게 밝혀 수급권자, 수급자나 그 배우자 또는 그 밖의 관계인에게 통지하여야 한다(제15조 제3항).

그리고 수급자는 수급권의 소멸사유(제15조 제1항)가 발생하였을 때에는 특별자치도지사 · 시장 · 군수 · 구청장에게 신고하여야 하고, 특히 수급자가 사망한 경우에는 가족관계의등록등에관한법률 제85조에 따른 신고의무자가 30일 이내에 그 사망 사실을 특별자치도지사 · 시장 · 군수 · 구청장에게 신고하여야 한다(제16조).

5 비용의 부담

장애인연금은 지방자치단체의 재정 여건 등을 고려하여 대통령령으로 정하는 바에 따라 국가, 특별시 · 광역시 · 도 또는 특별자치도 · 시 · 군 · 구가 부담한다(제21조).

제23장

정신보건법

1 의 의

정신보건법은 정신질환의 예방과 정신질환자[1]의 의료 및 사회복귀에 관하여 필요한 사항을 규정함으로써 국민의 정신건강증진에 이바지함을 목적으로 한다(제1조).

정신보건법의 기본이념은 인간의 존엄성과 가치보장, 최적치료권, 차별대우금지, 미성년질환자의 특별권리(치료, 보호 및 교육), 자발적 입원 권장, 자유스러운 환경과 의견교환보장 등이다(제2조). 즉, 모든 정신질환자는 인간으로서의 존엄과 가치를 보장받으며, 최적의 치료를 받을 권리를 보장받고, 정신질환이 있다는 이유로 부당한 차별대우를 받지 않는다. 또한 입원치료가 필요한 정신질환자에 대하여는 항상 자발적 입원이 권장되며, 입원 중인 정신질환자는 가능한 한 자유로운 환경과 다른 사람들과 자유로이 의견교환을 할 수 있는 권리가 보장된다. 특히 미성년자인 정신질환자에 대하여는 특별히 치료, 보호 및 필요한 교육을 받을 권리가 보장된다.

---

1. '정신질환자'란 정신병(기질적 정신병을 포함한다) · 인격장애 · 알코올 및 약물 중독, 기타 비정신병적 정신장애를 가진 자를 말한다.

이러한 이념을 바탕으로 국가와 지방자치단체는 국민의 정신건강을 증진시키고, 정신질환을 예방하며, 정신질환자의 치료 · 재활 및 장애극복과 사회복귀촉진을 위한 연구 · 조사와 지도 · 상담 등 필요한 조치를 하여야 하고(제4조 제1항), 정신질환의 예방과 치료 및 재활을 위하여 정신보건센터와 정신보건시설을 연계하는 정신보건서비스 전달체계를 확립하여야 한다(제4조 제2항).

정신질환자에 대한 복지책임이 국가에게만 있는 것은 아니다. 국민은 정신질환의 예방과 정신건강증진을 위하여 국가 및 지방자치단체가 실시하는 조사 및 관련 정신보건사업에 협력하여야 한다(제5조).

보건복지부장관 또는 시 · 도지사는 이 법에 의한 권한의 일부를 대통령령이 정하는 바에 의하여 시 · 도지사, 국립정신병원장 또는 시장 · 군수 · 구청장에게 위임할 수 있으며(제54조 제1항), 나아가 보건복지부장관은 이 법에 의한 업무의 일부를 대통령령이 정하는 바에 따라 정신보건관련 기관이나 단체에 위탁할 수 있다(제54조 제2항).

2 정신보건법의 발달

정신보건법은 1995년 12월 30일에 제정되었으며, 그 이후에 여러 번의 개정을 통해 내용이 변경되었다. 그 주요 내용을 살펴보면 다음과 같다.

1) 1995. 12. 30 **정신보건법 제정(법률 제5133호)**

정신보건법은 최근 생활환경의 급격한 변화로 인하여 정신질환자가 증가함에 따라 정신질환을 예방하고 정신질환자에 대한 효율적인 의료 및 사회복귀를 위하여 필요한 사항을 정함으로써 국민의 정신건강증진에 이바지하려는 목적으로 제정되었다. 그 주요 내용은 다음과 같다.

첫째, 국가 · 지방자치단체에게 정신질환의 예방과 정신질환자의 의료 및 사회복귀 촉진을 위한 연구 · 조사와 지도 · 상담 등 필요한 조치를 취하도록 하였다.

둘째, 국가 또는 시 · 도지사는 정신병원을 설치 · 운영하도록 하고, 시 · 도지사에게 지역 내의 정신병원 또는 병원급 이상의 의료기관에 설치되어 있는 정신과를 지정 · 활용하게 함으로써 보건소와 함께 지역사회의 정신보건사업을 지원하는 등 지역 내의 정신질환자에 대하여 관리가 가능하도록 하였다. 셋째, 정신보건시설을 정신의료기관과 사회복귀시설로 구분하고, 시설 · 장비 및 인력기준 등에 관한 근거규정을 마련하고, 정신요양병원 · 사회복귀시설의 설치를 목적으로 법인을 설립하고자 하는 자는 대통령령이 정하는 바에 의하여 보건복지부장관의 허가를 받도록 하였다. 넷째, 정신질환자의 보호의무자는 정신질환자로 하여금 적정한 치료를 받도록 노력하여야 하며, 정신과전문의의 진료에 의하지 아니하고 정신질환자를 입원시키거나 입원을 연장시켜서는 안 되도록 하였다. 다섯째, 정신질환자의 입원을 자의입원, 동의입원, 평가입원, 시 · 도지사에 의한 입원 및 응급입원으로 구분하고, 각각의 입원요건과 절차를 규정하였다. 여섯째, 입원에 대하여 본인의 의사에 반하는 입원은 부당 여부의 심사와 퇴원을 청구할 수 있는 절차를 마련하고, 이의 심사를 위하여 보건복지부 및 시 · 도에 정신보건심의위원회를 두었다. 일곱째, 정신과전문의 진단에 의하지 아니하는 입원은 금지하고, 전기충격요법 등의 특수치료는 정신질환자 본인 또는 보호의무자의 동의를 얻어야 하며, 정신질환자의 행동제한의 금지, 격리제한 등 정신질환자의 권익을 보호하기 위한 규정을 두었다. 마지막으로, 사회복지사업법의 규정에 의하여 설치한 정신질환자 요양시설은 법 시행 후 7년 이내에 정신요양병원 또는 사회복귀시설로 전환하도록 규정하였다.

2) 1997. 12. 31 일부개정(법률 제5453호)

정신요양병원을 폐지하여 정신병상의 무분별한 증가를 억제하는 한편 사회복지사업법에 의한 정신질환자 요양시설을 정신보건법에 규정하고 지역사회정신보건사업을 지원하는 정신의료기관의 범위를 정신과의원까지 확대하고자 하였다. 그리고 지역사회정신보건사업에 소요되는 비용을 국가와 지방자치단체가 지원할 수 있는 근거를 마련하며, 보호의무자에 의하여 입원된 환자에 대해 정신과전문의가 퇴원할 수 있다고 판단하면 보호의무자의 퇴원신청이 없어도 즉시 퇴원시키도록 절차를 간소화함으로써 불필요한 장기입원을 억제하고 정신질환자의 인권보호를 강화하려는 목적으로 개정되었다.

첫째, 정신보건시설을 정신의료기관 · 정신질환자 사회복귀시설 및 정신요양시설로 하고 정신요양병원을 제외하며, 시 · 도지사가 지역사회정신보건사업을 지원하도록 지정할 수 있는 정신의료기관의 범위를 정신병원 및 병원급 이상의 의료기관에 설치되어 있는 정신과에서 정신과의원까지로 확대하였다. 둘째, 종전에는 시 · 도지사에 의하여 정신의료기관에 입원한 환자에 대하여만 환자를 일시 퇴원시켜 그 회복경과를 관찰하는 가퇴원이 가능하였으나 앞으로는 보호의무자에 의하여 입원한 환자에 대하여도 가퇴원이 가능하도록 하고, 정신의료기관의 장은 의료를 위하여 정신질환자의 통신 · 면회 등 행동의 자유를 제한할 수 없으며, 제한할 경우 최소한의 범위 안에서 제한하되 그 이유를 진료기록부에 기재하도록 하였다. 셋째, 국가와 지방자치단체가 보건소의 지역사회정신보건사업에 소요되는 비용을 보조할 수 있는 근거를 신설하였고, 정신과의사의 의견 또는 진단결과 퇴원이 가능한 환자를 퇴원시키지 아니한 정신의료기관의 장은 1년 이하의 징역 또는 500만 원 이하의 벌금에 처하도록 하였다.

3) 2000. 1. 12 일부개정(법률 제6152호)

행정규제기본법에 의한 규제정비계획에 따라 현실적으로 운영실적이 없는 시 · 도지사의 정신의료기관 지정제도를 폐지하는 등 현행 제도의 운영상 나타난 일부 미비점을 개선 · 보완하려는 목적으로 개정되었다. 그 내용은 첫째, 시 · 도지사가 정신의료기관을 지정하여 당해 정신의료기관으로 하여금 지역사회정신보건사업을 지원하도록 하는 제도를 폐지하였다. 둘째, 사회복귀시설을 설치한 자가 그 시설의 폐지 · 휴지 또는 재개에 관한 신고의무를 위반한 경우 지금까지는 그 시설폐쇄 또는 사업정지와 동시에 과태료를 부과하도록 하였으나, 앞으로는 과태료만 부과하도록 하였다. 셋째, 정신의료기관에 자의로 입원한 정신질환자에 대한 퇴원중지제도를 폐지하여 당해 환자의 퇴원에 대한 자율성을 보장하고 인권침해의 소지를 없애도록 하였다.

4) 2004. 1. 29 일부개정(법률 제7149호)

주요 개정내용을 살펴보면 다음과 같다.

첫째, 정신의료기관이 시설기준 등에 미달하게 된 때에는 허가를 취소하거나 폐쇄 또는 사업의 정지를 명할 수 있도록 하였다(제12조 제3항). 둘째, 정신의료기관에 대한 사업정지처분이 그 이용자에게 심한 불편을 주는 때에는 이에 갈음하여 5천만 원 이하의 과징금을 부과할 수 있도록 하여 이용자의 편의를 도모하였다(제12조의2 신설). 셋째, 국가 및 지방자치단체가 지역사회정신보건사업을 전문적으로 수행하기 위하여 보건소 또는 국·공립정신의료기관에 정신보건센터를 설치하도록 하였다(제13조 제3항). 넷째, 지역사회정신보건사업의 전문적이고 집중적인 지원을 위하여 보건복지부장관과 시·도지사에게 중앙 및 지방 정신보건사업지원단을 각각 설치·운영할 수 있도록 하였다(제13조 제6항). 다섯째, 사회복귀시설 설치 등의 신고·수리 업무와 사업의 정지 등의 행정처분을 할 수 있는 권한을 시·도지사로부터 시장·군수·구청장에게 이양하였다(제15조 제2항, 제17조 및 제18조).

5) 2008. 3. 21 일부개정(법률 제8939호)

이 개정 법률은 정신질환자의 입원요건을 강화하고, 신체적 제한 등에 대한 근거를 명확히 함으로써 정신질환자에 대한 인권침해를 예방하고 권익을 강화하였다.

주요 내용은 정신보건사업계획의 수립 시행(제4조의3), 인권교육의 규정신설(제6조의2), 정신요양시설 등의 설치·개설 제한 규정 신설(제12조의2), 정신보건시설에 대한 평가 조항 신설(제18조의3), 자의입원환자에 대한 퇴원의사의 확인의무(제23조 제3항), 보호의무자에 의한 입원절차 등을 엄격히 규정(제24조), 입원/입소 환자의 신상정보의 확인의무(제26조의2 신설), 퇴원 등 사실의 정신보건센터 또는 보건소에 통지의무(제26조의3 신설), 정신보건심의위원회의 정비(제27조 제1항 및 제28조 제3항~제6항), 외래치료명령 신설(제37조의2), 강제노동 등의 금지 신설(제41조 제3항 및 제43조 제2항), 입원환자 등에 대한 작업요법 신설(제46조의2) 등이다.

3 실태조사와 정신보건사업계획의 수립

보건복지부장관은 정신질환자의 실태조사를 5년마다 실시하여야 하는데(제4조의2 제1항), 정신질환자의 실태조사 및 정신보건관련 지도업무를 행하게 하기 위하여 특별시 · 광역시 · 도 · 특별자치도에 공무원을 둘 수 있다(제4조의2 제2항).

보건복지부장관은 5년마다 국가정신보건사업계획을 수립하고, 특별시장 · 광역시장 · 도지사 · 특별자치도지사(이하 '시 · 도지사'라 한다)와 시장 · 군수 · 구청장은 국가정신보건사업계획에 따라 각각 특별시 · 광역시 · 도 · 특별자치도와 시 · 군 · 구단위의 정신보건사업계획을 수립하여야 한다. 이 경우 지역보건법 제3조에 따른 지역보건의료계획과 연계되도록 하여야 한다(제4조의3 제1항).

이와 같은 국가정신보건사업계획 및 지역정신보건사업계획에는 다음과 같은 사항이 포함되어야 한다(제4조의3 제2항).

- 생애주기별 정신건강증진사업
- 지역사회정신보건사업
- 정신질환의 치료 및 정신질환자의 재활사업
- 정신질환에 대한 인식개선사업
- 정신질환자의 권익증진사업
- 정신질환에 대한 지역사회조사 및 사업평가
- 그 밖에 정신건강의 증진을 위한 사업으로서 대통령령으로 정하는 사업

4 전달체계

1) 정신보건전문요원

정신보건전문요원은 정신보건분야에 관한 전문 지식과 기술을 갖추고 보건복

지부령으로 정하는 수련기관에서 수련을 받고 보건복지부장관으로부터 정신보건전문요원의 자격증을 교부받은 자다(제7조 제1항). 정신보건전문요원의 종류에는 정신보건임상심리사, 정신보건간호사 및 정신보건사회복지사가 있다(제7조 제2항). 그러나 다음의 결격사유에 해당하는 자는 정신보건전문요원이 될 수 없다(제7조의2).

- 금치산자 및 한정치산자
- 파산산고를 받은 자로서 복권되지 아니한 자
- 정신보건법, 형법 중 제233조 · 제234조(제233조의 죄에 의하여 작성된 허위진단서 등을 행사한 자에 한한다. 이하 같다) · 제235조(제233조 및 제234조의 미수범) · 제269조 · 제270조 제2항 및 제3항 · 제317조 제1항 · 제347조(허위로 진료비를 청구하여 환자나 진료비를 지급하는 기관 또는 단체를 기망한 경우), 보건범죄단속에관한특별조치법, 지역보건법, 후천성면역결핍증예방법, 의료법, 응급의료에관한법률, 농어촌등보건의료를위한특별조치법, 시체해부및보존에관한법률, 혈액관리법, 마약류관리에관한법률, 약사법, 모자보건법, 사회복지사업법, 그 밖에 대통령령이 정하는 의료관계법령을 위반하여 금고 이상의 형의 선고를 받고 그 집행이 종료되지 아니하거나 집행을 받지 아니하기로 확정되지 아니한 자

2) 정신보건시설[2]

정신보건시설이란 정신보건법에 의한 정신의료기관 · 정신질환자사회복귀시설 및 정신요양시설을 말한다(제3조 제2호).

(1) 정신병원

보건복지부장관 또는 시 · 도지사는 정신병원을 설치 · 운영하여야 한다(제8조

2. 정신질환자사회복귀시설, 및 정신요양시설(정신보건법 제3조 제4호 및 제5호)은 '보호시설에 있는미성년자의후견직무에관한법률'의 '보호시설'에도 해당된다(제2조 다목).

제1항). 이 경우 그 병원이 지역적으로 균형 있게 분포되도록 하여야 하며, 정신질환자에 대하여 지역사회관리가 가능하도록 하여야 한다(제8조 제3항). 이 정신병원은 지역사회정신보건사업을 수행하고 지역사회정신보건사업 인력에 대한 교육 · 훈련을 담당한다(제8조 제4항).

(2) 정신요양시설[3]

① 설치 · 운영 등

사회복지법인, 기타 비영리법인은 보건복지부장관의 허가를 받아 정신요양시설을 설치 · 운영할 수 있다(제10조 제1항). 허가받은 사항 중 보건복지부령이 정하는 중요한 사항을 변경하고자 하는 때에도 마찬가지다(제10조 제1항). 또한 정신요양시설의 설치기준, 수용인원, 종사자의 수 및 자격, 이용 및 운영에 관하여 필요한 사항은 보건복지부령으로 정한다(제10조 제4항). 그리고 정신요양시설에 관하여 이 법에 규정한 것을 제외하고는 사회복지사업법에서 사회복지시설에 관한 규정을 준용한다(제10조 제6항).

정신요양시설에서의 요양과 사회복귀를 위한 훈련은 보건복지부장관이 정하는 바에 의하여 행하여져야 하고(제10조 제2항), 이 경우 정신요양시설의 장은 의료와 관련된 부분은 대통령령으로 정하는 바에 따라 정신과의사의 자문을 받아야 한다(제10조 제7항).

보건복지부장관 또는 시 · 도지사는 정신요양시설의 장에게 정신질환자의 요양과 사회복귀촉진을 위한 훈련에 지장이 없는 범위 안에서 지역주민 · 사회단체 · 언론기관 등이 정신요양시설의 운영상황을 파악할 수 있도록 당해 시설의 개방을 요구할 수 있으며, 이 경우 정신요양시설의 장은 정당한 사유가 없는 한 이에 응하여야 한다(제10조 제3항).

---

3. '정신요양시설'이란 이 법에 의하여 설치된 시설로서 정신의료기관에서 의뢰된 정신질환자와 만성정신질환자를 입소시켜 요양과 사회복귀촉진을 위한 훈련을 행하는 시설을 말한다.

② 폐지 · 휴지 · 재개 신고

보건복지부장관은 정신요양시설을 설치 · 운영하는 자가 그 시설을 폐지 · 휴지하거나 재개하고자 할 때에는, 그리고 시설이 다음의 사유에 허당하는 때에는 그 시설의 개선, 사업의 정지, 시설의 장의 교체를 명하거나 시설설치의 허가를 취소할 수 있다(제11조 제1항).

- 설치기준, 수용인원, 종사자의 수 및 자격, 이용 및 운영에 관한 기준(제10조 제4항)에 미달하거나 위반한 때
- 사회복지법인 또는 비영리법인이 설치 · 운영하는 정신요양시설의 경우 그 법인의 설립허가가 취소된 때
- 자의입원환자의 퇴원신청(제23조 제2항), 심사에 의한 퇴원명령(제24조 제4항), 퇴원신청(제6항 본문)을 위반하여 정신질환자를 퇴소시키지 아니한 때
- 시장 · 군수 · 구청장의 퇴원명령(제33조 제1항 및 제35조 제2항의 준용 포함)에 따른 명령에 불응한 때
- 정당한 사유 없이 행정청의 보고(제39조 제1항 및 제2항)를 하지 아니하거나 거짓으로 보고한 때, 관계서류를 제출하지 아니하거나 거짓의 서류를 제출한 때, 또는 관계공무원, 정신보건심의위원회위원의 검사나 심사를 거부, 방해 또는 기피한 때
- 응급입원 규정(제40조 제1항)을 위반하여 정신과전문의의 진단에 의하지 아니하고 정신질환자를 입소시키거나 입소를 연장시킨 때

(3) 정신의료기관

정신의료기관이란 의료법에 의한 의료기관 중 주로 정신질환자의 진료를 행할 목적으로 정신의료기관 시설기준(제12조 제1항) 등에 적합하게 설치된 병원(즉, 정신병원)과 의원 및 병원급 이상의 의료기관에 설치된 정신과를 말한다(제3조 제3호).

① 시설기준 등

정신의료기관의 시설, 장비의 기준, 의료인 등 종사자의 수 및 자격 등에 관하

여 필요한 사항은 정신의료기관의 규모 등을 고려하여 보건복지부령으로 정한다(제12조 제1항). 그러나 보건복지부장관은 정신질환자에 대한 효율적인 의료의 제공을 위하여 다음과 같은 경우에 정신의료기관의 규모를 제한할 수 있다(제12조 제2항). 그리고 정신의료기관에 관하여 이 법에 규정된 사항 외에는 의료법의 규정을 준용한다(제12조 제5항).

- 300병상 이상의 정신의료기관을 개설하고자 하는 경우
- 정신의료기관의 병상 수를 300병상 미만에서 기존의 병상 수를 포함하여 300병상 이상으로 증설하고자 하는 경우
- 300병상 이상의 정신의료기관을 운영하는 자가 병상 수를 증설하고자 하는 경우

② 허가의 취소 또는 폐쇄

시 · 도지사 또는 시장 · 군수 · 구청장은 정신의료기관이 다음과 같을 때에는 당해 정신의료기관에 대하여 허가의 취소 또는 폐쇄(의료법의 규정에 의하여 개설 신고한 의료기관에 한한다)를 명하거나 보건복지부령이 정하는 바에 의하여 1년의 범위 내에서 기간을 정하여 당해 사업의 정지를 명할 수 있다(제12조 제3항).

- 보건복지부령에 의한 시설, 장비의 기준, 의료인 등 종사자의 수 및 자격 등에 미달하게 된 때
- 제33조 제1항(제35조 제2항에서 준용하는 경우를 포함한다) 또는 제39조 제4항의 규정에 의한 명령에 불응한 때
- 정당한 사유가 없이 제39조 제1항 및 제2항의 규정에 의한 보고를 하지 아니하거나 허위의 보고를 한 때, 관계서류를 제출하지 아니하거나 허위의 서류를 제출한 때, 또는 관계공무원, 정신보건심의위원회위원의 검사 · 심사를 거부 · 방해 또는 기피한 때

그러나 이 경우 시 · 도지사 또는 시장 · 군수 · 구청장은 1년의 범위 내에서 기간을 정하여 시정을 명한 후 이에 응하지 아니한 때에 이를 행하여야 한다(제12조 제4항).

(4) 지역사회정신보건사업과 정신보건센터

국가 및 지방자치단체는 보건소, 국·공립정신의료기관, 정신보건센터를 통해서 지역사회정신보건사업을 수행한다.

보건소는 정신보건시설 간 연계체계 구축, 정신질환의 예방, 정신질환자의 발견·상담·진료·사회복귀훈련 및 이에 관한 사례관리 등 지역사회정신보건사업을 기획·조정 및 수행한다(제13조 제1항). 그리고 국·공립정신의료기관은 지역사회정신보건사업을 지원하고, 시·군·구 간 연계체계 구축, 응급정신의료서비스 제공 등 광역단위의 사업을 수행하며, 그 밖에 지역사회정신보건사업의 활성화를 위하여 필요한 사업을 수행하여야 한다(제13조 제2항).

한편 정신보건센터는 지역사회정신보건사업을 전문적으로 수행하게 하기 위하여 설치된 시설인데, 보건소 또는 국·공립정신의료기관에 설치되거나(제13조 제3항), 정신보건시설, 학교(고등교육법 제2조) 또는 정신보건사업을 수행하기 위해 설립된 비영리법인에게 위탁 설치될 수 있다(시행령 제3조의2).

보건소 또는 국·공립정신의료기관은 지역사회정신보건사업의 수행을 위하여 정신질환자를 관리하는 경우에는 본인 또는 보호의무자의 동의하에 행하여야 한다(제13조 제4항). 그리고 보건소에는 정신보건전문요원을 둘 수 있다(제13조 제5항).

지역사회정신보건사업의 집중적이고 전문적인 지원을 위하여 보건복지부장관은 중앙정신보건사업지원단을, 시·도지사는 지방정신보건사업지원단을 각각 설치·운영할 수 있다(제13조 제6항).

국가 및 지방자치단체는 지역사회정신보건사업(제13조 제1항)의 실시를 위하여 시·군·구 단위로 정신질환자의 발견·상담·진료·사회복귀훈련 및 이에 관한 사례관리 등을 실시하기 위하여 국가와 지방자치단체의 재원(제13조의2 제2항)으로 정신보건센터를 설치하도록 노력하여야 한다(제13조의2 제1항).

(5) 정신보건연구기관

국가는 정신보건의 향상을 도모하기 위하여 정신보건연구를 위한 기관을 설치하여야 한다(제14조).

(6) 사회복귀시설

① 설치 · 운영

국가 또는 지방자치단체는 사회복귀시설을 설치 · 운영할 수 있고(제15조 제1항). 필요한 경우 사회복귀시설을 사회복지법인 또는 비영리법인에게 위탁하여 운영할 수 있다(제15조 제5항). 또한 국가 또는 지방자치단체 외의 자도 시 · 도지사에게 신고를 하고 사회복귀시설을 설치 · 운영할 수 있다(제15조 제2항).

사회복귀시설의 장은 보건복지부장관이 정하는 바에 따라 정신질환자에 대하여 사회복귀를 위한 훈련을 실시하여야 한다(제15조 제3항).

② 정신질환자 사회복귀시설[4]의 종류

정신질환자의 사회복귀시설의 종류는 다음과 같다(제16조).

- 정신질환자생활시설: 정신질환자가 필요한 기간 동안 생활하면서 재활에 필요한 상담 · 훈련 등의 서비스를 받아 사회복귀를 준비하거나 장애로 인하여 장기간 생활하는 시설
- 정신질환자지역사회재활시설: 정신질환자복지관, 의료재활시설, 체육시설, 수련시설, 공동생활가정 등 정신질환자에게 전문적인 상담 · 훈련 등을 제공하거나 여가활동 및 사회참여활동 등에 필요한 편의를 제공하는 시설
- 정신질환자직업재활시설: 일반 고용이 어려운 정신질환자가 특별히 준비된 작업환경에서 직업훈련을 받거나 직업생활을 영위할 수 있도록 하는 시설
- 그 밖에 대통령령으로 정하는 시설

③ 폐지 · 휴지 · 재개신고 등

사회복귀시설을 설치한 자가 그 시설을 폐지 · 휴지하거나 재개하고자 할 때에는 보건복지부령이 정하는 바에 의하여 미리 시 · 도지사에게 신고하여야 한다

---

4. '정신질환자 사회복귀시설(즉, 사회복귀시설)'이란 이 법에 의하여 설치된 시설로서 정신질환자를 정신의료기관에 입원시키거나 정신요양시설에 입소시키지 아니하고 사회복귀촉진을 위한 훈련을 행하는 시설을 말한다.

(제17조).

시 · 도지사는 사회복귀시설이 다음과 같을 때에는 그 시설을 폐쇄하거나 보건복지부령이 정하는 바에 의하여 1년의 범위 내에서 기간을 정하여 그 사업의 정지를 명하여야 한다(제18조 제1항). 이 경우 1년의 범위 내에서 기간을 정하여 시정을 명한 후 이에 응하지 아니한 때에 이를 행하여야 한다(제18조 제2항).

- 사회복귀시설을 설치한 사회복지법인 또는 비영리법인이 그 설립허가가 취소되거나 해산된 때
- 사회복귀훈련실시의무 규정에 위반한 때
- 사회복귀시설에 관한 보건복지부령에 위반한 때

또한 보건복지부장관, 시 · 도지사 또는 시장 · 군수 · 구청장이 정신요양시설의 설치기준미달, 운영법인의 설립취소 및 명령위반(제11조), 정신의료기관의 종사자 수 및 자격 미달, 퇴원관련조치명령 위반, 미보고 · 허위보고 및 검사 · 심사 미협조(제12조 제3항) 또는 시설의 폐쇄(제18조 제1항) 규정에 의하여 허가를 취소하거나 시설을 폐쇄하고자 하는 때에는 청문을 실시하여야 한다(제20조).

(7) 정신보건시설의 기록보존

정신보건시설의 장은 입원 당시 대면진단, 계속입원심사 청구 및 결과, 투약 등 치료내용, 치료프로그램의 내용 및 결과, 격리 · 강박의 사유 및 내용, 통신 · 면회제한의 사유 및 내용, 그 밖에 보건복지부령으로 정하는 사항들에 관한 기록을 보건복지부령으로 정하는 바에 따라 작성 · 보존하여야 하고(제18조의2 제1항), 정신질환자나 그 보호의무자가 제1항에 따른 기록의 열람 · 사본교부 등 그 내용 확인을 요구한 때에는 이에 응하여야 한다(제18조의2 제2항).

(8) 정신보건시설의 평가

보건복지부장관은 정신보건시설에 대한 평가를 3년마다 실시[5]하여야 하고(제

18조의3 제1항 본문), 그 평가의 결과를 공표하며(제18조의3 제3항), 평가결과가 우수한 정신보건시설에 대하여 행정적 · 재정적 지원을 할 수 있다(제18조의3 제4항). 정신보건시설의 장은 특별한 사유가 있는 경우를 제외하고는 정신보건시설평가에 응하여야 한다(제18조의3 제5항).

정신보건시설평가에 관한 업무에 대해서 보건복지부장관은 필요한 예산의 지원과 함께 관계 전문기관 또는 단체에 위탁할 수 있다(제18조의3 제2항).

5 보호 및 치료[6]

1) 보호의무자

정신질환자의 민법상의 부양의무자 또는 후견인은 정신질환자의 보호의무자가 된다(제21조 제1항). 다만 다음에 해당하는 자는 보호의무자가 될 수 없다(제21조 제1항 단서조항).

- 금치산자 및 한정치산자
- 파산선고를 받고 복권되지 아니한 자
- 당해 정신질환자를 상대로 한 소송이 계속 중인 자 또는 소송한 사실이 있었던 자와 그 배우자
- 미성년자
- 행방불명자

5. 다만 의료법 제58조에 따른 의료기관평가 및 사회복지사업법 제43조에 따른 사회복지시설평가로서 정신보건시설평가에 갈음할 수 있다(제18조의3 제1항 단서).

6. '가정폭력범죄의처벌등에관한특례법'에 의한 보호처분의 집행에 있어 그 법에서 정하지 아니한 사항에 대하여는 가정보호사건의 성질에 위반되지 아니하는 범위 내에서 형사소송법, 보호관찰등에관한법률과 함께 이 정신보건법이 준용된다(가정폭력범죄의처벌등에관한특례법 제43조 제2항).

위의 보호의무자 사이의 보호의무의 순위는 부양의무자 · 후견인의 순위에 의하며 부양의무자가 2인 이상인 경우에는 민법 제976조의 규정[7]에 따른다(제21조 제2항). 만약 보호의무자가 없거나 보호의무자가 부득이한 사유로 인하여 그 의무를 이행할 수 없는 경우에는 당해 정신질환자의 주소지(주소지가 없거나 알 수 없는 경우에는 현재지)를 관할하는 시장 · 군수 또는 구청장이 그 보호의무자가 된다(제21조 제3항).

보호의무자는 피보호자인 정신질환자로 하여금 적정한 치료를 받도록 노력하여야 하며, 정신과전문의의 진단에 의하지 아니하고 정신질환자를 입원시키거나 입원을 연장시켜서는 아니 된다(제22조 제1항). 보호의무자는 보호하고 있는 정신질환자가 자신 또는 타인을 해치지 아니하도록 유의하여야 하며, 정신과전문의의 진단에 따라 정신질환자가 입원 및 퇴원할 수 있도록 협조하여야 한다(제22조 제2항). 그리고 보호의무자는 정신질환자의 재산상의 이익 등 권리보호를 위하여 노력하여야 하며 정신질환자를 유기하여서는 아니 된다(제22조 제3항).

2) 입 원

(1) 자의입원

자의입원이란 정신질환자가 입원 또는 입소신청서를 제출하고 정신의료기관 또는 정신요양시설에 자의로 입원하는 경우를 말한다(제23조 제1항). 자의입원의 경우 입원 등을 한 환자로부터 퇴원 등의 신청이 있는 경우 정신의료기관의 장 또는 정신요양시설의 장은 지체 없이 퇴원 등을 시켜야 한다(제23조 제2항).

정신의료기관 등의 장은 이 조항에 따라 입원 등을 한 정신질환자에 대하여 1년에 1회 이상 퇴원 등을 할 의사가 있는지 여부를 파악하여 이를 진료기록부에 기재한 후 환자 본인의 확인을 받아야 한다(제23조 제3항).

---

7. 민법 제976조(부양의 순위) ① 부양의 의무 있는 자가 수인인 경우에 부양을 할 자의 순위에 관하여 당사자 간에 협정이 없는 때에는 법원은 당사자의 청구에 의하여 이를 정한다. 부양을 받을 권리자가 수인인 경우에 부양의무자의 자력이 그 전원을 부양할 수 없는 때에도 같다.
② 전항의 경우에 법원은 수인의 부양의무자 또는 권리자를 선정할 수 있다.

(2) 보호의무자에 의한 입원

보호의무자에 의한 입원이란 정신의료기관 등의 장이 정신질환자의 보호의무자 2인의 동의(보호의무자가 1인인 경우에는 1인의 동의로 한다)가 있고 정신과전문의가 입원 등이 필요하다고 판단한 경우에 한하여, 당해 보호의무자로부터 보건복지부령으로 정하는 입원 등의 동의서[8] 및 보호의무자임을 확인할 수 있는 서류를 받고, 당해 정신질환자를 입원 등을 시키는 경우를 말한다(제24조 제1항). 이 입원 등의 기간은 6개월 이내[9]로 한다(제24조 제3항 본문).

정신의료기관 등의 장은 정신질환자를 입원 등을 시키거나 입원 등의 기간을 연장시킨 때에는 지체 없이 본인 및 동의서를 제출한 보호의무자에게 그 사유와 퇴원심사 등(제29조)의 청구에 관한 사항을 서면 또는 전자문서로 통지하여야 한다(제24조 제5항).

(3) 시장 · 군수 · 구청장에 의한 입원

정신질환으로 자신 또는 타인을 해할 위험이 있다고 의심되는 자를 발견한 정신과전문의 또는 정신보건전문요원은 시 · 도지사에게 당해인의 진단 및 보호를 신청할 수 있다(제25조 제1항). 이 신청을 받은 시 · 도지사는 즉시 정신과전문의에게 당해 정신질환자로 의심되는 자에 대한 진단을 의뢰하여야 한다(제25조 제2항).

정신과전문의가 제2항의 정신질환자로 의심되는 자에 대하여 자신 또는 타인을 해할 위험이 있어 그 증상의 정확한 진단이 필요하다고 인정한 때는 시 · 도지

---

8. 정신과전문의는 정신질환자가 입원 등이 필요하다고 진단한 때에는 입원 등의 동의서에 당해 정신질환자가 다음 각 호의 어느 하나에 정한 경우에 해당된다고 판단한다는 의견을 기재한 입원 등의 권고서를 첨부하여야 한다(제24조 제2항).

1. 환자가 정신의료기관 등에서 입원 등 치료 또는 요양을 받을 만한 정도 또는 성질의 정신질환에 걸려 있는 경우
2. 환자 자신의 건강 또는 안전이나 타인의 안전을 위하여 입원 등을 할 필요가 있는 경우

9. 다만 정신의료기관 등의 장은 6개월이 지난 후에도 계속하여 입원 등의 치료가 필요하다는 정신과전문의의 진단이 있고 보호의무자가 제1항에 따른 입원 등의 동의서를 제출한 때에는 6개월마다 시장 · 군수 · 구청장에게 입원 등의 치료에 대한 심사를 청구하여야 한다(제24조 제3항 단서).

사는 당해인을 국가나 지방자치단체가 설치 또는 운영하는 정신의료기관 또는 종합병원에 2주 이내의 기간을 정하여 입원하게 할 수 있다(제25조 제3항). 여기서 진단결과 당해 정신질환자에 대하여 계속입원이 필요하다는 2인 이상의 정신과전문의의 일치된 소견이 있는 경우 시·도지사는 당해 정신질환자에 대하여 국가나 지방자치단체가 설치 또는 운영하는 정신의료기관에 입원치료를 의뢰할 수 있다(제25조 제6항). 다만 그 관할구역에 국가나 지방자치단체가 설치 또는 운영하는 정신의료기관이 없는 경우에는 그 외의 정신의료기관에 입원치료를 의뢰할 수 있다(제25조 제6항 단서조항). 이와 같은 입원의뢰 시 당해 정신질환자 및 보호의무자 또는 보호를 하고 있는 자에 대하여 계속입원이 필요한 사유 및 기간과 퇴원심사 등의 청구(제29조)에 관한 사항을 시·도지사는 지체 없이 서면으로 통지하여야 한다(제25조 제8항).

정신질환 의심자가 자신 또는 타인을 해할 위험의 기준은 중앙정신보건심의위원회(제28조)의 심의를 거쳐 보건복지부장관이 정한다(제25조 제4항).

시·도지사에 의해 입원을 시킨 때에는 당해 정신질환자의 보호의무자 또는 보호를 하고 있는 자에 대하여 지체 없이 입원사유·입원기간 및 장소를 서면으로 통지하여야 한다(제25조 제5항).

(4) 응급입원

정신질환자로 추정되는 자로서 자신 또는 타인을 해할 위험이 큰 자를 발견한 자는 그 상황이 매우 급박하여 자의입원(제23조), 보호자에 의한 입원(제24조) 및 시·도지사에 의한 입원(제25조)의 규정에 의한 입원을 시킬 수 없는 때에는 의사와 경찰관의 동의를 얻어 정신의료기관에 당해인에 대한 응급입원을 의뢰할 수 있다(제26조 제1항). 이 응급입원을 의뢰할 때에는 이에 동의한 경찰관 또는 소방법 제93조의 규정[10]에 의한 구급대원은 정신의료기관까지 당해인을 호송한다(제

---

10. 소방법 제93조(구급대의 편성·운영 등) ① 소방본부장 또는 소방서장은 불의의 재해 그 밖의 위급한 상태에서 즉시 필요한 처치를 하지 아니하면 그 생명을 보존할 수 없는 등 위급한 환자를 응급처치하거나 의료기관에 긴급히 이송하기 위하여 구급대를 편성·운영할 수 있다.
② 소방본부장 또는 소방서장은 구급업무를 수행함에 있어서 필요한 때에는 관할구역 안의 의

26조 제2항).

응급 입원된 자는 정신의료기관의 자가 72시간의 범위 내에서 응급입원을 시킬 수 있다(제26조 제3항). 만약 응급입원 의뢰된 자에 대한 정신과전문의의 진단 결과 자신 또는 타인을 해할 위험으로 인하여 계속입원이 필요하지 아니하는 경우에는 정신의료기관의 장은 즉시 퇴원시켜야 한다(제26조 제5항).

정신의료기관의 장은 응급입원을 시킨 때에는 당해 정신질환자의 보호의무자 또는 보호를 하고 있는 자에 대하여 지체 없이 입원사유 · 기간 및 장소를 서면 또는 전자문서로 통지하여야 한다(제26조 제6항).

(5) 정신질환자 신상정보의 확인

정신보건시설의 장은 정신보건시설에 입원 등을 하거나 시설을 이용하는 정신질환자의 성명, 주소, 보호의무자 등의 신상정보를 확인하여야 하고 확인되지 아니하는 경우에는 시장 · 군수 · 구청장 등 관계기관의 장에게 신상정보의 조회를 요청하여야 하고(제26조의2 제1항), 조회요청을 받은 관계기관의 장은 정신질환자의 신상정보를 확인하고 그 결과를 정신보건시설의 장에게 통보하여야 한다(제26조의2 제2항).

3) 정신보건심의위원회

(1) 설치 및 종류

정신보건에 관하여 보건복지부장관, 시 · 도시자 및 시장 · 군수 · 구청장의 자

료기관에 대하여 구급차의 지원, 의료요원의 파견 등의 지원을 요청할 수 있다. 이 경우 요청을 받은 의료기관의 장은 정당한 사유가 없는 한 이에 응하여야 한다.

③ 소방본부장 또는 소방서장은 구급환자의 응급조치 등을 위하여 구급현장에 있는 사람에 대하여 구급업무에 협력할 것을 요청할 수 있다.

④ 소방본부장 또는 소방서장은 구급업무 수행 시 필요한 때에는 관할경찰서장에게 필요한 협조를 요청할 수 있다.

⑤ 제1항의 규정에 의한 구급대의 편성 · 운영 등에 관하여 필요한 사항은 대통령령으로 정한다.

문에 응하고 정신보건에 관한 중요한 사항의 심의와 심사를 하기 위하여 보건복지부장관 소속하에 중앙정신보건심의위원회를, 시 · 도지사 소속으로 광역정신보건심의위원회를, 시장 · 군수 · 구청장 소속으로 기초정신보건심의위원회를 각각 둔다. 다만 정신의료기관 및 정신요양시설이 없는 시 · 군 · 구에는 기초정신보건심의위원회를 두지 아니할 수 있다(제27조 제1항).

또한 제31조, 제35조 및 제36조의 규정에 의한 심사를 하기 위하여 광역정신보건심의위원회 및 기초정신보건심의위원회 안에 정신보건심판위원회를 각각 둔다. 이 경우 정신보건심판위원회는 그 심사량에 따라 복수로 설치할 수 있다(제27조 제2항).

(2) 정신보건심의위원회의 직무

각 정신보건심의위원회의 심의 · 심사 사항은 다음과 같다(제28조 제1항~제3항).

① 중앙정신보건심의위원회의 심의사항

- 정신보건복지관련 법령의 제 · 개정 및 정신보건복지정책에 관한 사항
- 정신보건시설기준에 관한 사항
- 정신질환자의 입원 및 진료에 대한 각종 기준
- 치료에 대한 동의에 관한 의학적 견해의 제공

② 광역정신보건심의위원회의 심의사항

- 정신보건시설에 대한 감독과 시정
- 정신보건시설에 대한 평가
- 재심사청구사건

③ 기초정신보건심의위원회의 심사사항

- 이의 제기된 치료행위의 심사
- 처우개선에 대한 심사
- 퇴원 및 계속입원 여부에 대한 심사

• 외래치료명령(제37조의2)에 관한 사항

(3) 정신보건심의위원회의 조직과 운영

중앙정신보건심의위원회 · 광역정신보건심의위원회의 위원은 각각 10인 이상, 30인 이내로 하고, 기초정신보건심의위원회의 위원은 5인 이상, 15인 이내로 하며, 위원의 임기는 각각 2년으로 하되 연임할 수 있다(제28조 제4항).

정신보건심의위원회의 위원은 보건복지부장관, 시 · 도지사 또는 시장 · 군수 · 구청장이 각각 임명 또는 위촉하되, 정신과전문의, 판사 · 검사 또는 변호사의 자격이 있는 자, 정신보건전문요원, 정신질환자의 가족, 정신보건에 관한 전문지식과 경험을 가진 자[11] 중에서 각각 1인 이상을 포함하여야 한다(제28조 제5항).

정신보건심판위원회는 정신보건심의위원회 위원 중에서 시 · 도지사 및 시장 · 군수 · 구청장이 임명한 5인 이상, 10인 이내의 위원으로 구성하고 합의체로 안건을 심사하여야 한다. 이 경우 위원은 정신과전문의, 정신보건전문요원, 판사 · 검사 또는 변호사의 자격이 있는 자 중에서 각각 1인 이상을 포함하여야 한다(제28조 제6항).

정신보건심의위원회는 정신질환자에 대한 인권침해행위를 알게 된 때에는 국가인권위원회에 조사를 요청할 수 있다(제28조 제7항).

정신보건심의위원회는 심의 또는 심사를 위하여 연 2회 이상 위원회의 회의를 개최하여야 한다(제28조 제8항).

---

11. 여기에는 다음과 같은 사람들이 해당된다(제28조 제5항 각 목).
   가. 정신보건시설의 운영자
   나. 대학(고등교육법 제2조)에서 심리학 · 간호학 · 사회복지학 또는 사회사업학을 가르치는 전임강사 이상의 직에 있는 자
   다. 정신보건업무 관계 공무원
   라. 그 밖에 정신보건에 관한 전문지식과 경험이 있다고 인정하는 자

4) 퇴원절차

(1) 퇴원심사 등의 청구

정신의료기관 등에 입원 등을 하고 있는 자 또는 그 보호의무자는 시・도지사에게 자신 또는 당해 입원환자의 퇴원 또는 처우개선을 청구할 수 있다(제29조 제1항). 이 청구절차 등에 관하여 필요한 사항은 보건복지부령으로 정한다(제29조 제2항).

(2) 기초정신보건심의위원회에의 회부

시장・군수・구청장은 보호자에 의한 입원의 계속입원청구(제24조 제3항) 및 퇴원심사의 청구(제29조 제1항)의 규정에 의한 청구를 받은 때에는 즉시 당해 청구내용을 지방정신보건심의위원회에 회부하여야 한다(제30조).

(3) 퇴원 등의 심사

지방정신보건심의위원회는 제30조의 규정에 의한 회부를 받은 때에는 지체 없이 이를 정신보건심판위원회에서 심사하여 그 결과를 시장・군수・구청장에게 보고하여야 한다(제31조 제1항). 이 심사를 하는 때에는 청구인과 정신질환자가 입원 등을 하고 있는 정신의료기관 등의 장의 의견을 들어야 한다(제31조 제2항). 다만 정신질환자 및 보호의무자에게 유리한 경우에는 그 의견을 듣지 아니할 수 있다(제31조 제2항 단서조항).

(4) 위원의 제척

퇴원 등의 심사(제31조) 규정에 의한 정신보건심판위원회의 퇴원 등의 심사에는 당해 정신질환자의 입원 등을 결정한 위원과 당해 정신질환자가 입원하고 있는 정신의료기관에 소속된 위원은 참여할 수 없다(제32조).

(5) 퇴원명령 등

시장 · 군수 · 구청장은 기초정신보건심의위원회로부터 보고받은 심사결과(제31조 제1항)에 따라 필요한 경우 정신의료기관의 장에 대하여 당해 정신질환자를 퇴원 등을 시키거나 임시로 퇴원 등을 시키도록 명하거나 처우개선을 위하여 필요한 조치를 취하도록 명하여야 한다(제33조 제1항).

시장 · 군수 · 구청장은 보호자에 의한 입원의 계속입원청구(제24조 제3항) 및 퇴원심사의 청구(제29조 제1항)의 규정에 의한 청구를 한 자에 대하여 당해 청구에 관련된 기초정신보건심판위원회의 심사결과 및 이에 따른 조치내용을 청구서 접수일부터 30일 이내에 서면으로 통지하여야 한다(제33조 제2항). 다만 부득이한 사유로 기간 내에 통지하지 못할 때에는 그 사유와 심사 통지할 기한을 서면 또는 전자문서로 통지하여야 한다(제33조 제2항 단서조항).

(6) 재심사청구

퇴원심사 등의 청구(제29조)를 한 자 및 보호자에 의한 계속입원청구(제24조 제3항)에 의하여 계속하여 입원 등을 하는 것으로 결정된 정신질환자가 제33조 제2항 또는 제37조의2에 따른 시장 · 군수 · 구청장의 심사결과통지 또는 외래치료명령에 대하여 불복이 있거나 기간 내에 심사를 받지 못한 경우에는 시 · 도지사에게 재심사를 청구할 수 있다(제34조 제1항). 이 재심사청구의 절차는 보건복지부령으로 정한다(제34조 제2항).

(7) 재심사의 회부 등

시 · 도지사는 제34조 제1항의 규정에 의한 재심사청구를 받은 때에는 즉시 당해 청구내용을 광역정신보건심의위원회에 회부하여야 한다(제35조 제1항). 광역정신보건심의위원회의 심사에 관한 사항에 관하여는 제31조의 규정을, 위원의 제척에 관하여는 제32조의 규정을, 시 · 도지사의 퇴원명령 등에 관한 사항에 관하여는 제33조의 규정을 각각 준용한다(제35조 제2항).

(8) 시장 · 군수 · 구청장에 의한 입원조치의 해제

시장 · 군수 · 구청장은 시장 · 군수 · 구청장에 의해 입원한 자(제25조)가 입원 후 3개월이 경과하면 당해 환자에 대한 입원조치를 해제하여야 하며, 이를 환자가 입원하고 있는 정신의료기관의 장에게 서면 또는 전자문서로 통지하여야 한다. 이 경우 당해 정신의료기관의 장은 지체 없이 당해 환자를 퇴원시켜야 한다(제36조 제1항). 이 규정에 불구하고 시장 · 군수 · 구청장은 2인 이상의 정신과전문의에 의한 진단 또는 정신보건심판위원회의 심사결과 당해 정신질환자가 퇴원 시 정신질환으로 자신 또는 타인을 해할 위험이 있다고 명백히 인정되는 진단 또는 심사결과가 있는 경우에는 당해인을 계속 입원시킬 수 있으며, 그 기간은 계속입원일부터 3월 이내로 한다(제36조 제2항).

이렇게 환자를 계속입원시킨 때에는 시장 · 군수 · 구청장은 당해 환자 및 보호의무자 또는 보호를 하고 있는 자에 대하여 계속입원이 필요한 사유 및 기간을 서면으로 통지하여야 한다(제36조 제3항).

(9) 임시 퇴원 등

보호의무자에 의한 입원(제24조) 및 시장 · 군수 · 구청장에 의한 입원(제25조) 규정에 따라 정신질환자를 입원 등을 시키고 있는 정신의료기관 등의 장은 2인 이상의 정신과전문의의 진단결과 당해 환자의 증상에 비추어 일시적으로 퇴원 등을 시켜 그 회복경과를 관찰하는 것이 필요하다고 인정될 때에는 즉시 퇴원 등을 시키고 그 사실을 입원 등의 치료를 의뢰한 보호의무자 또는 시장 · 군수 · 구청장에게 통보하여야 한다(제37조 제1항).

시장 · 군수 · 구청장은 제1항에 따른 통보를 받은 때 또는 퇴원명령(제33조 제1항 및 제35조 제2항의 준용 포함)에 따른 임시 퇴원 등을 명령한 때에는 당해인의 입원 등을 한 날이나 계속입원 등을 한 날부터, 보호의무자에 의한 입원(제24조) 등을 한 경우에는 6개월의 기간에 한하여, 시장 · 군수 · 구청장에 의한 입원(제25조) 등을 한 경우에는 3개월의 기간에 한하여 각각 퇴원 등을 한 후의 경과를 관찰할 수 있다(제37조 제2항).

시장 · 군수 · 구청장은 제2항에 따른 관찰결과 증상의 변화 등으로 인하여 다시 입원 등을 시킬 필요가 있다고 인정될 때에는 2인의 정신과전문의의 의견을 들어 일시 퇴원 등을 한 정신질환자를 다시 입원 등을 시킬 수 있다. 이 경우 재입원 등의 기간은 재입원 등을 한 날부터 3개월을 초과할 수 없다(제37조 제3항).

(10) 외래치료명령

정신의료기관의 장은 보호의무자에 의한 입원(제24조) 및 시장 · 군수 · 구청장에 의한 입원(제25조) 규정에 따라 입원 등을 한 환자 중 정신병적 증상으로 인하여 입원 등을 하기 전 자신 또는 타인을 해한 행동을 한 자로서 대통령령으로 정하는 자에 대하여 보호의무자의 동의를 받아 시장 · 군수 · 구청장에게 1년 이내에서 외래치료명령을 청구할 수 있다(제37조의2 제1항).

이 외래치료명령의 청구를 받은 시장 · 군수 · 구청장은 기초정신보건심의위원회의 심의를 받아 1년 이내에서 외래치료를 명할 수 있다(제37조의2 제2항). 이때에 시장 · 군수 · 구청장은 지체 없이 본인 및 그 보호의무자와 외래치료명령을 청구한 정신의료기관의 장에게 그 사실을 서면 또는 전자문서로 통지하여야 한다(제37조의2 제3항).

시장 · 군수 · 구청장은 제2항에 따라 외래치료명령을 받은 자가 그 외래치료명령에 불응하여 치료를 중단할 때에는 그 자가 자신 또는 타인을 해할 위험성의 정도에 대한 평가를 위하여 그 자에게 국 · 공립의료기관에서 평가를 받도록 명할 수 있다(제37조의2 제4항).

(11) 무단으로 퇴원 등을 한 자에 대한 조치

정신의료기관 등의 장은 입원 등을 하고 있는 정신질환자로서 자신 또는 타인을 해할 위험이 있는 자가 무단으로 퇴원 등을 하여 그 행방을 알 수 없는 때에는 관할경찰서장 또는 자치경찰기구를 설치한 제주특별자치도지사에게 다음의 사항을 통지하여 탐색을 요청할 수 있다(제38조 제1항).

- 퇴원 등을 한 자의 성명 · 주소 · 성별 및 생년월일
- 입원 등의 일자와 퇴원 등의 일시
- 증상의 개요 및 인상착의
- 보호의무자 또는 이에 준하는 자의 성명 · 주소

이 탐색요청을 받은 경찰은 해당자를 발견한 즉시 그 사실을 당해 정신의료기관 등의 장에게 통지하여야 한다. 이 경우 경찰관은 당해 정신질환자를 인도할 때까지 24시간의 범위 내에서 당해인을 경찰관서 · 의료기관 · 사회복지시설 등에 보호할 수 있다(제38조 제2항).

(12) 보고 · 검사 등

보건복지부장관, 시 · 도지사 또는 시장 · 군수 · 구청장은 정신보건시설의 설치 · 운영자에 대한 소관 업무에 관하여 지도 · 감독을 하거나 보건소로 하여금 지도 · 감독을 하도록 하며, 연 1회 이상 그 업무에 관하여 보고 또는 관계서류의 제출을 명하거나, 관계공무원으로 하여금 당해 시설의 장부 · 서류 기타 운영 상황을 검사하게 하여야 한다(제39조 제1항).

보건복지부장관 또는 시 · 도지사 또는 시장 · 군수 · 구청장은 대통령령이 정하는 바에 의하여 정신보건심의위원회의 위원으로 하여금 정신보건시설에 출입하여 입원 또는 입소한 정신질환자들을 직접 면담하여 입원 또는 입소의 적절성 여부, 퇴원 또는 퇴소의 필요성 또는 처우에 관하여 심사하게 할 수 있다(제39조 제2항). 그리고 이 심사결과에 따라 정신보건시설의 장에 대하여 당해 정신질환자를 퇴원 또는 퇴소시키도록 명하거나 처우개선을 위하여 필요한 조치를 취하도록 명할 수 있다(제39조 제4항). 이 경우 정신보건시설의 장은 대상자를 퇴원 또는 퇴소시키는 경우에는 보건복지부령이 정하는 바에 의하여 관할 보건소장에게 이를 통보하여야 한다(제39조 제5항). 다만 정신질환자 또는 그 보호의무자가 이에 동의를 하지 아니하는 경우에는 그러하지 아니하다(제39조 제5항 단서조항). 이 통보가 그 관할구역 외의 정신질환자에 관한 경우인 때에는 통보를 받은 보건소장은 정신질환자의 거주지 관할 보건소장에게 이를 지체 없이 서면 또는 전자문

서로 통지하여야 한다(제39조 제6항).

(13) 퇴원 등 사실의 통지

정신보건시설의 장은 자의입원, 보호의무자에 의한 입원, 시장 · 군수 · 구청장에 의한 입원, 응급입원에 따라 정신보건시설에 입원 등을 한 정신질환자가 퇴원 등을 할 때에는 보건복지부령으로 정하는 바에 따라 본인의 동의를 받아 그 퇴원 등 사실을 해당 정신보건센터 및 보건소에 통지하여야 한다(제26조의3 본문). 다만 정신과전문의가 본인의 의사능력이 미흡하다고 판단하는 경우에는 보호의무자의 동의로 갈음할 수 있다(제26조의3 단서).

6 권익보호

1) 정신질환자의 인권

정신보건시설[12]의 설치 · 운영자는 정신질환자와 그 보호의무자에게 이 법에 의한 권리와 권리의 행사에 관한 사항을 알려야 하며, 입원 및 거주 중인 정신질환자가 인간으로서의 존엄과 가치를 보장받으며 자유롭게 생활할 수 있도록 노력하여야 한다(제6조).

이를 위해서 정신보건시설의 설치 · 운영자, 종사자는 지정받은 교육기관[13]으로부터 인권에 관한 교육을 받아야 한다(제6조의2 제1항, 제2항).

---

12. '정신보건시설'이란 이 법에 의한 정신의료기관 · 정신질환자사회복귀시설 및 정신요양시설을 말한다.

13. 국가는 지정된 교육기관에 대하여 그 사용되는 비용의 일부를 예산의 범위 안에서 보조할 수 있으며, 이 기관은 보건복지부장관의 승인을 받아 교육에 필요한 경비를 징수할 수 있다(제6조의2 제3항).

2) 입원금지 등

누구든지 응급입원의 경우를 제외하고는 정신과전문의의 진단에 의하지 아니하고 정신질환자를 정신의료기관 등에 입원시키거나 입원 등을 연장시킬 수 없다(제40조 제1항). 이 진단의 유효기간 등에 관하여 필요한 사항은 보건복지부령으로 정한다(제40조 제2항).

3) 권익보호

누구든지 정신질환자이었다는 이유로 교육 및 고용의 기회를 박탈하거나 기타 불공평한 대우를 하여서는 아니 되며(제41조 제1항), 정신질환자, 그 보호의무자 또는 보호를 하고 있는 자의 동의 없이 정신질환자에 대하여 녹음 · 녹화 · 촬영할 수 없다(제41조 제2항). 또한 정신보건시설의 장은 입원 등을 한 정신질환자에 대하여 정신과전문의의 지시에 의한 의료 또는 재활의 목적이 아닌 노동을 강요하여서는 아니 된다(제41조 제3항).

4) 비밀누설의 금지

이 법에 의하여 정신질환자에 관련된 직무를 수행하였던 자 또는 수행하는 자는 이 법 또는 다른 법령에서 특히 규정된 경우를 제외하고는 그 직무의 수행과 관련하여 알게 된 타인의 비밀을 누설하거나 발표하여서는 아니 된다(제42조).

5) 수용 및 가혹행위 등의 금지

누구든지 이 법 또는 다른 법령에 의하여 정신질환자를 의료보호할 수 있는 시설 외의 장소에 정신질환자를 수용하여서는 아니 된다(제43조 제1항). 그리고 정신보건시설의 장이나 그 종사자는 정신보건시설에 입원 또는 입소하거나 시설을 이용하는 정신질환자를 폭행하거나 가혹행위를 하여서는 아니 된다(제43조 제2항).

6) 특수치료의 제한

정신질환자에 대한 전기충격요법 · 인슐린혼수요법 · 마취하최안료법 · 정신외과요법 기타 대통령령이 정하는 특수치료행위는 당해 정신의료기관이 구성하는 협의체에서 결정하되, 본인 또는 보호의무자에게 특수치료에 대한 필요한 정보를 제공하고 그 동의를 얻어야 한다(제44조 제1항). 이 협의체는 2인 이상의 정신과전문의와 대통령령이 정하는 정신보건에 관한 전문지식과 경험을 가진 자로 구성하며, 그 운영절차 등에 관하여 필요한 사항은 대통령령으로 정한다(제44조 제2항).

7) 행동제한의 금지

정신의료기관 등의 장은 정신질환자에 대하여 의료를 위하여 필요한 경우에 한하여 통신의 자유, 면회의 자유 기타 대통령령이 정하는 행동의 자유를 제한할 수 있다(제45조 제1항). 이렇게 행동을 제한하는 경우에는 최소한의 범위 안에서 이를 행하여야 하며 그 이유를 진료기록부에 기재하여야 한다(제45조 제2항).

8) 환자의 격리제한

환자를 격리시키거나 묶는 등의 신체적 제한을 가하는 것은 환자의 증상으로 보아서 본인 또는 주변 사람이 위험에 이를 가능성이 현저히 높고 신체적 제한 외의 방법으로 그 위험을 회피하는 것이 뚜렷하게 곤란하다고 판단되는 경우에 그 위험을 최소한으로 줄이고, 환자 본인의 치료 또는 보호를 도모하는 목적으로 행하여져야 한다. 이 경우 격리는 당해 시설 안에서 행하여져야 한다(제46조 제1항). 정신의료기관 등의 장이나 종사자가 제1항에 따라 환자를 격리시키거나 묶는 등의 신체적 제한을 가하는 경우에는 정신과전문의의 지시에 따라야 하며 이를 진료기록부에 기재하여야 한다(제46조 제2항).

9) 입원환자 등에 대한 작업요법

정신의료기관 등의 장은 입원환자의 치료 또는 입소자의 사회복귀 등에 도움이 된다고 판단되는 경우에는 입원환자나 입소자의 건강상태와 위험성을 고려하여 입원환자나 입소자의 건강을 해치지 아니하는 범위 내에서 공예품 만들기 등의 단순 작업을 시킬 수 있다(제46조의2 제1항). 이 작업은 대상자 본인의 신청이 있거나 동의가 있는 경우에 한하여 실시하여야 하고, 정신과전문의가 지시하는 방법에 따라 실시하여야 한다(제46조의2 제2항 본문). 다만 정신요양시설의 경우에는 정신과전문의의 지도를 받아 정신보건전문요원이 작업의 구체적인 방법을 지시할 수 있다(제46조의2 제2항 단서).

정신의료기관 등의 장은 위와 같은 작업을 시킨 경우에는 진료기록부 또는 작업치료일지에 그 내용을 기록하여야 한다(제46조의2 제3항).

7 지 원

1) 직업지도 등

국가 또는 지방자치단체는 정신질환으로부터 회복된 자가 그 능력에 따라 적당한 직업지도 · 직업훈련을 받을 수 있도록 노력하고 그들에게 적절한 직종의 개발과 그 보급을 위하여 노력하여야 한다(제47조).

2) 단체 · 시설의 보호 · 육성 등

국가 또는 지방자치단체는 정신질환자의 사회복귀촉진 및 권익보호를 목적으로 하는 단체 또는 시설을 보호 · 육성하고, 이에 필요한 비용을 보조할 수 있다(제48조).

3) 경제적 부담의 경감 등

국가 또는 지방자치단체는 정신질환자 및 그 보호의무자의 경제적 부담을 경감하고 정신질환자의 사회복귀를 촉진하기 위하여 의료비의 경감 · 보조 기타 필요한 지원을 할 수 있다(제49조).

4) 비용의 부담

국가와 지방자치단체는 시 · 도지사에 의한 입원(제25조)의 경우 진단 및 치료에 소요되는 비용의 전부 또는 일부를 부담할 수 있다(제50조 제1항). 이 비용의 부담에 관하여 필요한 사항은 대통령령으로 정한다(제50조 제2항).

5) 비용의 징수

사회복귀시설 · 정신요양시설의 설치 · 운영자는 그 시설을 이용하는 자로부터 보건복지부장관이 정하여 고시하는 비용징수한도액의 범위 안에서 그에 소요되는 비용을 징수할 수 있다(제51조).

6) 보조금 등

국가는 지역사회정신보건사업을 위하여 그 사업자에게 보조금 등으로 지원할 수 있다. 물론 이 보조금은 그 목적 외에 사용할 수 없다(제52조 제5항). 지원의 구체적 내용은 다음과 같다.

국가는 예산의 범위 안에서 지방자치단체가 설치하여 운영하는 정신의료기관, 사회복귀시설에 대하여 설치 · 운영에 필요한 비용을 보조할 수 있다(제52조 제1항). 또한 국가 또는 지방자치단체는 보건소(제13조 제1항) 및 국 · 공립정신의료기관(제13조 제2항)의 규정에 의한 지역사회정신보건사업, 국가 등 행정기관 및 보건소의 지도 · 감독(제39조 제1항)의 규정에 의한 지도 · 감독에 필요한 비용을 보조할 수 있다(제52조 제2항).

단체 또는 개인에게 위탁된 지역사회정신보건사업(제13조 제3항)에 대해서 국가 및 지방자치단체는 그 단체 또는 개인에게 그 사업의 수행에 필요한 비용을 보조할 수 있다(제52조 제3항).

또한 국가 또는 지방자치단체는 대통령령이 정하는 바에 의하여 영리를 목적으로 하지 아니하는 정신의료기관 · 사회복귀시설 및 정신요양시설의 설치 · 운영자에 대하여 예산의 범위 안에서 그 설치 · 운영에 필요한 비용을 보조할 수 있다(제52조 제4항).

정신보건법의 체계

총 칙

- • 목적(법 § 1)
  • 정의(법 § 3)
- • 기본이념(법 § 2)
- • 국가 등의 의무(법 § 4) — 실태조사의 방법 및 내용(규칙 § 1조의2)
  - • 실태조사(법 § 4조의2)
    • 정신보건사업계획의 수립(법 § 4조의3)
    • 권한의 위임(법 § 54)
    — 제 권한의 위임(영 § 24)
    — 실태조사의 방법 및 내용(규칙 § 1조의2)
- • 국민의 의무(법 § 5)
  - • 정신보건시설의 설치・운영자의 의무(법 § 6)
  - • 인권교육(법 § 6조의2)
- • 정신보건전문요원(법 § 7)
  - • 결격사유(법 § 7조의2)

정신보건시설

- • 국・공립정신병원의 설치 등(법 § 8)
- • 정신요양시설의 설치・운영 등(법 § 10)
  — 권한의 위임(영 § 24)
  — 정신요양시설의 설치허가 등(규칙 § 6)
  - • 정신요양시설의 폐지・휴지・재개신고(법 § 10조의2) — 정신요양시설의 설치허가 등(규칙 § 6)
  - • 정신요양시설의 개선, 사업의 정지, 허가취소 등(법 § 11)
    • 청문(법 § 20)
    • 정신요양시설 및 정신의료기관 설치・개설의 제한(법 § 12조의2)
    — 권한의 위임(영 § 24)
    — 행정처분의 기준 등(규칙 § 11)
    — 과징금의 금액 등(규칙 § 11조의2)
- • 정신의료기관의 시설기준 등(법 § 12)
  — 정신의료기관의 시설기준 등(규칙 § 7)
  — 과징금의 금액 등(규칙 § 11조의2)
  - • 정신요양시설 및 정신의료기관 설치・개설의 제한 (법 § 12조의2)
    • 과징금처분(법 § 12조의3)
    • 청문(법 § 20)
    — 과징금의 금액 등(규칙 § 11조의2)
- • 지역사회정신보건사업 등(법 § 13)
  — 제 지역사회정신보건사업의 위탁(영 § 3조의2)
  — 보건소의 전문요원(영 § 4)
  — 보조금(영 § 23)
  — 정신보건자문의의 위촉(규칙 § 5)
  — 중앙정신보건사업지원단의 직무범위 및 운영 등(규칙 § 7조의2)
  — 지방정신보건사업지원단의 직무범위 및 운영 등(규칙 § 7조의3)
  - • 정신보건센터의 설치(법 § 13조의2)
- • 정신보건연구기관의 설치(법 § 14)
- • 사회복귀시설의 종류(법 § 16) — 기타 사회복귀시설의 종류(규칙 § 12)
  - • 사회복귀시설의 설치・운영(법 § 15)
    — 정신보건자문의의 위촉(규칙 § 5)
    — 사회복귀시설의 설치신고(규칙 § 8)
    — 사회복귀시설의 시설기준 등(규칙 § 10)
  - • 사회복귀시설의 폐지・휴지・재개신고(법 § 17)
    • 시설설치의 폐쇄 등(법 § 18)
    • 청문(법 § 20)
    — 사회복귀시설의 폐지・휴지・재개신고(규칙 § 13)
    — 행정처분의 기준 등(규칙 § 11)
- • 기록보존(법 § 18조의2)
- • 정신보건시설의 평가(법 § 18조의3)

구분	법	시행령·시행규칙
보호 및 치료	• 보호의무자(법 § 21)	
	• 보호의무자의 의무(법 § 22)	
	• 자의입원(법 § 23) • 보호의무자에 의한 입원(법 § 24) • 시장 · 군수 · 구청장에 의한 입원(법 § 25) • 응급입원(법 § 26)	– 퇴원자에 대한 조치(영 § 5) – 시 · 도지사에 의한 입원(영 § 6) – 권한의 위임(영 § 24) – 응급입원(영 § 7) – 구급대의 이용(영 § 8) – 입원동의서 등(규칙 § 14) – 시 · 도지사에 의한 입원(규칙 § 15)
	• 정신질환자 신상정보의 확인(법 § 26조의2)	
	• 퇴원 등 사실의 통지(법 § 26조의3)	
퇴 원	• 정신보건심의위원회의 설치 및 종류(법 § 27) • 정신보건심의위원회의 직무(법 § 28)	– 정신보건심의위원회의 구성 등(영 § 9)
	• 퇴원심사 등의 청구(법 § 29)	– 퇴원심사 등의 청구절차(규칙 § 17)
	• 기초정신보건심의위원회에의 회부(법 § 30) • 퇴원 등의 심사(법 § 31) • 위원의 제척(법 § 32) • 퇴원명령 등(법 § 33)	– 권한의 위임(영 § 24), 퇴원명령서 등(규칙 § 18)
	• 재심사청구(법 § 34)	– 재심사청구절차(규칙 § 19)
	• 재심사의 회부 등(법 § 35)	– 퇴원명령서 등(규칙 § 18)
	• 시장 · 군수 · 구청장에 의한 입원조치의 해제(법 § 36) • 임시 퇴원 등(법 § 37) • 외래치료명령(법 § 37조의2) • 무단으로 퇴원 등을 한 자에 대한 조치(법 § 38)	– 권한의 위임(영 § 24) – 가퇴원통보 등(영 § 17) – 계속입원조치(규칙 § 20)
	• 보고 · 검사 등(법 § 39)	– 정신보건시설에 대한 심사결과 통보(영 § 18) – 정신의료기관 등에 대한 지도 · 감독 등(규칙 § 21)
권익 보호, 지원 등	• 권익보호(법 § 41)	
	• 입원금지 등(법 § 40)	– 진단의 유효기간(규칙 § 22)
	• 수용 및 가혹행위 등의 금지(법 § 43) • 특수치료의 제한(법 § 44) • 행동제한의 금지(법 § 45) • 환자의 격리제한(법 § 46)	– 특수치료행위 등(영 § 19) – 제한할 수 있는 기타 행동의 자유의 범위(영 § 20) – 행동제한에 관한 기록(규칙 § 23)
	• 입원환자 등에 대한 작업요법(법 § 46조의2) • 직업지도 등(법 § 47)	
	• 비밀누설의 금지(법 § 42)	
	• 단체 · 시설의 보호 · 육성 등(법 § 48)	
	• 경제적 부담의 경감 등(법 § 49) • 비용의 부담(법 § 50) • 비용의 징수(법 § 51) • 보조금 등(법 § 52)	– 경제적 부담의 경감 등(영 § 21) – 비용의 부담(영 § 22)
벌 칙	• 벌칙(법 § 55~57, § 57조의2~3) • 양벌규정(법 § 58) • 과태료(법 § 59)	– 과태료의 부과(영 § 25)

출처: 정신보건법(2008. 3. 21 개정), 시행령(2008. 2. 29 개정), 시행규칙(2008. 3. 3 개정) 정리.

제 8 부

노인복지법 분야

제24장 노인복지법
제25장 기초노령연금법

제24장

노인복지법

1 이념과 책임

노인복지법은 노인의 질환을 사전예방 또는 조기발견하고 질환상태에 따른 적절한 치료 · 요양으로 심신의 건강을 유지하고, 노후의 생활안정을 위하여 필요한 조치를 강구함으로써 노인의 보건복지증진에 기여함을 목적으로 한다(제1조). 노인복지법에서 노인복지에 관한 기본사항을 규정하되, 이 노인복지법에서 위임된 사항과 그 시행에 관하여 필요한 사항은 시행령 및 시행규칙에 규정한다(영 제1조 및 규칙 제1조).

노인복지법의 이념은 노인의 존경, 건전하고 안정된 생활의 보장(제2조 제1항), 능력에 따라 적당한 일에 종사하고 사회적 활동에 참여할 기회의 보장(제2조 제2항)이다. 이것은 노인이 후손의 양육과 국가 및 사회의 발전에 기여해 온 어르신이기 때문이다. 이처럼 노인복지의 이념에 따라 국가사회는 노인의 복지에 책임을 맡으며, 한편 노인들도 노령에 따르는 심신의 변화를 자각하여 항상 심신의 건강을 유지하고 그 지식과 경험을 활용하여 사회의 발전에 기여하도록 노력하여야 한다(제2조 및 제3조). 또한 국가뿐만 아니라 일반 국민도 경로효친의 미풍양속에 따른 건전한 가족제도가 유지 · 발전되도록 노력하여야 한다(제3조). 그리고 노인의 일상생활에 관련되는 사업을 경영하는 자도 그 사업을 경영함에 있어 노인의 보건복지가 증진되도록 노력하여야 한다(제4조 제3항). 그러므로 노인복지의 발전을 위해서는 국가, 노인 자신, 노인복지사업자, 일반 국민 모두가 함께 노력하여야 한다.

특히 노인복지법은 보건복지부장관에게 노인의 보건 및 복지에 관한 실태조사를 3년마다 실시하고 그 결과를 공표하는(제5조 제1항) 의무를 부과하여 효과적인 노인복지 실시를 위한 기초자료 수집에 노력하도록 하였다.

국가의 노인복지 책임은 여러 노인복지 시책으로 나타난다. 먼저 노인에 대한 사회적 관심과 공경의식을 높이기 위하여 매년 10월 2일을 노인의 날로, 매년 10월을 경로의 달로 하며(제6조 제1항), 매년 5월 8일을 어버이날로 하여 부모에 대한 효사상을 앙양하고(제6조 제2항), 매년 9월 21일을 치매극복의 날로 하여 치매의 예방과 치료에 관한 사회적 인식을 제고한다(제6조 제3항). 이러한 행사들은 보건복지부장관, 특별시장・광역시장・도지사 및 시장・군수・구청장(자치구의 구청장)이 매년 계획을 수립하고 시행하여야 한다(영 제11조).

또한 국가 또는 지방자치단체는 노인의 주거에 적합한 기능 및 설비를 갖춘 주거용시설의 공급을 조장하여야 하며, 그 주거용시설의 공급자에 대하여 적절한 지원을 할 수 있다(제8조).

국가 또는 지방자치단체는 노인보건복지관련 연구시설이나 사업의 육성을 위하여 필요하다고 인정하는 경우에는 국유재산법 또는 지방재정법의 규정에 불구하고 국・공유재산을 무상으로 대부하거나 사용・수익하게 할 수 있다(제54조).

2 노인복지법의 발달

1) 1981. 6. 5 **노인복지법 제정**(법률 제3453호)

노인복지법은 보건기술의 발달, 산업화, 도시화 및 핵가족화의 진전에 따라 국민의 평균수명 연장, 노인인구수의 증가, 노인인구의 사회문제화에 대처하여 전통적인 가족제도 및 경로효친의 미풍양속을 유지・발전시키고, 나아가 노인의 건강보호와 시설 제공 등 노인복지시책을 효과적으로 추진하기 위하여 제정되었다.

그 주요 내용으로서 경로주간 설정, 시 · 군 · 구의 노인복지상담원 배치, 노인복지시설 입소 및 입소 위탁, 노인 건강진단 또는 보건교육 실시, 공공 · 수송시설 기타 공공시설 및 민간서비스사업의 무료이용 또는 할인우대, 노인복지시설의 종류, 노인복지시설 설치 주체와 방법, 노인복지시설의 설치 또는 운영 비용 보조 등을 규정하였다.

2) 1989. 12. 30 전문개정(법률 제4178호)

이 개정법은 갈수록 노인문제가 심각한 사회문제로 대두됨에 따라 노인복지의 증진을 도모하는 데 필요한 제도를 보완 · 개선하기 위하여 노인복지대책위원회 설치, 노령수당 지급, 노인복지시설로서 실비양로시설, 유료노인요양시설 및 노인복지주택의 추가 등을 규정하였다.

3) 1993. 12. 27 일부개정(법률 제4633호)

이 법은 경제행정규제완화시책의 일환으로 사회복지법인이 아닌 민간기업체나 개인도 시 · 도지사의 허가를 받아 유료노인복지시설을 설치 · 운영할 수 있도록 하고, 재가노인복지사업의 종류로서 가정봉사원파견사업, 주간보호사업, 단기보호사업을 명시하고, 행정처분의 상대방 또는 대리인에게 의견진술의 기회를 주기 위한 청문절차를 규정하였다.

4) 1997. 8. 22 전문개정(법률 제5359호)

이 법은 증가추세의 치매 등 만성퇴행성 노인질환에 대한 효과적 대처, 노인의 경제적 생활의 안정을 위한 국가의 적극적인 소득지원과 노인취업 활성화 도모, 노인복지시설 이용 및 운영체계 개편 등을 규정하였다. 구체적으로 노인의 날 및 경로의 달 제정, 경로연금 신설, 노인지역봉사기관 및 노인취업알선기관의 지원

규정, 국가 또는 지방자치단체의 치매노인 연구 및 노인재활요양사업의 실시, 노인전문요양시설 · 유료노인전문요양시설 및 노인전문병원의 설치, 제3자의 노인 보호비용의 청구, 경로연금 및 노인보호복지시설용 건물 · 토지 등에 조세 기타 공과금 감면, 재가노인복지시설의 단독주택 또는 공동주택에 설치 등을 규정하였다.

5) 1999. 2. 8 **일부개정(법률 제5851호)**

이 개정법은 노인복지대책위원회의 폐지, 경로연금 지급대상자 선정기준 변경, 생활보호대상자의 경로연금 중복 수급, 노인복지주택의 설치 · 관리 및 공급에 관해 주택건설촉진법 관련규정의 준용, 노인전문병원의 의료법상 요양병원 의제, 초과된 시설이용 비용수납액의 신고, 유료시설의 비용수납 신고제 폐지 등을 규정하였다.

6) 2004. 1. 29 **일부개정(법률 제7152호)**

사회적으로 노인 경시 및 노인학대가 증가함에 따라, 국가와 지방자치단체의 노인학대 예방노력 및 노인학대 신고 긴급전화 설치, 노인보호전문기관 설치, 직무상 노인학대 인지자의 노인보호전문기관 또는 수사기관에의 신고의무, 관계공무원 또는 노인복지상담원의 노인 폭행 · 상해행위 등 조사 등을 규정하였다.

7) 2005. 7. 13 **일부개정(법률 제7585호)**

이 개정법은 근로능력 노인들의 근로기회 확대를 위하여 노인들의 능력과 적성에 맞는 일자리의 개발 · 보급과 교육 · 훈련 등을 전담할 기관으로 노인일자리 전담기관을 신설하였다.

8) 2007. 1. 3 **일부개정(법률 제8200호)**

이 개정법은 노인학대의 범위를 확대하였을 뿐만 아니라, 증가하는 치매에 대한 사회적 대처를 강화하기 위하여 노인실태조사 의무화, 치매극복의 날 제정, 치매상담센터의 설치를 규정하였다.

9) 2007. 4. 25 **일부개정**(법률 제8385호)

생활이 어려운 노인에게 기초노령연금을 지급함으로써 노인의 생활안정을 지원하고 복지를 증진하려는 기초노령연금법이 독자적으로 제정됨에 따라 그동안 노인복지법에 규정되었던 경로연금 규정을 삭제하였다.

10) 2007. 8. 3 **일부개정**(법률 제8608호)

이 개정법은 노인장기요양보험에 대비하여 노인복지시설의 무료 · 실비 및 유료 구분의 폐지, 요양보호사 자격제 도입, 홀로 사는 노인에 대한 지원 규정 신설, 실종노인 보호 신고의무화, 노인복지주택 분양 · 임대 제한 등을 규정하였다.

3 노인복지의 실시주체

1) 국가와 지방자치단체

노인복지의 실시주체는 원칙적으로 국가와 지방자치단체다. 이를 복지실시기관이라고 한다. 경우에 따라서 민간에게 위탁하는 경우가 있으나, 그래도 국가의 노인복지실시의 책임은 경감되지 않는다.

2) 노인복지상담원

노인의 복지를 담당하게 하기 위하여 특별자치도와 시 · 군 · 구(자치구)에 노인복지상담원을 둔다(제7조 제1항). 노인복지상담원은 다음과 같은 직무를 담당한다(영 제13조).

- 노인 및 그 가족 또는 관계인에 대한 상담 및 지도
- 노인복지에 필요한 가정환경 및 생활실태에 관한 조사
- 법 제28조의 규정에 의한 조치에 필요한 상담 및 지도
- 노인의 단체활동 및 취업의 상담
- 기타 노인의 복지증진에 관한 사항

노인복지상담원은 사회복지사업법 제11조의 규정에 의한 사회복지사 3급 이상의 자격증 소지자 중에서 시장 · 군수 · 구청장이 공무원으로 임용한다(영 제12조 제1항). 다만 부득이한 경우에는 공무원 외의 자로 위촉할 수 있다(영 제12조 제1항). 위촉한 상담원의 임기는 3년으로 하되 연임할 수 있다(영 제12조 제2항). 그리고 시장 · 군수 · 구청장은 필요하다고 인정하는 때에는 아동복지법 제13조의 규정에 의한 아동복지전담공무원, 장애인복지법 제30조의 규정에 의한 장애인복지상담원 또는 사회복지에 관한 업무를 담당하는 공무원으로 하여금 상담원을 겸직하게 할 수 있다(영 제12조 제3항).

노인복지상담원(공무원인 상담원과 보수 없이 봉사할 것을 자원한 상담원을 제외한다)은 예산의 범위 안에서 지방공무원 중 일반직 8급 공무원에 상당하는 보수(직무수당 · 기말수당 · 정근수당 및 기타수당을 포함한다)를 지급한다(영 제14조).

3) 노인복지명예지도원

복지실시기관은 양로시설, 노인공동생활가정, 노인복지주택, 노인요양시설 및 노인요양공동생활가정의 입소노인의 보호를 위하여 노인복지명예지도원을 둘 수 있다(제51조 제1항). 이 지도원은 당해 지역사회의 실정에 밝고 노인복지에 관한 학식과 경험이 풍부한 자 중에서 위촉하여야 한다(영 제25조 제1항). 그들의 업무는 다음과 같다(영 제25조 제2항).

- 유료양로시설 · 유료노인복지주택 · 유료노인요양시설 및 유료노인전문요양

시설 입소노인의 의견수렴 및 수렴된 의견의 복지실시기관에의 건의
- 유료노인복지시설 운영에 관련된 위법사항의 복지실시기관에의 신고

4 보건 · 복지조치

1) 노인사회참여 지원

국가 또는 지방자치단체는 노인의 사회참여 확대를 위하여 노인의 지역봉사 활동 기회를 넓히고 노인에게 적합한 직종의 개발과 그 보급을 위한 시책을 강구하며 근로능력이 있는 노인에게 일할 기회를 우선적으로 제공하도록 노력하여야 한다(제23조 제1항).

지역봉사지도원 위촉은 노인사회참여 지원의 한 예다. 지역봉사지도원은 사회적 신망과 경험이 있는 노인으로서 지역봉사를 희망하는 경우에 국가와 지방자치단체로부터 일정한 업무를 부여받은 노인을 말한다(제24조 제1항). 지역봉사지도원으로 위촉받고자 하는 자는 이력서 및 주민등록표등본을 주소지를 관할하는 시장 · 군수 · 구청장에게 제출한다(규칙 제7조 제1항). 국가 또는 지방자치단체는 지역봉사지도원의 활동을 지원하고 예산의 범위 안에서 활동비 등을 지급할 수 있다(영 제18조 제1항). 그들의 업무는 다음과 같다(제24조 제2항 제1호~제4호, 영 제18조 제3항 제1호~제3호).

- 국가 또는 지방자치단체가 행하는 업무 중 민원인에 대한 상담 및 조언
- 도로의 교통정리, 주 · 정차단속의 보조, 자연보호 및 환경침해 행위단속의 보조와 청소년 선도
- 충효사상, 전통의례 등 전통문화의 전수교육
- 문화재의 보호 및 안내
- 국가 또는 지방자치단체가 시행하는 노인복지정책의 홍보 및 안내
- 노인복지시설에 입소한 노인에 대한 생활지도

- 자원봉사활동, 기타 시장 · 군수 · 구청장이 필요하다고 인정하는 업무

노인의 생업도 노인의 사회참여의 한 방편이다. 국가 또는 지방자치단체, 기타 공공단체가 설치 · 운영하는 공공시설 안에 식료품 · 사무용품 · 신문 등 일상생활용품의 판매를 위한 매점이나 자동판매기의 설치를 허가 또는 위탁할 때에는 65세 이상의 자의 신청이 있는 경우 이를 우선적으로 반영하여야 한다(제25조).

2) 노인일자리전담기관의 설치 · 운영

국가 또는 지방자치단체는 노인의 지역봉사활동 및 취업의 활성화를 기하기 위하여 노인지역봉사기관, 노인취업알선기관 등 노인복지 관계기관에 대하여 필요한 지원을 할 수 있다(제23조 제2항). 이에 따라 국가 또는 지방자치단체는 노인의 능력과 적성에 맞는 일자리의 개발 · 보급과 교육 · 훈련 등을 전담할 기관(노인일자리전담기관)을 설치 · 운영하거나 그 운영의 전부 또는 일부를 법인 · 단체 등에 위탁할 수 있다(제23조의2 제1항).

보건복지부장관은 중앙노인일자리전담기관을, 지방자치단체의 장은 지역노인일자리전담기관을 설치 · 운영할 수 있는데, 특히 지역노인일자리전담기관의 업무는 다음과 같다(영 제17조의3).

- 지역 특성에 적합한 노인일자리의 개발 및 보급
- 노인일자리사업에 참여하는 노인의 교육 · 훈련
- 노인일자리 및 참여자에 대한 사후관리
- 노인인력 데이터베이스의 구축 지원
- 그 밖에 지방자치단체의 장이 노인일자리사업에 관하여 위탁한 사항

3) 경로우대

국가 또는 지방자치단체는 65세 이상의 자에 대하여 국가 또는 지방자치단체의 수송시설 및 고궁 · 능원 · 박물관 · 공원 등의 공공시설을 무료로 또는 그 이

용요금을 할인하여 이용하게 할 수 있다(제26조 제1항).

국가 또는 지방자치단체는 노인의 일상생활에 관련된 사업을 경영하는 자에게 65세 이상의 자에 대하여 그 이용요금을 할인하여 주도록 권유할 수 있다(제26조 제2항). 이 경우 이용요금 할인 자에게 적절한 지원을 할 수 있다(제26조 제3항).

4) 건강진단 등

국가 또는 지방자치단체는 65세 이상의 자에 대하여 건강진단과 보건교육을 실시할 수 있다(제27조 제1항). 이 건강진단은 보건복지부장관, 시 · 도지사 또는 시장 · 군수 · 구청장(이하 '복지실시기관'이라 한다)이 2년에 1회 이상 대상자의 건강상태에 따라 1차 및 2차로 구분하여 실시한다(영 제20조 제1항).

건강진단 장소는 국 · 공립병원, 보건소, 노인전문병원(제34조 제1항 제6호)의 요양기관(약국 제외, 국민건강보험법 제40조 제1항), 의료보호진료기관(의료급여법 제2조 제1항 제1호)에서 실시한다(영 제20조 제1항 및 규칙 제8조).

그리고 국가 또는 지방자치단체는 건강진단 결과 필요하다고 인정한 때에는 그 건강진단을 받은 자에 대하여 필요한 지도를 하여야 하고(제27조 제2항), 이 경우 복지실시기관은 보건교육을 실시한 보건 · 의료관련 기관 · 단체에 대하여 예산의 범위 안에서 교육실시에 소요되는 비용을 지원할 수 있다(영 제20조 제3항).

5) 홀로 사는 노인에 대한 지원

국가 또는 지방자치단체는 홀로 사는 노인에 대하여 방문요양서비스 등의 서비스와 안전확인 등의 보호조치를 취하여야 한다(제27조의2 제1항).

6) 상담 · 입소 등의 조치

보건복지부장관, 특별시장 · 광역시장 · 도지사 · 특별자치도지사, 시장 · 군수 · 구청장(자치구의 구청장)은 노인에 대한 복지를 도모하기 위하여 필요하다고 인정한 때에는 다음 사항의 조치를 하여야 한다(제28조 제1항).

- 65세 이상의 자 또는 그를 보호하고 있는 자를 관계공무원 또는 노인복지상담원으로 하여금 상담 · 지도하게 하는 것
- 65세 이상의 자로서 신체적 · 정신적 · 경제적 이유 또는 환경상의 이유로 거택에서 보호받기가 곤란한 자를 노인주거복지시설 또는 재가노인복지시설에 입소시키거나 입소를 위탁하는 것
- 65세 이상의 자로서 신체 또는 정신상의 현저한 결함으로 인하여 항상 보호를 필요로 하고 경제적 이유로 거택에서 보호받기가 곤란한 자를 노인의료복지시설에 입소시키거나 입소를 위탁하는 것

이와 같은 조치는 65세 미만의 자에 대하여도 그 노쇠현상이 현저하여 특별히 보호할 필요가 있다고 인정할 때에는 취해질 수 있다(제28조 제2항).

복지실시기관은 노인을 노인주거복지시설 등에 입소시키거나 입소를 위탁하고자 하는 때에는 입소의뢰서를 해당 시설의 장에게 송부하고 그 사실을 당해 노인 및 그 부양의무자[1]에게 통지하여야 한다(규칙 제10조 제1항). 한편 노인주거복지시설 · 노인의료복지시설 및 재가노인복지시설의 장도 긴급히 보호하여야 할 필요가 있는 노인을 발견한 때에는 당해 노인을 입소 조치할 수 있고, 이 경우에는 당해 시설의 장은 지체 없이 그 사실을 시장 · 군수 · 구청장에게 보고하여야 한다(규칙 제10장 제2항).

7) 치매[2]연구 및 관리사업

국가 또는 지방자치단체는 치매예방 및 치매퇴치를 위하여 치매연구 및 관리사업을 실시하여야 한다(제29조 제1항).

치매연구관리사업은 다음과 같은 것들이 있다(규칙 제11조).

---

1. '부양의무자'라 함은 배우자(사실상의 혼인관계에 있는 자를 포함한다)와 직계비속 및 그 배우자(사실상의 혼인관계에 있는 자를 포함한다)를 말한다(제2조의2 제1호).
2. '치매'라 함은 퇴행성 뇌질환 또는 뇌혈관계 질환 등으로 인하여 기억력, 언어능력, 지남력, 판단력 및 수행능력 등의 기능이 저하됨으로써 일상생활에서 지장을 초래하는 후천적인 다발성 장애를 말한다(제1조의2 제3호).

- 치매환자의 등록 · 관리
- 치매환자의 관리에 관한 표준지침의 연구
- 노인복지시설의 종사자, 치매환자 및 그 보호자[3] 등에 대한 치매관련 전문교육의 실시
- 치매관련 의료 및 복지서비스에 관한 연구
- 재택치매관리사업
- 기타 보건복지부장관이 치매연구 및 관리사업에 관하여 필요하다고 인정하는 업무

또한 시 · 군 · 구 관할 보건소에 치매예방 및 치매환자관리를 위한 치매상담센터를 설치하고(제29조의2 제1항), 보건소에 배치되어 있는 의사 · 한의사 · 간호사 또는 정신보건전문요원 중에서 이 업무를 담당할 치매상담전문요원 1인 이상을 지정하여야 한다(규칙 제12조 제2항). 이 센터는 다음과 같은 업무를 행한다(규칙 제12조 제1항).

- 치매환자의 등록 · 관리
- 치매환자 및 그 보호자에 대한 상담
- 치매의 예방 및 치매환자의 간병요령 등에 관한 교육의 실시
- 재택치매환자에 대한 방문 · 관리
- 치매환자의 노인전문요양시설 등에의 입소안내
- 기타 시장 · 군수 · 구청장이 치매예방 및 치매환자관리에 관하여 필요하다고 인정하는 업무

8) 노인재활요양사업

국가 또는 지방자치단체는 신체적 · 정신적으로 재활요양을 필요로 하는 노인

---

3. '보호자'라 함은 부양의무자 또는 업무 · 고용 등의 관계로 사실상 노인을 보호하는 자를 말한다(제1조의2 제2호).

을 위한 재활요양사업을 실시할 수 있다(제30조 제1항). 복지실시기관은 재활요양사업을 하는 보건소 또는 노인복지시설에 대하여 노인건강증진 및 노인성질환예방 등 노인재활요양에 필요한 전문인력 및 장비를 지원할 수 있으며(규칙 제13장 제1항), 또한 노인건강증진 및 노인성질환예방 등 노인재활요양을 위한 프로그램을 개발 · 보급하여야 한다(규칙 제13조 제2항).

5 노인복지시설의 설치 · 운영

노인복지시설의 종류에는 노인주거복지시설, 노인의료복지시설, 노인여가복지시설, 재가노인복지시설이 있다.

1) 노인주거복지시설

(1) 노인주거복지시설의 종류(제32조 제1항)

노인주거복지시설에는 다음의 종류가 있다(제23조 제1항).

- 양로시설: 노인을 입소시켜 급식과 그 밖에 일상생활에 필요한 편의를 제공함을 목적으로 하는 시설
- 노인공동생활가정: 노인들에게 가정과 같은 주거여건과 급식, 그 밖에 일상생활에 필요한 편의를 제공함을 목적으로 하는 시설
- 노인복지주택: 노인에게 주거시설을 분양 또는 임대하여 주거의 편의 · 생활지도 · 상담 및 안전관리 등 일상생활에 필요한 편의를 제공함을 목적으로 하는 시설

(2) 노인주거복지시설의 설치

국가 또는 지방자치단체는 노인주거복지시설을 설치할 수 있으며(제33조 제1항), 국가 또는 지방자치단체 외의 자가 노인주거복지시설을 설치하고자 하는 경우에는 특별자치도지사 · 시장 · 군수 · 구청장에게 신고하여야 한다(제33조 제2항).[4] 이렇게 노인주거복지시설을 설치하고자 하는 자는 노인주거복지시설설치신고서와 해당 서류를 시장 · 군수 · 구청장에게 제출하여야 한다(규칙 제16조 제1항). 그리고 시장 · 군수 · 구청장은 노인주거복지시설의 설치신고를 수리한 때에는 노인주거복지시설설치신고필증을 신고인에게 교부하여야 한다(규칙 제16조 제3항).

노인주거복지시설 중에서 노인복지주택의 설치 · 관리 및 공급 등에 관하여 이 법에서 규정된 사항을 제외하고는 주택법의 관련 규정을 준용한다(제32조 제3항).

(3) 노인복지주택의 입소자격 등

노인복지주택에 입소할 수 있는 자는 60세 이상의 노인이다(제33조의2 제1항). 다만 입소자격자의 배우자는 60세 미만의 자라 하더라도 입소자격자와 함께 입소할 수 있다(제33조의2 제1항 단서). 따라서 노인복지주택을 설치하거나 설치하려는 자가 노인복지주택을 분양 또는 임대하려는 경우 입소자격자에게 분양 또는 임대하여야 한다(제33조의2 제2항).

한편 노인복지주택을 분양받거나 임차한 자는 해당 노인주거시설을 입소자격자가 아닌 자에게 양도 또는 임대할 수 없다(제33조의2 제3항). 다만 노인복지주택을 상속받은 경우에는 입소자격자가 아닌 자도 노인복지주택을 취득할 수 있다. 그러나 이 경우에도 상속에 의하여 노인복지주택을 취득한 자가 입소자격자가 아닌 경우에는 노인복지주택에 입소할 수 없으며 입소자격자가 아닌 자에게 해당 노인복지주택을 양도 또는 임대할 수 없다(제33조의2 제4항).

---

4. 한편 중소기업 중 노인복지법에 의한 노인복지시설을 운영하는 사업체에 대하여는 2011년 12월 31일 이전에 종료하는 과세연도까지 당해 사업에서 발생한 소득에 대한 소득세 또는 법인세에서 일정한 감면비율(제2호)을 적용하여 산출한 세액 상당액을 감면한다(조세특례제한법 제7조 제1항 제1호 노목).

입소자격이 없는 자로서 노인복지주택을 소유한 자(상속받은 자를 제외한다)에 대해서는 시장 · 군수 · 구청장이 상당한 기간을 정하여 해당 노인복지주택을 입소자격자에게 처분하도록 명할 수 있다(제33조의3).

2) 노인의료복지시설

(1) 노인의료복지시설의 종류

노인복지법상의 노인의료복지시설의 종류는 다음과 같다(제34조 제1항).

- 노인요양시설: 치매 · 중풍 등 노인성질환 등으로 심신에 상당한 장애가 발생하여 도움을 필요로 하는 노인을 입소시켜 급식 · 요양과 그 밖에 일상생활에 필요한 편의를 제공함을 목적으로 하는 시설
- 노인요양공동생활가정: 치매 · 중풍 등 노인성질환 등으로 심신에 상당한 장애가 발생하여 도움을 필요로 하는 노인에게 가정과 같은 주거여건과 급식 · 요양, 그 밖에 일상생활에 필요한 편의를 제공함을 목적으로 하는 시설
- 노인전문병원: 주로 노인을 대상으로 의료를 행하는 시설

(2) 노인의료복지시설의 설치

국가 또는 지방자치단체는 노인의료복지시설을 설치할 수 있다(제35조 제1항). 국가 또는 지방자치단체 외의 자가 노인의료복지시설을 설치하고자 하는 경우에는 시 · 도지사에게 신고하여야 한다. 다만 노인전문병원은 의료법에 의한 의료기관을 개설할 수 있는 자(치과의사 및 조산사를 제외한다)에 한하여 시 · 도지사의 허가를 받아 설치할 수 있다(제35조 제2항).

노인의료복지시설의 시설, 인력 및 운영에 관한 기준과 설치신고 및 설치허가 등에 관하여 필요한 사항은 보건복지부령으로 정한다. 다만 노인전문병원의 시설 등에 관한 기준은 의료법 제36조의 규정에 의한 의료기관의 시설 등의 기준에 관한 규정 중 요양병원에 관한 규정을 준용하되, 보건복지부령이 따로 정하는 경

우에는 그러하지 아니한다(제35조 제3항). 노인전문병원에 관하여 이 법에서 규정된 사항을 제외하고는 의료법의 규정을 준용한다(제35조 제4항).

요양시설 또는 유료노인전문요양시설의 경우에는 60세 미만인 때에도 입소대상자와 함께 입소할 수 있다(규칙 제18조 제4항).

3) 노인여가복지시설

(1) 노인여가복지시설의 종류(제36조 제1항)

노인복지법상의 노인여가복지시설의 종류는 다음과 같다.

- 노인복지관: 노인의 교양 · 취미생활 및 사회참여활동 등에 대한 각종 정보와 서비스를 제공하고, 건강증진 및 질병예방과 소득보장 · 재가복지, 그 밖에 노인의 복지증진에 필요한 서비스를 제공함을 목적으로 하는 시설
- 경로당: 지역노인들이 자율적으로 친목도모 · 취미활동 · 공동작업장 운영 및 각종 정보교환과 기타 여가활동을 할 수 있도록 하는 장소를 제공함을 목적으로 하는 시설
- 노인교실: 노인들에 대하여 사회활동 참여욕구를 충족시키기 위하여 건전한 취미생활 · 노인건강유지 · 소득보장 기타 일상생활과 관련한 학습프로그램을 제공함을 목적으로 하는 시설
- 노인휴양소: 노인들에 대하여 심신의 휴양과 관련한 위생시설 · 여가시설 기타 편의시설을 단기간 제공함을 목적으로 하는 시설

(2) 노인여가복지시설의 설치

국가 또는 지방자치단체는 노인여가복지시설을 설치할 수 있다(제37조 제1항). 국가 또는 지방자치단체 외의 자가 노인여가복지시설을 설치하고자 하는 경우에는 시장 · 군수 · 구청장에게 신고하여야 한다(제37조 제2항). 노인여가복지시설을 설치하고자 하는 자는 노인여가복지시설설치신고서에 필요한 서류를 첨부하

여 시장 · 군수 · 구청장에게 제출하여야 한다(규칙 제25조 제1항). 노인여가복지시설의 설치신고를 수리한 시장 · 군수 · 구청장은 노인여가복지시설설치신고필증을 신고인에게 교부하여야 한다(규칙 제25조 제2항).

(3) 노인여가복지시설의 이용대상자 및 이용절차

노인여가복지시설의 이용대상자는 다음과 같다(규칙 제24조 제1항). 특히 노인복지관 및 노인교실 이용대상자의 배우자는 60세 미만인 때에도 이용대상자와 함께 이용할 수 있다(규칙 제24조 제2항).

- 노인복지관 및 노인교실: 60세 이상의 자
- 경로당: 65세 이상의 자
- 노인휴양소: 60세 이상의 자 및 그와 동행하는 자. 다만 이용 인원이 정원에 미달하는 때에는 정원의 100분의 30의 범위 안에서 그 외의 자도 이용할 수 있다.

4) 재가노인복지시설

(1) 재가노인복지시설의 종류(제38조 제1항)

노인복지법상 다음 어느 하나 이상의 서비스를 제공하는 재가노인복지시설의 종류는 다음과 같다(제38조 제1항).

- 방문요양서비스: 가정에서 일상생활을 영위하고 있는 노인(이하 '재가노인'이라 한다)으로서 신체적 · 정신적 장애로 어려움을 겪고 있는 노인에게 필요한 각종 편의를 제공하여 지역사회 안에서 건전하고 안정된 노후를 영위하도록 하는 서비스
- 주 · 야간보호서비스: 부득이한 사유로 가족의 보호를 받을 수 없는 심신이 허약한 노인과 장애노인을 주간 또는 야간 동안 보호시설에 입소시켜 필요한

각종 편의를 제공하여 그들의 생활안정과 심신기능의 유지 · 향상을 도모하고, 그 가족의 신체적 · 정신적 부담을 덜어 주기 위한 서비스

- 단기보호서비스: 부득이한 사유로 가족의 보호를 받을 수 없어 일시적으로 보호가 필요한 심신이 허약한 노인과 장애노인을 보호시설에 단기간 입소시켜 보호함으로써 노인 및 노인가정의 복지증진을 도모하기 위한 서비스
- 방문목욕서비스: 목욕장비를 갖추고 재가노인을 방문하여 목욕을 제공하는 서비스
- 그 밖의 서비스: 그 밖에 재가노인에게 제공하는 서비스로서 보건복지부령이 정하는 서비스

(2) 재가노인복지시설의 설치

국가 또는 지방자치단체는 재가노인복지시설을 설치할 수 있다(제39조 제1항). 국가 또는 지방자치단체 외의 자가 재가노인복지시설을 설치하고자 하는 경우에는 시장 · 군수 · 구청장에게 신고하여야 한다(제39조 제2항). 이 재가노인복지시설은 건축법 제19조의 규정에 불구하고 단독주택 또는 공동주택에 설치할 수 있다(제55조 제1항).

재가노인복지시설을 설치하고자 하는 자는 재가노인복지시설설치신고서에 필요한 서류를 첨부하여 시장 · 군수 · 구청장에게 제출하여야 한다(규칙 제28조 제1항). 재가노인복지시설의 설치신고를 수리한 시장 · 군수 · 구청장은 재가노인복지시설설치신고필증을 신고인에게 교부하여야 한다(규칙 제28조 제2항).

(3) 요양보호사

노인복지시설의 설치 · 운영자는 노인 등의 신체활동 또는 가사활동 지원 등의 업무를 전문적으로 수행하는 요양보호사를 두어야 한다(제39조의2 제1항). 요양보호사는 요양보호사교육기관[5]에서 교육과정을 마친 사람으로서(제39조의2 제2항),

---

5. 요양보호사교육기관은 보건복지부령으로 정하는 기준을 갖추고 시 · 도지사에게 신고된 시설을 말한다(제39조의3 제1항).

시 · 도지사로부터 요양보호사의 자격을 검정받고 자격증을 교부받은 자다(제39조의2 제3항).

(4) 긴급전화의 설치 등

국가와 지방자치단체는 노인학대를 예방하고 수시로 신고를 받을 수 있도록 긴급전화를 설치하여야 한다(제39조의4 제1항). 이 긴급전화의 설치 · 운영에 관하여 필요한 사항은 대통령령으로 정한다(제39조의4 제2항).

5) 노인학대예방과 시설

(1) 정의와 범위

'노인학대'라 함은 노인에 대하여 신체적 · 정신적 · 정서적 · 성적 폭력 및 경제적 착취 또는 가혹행위를 하거나 유기 또는 방임을 하는 것을 말한다(제1조의2 제4호). 구체적으로 금지되는 행위들은 다음과 같다(제39조의9).

- 노인의 신체에 폭행을 가하거나 상해를 입히는 행위
- 노인에게 성적 수치심을 주는 성폭행 · 성희롱 등의 행위
- 자신의 보호 · 감독을 받는 노인을 유기하거나 의식주를 포함한 기본적 보호 및 치료를 소홀히 하는 방임행위
- 노인에게 구걸을 하게 하거나 노인을 이용하여 구걸하는 행위
- 노인을 위하여 증여 또는 급여된 금품을 그 목적 외의 용도에 사용하는 행위

(2) 노인학대 신고의무와 절차

누구든지 노인학대를 알게 된 때에는 노인보호전문기관 또는 수사기관에 신고할 수 있다(제39조의6 제1항). 특히 다음에 해당하는 사람은 그 직무상 노인학대를 알게 된 때에는 즉시 노인보호전문기관 또는 수사기관에 신고하여야 한다(제39조

의6 제2항).

- 의료법 제3조 제1항의 의료기관에서 의료업을 행하는 의료인
- 노인복지시설의 장 및 그 종사자
- 장애인복지법 제58조의 규정에 의한 장애인복지시설에서 장애노인에 대한 상담 · 치료 · 훈련 또는 요양을 행하는 자
- 가정폭력방지및피해자보호등에관한법률 제5조 및 제7조의 규정에 의한 가정폭력관련 상담소의 상담원 및 가정폭력피해자보호시설의 종사자
- 노인복지상담원 및 사회복지사업법 제14조의 규정에 의한 사회복지전담공무원

이때 신고인의 신분은 보장되어야 하며 그 의사에 반하여 신분이 노출되어서는 아니 된다(제39조의6 제3항). 또한 이 법에 의한 학대노인의 보호와 관련된 업무에 종사하였거나 종사하는 자는 그 직무상 알게 된 비밀을 누설하지 못한다(제39조의12).

그리고 노인학대신고를 접수한 노인보호전문기관의 직원이나 사법경찰관리는 지체 없이(응급조치) 노인학대의 현장에 출동하여야 한다(제39조의7 제1항). 현장에 출동한 자는 학대받은 노인을 노인학대행위자로부터 분리하거나 치료가 필요하다고 인정할 때에는 노인보호전문기관 또는 의료기관에 인도하여야 한다(제39조의7 제2항).

학대받은 노인의 법정대리인, 직계친족, 형제자매, 노인보호전문기관의 상담원 또는 변호사는 노인학대사건의 심리에 있어서 보조인이 될 수 있다. 다만 변호사가 아닌 경우에는 법원의 허가를 받아야 한다(제39조의8 제1항). 그리고 법원은 학대받은 노인을 증인으로 신문하는 경우 본인 · 검사 또는 노인보호전문기관의 신청이 있는 때에는 본인과 신뢰관계에 있는 자의 동석을 허가할 수 있다(제39조의8 제2항). 이런 절차는 수사기관이 학대받은 노인을 조사하는 경우에도 준용된다(제39조의8 제3항).

(3) 노인보호전문기관의 설치

국가 및 지방자치단체는 노인학대에 관한 다음과 같은 업무를 담당하는 노인보호전문기관을 설치하여야 한다(제39조의5 제1항).

- 노인학대의 예방 및 방지를 위한 홍보
- 학대받은 노인의 발견 · 상담 · 보호와 의료기관에의 치료의뢰 및 노인복지시설에의 입소의뢰
- 노인학대행위자, 노인학대행위자로 신고된 자 및 그 가정 또는 업무 · 고용 등의 관계로 사실상 노인을 보호 · 감독하는 기관이나 시설 등에 대한 조사
- 노인학대행위자에 대한 상담 및 교육
- 그 밖에 학대받은 노인의 보호를 위하여 필요한 사항

그러나 노인여가복지시설과 재가노인복지시설이 노인보호전문기관의 설치기준을 충족하고 노인보호전문기관으로 지정된 경우에는 위의 업무와 상이할 수 있다(제39조의5 제1항 단서, 시행령 제20조의3).

노인보호전문기관의 장 및 상담원은 사회복지사업법 제11조의 규정에 의한 사회복지사 자격을 가진 자, 7급 이상 공무원 또는 고위공무원단에 속하는 일반직 공무원으로서 국가 또는 지방자치단체에서 사회복지사업에 관한 행정업무에 5년 이상 종사한 경력이 있는 자는 의료법 제2조의 규정에 의한 의료인이 될 수 있다(제39조의4 제2항 및 시행령 제20조의4).

6) 시설 설치 · 운영자의 의무[6]

양로시설, 노인공동생활가정, 노인복지주택, 노인요양시설, 노인요양공동생활가정, 재가노인복지시설을 설치 · 운영하는 자는 복지실시기관으로부터 노인의

---

6. 특히 노인복지법에 따른 노인복지시설의 종사자와 그 장은 그 직무를 수행하면서 가정폭력범죄를 알게 된 경우에는 정당한 사유가 없는 한 이를 즉시 수사기관에 신고하여야 한다(가정폭력범죄의처벌등에관한특례법 제4조 제2항 제3호).

입소 · 장례(제28조 제1항 제2호 및 제3호, 동조 제2항 또는 제3항)를 위탁받은 때에는 정당한 이유 없이 이를 거부하여서는 아니 된다(제41조).

노인복지시설 또는 요양보호사 교육기관을 설치 · 운영하는 자는 복지실시기관이 시설 또는 사업에 관하여 필요한 보고를 요청하거나 관계공무원으로 하여금 당해 시설 또는 사업의 운영 상황을 조사하게 하거나 장부 기타 관계서류를 검사할 경우 응해야 한다(제42조 제1항). 또한 노인복지시설을 설치 · 운영하는 자는 매년도 입소자 또는 이용자 현황 등에 관한 자료를 복지실시기관에 제출하여야 한다(제42조 제2항).

6 실종노인에 관한 신고의무 등

누구든지 정당한 사유 없이 실종노인[7]을 경찰관서 또는 지방자치단체의 장에게 신고하지 아니하고 보호하여서는 아니 된다(제39조의10 제1항). 따라서 제31조의 노인주거복지시설, 노인의료복지시설, 노인여가복지시설, 재가노인복지시설, 노인보호전문기관[8]의 장 또는 그 종사자는 그 직무를 수행하면서 실종노인임을 알게 된 때에는 지체 없이 보건복지부령으로 정하는 신상카드를 작성하여 지방자치단체의 장과 실종노인의 데이터베이스 구축 · 운영의 업무를 수행하는 기관(제39조의10 제3항 제2호)의 장에게 제출하여야 한다(제39조의10 제2항).

실종노인의 발생예방, 조속한 발견과 복귀를 위하여 보건복지부장관은 실종노인과 관련된 조사 및 연구, 실종노인의 데이터베이스 구축 · 운영, 그 밖에 실종노인의 보호 및 지원에 필요한 사항의 업무를 수행하여야 하고, 이 경우 보건복지부장관은 노인복지 관련 법인이나 단체에 그 업무의 전부 또는 일부를 위탁할 수 있다(제39조의10 제3항).

---

7. '실종노인'이란 사고 또는 치매 등의 사유로 인하여 보호자로부터 이탈된 노인을 말한다(제39조의10 제1항).
8. 이 시설에는 사회복지사업법 제2조 제3호에 따른 사회복지시설 및 사회복지시설에 준하는 시설로서 인가 · 신고 등을 하지 아니하고 노인을 보호하는 시설이 포함된다(제39조의10 제2항).

7 비 용

1) 비용의 부담

경로연금의 경우 국가 또는 지방자치단체가 부담하는 연금지급 비용의 부담비율은 국가가 100분의 70, 지방자치단체가 100분의 30으로 한다. 다만 특별시의 경우에는 국가가 100분의 50, 특별시가 100분의 50으로 한다(제45조 제1항).

건강진단 등과 상담 · 입소 등의 조치 및 노인복지시설의 설치 · 운영에 소요되는 비용은 국가 또는 지방자치단체가 부담한다(제45조 제2항). 그러나 건강진단 등과 상담 · 입소 등의 조치에 소요되는 비용은 예산의 범위 안에서 국가 및 지방자치단체가 이를 부담하되, 그 부담비율은 보조금의예산및관리에관한법률시행령 별표 1이 정하는 바에 의한다(영 제22조 제1항). 그리고 노인복지시설의 설치 · 운영에 소요되는 비용은 당해 노인복지시설을 설치한 국가 또는 지방자치단체가 이를 부담한다(영 제22조 제2항).

2) 비용의 수납 및 청구

건강진단과 상담 · 입소조치 등 복지조치에 필요한 비용을 부담한 복지실시기관은 당해 노인 또는 그 부양의무자로부터 대통령령이 정하는 바에 의하여 그 부담한 비용의 전부 또는 일부를 수납하거나 청구할 수 있다(제46조 제1항). 만약 부양의무가 없는 자가 상담 · 입소 등의 조치에 준하는 보호를 행하는 경우 즉시 그 사실을 부양의무자 및 복지실시기관에 알려야 하고(제46조 제2항), 그 보호를 행한 자는 부양의무자에게 보호비용의 전부 또는 일부를 청구할 수 있다(제46조 제3항).

양로시설, 노인공동생활가정, 노인복지주택, 노인요양시설, 노인요양공동생활가정을 설치한 자는 그 시설에 입소하거나 그 시설을 이용하는 기초수급권자 외의 자로부터 그에 소요되는 비용을 수납하고자 할 때에는 시 · 도지사에게 신고하여야 한다. 다만 보건복지부령이 정한 비용수납 한도액의 범위 안에서 수납할 때에는 그러하지 아니한다(제46조 제5항).

노인여가복지시설 또는 재가노인복지시설을 설치한 자 또는 편의를 제공하는 자가 그 시설을 이용하는 자로부터 그에 소요되는 비용을 수납하고자 할 때에는 미리 시장 · 군수 · 구청장에게 신고하여야 한다(제46조 제7항).

3) 비용의 보조

국가 또는 지방자치단체는 노인주거복지시설, 노인요양시설, 노인요양공동생활가정, 노인여가복지시설, 재가노인복지시설, 노인보호전문기관의 설치 · 운영에 소요되는 비용을 보조할 수 있다(영 제24조 제1항). 이 노인복지시설의 설치 · 운영에 소요되는 비용을 보조하는 경우의 부담비율은 보조금의예산및관리에관한법률시행령 별표 1이 정하는 바에 의한다(영 제24조 제2항).

그리고 국가 또는 지방자치단체가 노인복지시설의 운영에 소요되는 비용을 보조하는 때에는 시설평가(사회복지사업법 제43조)의 결과 등 당해 노인복지시설의 운영실적을 고려하여 차등 보조할 수 있다(영 제24조 제3항).

8 수급권의 보호

1) 조세감면

노인복지시설(제31조)에서 노인을 위하여 사용하는 건물 · 토지 등에 대하여는 조세감면규제법 등 관계법령이 정하는 바에 의하여 조세 기타 공과금을 감면할 수 있다(제49조).

2) 권리구제

노인 또는 그 부양의무자는 이 법에 의한 복지조치에 대하여 이의가 있을 때에는 당해 복지실시기관에 심사를 청구할 수 있다(제50조 제1항). 이 심사청구를 받은 복지실시기관은 30일 이내에 이를 심사 · 결정하여 청구인에게 통보하여야 한다(제50조 제2항). 그리고 이 심사 · 결정에 이의가 있는 자는 그 통보를 받은 날부터 90일 이내에 행정심판을 제기할 수 있다(제50조 제3항).

부양의무자가 부담하여야 할 보호비용에 대하여 보호를 행한 자와 부양의무자 사이에 합의가 이루어지지 아니하는 경우로서, 시장 · 군수 · 구청장은 당사자로부터 조정요청을 받은 경우에는 이를 조정할 수 있다(제50조 제4항).

노인복지법의 체계

- **총 칙**
  - • 목적(법 § 1)
    • 정의(법 § 1조의2)
  - • 기본이념(법 § 2)
    • 가족제도의 유지 · 발전(법 § 3)
  - • 보건복지증진의 책임(법 § 4)
    - • 노인실태조사(법 § 5)
      • 노인의 날 등(법 § 6)
    - • 노인복지상담원(법 § 7)
      • 노인전용주거시설(법 § 8)
      • 노인복지명예지도원(법 § 51)
      - –노인복지상담원의 임용(영 § 12)
        –노인복지명예지도원(영 § 25)
    - • 권한의 위임 · 위탁(법 § 53)
- **보건복지조치**
  - • 노인사회참여 지원(법 § 23)
    - • 노인일자리전담기관의 설치 · 운영 등(법 § 23조의2)
      - –노인일자리전담기관의 설치 · 운영 등(영 § 17조의3)
        –노인일자리전담기관의 운영위탁 등(영 § 17조의4)
        –비용의 부담(영 § 22)
    - • 지역봉사지도원 위촉 및 업무(법 § 24)
      • 생업지원(법 § 25)
      • 경로우대(법 § 26)
      - –지역봉사지도원의 활동지원 등(영 § 18)
        –경로우대시설의 종류 등(영 § 19)
        –지역봉사지도원의 위촉(규칙 § 7)
  - • 건강진단 등(법 § 27)
    - –건강진단 등(영 § 20)
      –비용의 부담(영 § 22)
      –부양의무자에 대한 보호비용의 청구(규칙 § 32)
  - • 홀로 사는 노인에 대한 지원(법 § 27조의2)
  - • 치매관리사업(법 § 29)
    • 치매상담센터의 설치(법 § 29조의2)
    - –치매연구 및 관리사업 등 (규칙 § 11)
      –치매상담센터의 업무 등(규칙 § 12)
  - • 노인재활요양사업(법 § 30)
    - –노인재활요양사업의 지원(규칙 § 13)
  - • 상담 · 입소 등의 조치(법 § 28)
    - –상담원의 직무(영 § 13)
      –입소조치(규칙 § 10)
      –부양의무자에 대한 보호비용의 청구(규칙 § 32)
  - • 심사청구 등(법 § 50)

노인복지시설

- • 노인복지시설의 종류(법 § 31)
  - –지역봉사지도원의 활동지원 등(영 § 18)
  - –보고(규칙 § 30조의2)
  - • 사회복지사업법에 따른 신고와의 관계(법 § 31조의2)
  - • 건축법에 대한 특례(법 § 55)
  - • 변경 · 폐지 등(법 § 40)
  - • 사업의 정지 등(법 § 43)
  - • 청문(법 § 44)
    - –노인주거복지시설 등의 변경신고 등(영 § 21)
    - –노인주거복지시설 등의 변경신고 등(규칙 § 30)
    - –행정처분의 기준(규칙 § 31)
- • 노인주거복지시설(법 § 32)
  - –비용의 보조(영 § 24)
  - –노인주거복지시설의 입소대상자 등(규칙 § 14)
  - –양로시설 등의 입소비용(규칙 § 15조의2)
  - • 노인주거복지시설의 설치(법 § 33)
    - –노인복지주택 운영의 위탁(영 § 20조의2)
    - –비용의 부담(영 § 22)
    - –노인주거복지시설의 설치신고 등(규칙 § 16)
    - –노인주거복지시설의 시설기준 등(규칙 § 17)
  - • 노인복지주택의 입소자격 등(법 § 33조의2)
  - • 입소자격이 없는 자에 대한 노인복지주택의 처분명령(법 § 33조의3)
    - –노인복지주택 운영의 위탁(영 § 20조의2)
- • 노인의료복지시설(법 § 34)
  - –비용의 보조(영 § 24)
  - –건강진단기관(규칙 § 8)
  - –노인의료복지시설의 입소대상자 등(규칙 § 18)
  - –노인의료복지시설의 입소비용(규칙 § 19조의2)
  - • 노인의료복지시설의 설치(법 § 35)
    - –노인의료복지시설의 설치신고 등(규칙 § 20)
    - –노인전문병원의 설치허가 등(규칙 § 21)
    - –노인의료복지시설의 시설기준 등(규칙 § 22)
- • 노인여가복지시설(법 § 36)
  - –비용의 보조(영 § 24)
  - –노인여가복지시설의 이용대상자 및 이용절차(규칙 § 24)
  - • 노인여가복지시설의 설치(법 § 37)
    - –노인여가복지시설의 설치신고 등(규칙 § 25)
    - –노인여가복지시설의 시설기준 등(규칙 § 26)
- • 재가노인복지시설(법 § 38)
  - –비용의 보조(영 § 24)
  - –재가노인복지시설의 이용대상자 및 이용절차(규칙 § 27)
  - –재가노인복지시설의 이용비용(규칙 § 27조의2)
  - • 재가노인복지시설의 설치(법 § 39)
    - –긴급전화의 설치 · 운영(영 § 20조의3)
    - –노인보호전문기관의 지정대상(영 § 20조의4)
    - –노인보호전문기관 직원의 자격기준(영 § 20조의5)
    - –비용의 보조(영 § 24)
    - –재가노인복지시설의 설치신고 등(규칙 § 28)
    - –재가노인복지시설의 시설기준 등(규칙 § 29)
    - –요양보호사의 등급 및 교육과정 등(규칙 § 29조의2)
    - –요양보호사교육기관의 설치신고 등 (규칙 § 29조의3)
    - –실종노인 신상카드(규칙 § 29조의4)
    - –노인보호전문기관의 설치 및 운영기준(규칙 § 29조의5)
    - –노인보호전문기관의 지정절차(규칙 § 29조의6)
    - –증표(규칙 § 29조의7)
- • 요양보호사교육기관의 설치 등(법 § 39조의3)
  - –요양보호사교육기관의 설치신고 등(규칙 § 29조의3)
  - • 요양보호사의 직무 · 자격증의 교부 등(법 § 39조의2)
    - –요양보호사의 등급 및 교육과정 등(규칙 § 29조의2)
- • 긴급전화의 설치 등(법 § 39조의4)
  - –긴급전화의 설치 · 운영(영 § 20조의3)
- • 노인보호전문기관의 설치(법 § 39조의5)
  - –긴급전화의 설치 · 운영(영 § 20조의3)
  - –노인보호전문기관의 지정대상(영 § 20조의4)
  - –노인보호전문기관 직원의 자격기준(영 § 20조의5)
  - –비용의 보조(영 § 24)
  - –노인보호전문기관의 설치 및 운영기준(규칙 § 29조의5)
  - –노인보호전문기관의 지정절차(규칙 § 29조의6)
  - • 노인학대 신고의무와 절차(법 § 39조의6)
  - • 응급조치의무 등(법 § 39조의7)
  - • 보조인의 선임 등(법 § 39조의8)
- • 금지행위(법 § 39조의9)
- • 실종노인에 관한 신고의무 등(법 § 39조의10)
  - –실종노인 신상카드(규칙 § 29조의4)
- • 비밀누설의 금지(법 § 39조의12)
- • 수탁의무(법 § 41)
- • 조사 등(법 § 39조의11)
- • 감독(법 § 42)
  - –증표(규칙 § 29조의7)
  - –보고(규칙 § 30조의2)

비용 등

- 비용의 부담(법 § 45)
- 비용의 보조(법 § 47)
- 조세감면(법 § 49)
- 국 · 공유재산의 대부 등(법 § 54)
  - –비용의 부담(영 § 22)
  - –비용의 보조(영 § 24)

- 비용의 수납 및 청구(법 § 46)
- 유류물품의 처분(법 § 48)
  - –비용의 수납(영 § 23)
  - –부양의무자에 대한 보호비용의 청구(규칙 § 32)
  - –비용수납의 신고 등(규칙 § 33)
  - –비용의 수납신고(규칙 § 34)

벌칙 등

- 벌칙(법 § 55조의2~4, 56, 56조의2, 57, 59)
  - 양벌규정(법 § 60)
- 과태료(법 § 61조의2)
- 이행강제금(법 § 62)
  - –과태료의 부과기준(영 § 27)

출처: 노인복지법(2008. 3. 21 개정), 시행령(2008. 12. 31 개정), 시행규칙(2008. 12. 31 개정) 정리.

제25장

기초노령연금법

1 의 의

기초노령연금법은 노인이 후손의 양육과 국가 및 사회의 발전에 이바지하여 온 점을 고려하여 생활이 어려운 노인에게 기초노령연금을 지급함으로써 노인의 생활안정을 지원하고 복지를 증진함을 목적으로 한다(제1조). 즉, 65세 이상인 자로서 소득인정액이 대통령령으로 정하는 금액 이하인 노인을 지급대상으로(제3조), 그들의 노후 복지증진에 목적이 있다.

국가 및 지방자치단체는 기초노령연금이 노인의 생활안정을 지원하고 복지를 증진하는 데 필요한 수준이 되도록 최대한 노력하여야 한다(제4조 제1항). 따라서 필요한 비용을 부담할 수 있도록 재원을 조성하여야 하고(제4조 제2항), 연금의 지급에 따라 계층 간 소득역전현상이 발생하지 아니하고 근로의욕 및 저축유인이 저하되지 아니하도록 최대한 노력하여야 한다(제4조 제3항).

2 수급권의 보호와 제한

이 법에 따른 기초노령연금을 받을 권리인 수급권(제2조 제1호)은 법적 보호를 받는데, 수급자는 수급권을 양도 · 압류하거나 담보에 제공할 수 없으며, 또한 수급자가 연금으로 지급받은 금품을 타인이 압류할 수 없다(제13조). 또한 수급권자의 자격인정, 그 밖에 이 법에 따른 처분에 이의가 있는 자는 보건복지부장관 또는 지방자치단체의 장에게 이의신청을 할 수 있다(제15조 제1항). 또한 기초노령연금에 대하여는 조세특례제한법, 그 밖의 법률 또는 지방자치단체의 조례로 정하는 바에 따라 조세와 그 밖의 공과금을 감면한다(제20조).

그러나 반대로 수급권이 없는 자가 연금을 지급받은 경우처럼 부당이득이 발생하였을 경우에는 보건복지부장관 또는 지방자치단체의 장은 대통령령으로 정하는 바에 따라 지급액을 징수하여야 하고(제12조 제1항), 이를 납부하지 아니하는 때에는 국세 또는 지방세 체납처분의 예에 따라 징수한다(제12조 제2항).

3 연금의 수급

1) 연금의 신청과 조사 · 질문 등

연금수급희망자 또는 그 친족, 그 밖의 관계인은 보건복지부장관 또는 지방자치단체의 장에게 급여를 신청할 수 있다(제6조 제1항). 이 연급수급을 신청할 때 연금수급희망자와 그 배우자는 금융정보, 신용정보, 보험정보의 자료 또는 정보제공에 대하여 동의한다는 서면을 제출하여야 한다(제6조 제2항).

보건복지부장관 또는 지방자치단체의 장은 수급권의 발생 또는 상실을 확인하기 위하여 수급권자 등(연금을 신청한 자, 수급권자, 수급자, 그 배우자 및 고용주)에 대하여 필요한 서류나 그 밖에 소득 · 재산 등에 관한 자료의 제출을 요구할 수 있으며, 소속 공무원으로 하여금 수급권자 등의 주거, 그 밖의 필요한 장소에 출입하여 서류 등을 조사하게 하거나 관계인에게 필요한 질문을 하게 할 수 있다(제7조 제1항). 이때에 필요한 금융정보, 신용정보, 보험정보, 교정시설 · 치료감호시설에 수용 중인 자의 수용개시 및 석방 정보, 국세 · 지방세 · 토지 · 건물 · 건강보험 · 국민연금 · 출입국 등에 관한 자료의 제공을 관계기관의 장에게 요청할 수 있다(제7조 제2항).

2) 지급의 결정

보건복지부장관 또는 지방자치단체의 장은 필요한 조사 · 질문(제7조)의 결과에 따라 지체 없이 연금의 지급 여부를 결정하여야 한다(제6조 제1항).

만약 수급권자 또는 수급자가 제1항에 따른 서류 또는 자료의 제출을 거부하거나 조사 · 질문을 거부 · 방해 또는 기피하는 경우에는 보건복지부장관 또는 지방자치단체의 장은 연금지급의 신청을 각하하거나 연금지급의 결정을 취소 · 중지 또는 정지할 수 있다(제7조 제4항).

3) 연금액, 연금의 지급기간 및 지급시기

기초노령연금은 노인의 생활안정을 지원하고 복지를 증진하는 데 필요한 수준이 되어야 하는데, 현재 기초노령연금법은 수급액의 한도를 정하고 있다. 즉, 이 법에 따른 기초노령연금액은 국민연금법 제51조 제1항 제1호에 따른 금액[1]의

---

1. 국민연금법 제51조(기본연금액) ① 수급권자의 기본연금액은 다음 각 호의 금액을 합한 금액에 1천분의 1천200을 곱한 금액으로 한다. 다만 가입기간이 20년을 초과하면 그 초과하는 1년(1년 미만이면 매 1개월을 12분의 1년으로 계산한다)마다 본문에 따라 계산한 금액에 1천분의 50을 곱한 금액을 더한다.

1. 다음 각 목에 따라 산정한 금액을 합산하여 3으로 나눈 금액
   가. 연금 수급 3년 전 연도의 평균소득월액을 연금 수급 3년 전 연도와 대비한 연금 수급 전년도의 전국소비자물가변동률(통계법 제3조에 따라 통계청장이 매년 고시하는 전국소비자물가변동률을 말한다. 이하 이 조에서 같다)에 따라 환산한 금액
   나. 연금 수급 2년 전 연도의 평균소득월액을 연금 수급 2년 전 연도와 대비한 연금 수급 전년도의 전국소비자물가변동률에 따라 환산한 금액
   다. 연금 수급 전년도의 평균소득월액

100분의 5에 해당하는 액수로 한다. 다만 소득인정액[2]과 연금액을 합한 금액이 제3조에 따라 대통령령으로 정하는 금액 이상인 경우에는 대통령령으로 정하는 바에 따라 연금액의 일부를 감액하여 지급할 수 있다(제5조 제1항). 그러나 본인 및 그 배우자가 모두 연금을 지급받는 경우에는 각각의 연금액에 대하여 100분의 20을 감액한다(제5조 제2항).

연금은 수급신청자가 수급권자로 결정된 경우 연금을 신청한 날이 속하는 달부터 수급권이 소멸한 날이 속하는 달까지 매월 정기적으로 지급하지만(제8조 제1항), 그 지급을 정지하여야 할 사유가 발생한 때에는 그 사유가 발생한 날이 속하는 달의 다음 달부터 그 사유가 소멸한 날이 속하는 달까지는 이를 지급하지 아니한다(제8조 제2항). 예를 들면, 수급자가 금고 이상의 형을 선고받고 형의집행및수용자의처우에관한법률에 따른 교정시설 또는 치료감호법에 따른 치료감호시설에 수용 중인 기간 동안에는 연금의 지급을 정지한다(제10조).

만약 수급자가 사망하였으나 수급자에게 지급하여야 할 연금으로서 아직 지급되지 아니한 것이 있을 때에는 수급자의 사망 당시 생계를 같이 한 부양의무자(즉, 배우자와 직계비속 및 그 배우자)는 미지급 연금을 청구할 수 있다. 이 경우 보건복지부장관 또는 지방자치단체의 장은 지체 없이 그 지급 여부를 결정하여야 한다(제9조 제1항).

4 수급권의 상실

수급권자는 수급권자가 사망한 때, 국적을 상실하거나 국외로 이주한 때, 또는 수급요건(제3조)에 해당하지 아니하게 된 때에 해당하게 된 때에 수급권을 상실한다(제11조).

---

2. '소득인정액'이란 국민기초생활보장법 제2조 제8호에 따른 소득인정액(본인 및 배우자의 소득인정액에 한한다)을 말한다(제2조 제4호). 다만 보건복지부령으로 정하는 바에 따라 그 산출 기초가 되는 소득 · 재산의 범위, 같은 법 제2조 제9호에 따른 소득평가액 산정방식 및 같은 조 제10호에 따른 재산의 소득환산액 산정방식을 다르게 정할 수 있다(제2조 제4호 단서).

수급자는 수급권의 상실사유가 발생하였을 때에는 보건복지부령으로 정하는 바에 따라 보건복지부장관 또는 지방자치단체의 장에게 신고하여야 한다(제18조). 다만 수급자가 사망한 경우에는 호적법 제88조에 따른 신고의무자가 보건복지부령으로 정하는 기한 이내에 그 사망사실을 보건복지부장관 또는 지방자치단체의 장에게 신고하여야 한다(제18조 단서).

5 비용의 부담

기초노령연금은 다음과 같은 구분에 따라 국가 또는 지방자치단체가 부담한다(제19조).

- 국가는 지방자치단체의 노인인구 비율 및 재정여건 등을 고려하여 100분의 40 이상, 100분의 90 이하의 범위 안에서 대통령령으로 정하는 비율을 부담한다.
- 전술한 국가가 부담한 금액을 차감한 액수에 대하여는 특별시 · 광역시 · 도 또는 특별자치도 및 시 · 군 · 구가 상호 분담하되, 그 부담비율은 노인인구 비율 및 재정여건 등을 고려하여 시 · 도의 조례로 정하고, 미리 보건복지부장관과 협의하여야 한다.

6 연금업무의 권한

1) 행정기관

이 법에 따른 보건복지부장관의 권한은 그 일부를 대통령령으로 정하는 바에 따라 특별시장 · 광역시장 · 도지사 또는 특별자치도지사 또는 시장 · 군수 · 구청장에게 위임할 수 있다(제21조 제1항).

2) 국민연금공단

이 법에 따른 보건복지부장관 또는 지방자치단체의 장의 업무 중 연금신청의 접수(제6조 제1항), 소속 공무원이 행하는 조사·질문에 관한 업무 지원(제7조 제1항), 이의신청의 접수(제15조 제1항), 수급권 상실사유 신고의 접수(제18조), 기초노령연금정보시스템의 구축·운영에 관한 사항(제20조의2), 또는 그 밖에 대통령령으로 정하는 수급자 관리 지원 등에 관한 사항은 대통령령으로 정하는 바에 따라 국민연금공단(국민연금법 제24조)에 위탁할 수 있다(제21조 제2항).

제 9 부

가족 및 여성 복지법 분야

제26장 한부모가족지원법

제27장 다문화가족지원법

제28장 가정폭력방지및피해자보호등에관한법률

제29장 성폭력방지및피해자보호등에관한법률

제26장

한부모가족지원법

1 의 의

한부모가족지원법은 한부모가족이 건강하고 문화적인 생활을 영위할 수 있도록 함으로써 한부모가족의 생활안정과 복지증진에 이바지함을 목적으로 한다(제1조).

한부모가족의 복지를 증진하기 위하여 국가와 지방자치단체는 책임을 지며(제2조 제1항), 이에 모든 국민은 협력하여야 한다(제2조 제2항). 물론 한부모가족의 모(母) 또는 부(父)와 아동도 그가 가지고 있는 자산과 노동능력 등을 최대한으로 활용하여 자립과 생활 향상을 위하여 노력하여야 한다(제3조).

2 한부모가족지원법의 발달

한부모가족지원법은 모자복지법으로 출발하여 모·부자복지법으로 명칭이 변경되었다가 다시 명칭이 변경된 법이다. 모자복지법은 전통적인 남녀불평등 사회에서 낮은 지위의 여성과 그녀의 미혼자녀의 보호를 국가가 책임질 필요에서 제정되었다. 그러다가 양성평등과 여성 지위 향상의 시대 변화와 상대적으로 미자립적 남성과 그의 미혼자녀의 가정을 돌볼 필요에 의하여 모 · 부자복지법으로 개정되었다. 이 법의 발달과정을 주요한 내용변화가 있었던 개정법을 중심으로 살펴보면 다음과 같다.

1989년 4월 1일에 제정된 모자복지법(법률 제4121호)은 배우자와의 사별, 이혼, 유기, 별거 등의 사유로 배우자가 없거나 배우자가 있어도 폐질 · 불구 등으로 장기간 근로능력을 상실하여 여성이 생계의 책임을 지는 모자가정이 날로 격증하게 되면서, 이들 모자가정이 자립 · 자활할 수 있도록 생계보호 · 교육보호 · 생업자금융자 · 주택제공 등을 통하여 모자가정의 건강하고 문화적인 생활을 보장하기 위한 목적에서 출발하였다. 처음에 제정된 내용은 첫째, 모자복지사업의 기획 · 조사 · 실시 등에 필요한 사항을 심의하기 위하여 보건사회부, 시 · 도 및 시 · 군 · 구에 모자복지위원회를 설치하고, 둘째, 국가 또는 지방자치단체는 보호대상자에 대하여 생계비 · 아동교육비 · 직업훈련비 · 아동부양비 등의 복지급여를 지급하거나 생업자금 · 주택자금 · 의료비 등의 복지자금을 대여할 수 있도록 하고, 셋째, 모자복지시설의 종류로 모자보호시설 · 모자자립시설 · 미혼모시설 · 일시보호시설 · 부녀복지관 및 부녀상담소를 규정하는 것이었다.

이렇게 제정된 모자복지법은 1997년 8월 22일, 1997년 12월 13일(행정절차법의 시행에 따른 개정), 1997년 12월 13일(정부조직법 개정에 따른 개정)에 3회 개정을 거쳤고, 1998년 12월 30일에 모자복지사업 참여의 문호를 확대하는 개정을 하였다. 이 4차 개정(법률 제5612호)에서는 그동안 운영실적이 저조했던 모자복지위원회를 폐지하고, 국가 · 지방자치단체, 사회복지법인 및 비영리법인 외에 개인도 모자복지시설을 설치 · 운영할 수 있도록 하는 등 현행 제도의 운영상 나타난 일부 미비점을 개선 · 보완하였다. 즉, 부녀복지관 및 부녀상담소를 각각 여성복지관 및 모자가정상담소로 그 명칭을 변경하고, 사회복지법인 및 비영리법인 외에 개인도 모자복지시설을 설치 · 운영할 수 있도록 하고, 그 설치 · 운영신고에 관한 사무를 시 · 도지사 소관에서 시장 · 군수 · 구청장 소관으로 이관하였다. 그리고 1999년 9월 7일에 이루어진 5차 개정 후에 2002년 12월 18일에 획기적인 6차 개정이 이루어졌다. 이 개정에서는 시대적 요구를 반영하여 법의 명칭을 모 · 부자복지법으로 변경하였다.

과거의 모자복지법이 배우자를 상실한 여성, 노동능력을 상실한 배우자를 가진 여성, 미혼 여성, 기타 보건복지부령이 정하는 여성이 세대주(세대원을 사실상 부양하고 있는 자를 포함한다)인 모자가정에 대해서만 국가 등이 경제적 · 사회적 지원을 하도록 하고 있어 시대적 상황을 반영하는 데에 미흡하였던 데 반해, 개정(법률 제6801호)된 모 · 부자복지법은 법의 대상도 확대하여 같은 조건의 남성이 세대주인 부자가정에 대하여도 지원하고 있다. 그 주요 개정내용을 살펴보면 다음과 같다. 첫째, 국가에게 모자가정뿐 아니라 부자가정의 복지를 증진시킬 책임을 지우고 국민도 이에 협력하도록 한다. 둘째, 모 · 부자가정의 '모'와 '부'의 정의를 아동을 양육하는 자로서 '배우자와 사별 또는 이혼하거나 배우자로부터 유기된 자' '정신 또는 신체의 장애로 인하여 장기간 노동능력을 상실한 배우자를 가진 자' 등으로 규정한다. 셋째, 복지급여의 내용과 실시로 종전의 보호대상 모자가정에 대하여 실시하던 생계비 · 아동양육비 등 복지급여를 보호대상 부자가정으로 확대하여 실시하도록 한다. 넷째, 부자보호시설과 부자자립시설을 복지시설에 추가하여 저소득층 부자가정을 위한 시설을 신설한다. 다섯째, 종전에 모자복지사업 또는 모자복지단체에 한하여 적용되던 국가 또는 지방자치단체의 비용보조 및 보조금 반환명령규정이 부자복지사업 또는 부자복지단체에도 확대 적용되도록 한다.

제7차 개정(2005. 3. 24, 법률 제7413호)에서는 행정수요의 변화에 탄력적으로 대응할 수 있도록 중앙행정기관의 보조기관인 실장과 국장의 명칭을 대통령령이 정하는 바에 따라 달리 정할 수 있도록 하는 등 조직편성의 자율성과 유연성을 확대하고, 가정의 가치를 새롭게 정립하기 위하여 여성부에 가족정책의 수립 · 조정기능을 추가하여 여성가족부로 개편하며, 문화관광부의 청소년 관련기능을 신설되는 청소년위원회로 이관하여 청소년 육성정책과 보호정책을 통합하여 청소년정책 기능을 강화하였다.

제8차 개정(2007. 10. 17, 법률 제8655호)에서는 법의 명칭을 한부모가족지원법으로 변경하였다. 그리고 이 법의 대상으로서 자녀가 취학 중인 경우 아직 미자립상태이므로 학비 등으로 인한 생활비 지출이 증가될 수 있는 시기라는 점을 고려하여 취학 중 자녀인 경우 그 보호를 22세 미만까지 확대하여 지원하도록 하였다. 또한 65세 이상의 고령자들과 손자녀가 있는 조손가족도 보호대상자로 규정하여 조손가족의 생활안정과 복지증진을 도모하였다.

3 보호대상자

이 법에 의한 보호대상자는 기본적으로 18세 미만의 아동을 양육하는 모자가족 또는 부자가족이다(제4조 및 제5조).

그러나 예외적으로 다음과 같은 경우도 보호대상이 된다. 첫째, 출산 후 해당 아동을 양육하지 아니하는 미혼모가 미혼모 공동생활가정(제19조 제1항 제9호)을 이용할 때에는 이 법에 따른 보호대상자가 된다(제6조 제1항). 둘째, 다음의 사유에 해당하는 아동과 그 아동을 양육하는 조부 또는 조모로서 보건복지부령으로 정하는 자의 경우도 이 법에 따른 보호대상자가 된다(제6조 제2항).

- 부모가 사망하거나 생사가 분명하지 아니한 아동
- 부모가 정신 또는 신체의 장애 · 질병으로 장기간 노동능력을 상실한 아동
- 부모의 장기복역 등으로 부양을 받을 수 없는 아동
- 제1호부터 제3호까지에 규정된 자에 준하는 자로서 보건복지부령으로 정하는 아동

셋째, 국내에 체류하고 있는 외국인 중 대한민국 국민과 혼인하여 대한민국 국적의 아동을 양육하고 있는 사람으로서 대통령령으로 정하는 사람이 제5조에 해당하면 이 법에 따른 보호대상자가 된다(제6조 제3항).

4 한부모가족복지상담소

한부모가족복지상담소는 한부모가족복지에 관한 사항을 상담하거나 지도하기 위하여 특별시장 · 광역시장 · 도지사와 시장 · 군수 · 구청장이 관할 구역에 설치할 수 있다. 시장 · 군수 · 구청장이 설치하는 경우에는 시 · 도지사의 승인을 받아야 한다(제7조 제1항).

한부모가족복지상담원은 특별시 · 광역시 · 도와 시 · 군 · 구 및 한부모가족복지상담소의 상담원이다(제8조 제1항).

이 외에 한부모가족지원법은 한부모가족복지단체를 지원, 육성하기 위하여 국가나 지방자치단체에게 책임을 부과하고 있다(제9조).

5 복지의 내용과 실시

1) 보호대상자의 조사 · 보고 등

이 법에 의한 보호대상자의 실태는 매년 1회 이상 시장 · 군수 · 구청장에 의해 조사된다(제10조 제1항). 시장 · 군수 · 구청장은 이 조사결과를 시 · 도지사에게 보고하고(제10조 제2항), 시 · 도지사는 이를 다시 보건복지부장관에게 보고한다(제10조 제3항). 또한 보호기관은 보호대상자와 피보호자의 실태에 관한 대장(臺帳)을 작성 · 비치하여야 한다(제10조 제4항).

2) 복지급여의 신청 및 급여내용

보호대상자 또는 그 친족이나 그 밖의 이해관계인은 복지급여(제12조)를 관할 시장 · 군수 · 구청장에게 신청할 수 있다(제11조 제1항). 이와 같은 복지급여의 신청이 있으면, 국가나 지방자치단체는 보건복지부령으로 정하는 기간을 단위로 하여(제12조 제3항) 다음과 같은 복지급여를 실시[1]할 수 있다(제12조 제1항 본문).

- 생계비
- 아동교육지원비
- 직업훈련비 및 훈련기간 중 생계비

1. 다만 이 법에 따른 보호대상자가 국민기초생활보장법 등 다른 법령에 따라 보호를 받고 있는 경우에는 그 범위에서 이 법에 따른 급여를 하지 아니한다(제12조 제1항 단서).

- 아동양육비[2]
- 그 밖에 대통령령으로 정하는 비용

3) 경제적 지원 및 고용지원

(1) 복지자금의 대여

한부모가족의 생활안정과 자립을 촉진하기 위하여 국가나 지방자치단체는 한부모가족의 사업에 필요한 자금, 아동교육비, 의료비, 주택자금, 그 밖에 대통령령으로 정하는 한부모가족의 복지를 위하여 필요한 자금 중 어느 하나의 자금을 대여할 수 있다(제13조 제1항).

(2) 고용의 촉진

한부모가족의 모 또는 부와 아동의 직업능력을 개발하기 위하여 국가 또는 지방자치단체는 그들의 능력 및 적성 등을 고려한 직업능력개발훈련을 실시하여야 하고(제14조 제1항), 나아가 한부모가족의 모 또는 부와 아동의 고용을 촉진하기 위하여 적합한 직업을 알선하고 각종 사업장에 모 또는 부와 아동이 우선 고용되도록 노력하여야 한다(제14조 제2항).

또한 한부모가족의 모 또는 부와 아동의 취업기회를 확대하기 위하여 국가 및 지방자치단체는 한부모가족 관련 시설 및 기관과 직업안정기관(직업안정법 제2조의2 제1호) 간 효율적인 연계를 도모하여야 하고(제14조의2 제1항), 한부모가족의 모 또는 부와 아동을 위한 취업지원사업 등이 효율적으로 추진될 수 있도록 노동부장관은 보건복지부장관과 긴밀히 협조하여야 한다(제14조의2 제2항).

---

2. 이 아동양육비를 지급할 때에 미혼모나 미혼부가 5세 이하의 아동을 직접 양육하거나, 미혼모나 미혼부의 직계존속이 양육하는 경우에 추가적인 복지급여를 실시할 수 있다(제12조 제2항).

(3) 공공시설에 매점 및 시설 설치

국가나 지방자치단체가 운영하는 공공시설의 장은 그 공공시설에 각종 매점 및 시설의 설치를 허가하는 경우 이를 한부모가족 또는 한부모가족복지단체에 우선적으로 허가할 수 있다(제15조).

4) 가족지원서비스

국가나 지방자치단체는 한부모가족의 아동이 공공의 아동 편의시설과 그 밖의 공공시설을 우선적으로 이용할 수 있도록 노력하여야 한다(제16조). 또한 한부모가족에게 아동의 양육 및 교육 서비스, 장애인, 노인, 만성질환자 등의 부양서비스, 취사, 청소, 세탁 등 가사서비스, 교육・상담 등 가족관계 증진 서비스 및 그 밖에 대통령령으로 정하는 한부모가족에 대한 가족지원서비스를 제공하도록 노력하여야 한다(제17조).

5) 국민주택의 분양 및 임대

국가나 지방자치단체는 주택법에서 정하는 바에 따라 국민주택을 분양하거나 임대할 때에는 한부모가족에게 일정 비율이 우선 분양될 수 있도록 노력하여야 한다(제18조).

6 한부모가족복지시설

1) 한부모가족복지시설의 종류

한부모가족복지시설의 종류는 다음과 같다(제19조 제1항).

- 모자(또는 부자)보호시설: 생활이 어려운 모자(또는 부자)가족을 일시적으로 또는 일정 기간 보호하여 생계를 지원하고 퇴소(退所) 후 자립 기반을 조성하도록 지원하는 것을 목적으로 하는 시설
- 모자(또는 부자)자립시설: 자립이 어려운 모자(또는 부자)가족에게 일정 기간 주택 편의만을 제공하는 것을 목적으로 하는 시설
- 미혼모자시설: 미혼 여성의 임신 · 출산 시 안전 분만 및 심신의 건강 회복과 출산 후 아동의 양육지원을 위하여 일정 기간 보호하는 것을 목적으로 하는 시설
- 미혼모자 공동생활가정: 출산 후의 미혼모와 해당 아동으로 구성된 미혼모자가족이 일정 기간 공동으로 가정을 이루어 아동을 양육하고 보호할 수 있도록 지원하는 것을 목적으로 하는 시설
- 모자(또는 부자) 공동생활가정: 독립적인 가정생활이 어려운 모자(또는 부자)가족이 일정 기간 공동으로 가정을 이루어 생활하면서 자립을 준비할 수 있도록 지원하는 것을 목적으로 하는 시설
- 미혼모 공동생활가정: 출산 후 해당 아동을 양육하지 아니하는 미혼모들이 일정 기간 공동으로 가정을 이루어 생활하면서 자립을 준비할 수 있도록 지원하는 것을 목적으로 하는 시설
- 일시보호시설: 배우자(사실혼 관계에 있는 자를 포함한다)가 있으나 배우자의 물리적 · 정신적 학대로 아동의 건전한 양육이나 모의 건강에 지장을 초래할 우려가 있을 경우 일시적으로 또는 일정 기간 그 모와 아동 또는 모를 보호함을 목적으로 하는 시설
- 여성복지관: 모자가족과 미혼여성에 대한 각종 상담을 실시하고 생활지도, 생업지도, 탁아 및 직업보도(職業輔導)를 행하는 등 모자가족과 미혼 여성의 복지를 위한 편의를 종합적으로 제공하는 것을 목적으로 하는 시설
- 한부모가족복지상담소: 한부모가족에 대한 조사, 지도, 시설 입소(入所) 등에 관한 상담업무를 수행할 것을 목적으로 하는 시설

2) 한부모가족복지시설의 설치, 폐지 또는 휴지, 폐쇄

한부모가족복지시설은 국가나 지방자치단체가 설치할 수 있다(제20조 제1항). 그러나 국가나 지방자치단체 외의 자가 한부모가족복지시설을 설치 · 운영하려면 시장 · 군수 · 구청장에게 신고하여야 한다(제20조 제2항).

한부모가족복지시설의 설치 신고를 한 자(제20조 제2항)가 그 시설을 폐지하거나 그 시설의 운영을 일시적으로 중단하려면 보건복지부령으로 정하는 바에 따라 미리 시장 · 군수 · 구청장에게 신고하여야 한다(제21조).

한부모가족복지시설이 시설기준(제20조 제3항)에 미달하게 된 경우, 수탁의무(제22조)를 위반한 경우, 정당한 이유 없이 감독청 보고(제23조 제1항)를 하지 아니하거나 거짓으로 한 경우, 또는 조사 · 검사를 거부하거나 기피한 경우에 해당하면 시장 · 군수 · 구청장은 그 사업의 정지나 폐지를 명하거나 시설을 폐쇄할 수 있다(제24조). 특히 사업의 폐지를 명하거나 시설을 폐쇄하려면 청문을 하여야 한다(제24조의2).

3) 수탁의무

한부모가족복지시설을 설치 · 운영하는 자는 시 · 도지사 또는 시장 · 군수 · 구청장으로부터 한부모가족복지시설에 한부모가족을 입소 보호하도록 위탁받으면 정당한 사유 없이 이를 거부하지 못한다(제22조).

4) 감 독

보건복지부장관, 시 · 도지사 또는 시장 · 군수 · 구청장은 한부모가족복지시설을 설치 · 운영하는 자에게 그 시설에 관하여 필요한 보고를 하게 하거나, 관계공무원에게 시설의 운영 상황을 조사하게 하거나 장부 등 그 밖의 서류를 검사하게 할 수 있다(제23조 제1항). 이때 그 직무를 수행하는 관계공무원은 그 권한을 표시하는 증표를 지니고 이를 관계인에게 내보여야 한다(제23조 제2항).

7 비 용

1) 비용보조

국가나 지방자치단체는 대통령령으로 정하는 바에 따라 한부모가족복지사업에 드는 비용을 보조할 수 있다(제25조).

한편 부정수급자에 대해서는 그 비용을 징수한다. 즉, 거짓이나 그 밖의 부정한 방법으로 복지급여를 받거나 타인으로 하여금 복지급여를 받게 한 경우 복지급여를 지급한 보호기관은 그 비용의 전부 또는 일부를 그 복지급여를 받은 자 또는 복지급여를 받게 한 자로부터 징수할 수 있다(제25조의2 제1항). 이때 징수할 금액은 부정수급자에게 통지하여 징수하고, 부정수급자가 이에 응하지 아니하는 경우 국세 또는 지방세 체납처분의 예에 따라 징수한다(제25조의2 제2항).

2) 보조금 등의 반환명령

첫째, 국가나 지방자치단체는 한부모가족복지시설의 장이나 한부모가족복지단체의 장이 다음과 같은 사유에 해당하면 이미 내준 보조금의 전부 또는 일부의 반환을 명할 수 있다(제26조 제1항).

- 보조금의 교부조건을 위반한 경우
- 거짓이나 그 밖의 부정한 방법으로 보조금을 받은 경우
- 한부모가족복지시설을 경영하면서 개인의 영리를 도모하는 행위를 한 경우
- 이 법 또는 이 법에 따른 명령을 위반한 경우

둘째, 보호기관은 복지급여의 변경 또는 복지급여의 정지 · 중지에 따라 보호대상자에게 이미 지급한 복지급여 중 과잉지급분이 발생한 경우에는 즉시 보호대상자에 대하여 그 전부 또는 일부의 반환을 명하여야 한다(제26조 제2항 본문). 다만 이를 소비하였거나 그 밖에 보호대상자에게 부득이한 사유가 있는 경우에

는 그 반환을 면제할 수 있다(제26조 제2항 단서).

8 권리보호 및 구제

한부모가족지원법은 수급자의 권리보호로서 압류금지, 권리구제방법으로서 심사청구를 규정하고 있다.

이 한부모가족지원법에 따라 지급된 금품과 이를 받을 권리는 압류하지 못한다(제27조). 그리고 보호대상자 또는 그 친족이나 그 밖의 이해관계인은 이 법에 따른 복지급여 등에 대하여 이의가 있으면 그 결정을 통지받은 날부터 90일 이내에 서면으로 해당 복지실시기관에 심사를 청구할 수 있다(제28조 제1항). 이 경우 복지실시기관은 심사청구를 받은 후 30일 이내에 이를 심사·결정하여 청구인에게 통보하여야 한다(제28조 제2항).

한부모가족지원법의 체계

총 칙

- • 목적(법 § 1)
- • 정의(법 § 4)
  - • 국가 등의 책임(법 § 2)
  - • 자립을 위한 노력(법 § 3)
- • 보호대상자의 범위(법 § 5)
  - –보호대상자의 범위(규칙 § 3)
  - –보호대상자의 범위에 대한 특례(규칙 § 3조의2)
  - • 보호대상자의 범위에 대한 특례(법 § 5조의2)
    - –보호대상자의 범위에 대한 특례(규칙 § 3조의2)
- • 한부모가족복지상담소(법 § 7)
  - –한부모가족복지상담소(영 § 11)
  - • 한부모가족복지상담원(법 § 8)
    - –한부모가족복지상담원의 자격(영 § 12)
    - –한부모가족복지상담원의 직무(영 § 13)
- • 한부모가족복지단체의 육성(법 § 9)

복지 조치

- • 보호대상자의 조사 · 보고 등(법 § 10)
  - –보호대상 한부모가족의 조사보고 등(규칙 § 6)
- • 복지급여의 신청(법 § 11)
  - –복지급여의 신청 등(규칙 § 7)
- • 복지급여의 내용(법 § 12)
  - –복지급여 내용(영 § 14)
  - –비용의 부담(영 § 18)
  - –보호의 기간(규칙 § 4)
  - • 복지자금의 대여(법 § 13)
    - –복지자금의 대여한도(영 § 15)
    - –복지자금의 대여절차 등(영 § 16)
    - –복지자금의 상환방법 등(영 § 17)
  - • 고용의 촉진(법 § 14)
  - • 고용지원 연계(법 § 14조의2)
  - • 공공시설에 매점 및 시설 설치(법 § 15)
  - • 시설 우선이용(법 § 16)
  - • 가족지원서비스(법 § 17)
  - • 국민주택의 분양 및 임대(법 § 18)

한부모 가족복지 시설

- • 한부모가족복지시설(법 § 19)
  - –보호의 기간(규칙 § 4)
  - –복지급여의 신청 등(규칙 § 7)
  - • 한부모가족복지시설의 설치(법 § 20)
    - –비용의 부담(영 § 18)
    - –한부모가족복지시설의 설치 신고 등(규칙 § 10)
    - –한부모가족복지시설의 설치기준 등(규칙 § 10조의2)
  - • 폐지 또는 휴지(법 § 21)
  - • 시설 폐쇄 등(법 § 24)
  - • 청문(법 § 24조의2)
    - –한부모가족복지시설의 폐지 · 휴지 등 신고(규칙 § 11)
  - • 벌칙(법 § 29)
  - • 양벌규정(법 § 30)
- • 수탁의무(법 § 22)
- • 감독(법 § 23)

비 용

- • 비용의 보조(법 § 25)
  - –비용의 부담(영 § 18)
  - –부정수급자에 대한 비용의 징수(영 § 19)
  - • 보조금 등의 반환명령(법 § 26)
- • 부정수급자에 대한 비용의 징수(법 § 25조의2)
  - –부정수급자에 대한 비용의 징수(영 § 19)
  - • 벌칙(법 § 29)
  - • 양벌규정(법 § 30)

보 칙

- • 압류금지(법 § 27)
- • 심사청구(법 § 28)
- • 권한의 위임(법 § 31)

출처: 한부모가족지원법(2008. 2. 29 개정), 시행령(2008. 2. 29 개정), 시행규칙(2008. 12. 31 개정) 정리.

제27장

다문화가족지원법

1 의 의

다문화가족지원법은 다문화가족 구성원이 안정적인 가족생활을 영위할 수 있도록 함으로써 그들의 삶의 질 향상과 사회통합에 이바지함을 목적으로 한다(제1조).

이 법의 주요 복지대상인 다문화가족이란 재한외국인처우기본법 제2조 제3호의 결혼이민자와 국적법 제2조부터 제4조까지의 규정에 따라 대한민국 국적을 취득한 자로 이루어진 가족, 또는 국적법 제3조 및 제4조에 따라 대한민국 국적을 취득한 자와 같은 법 제2조부터 제4조까지의 규정에 따라 대한민국 국적을 취득한 자로 이루어진 가족을 말한다(제2조 제1호). 제5조부터 제12조의 경우 대한민국 국민과 사실혼 관계에서 출생한 자녀를 양육하고 있는 다문화가족 구성원에 대하여도 준용한다(제14조).

이 법의 특성상 국가와 지방자치단체의 다문화가족지원시책 중 외국인정책 관련사항에 대하여는 재한외국인처우기본법 제5조부터 제9조까지의 규정에 따른다(제3조 제3항).

2 국가의 책무

국가와 지방자치단체는 다문화가족에 대한 사회적 차별 및 편견을 예방하고 사회구성원이 문화적 다양성을 인정하고 존중할 수 있도록 다문화 이해교육과 홍보 등 필요한 조치[1]를 하여야 한다(제5조 제1항). 특히 국가와 지방자치단체는 아동 보육 · 교육을 실시함에 있어서 다문화가족 구성원인 아동을 차별하여서는 아니 된다(제10조 제1항).

따라서 국가와 지방자치단체는 다문화가족 구성원이 안정적인 가족생활을 영위할 수 있도록 필요한 제도와 여건을 조성하고 이를 위한 시책을 수립 · 시행하여야 하고(제3조 제1항), 여성가족부장관, 관계 중앙행정기관의 장과 시 · 도지사는 매년 기본계획에 따라 다문화가족정책에 관한 시행계획(이하 '시행계획'이라 한다)을 수립 · 시행하여야 하고(제3조의3 제1항), 관계 중앙행정기관의 장과 시 · 도지사는 전년도의 시행계획에 따른 추진실적 및 다음 연도의 시행계획을 대통령령으로 정하는 바에 따라 매년 여성가족부장관에게 제출하여야 한다(제3조의3 제2항). 또한 여성가족부장관은 다문화가족의 현황 및 실태를 파악하고 다문화가족 지원을 위한 정책수립에 활용하기 위하여 3년마다 다문화가족에 대한 실태조사를 실시하고 그 결과를 공표하여야 하는데(제4조 제1항), 이 경우 외국인정책 관련사항에 대하여는 여성가족부장관은 법무부장관과, 다문화가족 구성원인 아동의 교육에 관한 사항에 대하여는 교육과학기술부장관과 협의를 거쳐 실시한다(제4조 제3항).

다문화가족 지원을 위하여 특별시 · 광역시 · 도 · 특별자치도 및 시 · 군 · 구에는 다문화가족 지원을 담당할 기구와 공무원을 두어야 하고(제3조 제2항), 국가와 지방자치단체는 다문화가족지원사업을 수행하는 단체나 개인에 대하여 필요한 비용의 전부 또는 일부를 보조하거나 그 업무수행에 필요한 행정적 지원을 할 수 있으며, 결혼이민자 등이 상부상조하기 위한 단체의 구성 · 운영 등을 지원할 수 있다(제16조).

---

1. 특히 교육과학기술부장관과 특별시 · 광역시 · 도 · 특별자치도의 교육감은 유아교육법 제2조, 초 · 중등교육법 제2조 또는 고등교육법 제2조에 따른 학교에서 다문화가족에 대한 이해를 돕는 교육을 실시하기 위한 시책을 수립 · 시행하여야 한다(제5조 제1항).

3 다문화가족정책위원회와 기본계획

다문화가족정책위원회는 다문화가족의 삶의 질 향상과 사회통합에 관한 중요 사항을 심의 · 조정하기 위하여 국무총리 소속으로 두는데(제3조의4 제1항), 이 위원회는 위원장 1명을 포함한 20명 이내의 위원으로 구성하고, 위원장은 국무총리가 되며, 위원은 대통령령으로 정하는 중앙행정기관의 장, 또는 다문화가족정책에 관하여 학식과 경험이 풍부한 사람 중에서 위원장이 위촉하는 사람이 된다(제3조의4 제3항). 이 위원회의 심의 · 조정사항은 다음과 같다(제3조의4 제2항).

- 다문화가족정책에 관한 기본계획의 수립 및 추진에 관한 사항
- 다문화가족정책의 시행계획의 수립, 추진실적 점검 및 평가에 관한 사항
- 다문화가족과 관련된 각종 조사, 연구 및 정책의 분석 · 평가에 관한 사항
- 각종 다문화가족 지원 관련사업의 조정 및 협력에 관한 사항
- 다문화가족정책과 관련된 국가 간 협력에 관한 사항
- 그 밖에 다문화가족의 사회통합에 관한 중요 사항으로 위원장이 필요하다고 인정하는 사항

다문화가족지원정책 기본계획의 수립은 여성가족부장관이 5년마다 다문화가족정책위원회의 심의를 거쳐 확정하게 되는데(제3조의2 제1항, 제4항), 이 기본계획을 수립할 때에는 미리 관계 중앙행정기관의 장과 협의하여야 하고(제3조의2 제3항), 확정된 기본계획을 관계 중앙행정기관의 장과 특별시장 · 광역시장 · 도지사 · 특별자치도지사에게 알려야 한다(제3조의2 제4항). 다문화가족 지원을 위한 기본계획에는 다문화가족 지원정책의 기본 방향, 다둔화가족 지원을 위한 분야별 발전시책과 평가에 관한 사항, 다문화가족 지원을 위한 제도 개선에 관한 사항, 다문화가족 지원을 위한 재원 확보 및 배분에 관한 사항, 그 밖에 다문화가족 지원을 위하여 필요한 사항이 포함되어야 한다(제3조의2 제2항).

4 복지조치와 지원

1) 생활정보 제공 및 교육 지원

국가와 지방자치단체는 결혼이민자 등이 대한민국에서 생활하는 데 필요한 기본적 정보를 제공하고, 사회적응교육과 직업교육 · 훈련 및 언어소통 능력 향상을 위한 한국어교육 등을 받을 수 있도록 필요한 지원을 할 수 있다(제6조 제1항). 이 경우 거주지 및 가정환경 등으로 인하여 서비스에서 소외되는 결혼이민자 등이 없도록 방문교육이나 원격교육 등 다양한 방법으로 교육을 지원하고, 교재와 강사 등의 전문성을 강화하기 위한 시책을 수립 · 시행하여야 한다(제6조 제2항).

2) 평등한 가족관계의 유지를 위한 조치

국가와 지방자치단체는 다문화가족이 민주적이고 양성 평등한 가족관계를 누릴 수 있도록 가족상담, 부부교육, 부모교육, 가족생활교육 등을 추진하여야 한다. 이 경우 문화의 차이 등을 고려한 전문적인 서비스가 제공될 수 있도록 노력하여야 한다(제7조).

3) 가정폭력 피해자에 대한 보호 · 지원

국가와 지방자치단체는 가정폭력방지및피해자보호등에관한법률에 따라 다문화가족 내 가정폭력을 예방하기 위하여 노력하여야 한다(제8조 제1항). 특히 가정폭력으로 피해를 입은 결혼이민자 등[2]을 보호 · 지원할 수 있는데(제8조 제2항), 그들에 대한 보호 및 지원을 위하여 외국어 통역서비스를 갖춘 가정폭력 상담소 및 보호시설의 설치를 확대하도록 노력하여야 한다(제8조 제3항)

또한 국가와 지방자치단체는 결혼이민자 등이 가정폭력으로 혼인관계를 종료

2. '결혼이민자 등'이란 다문화가족의 구성원으로서 재한외국인처우기본법 제2조 제3호의 결혼이민자 또는 국적법 제4조에 따라 귀화허가를 받은 자를 말한다(제2조 제2호).

하는 경우 의사소통의 어려움과 법률체계 등에 관한 정보의 부족 등으로 불리한 입장에 놓이지 아니하도록 의견진술 및 사실확인 등에 있어서 언어통역, 법률상담 및 행정지원 등 필요한 서비스를 제공할 수 있다(제8조 제4항).

4) 의료 및 건강관리를 위한 지원

국가와 지방자치단체는 결혼이민자 등이 건강하게 생활할 수 있도록 영양 · 건강에 대한 교육, 산전 · 산후 도우미 파견, 건강검진 등의 의료서비스를 지원할 수 있다(제9조 제1항). 이 경우에도 외국어 통역서비스를 제공할 수 있다(제9조 제2항).

5) 아동 보육 · 교육

국가와 지방자치단체는 다문화가족 구성원인 아동이 학교생활에 신속히 적응할 수 있도록 교육지원대책을 마련하여야 하고, 특별시 · 광역시 · 도 · 특별자치도의 교육감은 다문화가족 구성원인 아동에 대하여 학과 외 또는 방과 후 교육 프로그램 등을 지원할 수 있다(제10조 제2항). 그리고 다문화가족 구성원인 아동의 초등학교 취학 전 보육 및 교육 지원을 위하여 노력하고, 그 아동의 언어발달을 위하여 한국어교육을 위한 교재지원 및 학습지원 등 언어능력 제고를 위하여 필요한 지원을 할 수 있다(제10조 제3항).

6) 다국어에 의한 서비스 제공

국가와 지방자치단체는 다문화가족의 지원정책(제5조~제10조)을 추진함에 있어서 결혼이민자 등의 의사소통의 어려움을 해소하고 서비스 접근성을 제고하기 위하여 다국어에 의한 서비스 제공이 이루어지도록 노력하여야 한다(제11조).

5 다문화가족지원센터

국가와 지방자치단체는 다문화가족을 위해 필요한 제도와 여건을 조성하고 이를 위한 시책을 수립·시행하므로(제3조 제1항), 이에 따라 다문화가족지원센터(이하 '지원센터'라 한다)를 설치·운영할 수 있고(제12조 제1항), 이 지원센터의 설치·운영을 법인이나 단체에 위탁할 수 있다(제12조 제2항).

만약 국가 또는 지방자치단체 아닌 자가 지원센터를 설치·운영하고자 할 때에는 미리 시·도지사 또는 시장·군수·구청장의 지정을 받아야 한다(제12조 제3항). 이 경우 지정된 지원센터에 대하여 국가 또는 지방자치단체는 예산의 범위에서 업무 수행에 필요한 비용의 전부 또는 일부를 보조할 수 있다(제12조 제6항).

다문화가족지원센터는 다음과 같은 업무를 수행한다(제12조 제4항).

- 다문화가족을 위한 교육·상담 등 지원사업의 실시
- 결혼이민자 등에 대한 한국어교육
- 다문화가족 지원서비스 정보제공 및 홍보
- 다문화가족 지원관련 기관·단체와의 서비스 연계
- 일자리에 관한 정보제공 및 일자리의 알선
- 다문화가족을 위한 통역·번역 지원사업
- 그 밖에 다문화가족 지원을 위하여 필요한 사업

6 전문인력의 교육

다문화가족지원센터에는 다문화가족에 대한 교육·상담 등의 업무를 수행하기 위하여 관련 분야에 대한 학식과 경험을 가진 전문인력을 두어야 하는데(제12조 제5항), 여성가족부장관 또는 시·도지사는 이 전문인력의 자질과 능력을 향상시키기 위하여 보수교육을 실시하여야 한다(제12조의2 제1항).

또한 국가와 지방자치단체는 다문화가족 지원관련 업무에 종사하는 공무원의 다문화가족에 대한 이해증진과 전문성 향상을 위하여 교육을 실시할 수 있다(제13조).

국가 또는 지방자치단체는 다문화가족 지원 및 다문화 이해교육 등의 사업 추진에 필요한 전문인력을 양성하는 데 노력하여야 한다(제13조의2 제1항). 이러한 전문인력을 양성하기 위하여 여성가족부장관은 대학이나 연구소 등 적절한 인력과 시설 등을 갖춘 기관이나 단체를 전문인력 양성기관으로 지정하여 관리할 수 있으며(제13조의2 제2항), 예산의 범위에서 필요한 경비의 전부 또는 일부를 지원할 수 있다(제13조의2 제3항).

제28장

가정폭력방지및피해자보호등에관한법률

1 의 의

가정폭력방지및피해자보호등에관한법률은 가정폭력을 예방하고 가정폭력의 피해자를 보호 · 지원함을 목적으로 한다(제1조). 이 법은 가정구성원 사이의 신체적, 정신적 또는 재산상 피해를 수반하는 가정폭력[1]으로 인하여 직접적으로 피해를 입은 사람(즉, 피해자)[2] 및 그와 동반한 가족구성원의 보호 및 지원을 주목적으로 하는 사회복지서비스에 관한 법이다. 가정폭력의 피해자는 사회적으로 취약한 대상이므로 이 법은 피해자를 고용하고 있는 자는 누구든지 가정폭력범죄의 처벌 등에 관한 특례법에 따른 가정폭력범죄와 관련하여 피해자를 해고(解雇)하거나 그 밖의 불이익을 주어서는 아니 된다고 규정하고 있다(제4조의5).

가정폭력방지및피해자보호등에관한법률은 가정폭력피해에 대한 독자적인 서비스법이므로, 이 법에 따른 상담소 · 보호시설 또는 교육훈련시설이 아니면 가정폭력 관련 상담소, 가정폭력피해자 보호시설 또는 가정폭력관련 상담원 교육훈련시설이나 그 밖에 이와 유사한 명칭을 사용하지 못한다(제17조).

---

1. '가정폭력'이라 함은 가정구성원 사이의 신체적, 정신적 또는 재산상 피해를 수반하는 행위를 말한다(가정폭력범죄의처벌등에관한특례법 제2조 제1호).
2. '피해자'란 가정폭력으로 인하여 직접적으로 피해를 입은 자를 말한다(제2조 제3호).

2 가정폭력방지및피해자보호등에관한법률의 발달

가정폭력방지및피해자보호등에관한법률의 제정과 개정 내용 중에서 주요 내용을 중심으로 살펴보면 다음과 같다.

1) 1997. 12. 31 **가정폭력방지및피해자보호등에관한법률 제정(법률 제5487호)**

가정폭력방지및피해자보호등에관한법률은 가정 내의 폭력으로 인하여 가정이 파산되고 가정구성원이 신체적 · 정신적 피해를 당하고 있어서 가정폭력을 예방하고 가정폭력으로 인한 피해자를 보호함으로써 건전한 가정을 육성하려는 목적으로 제정되었다.

이 법은 가정폭력의 예방과 피해자의 보호를 위한 법적 · 제도적 장치의 마련 및 예산상의 조치에 대한 국가 및 지방자치단체의 의무(제4조), 국가와 지방자치단체의 가정폭력상담소와 가정폭력피해자 보호시설의 설치 · 운영, 민간 가정폭력상담소의 신고 설치 및 가정폭력피해자 보호시설의 인가 설치(제5조 및 제7조), 국가 또는 지방자치단체의 상담소 또는 보호시설에 대한 경비 일부 보조(제13조), 의료기관의 피해자 치료 · 상담 등 실시 의무, 비용부담방법 및 구상권 행사(제18조), 종사자의 비밀누설금지의무(제20조) 등을 규정하였다.

2) 2004. 1. 20 **일부개정(법률 제7099호)**

가정폭력관련 상담소 및 가정폭력피해자 보호시설의 관리업무를 시 · 도지사에서 시장 · 군수 · 구청장의 사무로 변경하였으며, 국가 또는 지방자치단체가 가정폭력피해자의 치료비를 부담한 경우라 할지라도 가정폭력피해자에 대한 치료보호제도를 활성화하기 위하여 가정폭력행위자가 국민기초생활보장법의 수급권자인 경우 등에는 구상권을 행사하지 않을 수 있도록 하였다.

3) 2006. 4. 28 일부개정(법률 제7952호)

기존의 법은 건전한 가정의 육성 및 가정의 보호와 유지를 그 기본으로 하고 있기 때문에 가정폭력의 피해자의 관점에서 실질적인 지원은 미흡하였다. 따라서 피해자에 대한 보호와 지원을 이 법의 궁극적인 목적으로 삼고, 피해자에 대한 신속하고 적절한 보호와 지원을 통하여 피해자가 가정폭력의 위험으로부터 벗어나 주체적인 삶을 영위할 수 있도록 보호 및 지원체계를 정비하고, 피해자가 동반한 가정구성원에 대한 보호의 내용을 구체적으로 명시하였다. 즉, 구체적으로는 가정폭력 실태조사(제4조의2), 가정폭력 예방교육 실시(제4조의3), 아동에 대한 취학지원(제4조의4)을 신설 규정하였다.

3 복지시책

1) 국가 등의 책무

국가와 지방자치단체는 가정폭력의 예방 · 방지와 피해자의 보호 · 지원을 위하여 예산상의 조치를 취하여(제4조 제2항) 다음과 같은 조치를 취하여야 한다(제4조 제1항).

- 가정폭력 신고체계의 구축 및 운영
- 가정폭력의 예방과 방지를 위한 조사 · 연구 · 교육 및 홍보
- 피해자를 위한 보호시설의 설치 · 운영, 임대주택의 우선권 부여와 그 밖에 피해자에 대한 지원서비스의 제공
- 피해자의 보호와 지원을 원활히 하기 위한 관련기관 간의 협력체계 구축 및 운영
- 가정폭력의 예방 · 방지와 피해자의 보호 · 지원을 위한 관계법령의 정비와 각종 정책의 수립 · 시행 및 평가

이 법에 따른 국가 등의 책무가 수행되기 위하여 특별시 · 광역시 · 도 · 특별자치도 및 시 · 군 · 구에 가정폭력의 예방 · 방지 및 피해자의 보호 · 지원을 담당할 기구와 공무원을 두어야 하며(제4조 제3항), 국가와 지방자치단체는 가정폭력관련 상담소(제5조 제2항)와 가정폭력피해자 보호시설(제7조 제2항)에 대하여 경비를 보조하는 등 이를 육성 · 지원하여야 한다(제4조 제4항).

2) 가정폭력 실태조사

여성가족부장관은 3년마다 가정폭력에 대한 실태조사를 실시하여 그 결과를 발표하고, 이를 가정폭력을 예방하기 위한 정책수립의 기초자료로 활용하여야 한다(제4조2 제1항).

3) 가정폭력 예방교육의 실시

초 · 중등교육법에 따른 각급 학교의 장은 대통령령으로 정하는 바에 따라 가정폭력의 예방과 방지를 위하여 필요한 교육을 실시하여야 한다(제4조의3).

4) 아동의 취학지원

국가나 지방자치단체는 피해자나 피해자가 동반한 가정구성원[3]이 아동인 경우 주소지 외의 지역에서 취학(입학 · 재입학 · 전학 및 편입학을 포함)할 필요가 있을 때에는 그 취학이 원활히 이루어지도록 지원하여야 한다(제4조의4 제1항).

---

3. '가정구성원'이란 가정폭력범죄의처벌등에관한특례법 제2조 제2호의 자 중 피해자의 보호나 양육을 받고 있는 자를 말한다.

4 가정폭력관련 시설의 종류

가정폭력관련 시설에는 긴급전화센터, 가정폭력관련 상담소, 가정폭력피해자 보호시설, 가정폭력관련 상담원 교육훈련시설 등이 있다. 국가나 지방자치단체는 이 법에 따라 설치·운영하는 상담소나 보호시설의 경우 대통령령으로 정하는 유사한 성격의 상담소나 보호시설과 통합하여 설치·운영하거나 설치·운영할 것을 권고할 수 있다(제14조).

1) 긴급전화센터의 설치·운영

여성가족부장관 또는 특별시장·광역시장·도지사·특별자치도지사는 피해자의 신고접수 및 상담, 관련기관·시설과의 연계, 피해자에 대한 긴급한 구조의 지원을 위하여 긴급전화센터를 설치·운영해야 한다(제4조의6 제1항). 그리고 이 센터를 대통령령이 정하는 기관·단체에 위탁할 수 있으며 필요한 경비를 지원해야 한다(제4조의6 제2항 및 제3항).

2) 가정폭력관련 상담소

국가나 지방자치단체는 가정폭력관련 상담소를 설치·운영할 수 있다(제5조 제1항). 그러나 국가나 지방자치단체 외의 자가 상담소를 설치·운영하려면 특별자치도지사·시장·군수·구청장에게 신고하여야 한다(제5조 제2항).

이 상담소의 업무는 다음과 같다(제6조).

- 가정폭력을 신고받거나 이에 관한 상담에 응하는 일
- 가정폭력으로 정상적인 가정생활과 사회생활이 어렵거나 그 밖에 긴급히 보호를 필요로 하는 피해자 및 피해자가 동반한 가정구성원을 임시로 보호하거나 의료기관 또는 가정폭력피해자 보호시설(제7조 제1항)로 인도하는 일
- 행위자에 대한 고발 등 법률적 사항에 관하여 자문하기 위한 대한변호사협

회 또는 지방변호사회 및 법률 구조법인(법률구조법) 등에 대한 필요한 협조와 지원의 요청
- 경찰관서 등으로부터 인도받은 피해자 등의 임시보호
- 가정폭력의 예방과 방지에 관한 홍보
- 그 밖에 가정폭력과 그 피해에 관한 조사 · 연구

3) 가정폭력피해자 보호시설

(1) 설치 · 운영

국가나 지방자치단체는 가정폭력피해자 보호시설을 설치 · 운영할 수 있다(제7조 제1항). 또한 사회복지법인과 그 밖의 비영리법인은 시장 · 군수 · 구청장의 인가를 받아 보호시설을 설치 · 운영할 수 있다(제7조 제2항).

이렇게 설치된 보호시설에는 상담원을 두어야 하고, 보호시설의 규모에 따라 생활지도원, 취사원, 관리원 등의 종사자를 둘 수 있다(제7조 제3항).

(2) 보호시설의 종류

보호시설의 종류는 다음과 같다(제7조의2 제1항).

- 단기보호시설: 피해자 등을 6개월의 범위에서 보호하는 시설
- 장기보호시설: 피해자 등에 대하여 2년의 범위에서 자립을 위한 주거편의 등을 제공하는 시설
- 외국인보호시설: 배우자가 대한민국 국민인 외국인 피해자 등을 2년의 범위에서 보호하는 시설
- 장애인보호시설: 장애인복지법의 적용을 받는 장애인인 피해자 등을 2년의 범위에서 보호하는 시설

(3) 보호시설의 입소

보호시설의 입소대상은 본인이 입소를 희망하거나 입소에 동의하는 경우, 지적장애인이나 정신장애인(장애인복지법 제2조), 그 밖에 의사능력이 불완전한 자로서, 가정폭력행위자가 아닌 보호자가 입소에 동의하는 경우와 상담원의 상담결과 입소가 필요하나 보호자의 입소동의를 받는 것이 적절하지 못하다고 인정되는 경우다(제7조의3 제1항). 보호시설입소자는 본인의 의사 또는 입소 동의한 보호자의 요청에 따라 퇴소할 수 있다(제7조의4 전단). 또한 보호시설의 장은 보호의 목적이 달성된 경우, 보호기간이 끝난 경우, 입소자가 거짓이나 그 밖의 부정한 방법으로 입소한 경우, 보호시설 안에서 현저한 질서문란행위를 한 경우 입소한 자의 퇴소를 명할 수 있다(제7조의4 후단).

(4) 보호시설의 업무

보호시설은 피해자 등에 대하여 다음의 업무를 행한다(제8조 제1항 본문).

- 숙식의 제공
- 심리적 안정과 사회적응을 위한 상담 및 치료
- 질병치료와 건강관리를 위한 의료기관에의 인도 등 의료지원
- 수사기관의 조사와 법원의 증인신문에의 동행
- 법률구조기관 등에 필요한 협조와 지원의 요청
- 자립자활교육의 실시와 취업정보의 제공
- 다른 법률에 따라 보호시설에 위탁된 사항
- 그 밖에 피해자 등의 보호를 위하여 필요한 일

다만 피해자가 동반한 가정구성원에게는 '숙식의 제공' 외의 업무 일부를 하지 아니할 수 있다. 또한 장기보호시설은 피해자 등에 대하여 '자립자활교육의 실시와 취업정보의 제공' '다른 법률에 따라 보호시설에 위탁된 사항' '그 밖에 피해자 등의 보호를 위하여 필요한 일'을 하고, 나머지 업무는 하지 아니할 수 있다(제8조

제1항 단서).

장애인보호시설을 설치 · 운영하는 자가 위와 같은 각 업무를 할 때에는 장애인의 특성을 고려하여 적절하게 지원할 수 있도록 하여야 한다(제8조 제2항). 또한 보호시설의 장은 위와 같은 업무로 인한 비용의 전부 또는 일부를 가정폭력행위자로부터 구상할 수 있으며, 이 경우 그 구상절차는 국세 또는 지방세 체납처분절차의 예에 따른다(제8조 제3항).

단기보호시설의 장은 그 단기보호시설에 입소한 피해자 등에 대한 보호기간을 여성가족부령으로 정하는 바에 따라 3개월의 범위에서 한 차례만 연장할 수 있다(제7조의2 제2항).

4) 가정폭력관련 상담원 교육훈련시설

가정폭력관련 상담원 교육훈련시설이란 국가나 지방자치단체가 상담원(상담원이 되려는 자를 포함)에 대하여 교육 · 훈련을 실시하기 위하여 설치 · 운영하는 시설이다(제8조의3 제1항). 이 시설은 기본적으로 국가나 지방자치단체가 설치 · 운영할 수 있지만(제8조의3 제1항), 학교법인(고등교육법), 법률구조법인, 사회복지법인 또는 그 밖의 비영리법인이 시장 · 군수 · 구청장에게 신고하여 교육훈련시설을 설치할 수 있다(제8조의3 제2항).

5 긴급전화센터, 상담소 및 보호시설 종사자

다음의 하나에 해당하는 자는 긴급전화센터의 장, 상담소의 장, 보호시설의 장 또는 긴급전화센터, 상담소 및 보호시설의 종사자가 될 수 없다(제8조의2 제1항).

- 미성년자, 금치산자 또는 한정치산자
- 파산선고를 받은 자로서 복권되지 아니한 자
- 금고 이상의 형을 선고받고 그 집행이 끝나지(집행이 끝난 것으로 보는 경우 포

함) 아니하거나 집행이 면제되지 아니한 자

긴급전화센터, 상담소 및 보호시설에 근무하는 상담원은 여성가족부령으로 정하는 요건에 해당하는 자로서 가정폭력관련 상담원 교육훈련시설(제8조의3)에서 상담원 교육훈련과정을 마친 자로 한다(제8조의2 제2항). 또한 그들의 자질을 향상시키기 위하여 여성가족부장관 또는 시 · 도지사는 보수교육을 실시하여야 한다(제8조의4 제1항).

6 가정폭력관련 시설의 운영 및 지도감독

1) 보고 및 검사

여성가족부장관 또는 시장 · 군수 · 구청장은 상담소 · 보호시설 또는 교육훈련시설의 장에게 그 시설에 관하여 필요한 보고를 하게 할 수 있으며, 관계공무원으로 하여금 그 시설의 운영 상황을 조사하게 하거나 장부나 그 밖의 서류를 검사하게 할 수 있다(제11조 제1항).

2) 인가의 취소 등

시장 · 군수 · 구청장은 상담소 · 보호시설 또는 교육훈련시설이 다음의 사유에 해당하면 시설의 폐쇄, 업무의 폐지 또는 6개월의 범위에서 업무의 정지를 명하거나 인가를 취소할 수 있다(제12조 제1항). 그러나 업무의 정지 · 폐지 또는 그 시설의 폐쇄를 명하거나 인가를 취소하려면 청문을 하여야 한다(제12조의2).

- 설치기준이나 운영기준에 미달하게 된 경우(제5조 제3항, 제7조 제4항 또는 제8조의3 제3항)
- 상담원이나 강사의 수가 부족하거나 자격이 없는 자를 채용한 경우(제5조 제

3항, 제7조 제4항, 제8조의2 또는 제8조의3 제3항)

- 정당한 사유 없이 행정청 보고(제11조 제1항)를 하지 아니하거나 거짓으로 보고를 한 경우 또는 관계공무원의 조사 · 검사를 거부하거나 기피한 경우
- 영리를 목적으로 상담소 · 보호시설 또는 교육훈련시설을 설치 · 운영한 경우(제15조)

3) 경비의 보조

국가나 지방자치단체는 상담소나 보호시설의 설치 · 운영에 드는 경비의 일부를 보조할 수 있다(제13조 제1항). 특히 국가나 지방자치단체는 장애인보호시설이 여성가족부장관이 정하는 기준에 맞는 시설과 설비를 설치할 수 있도록 그 비용을 지원하여야 한다(제13조 제2항).

7 치료보호

의료기관은 피해자 본인 · 가족 · 친지 또는 상담소나 보호시설의 장 등이 요청하면 피해자에 대하여 보건에 관한 상담 및 지도, 신체적 · 정신적 피해에 대한 치료, 그 밖에 대통령령으로 정하는 의료에 관한 사항과 같은 치료보호를 실시하여야 한다(제18조 제1항). 이 치료보호에 필요한 일체의 비용은 원칙적으로 가정폭력행위자가 부담한다(제18조 제2항).

한편 피해자가 치료보호비를 신청하는 경우에는 국가나 지방자치단체는 가정폭력행위자를 대신하여 치료보호에 필요한 비용을 의료기관에 지급하여야 한다(제18조 제3항). 이렇게 국가나 지방자치단체가 비용을 지급한 경우에는 가정폭력행위자에 대하여 구상권을 행사할 수 있다(제18조 제4항 본문). 그러나 피해자가 보호시설 입소 중에 치료보호를 받은 경우나 가정폭력행위자가 수급자(국민기초생활보장법 제2조) 또는 등록장애인(장애인복지법 제32조)인 경우에는 구상권을 행사할 수 없다(제18조 제4항).

8 설치 · 운영자의 의무

1) 피해자 의사의 존중 의무

상담소나 보호시설의 장은 피해자 등의 명시한 의사에 반하여 보호시설의 업무(제8조 제1항)와 치료보호(제18조)를 할 수 없다(제9조).

2) 영리목적 운영의 금지

누구든지 영리를 목적으로 상담소 · 보호시설 또는 교육훈련시설을 설치 · 운영하여서는 아니 된다(제15조 본문). 다만 교육훈련시설의 장은 상담원 교육훈련과정을 수강하는 자에게 여성가족부장관이 정하는 바에 따라 수강료를 받을 수 있다(제15조 단서).

3) 비밀 엄수의 의무

긴급전화센터, 상담소 또는 보호시설의 장이나 이를 보조하는 자 또는 그 직에 있었던 자는 그 직무상 알게 된 비밀을 누설하여서는 아니 된다(제16조).

4) 상담소 · 보호시설 또는 교육훈련시설의 폐지의 신고 의무

상담소 · 보호시설 또는 교육훈련시설의 장이 그 시설의 운영을 일시적으로 중단하거나 폐지하려면 여성가족부령으로 정하는 바에 따라 시장 · 군수 · 구청장에게 신고하여야 한다(제10조).

가정폭력방지및피해자보호등에관한법률의 체계

구분	법	시행령·시행규칙
총 칙	• 목적(법 § 1) • 정의(법 § 2)	
	• 국가 등의 책무(법 § 4)	
	• 가정폭력 실태조사(법 § 4조의2) • 가정폭력 예방교육의 실시(법 § 4조의3) • 아동의 취학지원(법 § 4조의4) • 피해자에 대한 불이익처분의 금지(법 § 4조의5)	–아동의 취학지원(영 § 1조의3)
가정 폭력 관련 시설	• 상담소의 설치 · 운영(법 § 5)	–상담소의 설치신고 등(규칙 § 3) –상담소의 설치 · 운영기준 등(규칙 § 4)
	• 상담소의 업무(법 § 6)	–임시보호기간 등(영 § 2) –보호시설의 입소대상 등(규칙 § 7)
	• 보호시설의 설치(법 § 7)	–보호시설의 설치인가 등(규칙 § 5)
	• 보호시설의 종류(법 § 7조의2)	–보호시설의 입소대상 등(규칙 § 7) –보호시설 퇴소(규칙 § 8)
	• 보호시설의 업무(법 § 8조)	–임시보호기간 등(영 § 2) –보호비용의 보조(영 § 4)
	• 가정폭력관련 상담원 교육훈련시설 (법 § 8조의3)	–상담원 교육훈련시설의 설치신고 등(규칙 § 10) –교육훈련시설의 설치 · 운영기준 등(규칙 § 11)
	• 상담소 · 보호시설 또는 교육훈련시설의 폐지 등 (법 § 10) • 인가의 취소 등(법 § 12) • 청문(법 § 12조의2)	–상담소 · 보호시설 또는 교육훈련시설의 폐지 등(규칙 § 12) –행정처분의 기준(규칙 § 15)
	• 상담소의 통합 설치 및 운영(법 § 14)	–통합하여 설치 · 운영할 수 있는 상담소 또는 보호시설(영 § 5)
	• 영리목적 운영의 금지(법 § 15)	–교육훈련시설의 수강료(규칙 § 16)
	• 상담소 및 보호시설 종사자의 자격기준(법 § 8조의2)	–종사자의 자격기준(규칙 § 9)
	피해자 의사의 존중 의무(법 § 9)	
경비 보조 등	• 경비의 보조(법 § 13)	
	• 감독(법 § 11)	–보고(규칙 § 14)
	• 권한의 위임(법 § 19)	
보 칙	• 비밀 엄수의 의무(법 § 16)	
	• 유사 명칭의 사용 금지(법 § 17)	
	• 치료보호(법 § 18)	–기타 의료의 범위(영 § 6) –치료보호비용의 지급절차 등(규칙 § 17)
벌 칙	• 벌칙(법 § 20) • 양벌규정(법 § 21) • 과태료(법 § 22)	–과태료의 부과 · 징수절차(영 § 9)

출처: 가정폭력방지및피해자보호등에관한법률(2008. 2. 29 개정), 시행령(2008. 2. 29 개정), 시행규칙(2008. 3. 4 개정) 정리.

제29장

성폭력방지및피해자보호등에관한법률

1 의 의

이 법은 성폭력을 예방하고 성폭력피해자를 보호 · 지원함을 목적으로 한다(제1조). 이 법이 대상으로 하는 행위인 '성폭력'이란 성폭력범죄의처벌등에관한특례법 제2조 제1항에 규정된 죄[1]에 해당하는 행위를 말한다(제2조 제1호). 성폭력

---

1. 성폭력범죄의처벌등에관한특례법 제2조 제1항에서는 '성폭력범죄'를 다음과 같이 정의하고 있다.
   1. 형법 제2편 제22장 성풍속에 관한 죄 중 제242조(음행매개), 제243조(음화반포 등), 제244조(음화제조 등) 및 제245조(공연음란)의 죄
   2. 형법 제2편 제31장 약취와 유인의 죄 중 추행 또는 간음을 목적으로 하거나 추업(醜業)에 사용할 목적으로 범한 제288조(영리 등을 위한 약취, 유인, 매매 등), 제292조(약취, 유인, 매매된 자의 수수 또는 은닉. 다만 제288조의 약취, 유인이나 매매된 사람을 수수 또는 은닉한 죄로 한정한다), 제293조(상습범. 다만 제288조의 약취, 유인이나 매매된 사람 또는 제289조의 이송된 사람을 수수 또는 은닉한 죄의 상습범으로 한정한다) 및 제294조(미수범. 다만 제288조의 미수범 및 제292조의 미수범 중 제288조의 약취, 유인이나 매매된 사람을 수수 또는 은닉한 죄의 미수범과 제293조의 상습범의 미수범 중 제288조의 약취, 유인이나 매매된 사람을 수수 또는 은닉한 죄의 상습범의 미수범으로 한정한다)의 죄
   3. 형법 제2편 제32장 강간과 추행의 죄 중 제297조(강간), 제298조(강제추행), 제299조(준강간, 준강제추행), 제300조(미수범), 제301조(강간 등 상해 · 치상), 제301조의2(강간 등 살인 · 치사), 제302조(미성년자 등에 대한 간음), 제303조(업무상 위력 등에 의한 간음) 및 제

으로 인하여 직접적으로 피해를 입은 사람인 '성폭력피해자'(제2조 제3호)를 보호하기 위한 법이 바로 성폭력방지및피해자보호등에관한법률이다.

국가와 지방자치단체는 성폭력을 방지하고 성폭력피해자를 보호 · 지원하기 위하여 성폭력 신고체계의 구축 · 운영, 성폭력 예방을 위한 조사 · 연구, 교육 및 홍보, 피해자를 보호 · 지원하기 위한 시설의 설치 · 운영, 피해자에 대한 주거지원, 직업훈련 및 법률구조 등 사회복귀 지원, 피해자에 대한 보호 · 지원을 원활히 하기 위한 관련기관 간 협력체계의 구축 · 운영, 성폭력 예방을 위한 유해환경 개선, 피해자 보호 · 지원을 위한 관계법령의 정비와 각종 정책의 수립 · 시행 및 평가 등의 조치를 취하고 이를 위하여 필요한 예산상의 조치를 하여야 한다(제3조). 여성가족부장관의 경우 성폭력의 실태를 파악하고 성폭력 방지에 관한 정책을 수립하기 위하여 3년마다 성폭력 실태조사를 하고 그 결과를 발표하여야 한다(제4조 제1항).

국가와 지방자치단체는 청소년을 건전하게 육성하기 위하여 청소년에 대한 성교육 및 성폭력 예방에 필요한 교육을 실시하여야 한다(제5조 제1항). 이에 따라 유아교육법 제7조에 따른 유치원의 장, 영유아보육법 제10조에 따른 보육시설의 장 및 초 · 중등교육법 제2조에 따른 각급학교의 장은 대통령령으로 정하는 바에 따라 성에 대한 건전한 가치관 함양과 성폭력 예방에 필요한 교육을 실시하여야 한다(제5조 제2항).

일반인의 성폭력에 대한 사회적 경각심을 높이고 성폭력을 예방하기 위하여 대통령령으로 정하는 바에 따라 1년 중 1주간을 성폭력 추방 주간으로 한다(제6조). 나아가 관계인의 신고의무를 규정하였는데, 19세 미만의 미성년자(19세에 도달하는 해의 1월 1일을 맞이한 미성년자는 제외한다)를 보호하거나 교육 또는 치료하는 시설의 장 및 관련 종사자는 자기의 보호 · 지원을 받는 자가 성폭력범죄의처벌등에관한특례법 제3조부터 제9조까지, 형법 제301조 및 제301조의2의 피해자인 사실을 알게 된 때에는 즉시 수사기관에 신고하여야 한다(제9조).

이 법의 성폭력의 특성상 피해자에 대한 인권보호차원의 특별한 규정을 두고

305조(미성년자에 대한 간음, 추행)의 죄

4. 형법 제339조(강도강간)의 죄

5. 이 법 제3조(특수강도강간 등)부터 제14조(미수범)까지의 죄

있는데, 누구든지 피해자를 고용하고 있는 자는 성폭력과 관련하여 피해자를 해고하거나 그 밖의 불이익을 주어서는 아니 되며(제8조), 상담소, 보호시설 및 통합지원센터의 장과 종사자는 피해자 등이 분명히 밝힌 의사에 반하여 성폭력피해상담소(제11조) 및 성폭력피해자보호소(제13조 제1항)에 따른 업무 등을 할 수 없다(제24조). 나아가 피해자 등에 대한 취학 및 취업 지원의 경우에도 취학을 지원하는 관계자는 피해자 등의 사생활이 침해되지 아니하도록 유의하여야 하고(제7조 제1항 후절), 성폭력피해상담소, 보호시설 또는 통합지원센터의 장이나 그 밖의 종사자 또는 그 직에 있었던 사람은 그 직무상 알게 된 비밀을 누설하여서는 아니 된다(제30조).

2 피해자 등에 대한 지원

1) 피해자 등에 대한 취학 및 취업 지원

국가와 지방자치단체는 피해자나 피해자의 가족구성원이 초·중등교육법 제2조에 따른 각급학교의 학생인 경우 주소지 외의 지역에서 취학(입학, 재입학, 전학 및 편입학을 포함)할 필요가 있을 때에는 그 취학이 원활히 이루어지도록 지원하여야 하며(제7조 제1항), 피해자를 보호하는 자에 대한 직업훈련 및 취업을 알선할 수 있다(제7조 제3항).

2) 피해자에 대한 법률상담 등

국가는 피해자에 대하여 법률상담과 소송대리(訴訟代理) 등의 지원을 할 수 있는데(제7조의2 제1항), 구체적으로 여성가족부장관은 대한법률구조공단(법률구조법 제8조) 또는 대통령령으로 정하는 그 밖의 기관에 법률상담 등을 요청할 수 있다(제7조의2 제2항).

3) 상담, 시설보호, 의료지원 등

후술하는 바와 같이 성폭력피해상담소, 성폭력피해자보호시설, 성폭력피해자통합지원센터, 성폭력전담의료기관을 통한 심리상담, 주거, 의료 등의 지원이 있다.

4) 긴급구조

성폭력피해상담소, 보호시설 또는 통합지원센터의 장은 피해자 등을 긴급히 구조할 필요가 있다. 이때에는 경찰관서(지구대 · 파출소 및 출장소 포함)의 장에게 그 소속 직원의 동행을 요청할 수 있으며, 요청을 받은 경찰관서의 장은 특별한 사유가 없으면 이에 따라야 한다(제31조).

3 피해자 보호 · 지원시설 등

이 법에 의하여 설치된 상담소, 보호시설 또는 통합지원센터가 아니면 성폭력피해상담소, 성폭력피해자보호시설, 성폭력피해자통합지원센터 또는 이와 유사한 명칭을 사용하지 못한다(제33조).

1) 성폭력피해상담소

국가 또는 지방자치단체는 성폭력피해상담소를 설치 · 운영할 수 있으며(제10조 제1항), 국가 또는 지방자치단체 외의 자가 상담소를 설치 · 운영하려면 특별자치도지사 또는 시장 · 군수 · 구청장에게 신고하여야 한다(제10조 제2항). 그러나 누구든지 영리를 목적으로 상담소을 설치 · 운영하여서는 아니 된다(제29조).

성폭력피해상담소는 다음과 같은 업무를 수행한다(제11조)

- 성폭력피해의 신고접수와 이에 관한 상담

- 성폭력피해로 인하여 정상적인 가정생활 또는 사회생활이 곤란하거나 그 밖의 사정으로 긴급히 보호할 필요가 있는 사람과 제12조에 따른 성폭력피해자보호시설 등의 연계
- 피해자 등의 질병치료와 건강관리를 위하여 의료기관에 인도하는 등 의료지원
- 피해자에 대한 수사기관의 조사와 법원의 증인신문(證人訊問) 등에의 동행
- 성폭력행위자에 대한 고소와 피해배상청구 등 사법처리 절차에 관하여 법률구조법 제8조에 따른 대한법률구조공단 등 관계기관에 필요한 협조 및 지원 요청
- 성폭력 예방을 위한 홍보 및 교육
- 그 밖에 성폭력 및 성폭력피해에 관한 조사 · 연구

2) 성폭력피해자보호시설

국가 또는 지방자치단체는 성폭력피해자보호시설을 설치 · 운영할 수 있으며, 사회복지사업법에 따른 사회복지법인이나 그 밖의 비영리법인도 특별자치도지사 또는 시장 · 군수 · 구청장의 인가를 받아 보호시설을 설치 · 운영할 수 있다(제12조). 이 경우 필요하다고 인정하면 장애인 등을 위한 보호시설을 별도로 설치 · 운영할 수 있다(제12조). 그리고 누구든지 영리를 목적으로 보호시설을 설치 · 운영하여서는 아니 된다(제29조).

이 보호시설은 다음과 같은 업무를 수행한다(제13조 제1항, 제11조 제3호~제5호). 이 경우 특히 장애인을 위한 보호시설을 설치 · 운영하는 자가 장애인의 특성을 고려하여 적절하게 보호 · 지원될 수 있도록 하여야 한다(제13조 제2항).

- 피해자 등의 보호 및 숙식 제공
- 피해자 등의 심리적 안정과 사회 적응을 위한 상담 및 치료
- 자립 · 자활 교육의 실시와 취업정보의 제공
- 다른 법률에 따라 보호시설에 위탁된 업무
- 피해자 등의 질병치료와 건강관리를 위하여 의료기관에 인도하는 등 의료지원
- 피해자에 대한 수사기관의 조사와 법원의 증인신문(證人訊問) 등에의 동행

- 성폭력행위자[2]에 대한 고소와 피해배상청구 등 사법처리 절차에 관하여 대한법률구조공단 등 관계기관에 필요한 협조 및 지원 요청
- 그 밖에 피해자 등을 보호하기 위하여 필요한 업무

국가 또는 지방자치단체는 보호시설에 입소한 피해자 등의 보호를 위하여 필요한 경우 생계비, 아동교육지원비, 아동양육비, 또는 그 밖에 대통령령으로 정하는 비용을 보호시설의 장 또는 피해자에게 지원할 수 있다. 다만 보호시설에 입소한 피해자 등이 국민기초생활보장법 등 다른 법령에 따라 보호를 받고 있는 경우에는 그 범위에서 이 법에 따른 지원을 하지 아니한다(제14조 제1항).

보호시설에의 입소는 기본적으로 본인이 입소를 희망하거나 입소에 동의하는 경우, 또는 미성년자 또는 지적장애인 등 의사능력이 불완전한 사람으로서 성폭력행위자가 아닌 보호자가 입소에 동의하는 경우에는 보호시설에 입소할 수 있다(제15조 제1항). 그러나 예외적으로 친족에 의한 피해자나 지적장애인 등 의사능력이 불완전한 피해자로서 상담원의 상담결과 입소가 필요하나 보호자의 입소동의를 받는 것이 적절하지 못하다고 인정하는 경우에는 보호시설의 장이 보호시설에 입소하게 할 수 있다(제15조 제3항).

보호기간은 원칙적으로 6개월 이내로 하지만(제16조 제1항), 보호시설의 장은 입소한 사람을 보호하기 위하여 필요하다고 인정하면 특별자치도지사 또는 시장 · 군수 · 구청장의 승인을 받아 1년 6개월의 범위에서 보호기간을 연장할 수 있으며, 입소한 사람이 미성년자로서 친족에 의한 피해자인 경우에는 특별자치도지사 또는 시장 · 군수 · 구청장의 승인을 받아 18세까지 연장할 수 있다(제16조 제2항).

기본적으로 입소자는 본인의 의사 또는 입소 동의를 한 보호자의 요청에 따라 보호시설에서 퇴소할 수 있으며(제17조 제1항), 그 밖에 보호시설의 장은 보호 목적이 달성된 경우, 보호기간(제16조)이 끝난 경우, 입소자가 거짓이나 그 밖의 부정한 방법으로 입소한 경우, 그 밖에 입소자가 보호시설 안에서 현저한 질서문란

---

2. '성폭력행위자'란 성폭력범죄의처벌등에관한특례법 제2조 제1항에 해당하는 죄를 범한 사람을 말한다(제2조 제2호).

행위를 한 경우에 퇴소를 명할 수 있다(제17조 제2항).

3) 성폭력피해자통합지원센터

국가와 지방자치단체는 성폭력 피해상담, 치료, 그 밖에 피해구제를 위한 지원 업무를 종합적으로 수행하기 위하여 성폭력피해자통합지원센터를 설치 · 운영할 수 있으며, 대통령령으로 정하는 기관 또는 단체로 하여금 통합지원센터를 설치 · 운영하게 할 수 있다((제18조).

4) 성폭력전담의료기관

여성가족부장관, 특별자치도지사 또는 시장 · 군수 · 구청장은 국립 · 공립병원, 보건소 또는 민간의료시설을 피해자 등의 치료를 위한 전담의료기관으로 지정할 수 있다(제27조 제1항). 이 전담의료기관은 피해자 본인 · 가족 · 친지나 긴급전화센터, 상담소, 보호시설 또는 통합지원센터의 장 등이 요청하면 피해자 등에 대하여 보건 상담 및 지도, 치료, 그 밖에 대통령령으로 정하는 신체적 · 정신적 치료 등의 의료지원을 하여야 한다(제27조 제2항).

5) 평가 및 경비지원

상담소 · 보호시설 및 통합지원센터에 대해서 여성가족부장관은 그 운영실적을 3년마다 평가하고, 시설의 감독 및 지원 등에 그 결과를 고려하여야 한다(제25조). 국가 또는 지방자치단체는 상담소, 보호시설 또는 통합지원센터의 설치 · 운영에 드는 경비를 보조할 수 있고, 경비를 보조할 때에는 성폭력 실태조사(제4조)와 평가(제25조) 및 시설운영조사/서류검사(제32조) 등의 결과를 고려하여야 한다(제26조).

그리고 전담의료기관의 치료 등 의료지원(제27조 제2항)에 대해서도 국가 또는 지방자치단체는 필요한 경비의 전부 또는 일부를 지원할 수 있다(제28조).

4 전문인력

이 법에 의한 상담소, 보호시설 및 통합지원센터에는 전문인력을 배치하게 되는데, 다음과 같은 사람은 이들 기관의 장 또는 상담원이 될 수 없으며, 또한 이에 종사하려는 사람은 전문 지식이나 경력 등 대통령령으로 정하는 자격기준을 갖추어야 한다(제9조).

- 미성년자, 금치산자 또는 한정치산자
- 파산선고를 받고 복권되지 아니한 사람
- 금고 이상의 형을 선고받고 그 집행이 종료(집행이 종료된 것으로 보는 경우 포함)되지 아니하였거나 그 집행을 받지 아니하기로 확정되지 아니한 사람
- 성폭력범죄의처벌등에관한특례법 제2조의 죄 또는 아동 · 청소년의성보호에관한법률 제2조 제2호의 죄를 범하여 형 또는 치료감호를 선고받고 그 형 또는 치료감호의 전부 또는 일부의 집행이 종료되거나 집행이 유예 · 면제된 날부터 10년이 지나지 아니한 사람

여성가족부장관 또는 특별시장 · 광역시장 · 도지사 · 특별자치도지사는 상담소, 보호시설 및 통합지원센터 종사자의 자질을 향상시키기 위하여 보수교육을 실시하여야 하며, 이 교육업무를 대학 및 전문대학(고등교육법 제2조 제1호, 제4호) 또는 대통령령으로 정하는 전문기관에 위탁할 수 있다(제20조).

제10부

지역사회복지법 분야

제30장 사회복지공동모금회법

제31장 식품기부활성화에관한법률

제32장 농어촌주민의보건복지증진을위한특별법

제30장

사회복지공동모금회법

1 의 의

사회복지공동모금회법은 사회복지공동모금회의 공동모금을 통하여 사회복지에 대한 국민의 이해와 참여를 제고함과 아울러 국민의 자발적인 성금으로 조성된 재원을 효율적이고 공정하게 관리·운용함으로써 사회복지증진에 이바지함을 목적으로 한다(제1조).

사회복지공동모금[1]은 기부자의 의사존중, 공정배분·관리·운용, 객관적 배분, 수요충족성, 효율성, 공개성 등의 원칙을 갖는다. 즉, 기부금품은 기부하는 자의 의사에 반하여 모집하지 않는다(제3조 제1항). 또한 조성된 재원(제17조, 즉 공동모금재원)은 지역·단체·대상자 및 사업별로 복지수요가 공정하게 충족되도록 배분하며, 사회복지공동모금회법의 목적(제1조) 및 재원의 사용원칙(제25조)의 용도에 맞도록 공정하게 관리·운용한다(제3조 제2항). 공동모금재원의 배분이 객관적인 기준에 따라 효율적으로 이루어지도록 하고, 그 결과를 공개한다(제3조 제3항). 그리고 이 법 또는 모금회의 정관에 규정되지 아니한 사항은 민법 중

1. '사회복지공동모금'이란 사회복지사업 기타 사회복지활동의 지원에 필요한 재원을 조성하기 위하여 이 법에 의하여 기부금품을 모집하는 것을 말한다(제2조 제2호).

재단법인에 관한 규정을 준용한다(제34조).

2 사회복지공동모금회법의 발달

사회복지공동모금에 관한 사회복지법은 1997년 3월 27일에 사회복지공동모금법(법률 제5317호)으로 처음 제정되어 실시된 이후 1999년 3월 31일 사회복지공동모금회법(법률 제5960호)으로 개명되는 등 두 번에 걸쳐 개정되어 실시되고 있다.

처음 제정된 사회복지공동모금법(법률 제5317호)은 관 주도의 성금모금 및 관리 · 운영을 지양하고 민간단체가 이웃돕기성금을 직접 모금 · 배분 및 관리하도록 함으로써 이웃돕기운동의 자율성을 보장하며 민간의 참여를 활성화하기 위하여 제정되었다. 첫째, 종전에는 관 주도하에 이웃돕기성금을 관장하여 왔으나 앞으로는 민간단체가 주도하여 공동모금사업을 관장할 수 있도록 전국단위의 전국공동모금회와 특별시 · 광역시 · 도 단위의 지역공동모금회를 두도록 하였다. 둘째, 공동모금회는 독립된 사회복지법인으로 하되, 전국공동모금회는 보건복지부장관의 설립인가를 받도록 하고, 지역공동모금회는 특별시장 · 광역시장 · 도지사의 설립인가를 받도록 하였다. 셋째, 공동모금회의 사업계획 및 예산안에 대해 보건복지부장관 또는 특별시장 · 광역시장 · 도지사의 승인을 얻도록 하여 조성재원의 효율적인 활용을 도모하고 재원의 배분 명세를 공고하도록 함으로써 공동모금으로 조성된 재원의 사용 용도에 관한 투명성을 제고하도록 하였다. 넷째, 공동모금회는 연중 기부금품을 모집 · 접수할 수 있고, 동 기부금품을 모집할 경우 전국공동모금회는 모집계획을 조정하여 기부금품모집규제법이 정하는 바에 따라 내무부장관의 허가를 받아 모집할 수 있도록 하였다. 다섯째, 공동모금으로 조성된 재원은 각종 복지사업 등에 필요한 비용과 이에 부수되는 비용에 사용하도록 하였다. 여섯째, 종전의 사회복지사업기금법에 의하여 조성된 사회복지사업기금 중 1998년도 사회복지사업기금운용계획에 따른 사업비를 제외한 적립금은 이 법 시행 후 6월 이내에 전국공동모금회에 이관하도록 하였다.

이 법은 1999년 3월 31일 사회복지공동모금회법(법률 제5960호)으로 전문개정되었는데, 국민의 자발적인 성금으로 공동 모금된 재원을 효율적으로 관리 · 운용함으로써 국민의 사회복지참여를 확대하고, 민간사회복지재원의 확대를 꾀하기 위하여 공동모금의 적용범위를 사회복지사업과 기타 사회복지활동으로 확대하는 등 현행 규정의 운영상 나타난 일부 미비점을 개선 · 보완하려는 목적을 가지고 있다. 그 주요 골자를 살펴보면 다음과 같다. 첫째, 사회복지공동모금회를 사회복지법인으로 설립하고, 지역단위의 사회복지사업을 관장하기 위하여 특별시 · 광역시 · 도에 사회복지공동모금회지회를 두도록 하였다. 둘째, 사회복지공동모금회에 기획홍보, 모금, 배분 업무를 담당하기 위하여 3개의 분과실행위원회를 두도록 하였다. 셋째, 사회복지공동모금회의 모금활동을 활성화하기 위하여 사회복지공동모금회가 모집된 기부금품 중 모집경비 및 관리운영비로 사용할 수 있도록 하는 경비의 한도를 10퍼센트 이내로 규정하였다.

사회복지공동모금회법은 2001년 5월 24일에 부분 개정(법률 제6486호)되었는데, 기부문화의 활성화 및 사회복지공동모금사업 재원의 안정적 확보를 통한 민간복지지원체계의 발전을 도모하기 위하여 사회복지공동모금회로 하여금 복권을 발행할 수 있도록 하는 법률적 근거를 규정하였다.

2008년 3월 21일 일부 개정된 사회복지공동모금회법(법률 제8938호)은 국민의 자발적인 성금으로 조성된 재원을 효율적이고 전문적이며 공정 · 투명하게 배분 · 관리하기 위하여 세입 · 세출결산서에 회계법인의 감사보고서를 첨부하도록 하고, 기부금품의 접수사실을 장부에 기재하고 영수증을 교부하도록 하며, 우리나라 경제규모에 걸맞은 해외 원조 수준을 제고하기 위하여 사용용도가 지정되지 않은 기부금품의 일정 비율을 개발도상국 및 북한의 지원사업에 사용할 수 있도록 하는 등 현행 제도의 운영과정에서 나타난 일부 미비점을 개선 · 보완하기 위하여 개정되었다. 주요 내용은 다음과 같다.

임원에 각 분야의 전문가가 골고루 이사로 선임되도록 하였으며(제9조 제1항), 감사의 직무범위를 확대하였고(제10조 제2항), 사회복지공동모금회 회장의 지회지도감독권을 강화하였으며(제15조 제2항), 사회복지법인인 공동모금회의 기본재산의 취득을 허가제로 하였다(제16조의2). 또한 기부금품의 접수사실을 장부에 기재하고, 기부금품 기부자에게 영수증을 교부하도록 하고(제18조 제2항 및 제3항), 국제보건의료지원사업에 대한 배분규정(제20조의2 및 제21조 제2항)을 두었으며,

지정이 위법인 경우 사용용도의 지정을 취소할 수 있도록 하였다(제27조 제2항 및 제3항).

3 사회복지공동모금회

1) 성 격

사회복지공동모금회는 사회복지공동모금사업을 관장한다(제4조 제1항). 이 모금회는 사회복지법인으로 설립되며(제3조 제2항), 정관을 작성하여 보건복지부장관의 인가를 받아 등기함으로써 설립된다(제3조 제3항). 이 법에 의한 사회복지공동금회가 아닌 자는 사회복지공동모금 또는 이와 유사한 명칭을 사용하지 못한다(제29조).

사회복지공동모금회는 다음과 같은 사업을 수행한다(제5조).

- 사회복지공동모금사업
- 공동모금재원의 배분
- 공동모금재원의 운용 및 관리
- 사회복지공동모금에 관한 조사 · 연구 · 홍보 및 교육 · 훈련
- 지회의 운영
- 사회복지공동모금과 관련된 국제교류 및 협력증진사업
- 다른 기부금품모집자와의 협력사업
- 기타 모금회의 목적달성에 필요한 사업

2) 정관과 임원

(1) 정 관

사회복지공동모금회는 사회복지법인으로서 모금회의 법인 정관에는 목적, 명칭, 주된 사무소의 소재지, 사업에 관한 사항, 임원 및 직원에 관한 사항, 이사회에 관한 사항, 지회의 구성 및 운영 등에 관한 사항, 재산 및 회계에 관한 사항, 공고에 관한 사항 및 정관의 변경에 관한 사항이 기재되어야 한다(제6조). 또한 정관은 사회복지공동모금회의 조직·운영 등에 관하여 이 법에서 규정하고 있는 사항 외에 필요한 사항을 규정할 수 있다(제16조).

(2) 이사회와 임원

사회복지공동모금회는 정관에서 정하는 중요사항을 의결하기 위하여 이사들로 구성된 이사회를 두고(제8조 제1항), 이 이사회는 회장이 소집하고 그 의장이 된다(제8조 제2항). 사회복지공동모금회의 임원은 회장 1인, 부회장 3인, 이사(회장·부회장 및 사무총장을 포함한다) 15인 이상, 20인 이하 및 감사 2인으로 구성된다(제7조 제1항). 이들 임원의 임기는 3년으로 하되, 1회에 한하여 연임할 수 있다(제7조 제2항). 그러나 부득이한 사유로 후임임원이 선임되지 못하여 모금회의 업무수행에 지장이 있는 경우에는 후임임원이 선임될 때까지 임기가 만료된 임원이 그 업무를 수행한다(제7조 제3항).

이사회는 경제계·언론계·법조계·의료계에 종사하는 자, 노동계·종교계·시민단체에 종사하는 자 및 사회복지관련학계에 종사하는 자 등 사회복지전문가 중에서 각각 4인 이상 그리고 그 밖에 학식과 덕망이 있는 자 중에서 이사를 선임한다(제9조 제1항). 그러나 사회복지사업법 제7조 제3항 각 호의 1에 해당하는 자, 이 법에 의하여 임원에서 해임된 날부터 5년이 경과되지 아니한 자는 모금회의 임원이 될 수 없다(제11조).

(3) 임원의 직무

회장은 모금회를 대표하고, 소관업무를 통할하며, 소속직원을 지휘·감독한다(제10조 제1항). 감사는 모금회의 업무집행상황·재산상황·회계 등 업무전반을 감사한다(제10조 제2항).

3) 사무조직

사회복지공동모금회는 업무의 원활한 처리를 위하여 사무총장 1인과 필요한 직원 및 기구를 둔다(제12조).

4) 분과실행위원회

모금회의 기획·홍보, 모금, 배분업무에 관한 사항을 심의하기 위하여 해당 분야의 전문가와 시민대표 등으로 구성되는 기획·홍보분과실행위원회, 모금분과실행위원회 및 배분분과실행위원회를 둔다(제13조 제1항).

이 분과실행위원회의 위원장은 1인 이상의 이사로부터 추천을 받은 이사 중에서 이사회의 의결을 거쳐 회장이 위촉하며 그 위원은 당해위원장의 제청과 이사회의 의결로 회장이 위촉한다(제13조 제2항). 분과실행위원회의 구성은 위원장 1인을 포함하여 20인 이내의 위원으로 한다(제13조 제3항 본문). 다만 모금분과실행위원회 및 배분분과실행위원회는 각각 20인 이상의 위원으로 구성한다(제13조 제3항). 위원의 임기는 2년으로 하되 연임할 수 있으나, 배분분과실행위원은 1회에 한하여 연임할 수 있다(제13조 제4항).

분과실행위원회가 심의한 사항을 이사회가 변경하고자 할 때에는 당해 분과실행위원회 위원장의 의견을 청취하여야 하며, 이사회의 회의록에 이를 기재하여야 한다(제13조 제5항). 기타 분과실행위원회의 운영에 관하여 필요한 사항은 정관으로 정한다(제13조 제6항).

5) 지 회

모금회는 지역단위의 사회복지공동모금사업을 관장하기 위하여 특별시 · 광역시 · 도에 사회복지공동모금지회를 둔다(제14조 제1항).

지회에는 지회장을 두고 모금회에 준하는 필요한 조직을 둘 수 있다(제14조 제2항). 이 지회의 지회장은 이사회의 의결을 거쳐 회장이 임명한다(제14조 제3항). 기타 지회의 구성 및 운영 등에 관하여 필요한 사항은 모금회의 정관으로 정한다(제14조 제4항). 모금회의 회장은 지회의 운영개선을 위하여 지도 · 감독하며, 지회가 지역의 특성에 맞게 자율적으로 운영될 수 있도록 노력하여야 하고(제15조 제1항), 모금회의 회장은 지회의 운영이 현저히 부당하다고 인정하는 경우 그 시정을 명할 수 있다(제15조 제2항).

또한 각 회계연도 개시 2개월 전에 각 지회로부터 사업계획서를 제출받아 이를 종합 · 조정하여 보건복지부장관에게 보고하여야 한다(제15조 제4항).

4 재 원

1) 재원의 조성

사회복지공동모금회는 기본재산을 취득할 수 있으며(제16조의2), 사업에 필요한 경비를 사회복지공동모금에 의한 기부금품, 복권발행으로 조성되는 자금, 기타 수입금으로 조성할 수 있다(제17조).

(1) 기본재산의 취득

사회복지공공모금회는 사회복지법인으로서 기본재산(사회복지사업법 제23조 제2항)을 취득하고자 하는 경우 같은 보건복지부장관의 허가[2]를 받아야 한다(제

2. 사회복지사업법 제24조는 "법인이 매수 · 기부채납, 후원 등의 방법으로 재산을 취득한 때에는

16조의2).

(2) 기부금품의 모집

사회복지공동모금회는 사회복지사업 기타 사회복지활동의 지원을 위하여 연중 기부금품을 모집[3] · 접수할 수 있다(제18조 제1항). 모금회는 기부금품의 접수를 효율적이고 공정하게 하기 위하여 언론기관을 모금창구로 지정하고, 지정된 언론기관의 명의로 모금계좌를 개설할 수 있다(제19조).

모금회는 기부금품을 모집 · 접수한 경우 기부금품의 접수사실을 장부에 기재하고, 그 기부자에게 영수증을 교부하여야 하고(제18조 제2항 본문), 기부자가 성명을 밝히지 아니한 경우 등 기부자를 알 수 없는 경우에는 모금회에 영수증을 보관하여야 한다(제18조 제2항 단서). 그리고 이 영수증에는 기부금품의 금액, 그 금액에 대하여 세금혜택이 된다는 문언과 일련번호를 표시하여야 한다(제18조 제3항).

효율적인 모금을 위하여 일정한 기간을 정하여 집중모금을 실시할 수 있다(제18조 제4항). 집중모금의 경우 그 모집일부터 15일 전에 그 내용을 보건복지부장관에게 보고하여야 하며, 그 모집을 종료한 때에는 모집종료일부터 1개월 이내에 그 결과를 보건복지부장관에게 보고하여야 한다(제18조 제5항).

(3) 복권의 발행

사회복지공동모금회는 사회복지사업, 그 밖의 사회복지활동 등을 지원하기 위한 재원의 조성을 위하여 복권을 발행할 수 있으나(제18조의2 제1항), 그 종류 · 조건 · 금액 및 방법 등에 관하여 미리 보건복지부장관의 승인을 얻어야 한다(제18조의2 제2항). 사회복지공동모금회의 복권의 발행에 관하여는 사행행위등규제및처벌특례법을 적용하지 아니한다(제18조의2 제4항).

지체 없이 이를 법인의 재산으로 편입 조치하여야 한다. 이 경우 법인은 그 취득사유, 취득재산의 종류 · 수량 및 가액을 매년 보건복지부장관에게 '보고'하여야 한다."라고 규정하고 있다.

3. 사회복지공동모금회법에 의한 사회복지공동모금회에 지출하는 기부금은 '기부금의 필요경비 불산입' 및 '기부금의 과세특례'의 혜택을 받는다(소득세법 제34조 제2항 제7호 및 조세특례제한법 제73조 제1항 제9호).

복권의 당첨금을 받을 권리는 그 지급일부터 3개월간 행사하지 아니하면 소멸시효가 완성되며, 소멸시효가 완성된 당첨금은 공동모금재원에 귀속된다(제18조의2 제3항).

2) 재원의 사용

공동모금재원은 사회복지사업 기타 사회복지활동에 사용한다(제25조 제1항). 특히 지회에서 조성한 공동모금재원은 당해 시 · 도의 배분대상자에게 배분하는 것을 원칙으로 한다(제15조 제3항).

각 회계연도에 조성된 공동모금재원은 당해 회계연도에 지출하는 것을 원칙으로 한다(제25조 제2항). 다만 재난구호 등 긴급히 지원할 필요가 있는 때를 대비하여 각 회계연도의 공동모금재원의 일부를 적립하는 경우에는 그러하지 아니한다(제25조 제2항 단서조항). 그리고 기부금품모집과 모금회의 관리 · 운영에 필요한 비용은 당해 회계연도 모금총액의 100분의 10 범위 내에서 이사회의 의결을 거쳐 사용할 수 있다(제25조 제3항).

공동모금재원의 관리 · 운용방법 및 예산 · 회계 등에 관하여 필요한 사항은 정관으로 정한다(제25조 제4항).

3) 기부금품의 지정사용

기부금품의 기부자는 수혜지역 · 수혜대상자 또는 사용용도를 지정할 수 있다(제27조 제1항). 모금회는 기부자의 지정 취지에 따라 기부금품을 사용하여야 한다(제27조 제3항). 기부금품의 지정 및 그 사용방법에 관하여 필요한 사항은 이사회의 의결을 거쳐 정할 수 있다(제27조 제4항).

모금회는 기부자의 지정 취지가 사회복지공동모금회법의 목적 · 취지나 공직선거법을 위반하는 경우 그 사실을 기부자에게 설명하고 이 법의 목적 · 취지와 공직선거법을 위반하지 아니하게 지정하도록 요구하거나 그 지정을 철회하도록 요구하여야 하고, 기부자가 이에 응하지 아니하는 경우에는 기부금품을 접수하지 아니하여야 한다(제27조 제2항).

5 배 분

1) 배분기준

사회복지공동모금회는 매년 8월 31일까지 공동모금재원의 배분대상, 배분한도액, 배분신청기간 및 배분신청서 제출 장소, 배분심사기준, 배분재원의 과부족 시 조정방법, 배분신청 시 제출할 서류, 기타 공동모금재원의 배분에 관하여 필요한 사항을 포함한 다음 회계연도의 공동모금재원의 배분기준을 정하여 이를 공고하여야 한다(제20조 제1항). 재난구호 및 긴급구호 등 긴급히 지원해야 할 필요가 있는 경우에는 이 기준을 근거로 별도의 배분기준에 따라 지원할 수 있다(제20조 제2항).

모금회는 특별히 국제보건의료지원사업에 대한 배분규정을 두고 있다. 모금회는 지정되지 않은 기부금품(제27조 제1항)의 100분의 10의 범위 안에서 이사회 의결로 정하는 비율을 개발도상국가를 비롯한 외국 및 군사분계선 이북지역의 보건의료지원사업(한국국제보건의료재단법 제7조 제1호)에 사용되도록 배분할 수 있다(제20조의2).

모금회는 공동모금재원을 배분하는 경우 모금회가 배분하는 것임을 표시하여야 한다(제20조의3).

2) 배분신청과 심사

사회복지공동모금회에 배분신청을 하고자 하는 자는 배분공고(제20조)에 따라 배분신청서를 제출하여야 한다(제21조 제1항). 국제보건의료지원사업(제20조의2)을 하는 자는 배분신청서를 제출할 때 정관으로 정하는 바에 따라 사업계획서를 작성하여 함께 제출하여야 한다(제21조 제2항). 그리고 제출된 배분신청서는 당해 회계연도에 한하여 효력이 있다(제21조 제3항).

모금회는 공동모금재원을 배분받은 자 또는 배분신청을 한 자에 대하여 필요한 서류의 제출을 요구하거나 필요한 조사를 할 수 있다(제23조).

모금회는 접수한 배분신청서를 배분분과실행위원회에 회부하여 배분금액 · 배분순위 및 배분시기 등을 심의하도록 하여야 한다(제22조 제1항). 그리고 이 심의 결과에 기초하여 배분계획을 수립하여야 한다(제22조 제2항). 배분계획은 원칙적으로 공동모금재원이 분기별로 균형 있게 배분되도록 하여야 하지만(제22조 제3항), 사업의 성격이 일시에 지원할 필요가 있는 경우에는 그러하지 아니하다(제22항 제3항 단서조항).

3) 배분결과의 공고 등

모금회는 각 회계연도의 공동모금재원의 배분을 종료한 날부터 3개월 이내에 전국적으로 배포되는 1개 이상의 일간신문에 그 배분결과를 공고하여야 한다(제24조 제1항). 모금회는 이 공고 외에 다양한 방법과 매체를 통하여 그 배분결과를 알려야 한다(제24조 제2항).

4) 배분사업의 평가

지회를 포함한 모금회는 매년 공동모금재원의 배분결과를 평가하고 그 평가결과를 이사회에 보고하여야 한다(제23조의2 제1항). 평가의 기준 및 세부사항은 정관으로 정한다(제23조의2 제2항).

6 운영과 지도 · 감독

1) 예산안

모금회는 각 회계연도[4]의 사업계획 및 예산안을 회계연도 개시 1개월 전에 보

---

4. 사회복지모금회의 회계연도는 1월 1일부터 12월 31일까지로 한다(제28조).

건복지부장관에게 제출하여야 한다(제26조 제1항). 이 예산안을 작성할 때에는 배분계획(제22조 제2항)과 모금경비 및 모금회의 운영비 등을 포함하여야 한다(제26조 제2항). 그리고 각 회계연도 종료 후 3개월 이내에 세입·세출결산서를 작성하여 보건복지부장관에게 제출하고, 이 경우 공인회계사법에 따른 회계법인의 감사보고서를 붙여야 한다(제26조 제3항).

2) 보조금 등

국가 또는 지방자치단체는 모금회에 대하여 기부금품의 모집에 필요한 비용과 모금회의 관리·운영에 필요한 비용을 보조할 수 있으며(제33조 제1항), 이 보조금은 그 목적 외의 용도에 사용할 수 없다(제33조 제2항).

국가 또는 지방자치단체는 모금회가 다음과 같은 때에는 이미 교부한 보조금의 전부 또는 일부의 반환을 명할 수 있다(제33조 제3항).

- 사업목적 외의 용도에 보조금을 사용한 때
- 사위, 기타 부정한 방법으로 보조금의 교부를 받은 때
- 이 법 또는 이 법에 의한 명령에 위반한 때

3) 지 위

사회복지공동모금회의 임·직원 및 이 법에 의한 기부금품모집 업무에 종사하는 자는 형법 제129조 내지 제132조[5]의 적용에 있어서 이를 공무원으로 본다(제30조).

---

5. 형법 제129조~제132조를 살펴보면 다음과 같다.

제129조(수뢰, 사전수뢰) ① 공무원 또는 중재인이 그 직무에 관하여 뇌물을 수수, 요구 또는 약속한 때에는 5년 이하의 징역 또는 10년 이하의 자격정지에 처한다.

② 공무원 또는 중재인이 될 자가 그 담당할 직무에 관하여 청탁을 받고 뇌물을 수수, 요구 또는 약속한 후 공무원 또는 중재인이 된 때에는 3년 이하의 징역 또는 7년 이하의 자격정지에 처한다.

제130조(제삼자뇌물제공) 공무원 또는 중재인이 그 직무에 관하여 부정한 청탁을 받고 제삼자에게 뇌물을 공여하게 하거나 공여를 요구 또는 약속한 때에는 5년 이하의 징역 또는 10년 이하의 자격정지에 처한다.

4) 지도 · 감독 등

보건복지부장관은 모금회의 업무에 관하여 지도 · 감독을 하며, 필요하다고 인정할 경우에는 관계서류의 제출을 명하거나 소속공무원으로 하여금 그 운영 상황을 조사하게 하거나 장부 기타 서류를 검사하게 할 수 있다(제31조 제1항). 이 조사 또는 검사를 행하는 관계공무원은 그 권한을 표시하는 증표를 관계인에게 내보여야 한다(제31조 제2항).

보건복지부장관은 모금회의 운영이 이 법 또는 정관에 위반된다고 인정되는 경우에는 사회복지사업법 제22조(임원의 해임명령) 및 동법 제26조(법인의 설립허가 취소 등)를 준용하여 필요한 조치를 할 수 있다(제32조).

제131조(수뢰 후 부정처사, 사후수뢰) ① 공무원 또는 중재인이 전2조의 죄를 범하여 부정한 행위를 한 때에는 1년 이상의 유기징역에 처한다.
② 공무원 또는 중재인이 그 직무상 부정한 행위를 한 후 뇌물을 수수, 요구 또는 약속하거나 제삼자에게 이를 공여하게 하거나 공여를 요구 또는 약속한 때에도 전항의 형과 같다.
③ 공무원 또는 중재인이었던 자가 그 재직 중에 청탁을 받고 직무상 부정한 행위를 한 후 뇌물을 수수, 요구 또는 약속한 때에는 5년 이하의 징역 또는 10년 이하의 자격정지에 처한다.
④ 전3항의 경우에는 10년 이하의 자격정지를 병과할 수 있다.

제132조(알선수뢰) 공무원이 그 지위를 이용하여 다른 공무원의 직무에 속한 사항의 알선에 관하여 뇌물을 수수, 요구 또는 약속한 때에는 3년 이하의 징역 또는 7년 이하의 자격정지에 처한다.

사회복지공동모금회법의 체계

- **총 칙**
  - 목적(법 § 1)
    정의(법 § 2)
    - 기본원칙(법 § 3)
  - 다른 법률과의 관계(법 § 34)
  - 유사명칭 사용금지(법 § 29)
- **설립 및 운영**
  - 사회복지공동모금회의 설립(법 § 4)
    - 정관(법 § 6)
      - 사업(법 § 5)
      - 기본재산의 취득허가(법 § 16조의2)
    - 임원(법 § 7)
      - 이사회(법 § 8)
        - 임원의 선임(법 § 9)
          임원의 직무(법 § 10)
          임원의 결격사유(법 § 11)
    - 사무조직(법 § 12)
      분과실행위원회(법 § 13)
    - 사업계획의 제출 등(법 § 26)
      회계연도(법 § 28)
    - 모금회 임 · 직원 등의 신분(법 § 30)
    - 조직 · 운영 등(법 § 16)
  - 지회(법 § 14)
    - 지회의 관리(법 § 15)

- **재 원**
  - 재원(법 § 17)
    - 기부금품의 모집(법 § 18)
      - 모금창구의 지정(법 § 19)
    - 복권의 발행(법 § 18조의2)
    - 재원의 사용 등(법 § 25)
      - 기부금품의 지정사용(법 § 27)
  - 보조금 등(법 § 33)
- **배 분**
  - 배분기준(법 § 20)
    - 국제보건의료지원사업에 대한 배분(법 § 20조의2)
    - 배분자의 표시(법 § 20조의3)
    - 배분신청(법 § 21)
    - 배분신청의 심사 등(법 § 22)
    - 배분에 따른 자료요구 등(법 § 23)
    - 배분사업의 평가(법 § 23조의2)
    - 배분결과의 공고 등(법 § 24)
- **지도 · 감독**
  - 지도 · 감독 등(법 § 31)
    - 시정명령 등(법 § 32)

출처: 사회복지공동모금회법(2008. 3. 21 개정) 정리.

제31장

식품기부활성화에관한법률

1 의 의

이 법은 식품기부를 활성화하고 기부된 식품[1]을 생활이 어려운 자에게 지원함으로써 사회복지의 증진 및 사회공동체문화의 확산에 이바지함을 목적으로 한다(제1조). 생활이 어려운 자에게 지원할 목적으로 제공된 식품인 기부식품(제2조 제2호)은 기부식품제공사업자를 통해서 기부식품이용자에게 제공된다. 이 법은 기부식품의 모집 · 관리 및 제공, 식품기부를 활성화하기 위한 홍보, 또는 그 밖에 기부식품 제공과 관련된 부수사업을 포함하는 기부식픔제공사업(제4조)을 규정하고 있다.

이 법의 목적 달성을 위하여 국가 및 지방자치단체는 식품기부 및 기부식품제공사업을 지원 · 장려하고 이용자 보호를 위한 필요한 시책을 강구하여야 한다(제7조 제1항, 제9조 제1항). 그리고 제공자 또는 사업자에게 기부식품제공사업에 필요한 경비의 일부를 보조할 수 있다(제7조 제2항).

---

1. '식품'이란 모든 음식물(의약으로 섭취하는 것은 제외한다)을 말한다(식품위생법 제2조 제1호).

2 기부식품제공사업

1) 사업의 신고

기부식품제공사업자[2]는 사업장 소재지를 관할하는 시장 · 군수 · 구청장에게 신고할 수 있지만(제3조 제1항), 사업의 규모 및 범위 등을 고려하여 대통령령이 정하는 사업자의 경우에는 사업장 소재지를 관할하는 시장 · 군수 · 구청장에게 신고하여야 한다(제3조 제2항). 그리고 신고한 사업자가 신고를 철회하거나 폐업하고자 하는 때에는 신고를 한 시장 · 군수 · 구청장에게 철회 또는 폐업 신고를 하여야 한다(제3조 제3항).

2) 기부식품의 모집 및 제공

제공자[3] 및 사업자는 기부식품의 모집 및 제공 과정을 투명하게 하여야 하며, 기부식품을 모집하거나 제공함에 있어서 선량한 관리자로서의 주의의무를 다하여 기부식품을 안전하게 취급하여야 한다(제5조). 기부식품은 이용자에게 무상으로 제공함을 원칙으로 하며, 만약 이용자로부터 대가를 받는 경우에는 모집과정에서 소요되는 직접 경비를 초과할 수 없다(제6조). 그리고 국가, 지방자치단체 및 공공기관도 필요한 경우 보유식품 중 일부를 제공자 및 사업자에게 제공할 수 있다(제7조 제3항).

3) 제공자 등의 민 · 형사상 책임

기부식품의 취식으로 인하여 이용자가 피해를 입은 때에 제공자(제3조의 '신고한 사업자' 제외) 및 기부식품 제공활동에 참여한 자는 민사상 책임을 지지 아니하

---

2. '사업자'라 함은 제공자 중 제4조의 규정에 따른 기부식품제공사업을 계속적으로 영위하는 자로서 대통령령이 정하는 자를 말한다(제2조 제5호).
3. '제공자'라 함은 기부식품을 이용자에게 직접 또는 간접으로 제공하는 자를 말한다(제2조 제4호).

지만, 고의 또는 중대한 과실이 있는 경우, 위생적 취급기준(식품위생법 제3조)을 위반한 경우, 또는 위해식품(식품위생법 제4조) 등인 경우에는 민사상 책임을 진다(제8조 제1항). 그리고 기부식품의 취식으로 인하여 이용자가 사상(死傷)에 이른 때에는 제공자 · 사업자, 그 밖에 기부식품 제공활동에 참여한 자에게 중대한 과실이 없는 경우에는 그 정상을 참작하여 형법상 과실치상(제266조), 과실치사(267조) 내지 업무상 과실 및 중과실치사상(제268조)의 형을 감경하거나 면제할 수 있다(제8조 제2항).

신고한 사업자(제3조 제1항 및 제2항)는 제공된 식품의 취식으로 인하여 이용자의 생명 · 신체에 발생한 손해를 보상하기 위하여 손해보험에 가입하여야 하고(제9조 제2항), 국가 및 지방자치단체는 이 보험료의 일부 또는 전부를 보조할 수 있다(제9조 제3항).

3 지도 · 감독 등

보건복지부장관, 특별시장 · 광역시장 · 도지사 또는 시장 · 군수 · 구청장은 제공자 또는 사업자가 제5조 제2항을 위반하거나 식품사고 등 식품으로 인한 중대한 위생상의 위해가 우려되는 때에는 그 업무에 관하여 보고 또는 관계서류의 제출을 명하거나 소속 공무원으로 하여금 제공자 및 사업자의 사무소 또는 시설에 출입하여 검사 또는 질문하도록 하는 등 지도 · 감독을 할 수 있다(제10조 제1항).

보건복지부장관, 특별시장 · 광역시장 · 도지사 또는 시장 · 군수 · 구청장은 신고한 사업자(제3조 제1항, 제2항)가 신고기준(제3조 제4항)에 미달하게 된 때 또는 기부식품 모집 및 제공(제5조 제1항, 제2항)의 규정을 위반한 때에는 보건복지부령이 정하는 바에 따라 일정한 기간을 정하여 그 시정을 명할 수 있다(제11조 제1항). 그리고 시장 · 군수 · 구청장은 사업자가 시정명령을 기간 이내에 이행하지 아니한 때, 또는 기부식품의무상제공(제6조 제1항)의 규정을 위반한 때에는 대통령령이 정하는 바에 따라 사업의 정지를 명하거나 사업장의 폐쇄를 명할 수 있다(제11조 제2항).

제32장

농어촌주민의보건복지증진을위한특별법

1 의 의

농어촌주민[1]의보건복지증진을위한특별법은 농어촌주민의 보건복지증진을 위한 시책을 강화하고, 이에 관한 국가 및 지방자치단체의 책임을 명확히 하며 농어촌[2]에 보건의료 및 사회복지시설을 확충함으로써, 농어촌주민의 인간다운 삶을 보장함을 목적으로 제정되었다(제1조). 이에 따라 국가 및 지방자치단체는 농어촌주민들에게 보건의료 및 사회복지 영역에서 실질적인 혜택이 돌아갈 수 있도록 관련제도와 여건을 조성하여야 하는 책무를 지게 되어(제5조), 이 법에 근거하여 농어촌보건복지기본계획의 수립, 농어촌 보건의료의 기반조성, 농어촌 사회복지의 증진 등을 위해 노력하게 된다.

농어촌주민의보건복지증진을위한특별법은 사회복지사업 분야의 다양한 법률

1. '농어촌주민'이라 함은 농어촌에 거주하는 자를 말한다(제2조 제2호).
2. '농어촌'이라 함은 지방자치법 제2조 제1항 제2호의 규정에 의한 시와 군의 지역 중 다음 각 목의 1에 해당하는 지역을 말한다(제2조 제1호).
   가. 읍 · 면의 전 지역
   나. 동(同)의 지역 중 국토의계획및이용에관한법률 제36조 제1항 제1호의 규정에 따라 지정된 주거지역 · 상업지역 및 공업지역을 제외한 지역

들에 대하여 특별법적 성격을 지닌다. 이 성격은 제3조에서 이 법의 적용대상으로서 '농어촌 · 농어촌주민 및 농어민'을 규정하여 국민 일부에 한정하였을 뿐만 아니라, 제4조에서 '농어촌보건복지사업'에 관하여 다른 법률에 우선하여 적용한다고 한 특정 사업 우선 적용 규정을 통해서 알 수 있다.

또한 이 법에 따른 집행의 실효성을 증진시키기 위하여 국가가 이 법에 따라 시행하는 농어촌보건복지사업에 대하여 농어촌특별세로 조성된 재원을 우선하여 지원할 수 있도록 하였다(제32조).

2 농어촌 보건복지의 실시

1) 농어촌보건복지기본계획

농어촌 보건복지증진을 위해서는 계획수립이 필요하다. 따라서 보건복지부장관은 농어촌보건복지수준에 관한 실태조사[3]를 실시하고 그 결과에 따라 농어촌보건복지기본계획을 5년마다 수립하여야 한다(제7조 제1항). 이 기본계획에는 농어촌 보건복지정책의 기본목표 및 추진방향, 주요 추진과제 및 추진방법, 재원조달방법, 농어촌 보건복지의 전달체계, 그 밖에 농어촌 보건복지증진을 위하여 특히 필요하다고 보건복지부장관이 인정하는 사항이 포함되어야 한다(제7조 제2항).

수립된 기본계획에 따라 보건복지부장관 및 광역시장 · 도지사는 농어촌 보건복지와 관련된 소관 주요시책의 추진계획을 매년 수립 · 시행하여야 하고(제8조 제1항), 이 추진계획에 따라 시장 및 군수는 농어촌 보건복지와 관련된 소관 주요추진계획의 실천계획을 매년 수립 · 시행하여야 한다(제8조 제1항).

이와 같은 기본계획 · 추진계획 및 실천계획의 수립 · 시행을 위하여 필요한 경우에 보건복지부장관, 시 · 도지사 및 시장 · 군수는 관계 공공기관 · 민간기관 또

---

3. 보건복지부장관은 농어촌의 보건복지수준에 관한 실태조사를 5년마다 실시하여 공표하여야 한다(제6조 제1항).

는 단체에 협조를 요청할 수 있다(제9조).

2) 농어촌 보건의료의 기반조성관련 특례

(1) 농어촌 우선 지원 및 실시 특례

국가 및 지방자치단체는 공공보건의료기관 중(공공보건의료에관한법률 제2조 제2호) 농어촌에 있는 공공보건의료기관에 대하여 인력 · 시설 및 장비를 우선적으로 지원할 수 있다(법 제10조).

또한 암조기검진사업, 정신보건사업 및 구강보건사업의 우선 실시를 규정하고 있다. 즉, 국가는 암조기검진사업(암관리법 제9조)을 농어촌에 우선적으로 무상 실시하기 위한 시책을 강구하여야 한다(제15조 제1항). 그리고 국가 및 지방자치단체는 정신요양시설(정신보건법 제10조) 및 사회복귀시설(정신보건법 제15조) 중 농어촌에 있는 시설의 설치 · 운영 및 시설개선에 필요한 비용의 전부 또는 일부를 우선적으로 지원할 수 있을 뿐만 아니라(제16조 제1항), 국가 및 지방자치단체는 농어촌주민의 정신건강증진 및 정신질환의 치료 · 재활을 위하여 지역사회정신보건사업(정신보건법 제13조)을 농어촌에 우선적으로 실시하여야 하며, 이 경우 정신보건센터의 설치 · 운영 등 동 사업에 필요한 비용의 전부 또는 일부를 지원할 수 있다(제16조 제2항).

이 외에도 구강보건법 제7조의 규정에 따라 구강보건사업을 시행함에 있어서 국가 및 지방자치단체는 대통령령이 정하는 저소득층 농어촌주민에 대하여 노인의치사업 등의 구강보건사업을 우선적으로 실시하기 위한 시책을 강구하여야 하며(제17조 제1항), 이 구강보건사업에 소요되는 비용은 국가 및 지방자치단체가 부담한다(제17조 제2항).

(2) 보건진료소의 통합

지방자치단체의 장은 보건진료소(농어촌등보건의료를위한특별조치법 제2조 제4호)를 통합하거나 폐지하고자 하는 경우에는 해당 지역주민의 의견을 수렴하여야 한다(제11조 제1항).

(3) 응급의료체계의 구축

국가 및 지방자치단체는 응급의료기본계획 및 지역응급의료시행계획(응급의료에관한법률 제13조의2)에 농어촌 응급의료 이용실태의 조사 · 분석, 농어촌 응급의료 취약지의 해소를 위한 응급의료기관의 설치 · 지정, 농어촌 응급의료기관의 인력 · 장비 및 시설 개선, 농어촌 응급환자 이송수단의 확보를 반영하여야 하고(제12조 제1항), 이를 위하여 농어촌의 응급의료기관 및 공공보건의료기관에 필요한 재정지원을 할 수 있다(제12조 제2항).

(4) 민간의료기관에 대한 보건의료의 제공에 관한 협조요청 등

국가 및 지방자치단체는 농어촌주민의 의료수요 충족을 위하여 필요한 경우에는 농어촌에 있는 민간의료기관에 대하여 공공보건의료에관한법률 제5조 각 호에 해당하는 보건의료의 제공에 관한 협조를 요청할 수 있다(제13조 제1항). 이 경우에도 국가 및 지방자치단체는 보건의료를 제공하는 민간의료기관에 대하여 인력 및 재정 지원을 할 수 있다(제13조 제2항).

(5) 농어촌민간의료기관의 육성 및 융자 특례

국가 또는 지방자치단체는 농어촌주민의 보건향상과 국민보건의료의 균형 있는 발전을 위하여 농어촌민간의료기관을 육성하여야 하며, 농어촌민간의료기관의 육성을 위하여 농어촌민간의료기관에 대하여 융자를 하는 경우에는 보건복지부장관이 관계행정기관의 장과 협의하여 정하는 융자금리와 융자기간을 적용할 수 있다(제14조 제1항 및 제2항). 특히 농어촌민간의료기관의 육성을 위하여 농어촌민간의료기관이 종전의 재정융자특별회계법에 따라 2003년 12월 31일 이전에 도입한 차관에 대하여 보건복지부장관이 관계행정기관의 장과 정하는 바에 따라 상환기간의 연장, 금리의 인하 등 조정된 상환조건을 적용할 수 있다(제14조

제3항).

(6) 한방산업의 육성지원

국가 및 지방자치단체는 농어민[4] 또는 대통령령이 정하는 자가 일부 한약재(한의약육성법 제2조 제4호)를 재배 · 가공 또는 유통하고자 하는 경우에는 소요비용의 일부를 예산의 범위 안에서 지원할 수 있다(제18조 제1항).

3) 농어촌 사회복지의 증진을 위한 특례

(1) 농어촌 등에 대한 지원적 시책 실시

이 법은 농어촌의 사회복지증진을 위하여 국가 및 지방자치단체로 하여금 농어촌의 수급권자 및 이와 생활수준이 유사한 농어촌주민의 자활을 지원하고 삶의 질을 향상시키기 위한 시책을 마련하여야 한다고 규정하면서(제20조), 복합노인복지시설의 설치 · 운영, 저소득 노인의 요양, 건강보험료 및 국민연금보험료의 납부 등에 특별지원을 하는 규정을 두고 있다. 이를 구체적으로 살펴보면 다음과 같다.

첫째, 복합노인복지시설의 설치 · 운영의 지원으로서, 국가 및 지방자치단체는 농어촌에 거주하는 노인에 대하여 주거 · 건강증진 · 여가 · 문화 등 다양한 복지서비스를 무료 또는 실비로 지원하기 위하여 노인복지시설(노인복지법 제31조)을 종합적으로 배치한 복합노인복지시설을 설치 · 운영할 수 있다(제24조 제1항).

둘째, 저소득층 노인의 요양을 지원하기 위하여, 국가 및 지방자치단체는 대통령령이 정하는 농어촌의 저소득층노인에게 간병 · 수발, 일상생활지원, 재활 등의 필요한 서비스를 제공하여야 하고(제25조 제1항), 간병이 필요한 노인을 부양하고 있는 대통령령이 정하는 저소득층 농어민 가구에 대하여는 간병비용 또는 물품 등을 예산의 범위 안에서 보건복지부령이 정하는 바에 따라 지원할 수 있도

---

4. '농어민'이라 함은 농업 · 농촌기본법 제3조 제2호의 규정에 의한 농업인과 수산업법 제2조 제11호의 규정에 의한 어업인을 말한다(제2조 제3호).

록 하였다(제25조 제3항).

셋째, 건강보험료의 지원으로서, 국가는 농어민이 부담하여야 하는 보험료(국민건강보험법 제62조) 중 100분의 50 이내의 금액[5]을 예산의 범위 안에서 대통령령으로 정한 보험료의 지원율 등에 따라 지원할 수 있을 뿐만 아니라(제27조), 보험료 납부기한의 유예(제30조 제1항), 납부기한 유예 종료 후 분할납부(제30조 제4항)를 허용하고 있다.

넷째, 국민연금보험료의 지원으로서, 농어민이 국민연금보험료(국민연금법 제88조 제3항) 중 100분의 50 이내의 금액을 국가는 예산의 범위 안에서 지원할 수 있다(제31조).

(2) 타 법령에 대한 특례

농어촌주민의보건복지증진을위한특별법은 농어촌 사회복지의 증진을 위해서 타 법령에 정한 규정을 변경하는 특별한 규정을 두고 있다. 즉, 국민기초생활보장법상 수급권자 선정기준, 한부모가족지원법의 한부모가족 선정기준, 건강보험법의 부과표준소득의 산정 및 보험료 등의 결손처분, 농지법, 개발제한구역의지정및관리에관한특별조치법, 개발제한구역의지정및관리에관한특별조치법의 '준농어촌' 규정에 대한 특례를 규정하였다. 이를 구체적으로 살펴보면 다음과 같다.

첫째, 국민기초생활보장법상 수급권자 선정기준에 대한 특례로서, 국가는 수급권자(국민기초생활보장법 제2조 제1호)를 선정하기 위하여 농어민가구의 소득평가액을 산정하는 경우에 국민기초생활보장법 제2조 제8호의 규정에도 불구하고 농어민 가구의 특성을 반영한 지출요인을 추가하여 인정할 수 있다(제19조 제1항). 그리고 농어민가구의 재산의 소득환산액을 산정하는 경우에도 국민기초생활보장법 제2조 제9호의 규정에 불구하고 경작농지 등 농어업과 직접 관련되는 재산에 대하여 소득환산기준의 일부를 완화하여 적용할 수 있다(제19조 제2항).

둘째, 한부모가족지원법상 한부모가족 선정기준의 특례로서, 국가는 농어촌의

---

5. 건강보험법 제66조의2 제1호의 규정에 따라 경감되는 보험료를 포함한다.

한부모가족을 선정하는 경우에는 한부모가족지원법 제5조의 규정에 불구하고 보건복지부령이 정하는 바에 따라 달리 정할 수 있다(제26조).

셋째, 국민건강보험법상 부과표준소득의 산정에 관한 특례로서, 농어민에 대하여 보험료부과점수를 산정하는 경우(국민건강보험법 제62조 제4항)에 국민건강보험공단은 국민건강보험법 제64조 제1항의 규정에 불구하고 휴·폐경지 등 대통령령이 정하는 농어민의 재산에 대하여는 다른 재산과 달리 적용할 수 있다(제28조 제1항). 그리고 공단은 농어민의 보험료 등을 결손 처분하는 경우(국민건강보험법 제72조)에는 대통령령이 정하는 바에 따라 그 대상 및 방법을 달리 적용할 수 있다(제29조).

넷째, 준농어촌에 대한 특례인데, 농업진흥지역,[6] 개발제한구역,[7] 개발제한구역에서 해제된 지역[8]으로서 대통령령으로 정하는 지역이면서 해당 지역 주변에 소재하는 농경지가 개발제한구역으로 존치하는 지역은, 그 지역이 농어촌 외의 지역임에도 불구하고 이를 농어촌으로 보아 해당 지역에 거주하는 주민에 한하여 대통령령으로 정하는 바에 따라 필요한 지원을 할 수 있다(제33조).

(3) 농어촌 우선지원

농어촌주민의보건복지증진을위한특별법은 농어촌 사회복지의 증진을 위해서 사회복지시설의 개선, 영유아보육시설의 설치 및 조치, 아동가정보호사업에 있어서 다른 농어촌 외의 지역보다 우선적으로 적용하도록 규정하고 있다.

구체적으로 살펴보면, 국가 및 지방자치단체는 사회복지시설(사회복지사업법 제2조)의 개선사업을 실시함에 있어서 농어촌에 있는 사회복지시설에 우선적으로 재정지원을 할 수 있으며(제21조), 농어촌의 보육여건 개선을 위하여 국·공립 보육시설을 우선 설치하거나 그 밖에 보육시설이 설치될 수 있도록 필요한 조치[9]

---

6. 농지법 제28조의 규정에 따라 지정된다.
7. 개발제한구역의지정및관리에관한특별조치법 제3조의 규정에 따라 지정된다.
8. 개발제한구역의지정및관리에관한특별조치법 제3조 참조.
9. 이 경우 국가 및 지방자치단체는 보육시설의 설치·운영과 영유아의 보육에 있어 농어촌의 특성으로 인하여 추가로 소요되는 비용을 지원할 수 있다(제22조 제2항).

를 하여야 한다(제22조 제1항).

또한 농어촌의 아동가정보호사업의 지원 확대를 위하여 국가 및 지방자치단체는 보호가 필요한 농어촌아동에 대한 보호를 활성화하기 위하여, 소년소녀가 가장인 가정, 아동의 보호를 위탁받은 가정(아동복지법 제10조 제1항 제3호), 요보호아동을 입양한 가정(입양촉진및절차에관한특례법 제2조 제2호)에 대하여 지원시책을 우선적으로 강구하여야 한다(법 제23조 제1항).

농어촌주민의보건복지증진을위한특별법의 체계

구분	법	시행령·시행규칙
총 칙	• 목적(법 § 1) • 정의(법 § 2)	
	• 적용범위(법 § 3)	
	• 다른 법률과의 관계(법 § 4)	
	• 국가 및 지방자치단체의 책무(법 § 5) • 농어촌특별세의 우선지원(법 § 32)	
기본 계획	• 농어촌보건복지기본계획의 수립(법 § 7)	
	• 실태조사의 실시(법 § 6)	
	• 추진계획 등의 수립(법 § 8)	
	• 계획수립의 협조(법 § 9)	
보건의료의 기반조성 특례	• 공공보건의료기관의 우선지원(법 § 10) • 암조기검진사업의 우선 실시(법 § 15) • 정신보건사업의 우선 실시(법 § 16) • 구강보건사업의 우선 실시(법 § 17)	– 조기암검진 항목 및 대상(규칙 § 4) – 구강보건사업의 항목 및 대상(규칙 § 5)
	• 보건진료소의 통합 등에 관한 지역주민의 의견수렴(법 § 11)	– 지역주민의 의견수렴 방법 및 절차(규칙 § 3)
	• 응급의료체계의 구축(법 § 12)	
	• 민간의료기관에 대한 보건의료의 제공에 관한 협조요청 등(법 § 13)	
	• 농어촌민간의료기관의 육성(법 § 14)	
	• 한방산업의 육성지원(법 § 18)	– 한방산업 육성지원의 대상(영 § 3) – 한약재 재배 등의 비용지원 신청절차 등(규칙 § 6)
사회복지 증진 특례	• 자활지원시책의 시행(법 § 20) • 복합노인복지시설의 설치 · 운영(법 § 24) • 저소득층 노인의 요양지원(법 § 25) • 건강보험료의 지원(법 § 27) • 보험료 등 납부기한의 유예(법 § 30) • 국민연금보험료의 지원(법 § 31)	– 복합노인복지시설의 설치 및 운영(규칙 § 8) – 요양지원의 대상(영 § 5) – 저소득층 노인에 대한 요양지원 등(규칙 § 9) – 건강보험료의 지원율(영 § 6) – 보험료 등 납부기한의 유예(규칙 § 12)
	• 국민기초생활보장법상 수급권자 선정기준의 특례(법 § 19) • 한부모가족 선정기준의 특례(법 § 26) • 부과표준소득의 산정에 관한 특례(법 § 28) • 보험료 등의 결손처분에 관한 특례(법 § 29) • 준농어촌에 대한 특례(법 § 33)	– 농어민가구의 소득평가액 산정방법 등(규칙 § 7) – 한부모가족 선정기준의 특례(규칙 § 10) – 부과표준소득의 산정방법 및 기준(영 § 7) – 결손처분의 대상 및 방법(영 § 8) – 준농어촌에 대한 지원(영 § 9)
	• 사회복지시설의 우선지원(법 § 21) • 영유아의 보육지원 등(법 § 22) • 아동가정보호사업의 지원 확대(법 § 23)	– 아동보호가정에 대한 지원(영 § 4)

출처: 농어촌주민의보건복지증진을위한특별법(2008. 2. 29 개정), 시행령(2008. 2. 29 개정), 시행규칙(2008. 3. 3 개정) 정리.

〈부록 1〉 사회복지법 연대표(제정, 폐지, 대체입법, 개명 기준)

구분	1960년대	1970년대	1980년대	1990년대	2000년대	2010년대
사회보장일반	1963. 11. 5 사회보장에관한법률			1995. 12. 30 사회보장기본법(사회보장에관한법률 대체)		
사회복지사업일반		1970. 1. 1 사회복지사업법	1980. 12. 30 사회복지사업기금법	1997. 3. 27 사회복지공동모금법(사회복지사업기금법 대체)	2004. 1. 29 농어촌주민보건복지증진을위한특별법 2005. 8. 4 자원봉사활동기본법 2006. 3. 24 식품기부활성화에관한법률 2005. 1. 27 교통약자이동편의증진법	2011. 3. 30 사회복지사등의처우및지위향상을위한법률
아동/청소년	1961. 12. 30 아동복리법		1981. 4. 13 아동복지법(아동복리법 대체)	1991. 1. 14 영유아보육법 1991. 12. 31 청소년기본법	2000. 2. 3 아동청소년의성보호에관한법률	
노인			1981. 6. 5 노인복지법	1991. 12. 31 고령자고용촉진법	2007. 4. 25 기초노령연금법 2008. 3. 21 고용상연령차별금지및고령자고용촉진에관한법률(고령자고용촉진법 개명)	

장애인			1981. 6. 5 심신장애자복지법 1989. 12. 30 장애인복지법(심신장애자복지법 개명)	1990. 1. 13 장애인고용촉진등에관한법률	2000. 1. 12 장애인고용촉진및직업재활법(장애인고용촉진등에관한법률 개명) 2008. 3. 21 중증장애인생산품우선구매특별법 2005. 7. 29 장애인기업활동촉진법 2007. 4. 10 장애인차별금지및권리구제등에관한법률 2007. 5. 25 장애인등에대한특수교육법(특수교육진흥법 대체입법)	2010. 4. 12 장애인연금법 2011. 1. 4 장애인활동지원법 2011. 8. 4 장애아동복지지원법
가족/여성	1961. 11. 9 윤락행위등방지법		1989. 4. 1 모자복지법		2004. 2. 9 건강가정기본법 2004. 3. 22 성매매알선등행위의처벌에관한법률(윤락행위등방지법 대체) 2002. 12. 18 모부자복지법(모자복지법 대체) 2007. 10. 17 한부모가족지원법(모부자복지법 개명) 2008. 3. 21 다문화가족지원법 2007. 12. 24 가족친화사회환경조성촉진에관한법률	

근로 일반			1986. 12. 31 최저임금법 1987. 12. 4 남녀고용평등법	1991. 8. 10 사내근로복지기금법	2007. 12. 21 남녀고용평등과일자정양립에지원에관한법률(남녀고용평등법 개명) 2001. 8. 14 근로자복지기본법 2010. 6. 8 근로복지기금법(근로자복지기본법 개명, 사내근로복지기금법 폐지)	
공적 부조	1961. 12. 30 생활보호법 1961. 12. 30 자활지도에관한임시조치법 1961. 11. 1 군사원호보상법 1962. 3. 20 재해구호법	1977. 12. 31 의료보호법 1970. 8. 4 재해구제로인한의사상자구호법	1982. 12. 31 자활지도에관한임시조치법(폐지) 1985. 1. 1 (폐지)군사원호보상법 1984. 8. 2 국가유공자예우등에관한법률	1990. 12. 31 의사상자보호법(재해구제로인한의사상자구호법 대체) 1996. 의사상자예우에관한법률(의사상자보호법 개명) 1997. 1. 13 국가유공자등예우및지원에관한법률(국가유공자예우등에관한법률 개명) 1977. 12. 31 의료보호법	2000. 10 국민기초생활보장법(생활보호법 대체) 2001. 5. 24 의료급여법(의료보호법 대체) 2007. 8. 3 의사상자등예우및지원에 관한법률(의사상자예우에관한법률 개명) 2005. 12. 23 긴급복지지원법	
범죄/ 교정	1961. 9. 30 갱생보호법		1988. 12. 31 보호관찰법	1995. 1. 5 보호관찰등에관한법률(보호관찰법 대체—갱생보호법 포함)		

사회 보험	1960. 1. 1 공무원연금법 1962. 1. 10 선원보험법 1963. 1. 28 군인연금법 1963. 11. 5 산업재해보상보험법 1963. 12. 16 의료보험법	1973. 12. 20 사립학교교원연금법 1973. 12. 24 국민복지연금법 1977. 12. 31 공무원및사립학교교직원의료보험법	1986. 12. 31 국민연금법(국민복지연금법 대체)	1999. 2. 8 국민건강보험법(의료보험법 대체) 1997. 12. 31 국민의료보험법(공무원및사립학교교직원의료보험법 대체)	2009. 2. 6 선원보험법(폐지) 2000. 1. 12 사립학교교직원연금법 2000. 7. 1 국민건강보험법(국민의료보험법 대체) 2002. 1. 19 국민건강보험재정건전화특별법(2006년까지 한시법) 2007. 4. 27 노인장기요양보험법 2009. 2. 6 국민연금과직역연금의연계에관한법률	

〈부록 2〉 사회복지사업법의 위법행위별 벌칙

위법행위(조항)	벌칙 부과 근거 조항	위법행위 주체	벌칙 내용			양벌 여부
			징역	벌금	과태료	
법인의 기본재산에 관한 시도지사 허가(제23조 제3항) 위반	제53조 제1호	법인	5년 이하	1천 5백만 원 이하	–	○
보조금의 목적외 사용 금지(제42조 제2항) 위반	제53조 제2호	사회복지사업을 하는 자	5년 이하	1천 5백만 원 이하	–	○
금융정보(제33조의3 제1항)의 타인제공 및 누설	제53조의2 제1항	조사대상자	5년 이하	3천만 원 이하	–	○
신용정보 또는 보험정보(제33조의3 제2항)의 타인제공 및 누설	제53조의2 제2항	조사대상자	3년 이하	2천만 원 이하	–	○
금융, 신용, 보험 정보외 정보(제33조의3 제3항)의 타인제공 및 누설	제53조의2 제3항	조사대상자	3년 이하	1천만 원 이하	–	○
정보시스템(제6조의2 제2항) 보호 관련 위반	제53조의3	위반자	3년 이하	3천만 원 이하	–	○
시설설치방해 금지(제6조 제1항) 위반	제54조 제1호	국민	1년 이하	1천만 원 이하	–	○
수익사업 수익 용도(제28조 제2항) 위반	제54조 제2호	법인	1년 이하	1천만 원 이하	–	○
시설설치 신고(제34조 제2항)의 신고 위반	제54조 제3호	국가 및 지방자치단체 외의 자	1년 이하	1천만 원 이하	–	○
시설운영 중단 또는 폐지의 경우 거주자 권익보호조치(제38조 제3항, 제40조 제2항)에 대한 기피 또는 거부	제54조 제4호	시설운영자	1년 이하	1천만 원 이하	–	○

시설 개선, 사업 정지, 시설장 교체, 시설 폐쇄 명령(제40조 제1항)의 미이행	제54조 제5호	시설운영자	1년 이하	1천만 원 이하	–	○
사업 또는 업무 종사 중 지득한 타인의 비밀 누설 금지(제47조) 위반	제54조 제6호	종사자 또는 종사하였던 자	1년 이하	1천만 원 이하	–	○
행정청의 지도감독 또는 보고, 서류제출 명령(제51조 제1항)에 대한 미보고, 거짓보고, 미제출, 거짓자료 제출, 거부, 방해, 기피	제54조 제7호	사회복지사업을 운영하는 자	1년 이하	1천만 원 이하	–	○
사회복지사 채용의무 (제13조) 위반	제55조	사회복지법인 및 사회복지시설을 설치·운영하는 자	–	300만 원 이하	–	○
인권보수교육 받을 의무(제13조 제2항 단서) 위반	제58조 제1항	사회복지법인 또는 사회복지시설에 종사하는 사회복지사	–	–	300만 원 이하	–
인권보수교육 받을 의무에 대한 불리한 처분 금지(제13조 제3항) 위반	제58조 제1항	사회복지법인 또는 사회복지시설을 운영하는 자	–	–	300만 원 이하	–
임원 임면 보고(제18조 제6항) 위반	제58조 제1항	법인	–	–	300만 원 이하	–
취득재산의 법인재산편입조치 및 보고(24조) 위반	제58조 제1항	법인	–	–	300만 원 이하	–
사회복지법인 명칭 사용 금지(제31조) 위반	제58조 제1항	사회복지법인이 아닌 자	–	–	300만 원 이하	–
화재책임보험 및 사회복지공제회 책임공제 가입의무 (제34조의3) 위반	제58조 제1항	시설 운영자	–	–	300만 원 이하	–
후원금품대장 등 서류비치 의무(제37조) 위반	제58조 제1항	시설의 장	–	–	300만 원 이하	–

시설 설치 신고 의무(제38조 제1항) 위반	제58조 제1항	시설을 설치, 운영하려는 자	–	–	300만 원 이하	–
시설 운영의 중단, 재개, 폐지의 경우 신고 의무(제38조 제2항) 위반	제58조 제1항	시설 운영자	–	–	300만 원 이하	–
후원금 관리 관련 제 의무(제45조) 위반	제58조 제1항	사회복지법인의 대표이사와 시설의 장	–	–	300만 원 이하	–
복지 욕구 조사(제33조의3 제1항) 불응	제58조 제2항	조사대상자	–	–	20만 원 이하	–

참고문헌

국내 단행본

강희갑(2008). 사회복지법제론. 파주: 양서원.

권영성(1981). 헌법학 원론. 서울: 박영사.

권육상(2007). 최신 사회복지법제론. 서울: 나눔의집.

김경우(2006). 사회복지법제강좌론. 서울: MJ미디어.

김귀환(2007). 사회복지법제론(제2판). 서울: 나눔의집.

김근조(2000). 사회복지법론. 서울: 광은기획.

김기옥(2008). 사회복지법제론. 서울: 법영사.

김기원(2007). 사회복지 법제론. 서울: 나눔의집.

김만두(2006). 사회복지법제론. 서울: 홍익제.

김만두(1998). 사회복지법제론. 서울: 홍익제.

김문현, 신인령, 이용식, 홍정선(1992). 법과 현대사회. 서울: 이화여대출판부.

김부찬(1995). 법학의 기초이론. 서울: 동현출판사.

김세돈(2008). 최신 사회복지법제론. 서울: 기한재.

김수정(2009). 사회복지법제. 서울: 학지사.

김유성(1992). 한국사회보장법론. 서울: 법문사.

김익균, 신재명, 이현기, 장세철, 조추용(2005). 사회복지법제. 서울: 교문사.

김철수(1989). 한국헌법사. 서울: 대학출판사.

김치영(2008). 사회복지법제론. 서울: 파워북.

남기민(2007). 사회복지법제론. 고양: 공동체.

문현철(2007). 사회복지법제. 서울: 청목출판사.

박석돈(2007). 핵심 사회복지법제론. 서울: 삼영사.

박석돈(1999). 사회복지서비스법. 서울: 삼영사.

박승두(1996). 사회보장법. 서울: 중앙경제사.

박윤흔(1993). 행정법강의(상). 서울: 국민서관.

박종삼(1989). 교정사회사업가의 역할. 사회복지전달체계와 사회복지사의 역할. 한국사회사업(복지)대학협의회 편. 서울: 한국복지정책연구소출판부.

박차상(2007). 한국 사회복지법 강의. 서울: 학지사.

박차상, 정상양, 전용득, 김옥희(2004). 한국사회복지법 강의. 서울: 학지사.

박홍규, 권기홍(1998). 사회정책 · 사회보장법. 서울: 삼영사.

배기효, 배철효, 장기성(2003). 한국 사회복지법제론. 서울: 한올출판사.

송근원(1994). 사회복지와 정책과정. 서울: 대영출판사.

신섭중, 신복기, 현외성, 김경호, 박경일, 김익균(1993). 한국 사회복지법제 개설. 서울: 대학출판사.

우종모(2007). 사회복지법제론. 고양: 공동체.

유희일(2008). 사회복지법제론. 서울: 두남.

윤찬영(2007). 사회복지법제론. 서울: 나남.

윤찬영(2001). 사회복지법제론. 서울: 나남출판.

이명남(2008). 사회복지법제론. 서울: 창지사.

이상광(1988). 사회법. 서울: 박영사.

이상광(2002). 사회법. 서울: 박영사.

이소희(2007). 한국 사회복지법. 서울: 문음사.

이영희(2005). 한국 사회복지법규 개설. 서울: 홍익출판사.

이용환(2007). 사회복지법제론(최신). 서울: 대왕사.

이중엽(2008). 사회복지법제론(제4판). 서울: 유풍출판사.

이철수(2007). 한국 사회복지법제. 서울: 높이깊이.

이태영, 고영훈(2002). 사회복지법제론. 서울: 동인.

장동일(1996). 사회복지법의 이해. 서울: 학문사.

장동일(2010). 한국사회복지법제론. 서울: 동문사.

전광석(2003). 한국 사회보장법론(제5판). 서울: 법문사.

조원탁(2008). 사회복지법제론(제5판). 파주: 양서원.

조추용(2006). 사회복지법제론(전정판). 서울: 교육과학사.

참여연대 사회복지특별위원회(1996). 사회복지학교 자료집.

채수훈 편(2000). 공공부조와 복지행정 서비스. 서울: 인간과 복지.

최일섭, 류진석(2003). 지역사회복지론. 서울: 서울대출판부.

최정섭(2008). 사회복지법제론. 서울: 법문사.

최종고(1991). 법학통론. 서울: 박영사.

한국사회복지대학교육협의회(2006). 사회복지학 교과목 지침서(개정판).

한국사회복지학회(2004). 사회복지학 정체성의 위기와 도전 II. 2004 춘계학술대회 자료집.

한국사회사업(복지)대학협의회 편(1989). 사회복지전달체계와 사회복지사의 역할. 서울: 한국복지정책연구소출판부.

허영(2001). 헌법이론과 헌법(신정 제6판). 서울: 박영사.

허영민(1994). 법학개론. 서울: 박영사.

현외성(2008a). 사회복지법제개설. 고양: 공동체.

현외성(2008b). 한국사회복지법제론(제5판). 파주: 양서원.

황인옥(2005). 사회복지법제론. 서울: 학현사.

국내 논문

강철희, 홍현미라(2003). 복지권(Welfare Rights)에 관한 비교연구 -영국과 미국을 중심으로-. 한국사회보장학회, 사회보장연구, 제19권 1호, 135-160.

권오득(1995). '95년 후기 정책 토론회; 사회복지 공동모금법(정부안)에 대한 의견. 한국사회복지정책학회, 사회복지정책, 제1권, 147-155.

김교성(1998). 의료보험제도의 입법시기와 형성과정의 요인들에 대한 분석: 1890-1945. 한국사회복지학회, 한국사회복지학, 제34권, 1-22.

김기수(2007). 사회복지사의 인권관점이 실천유형에 미치는 영향 비교 분석. 한국사회복지학회, 2007년도 국제학술대회(창립50주년기념) 자료집, 651-659.

김대희(2004). 국회입법과정개요. www.moleg.go.kr.

김동국(1994). 음모이론의 관점에서 본 엘리자베드빈민법의 성립과 변천 과정. 한국사회복지학회, 한국사회복지학, 제24권, 35-58.

김만두(1994). 한국복지서비스법의 문제점과 개선책. 한국사회복지학회, 한국사회복지학회 1994년도 추계학술대회 자료집, 3-24.

김미혜, 정진경(2002). 한국인의 '복지권'에 대한 인식과 태도 연구. 한국사회복지학회, 한국사회복지학, 제50권, 33-60.

김상균(1986). Beveridge 보고서의 작성 및 입법과정에 관한 연구. 한국사회복지학회,

한국사회복지학, 제7권, 1-19.

김상호, 김형수(2004). 빈곤정책과 노인빈곤의 사회적 권리의 비현실화. 한국사회복지정책학회, 사회복지정책, 제19권, 51-70.

김성숙(2000). 사회보장협정의 현황 및 과제. 한국사회복지정책학회, 사회복지정책, 제10권, 271-287.

김수갑, 여경수(2006). 노숙자보호를 위한 법제도적 개선방안 -주거복지를 중심으로-. 한국사회보장학회, 사회보장연구, 제22권 2호, 163-182.

김연희(1985). 영국 구빈법의 사상적 배경. 한국사회복지학회, 한국사회복지학, 제6권, 23-44.

김영모, 최경식, 김형식, 김연명(1998). 한국 사회보장제도와 불평등구조에 관한 연구: 사회보험제도가 계층화에 미치는 효과. 한국사회복지정책학회, 사회복지정책, 제6권, 9-33.

김원섭(2007). 복지국가란 무엇인가? 시민권 이론의 관점에서. 한국사회보장학회, 사회보장연구, 제23권 4호, 139-166.

김유성(1994). 사회복지법의 체계화 방안(토론 원고). 한국사회복지학회, 한국사회복지학회 1994년도 추계학술대회 자료집, 91-93.

김인숙(2007). 건강가정기본법 제정과정에 나타난 가족 및 가족정책 담론. 한국사회복지학회, 한국사회복지학, 제59권 3호, 253-280.

김형방(1995). 형사사법제도에 있어서 보호관찰제도의 활성화와 교정사회사업가의 역할에 관한 연구. 한국사회복지학회, 한국사회복지학, 제27권, 115-152.

김형식(1995). T. H. Marshall의 「시민적 권리」론에 관한 소고. 한국사회복지학회, 한국사회복지학, 제26권, 77-109.

김혜련(1991). 정신보건법 제정과정에서 나타난 관련 집단에 관한 연구. 한국사회복지학회, 한국사회복지학, 제18권, 1-24.

김훈(2004). 사회복지법제교육의 법사회적 통합모델을 위한 탐색적 연구. 한국사회복지학회, 한국사회복지학회 2004년도 춘계학술대회 자료집, 507-533.

김훈(2004). 기독교와 NGO복지 교과과정 개발과 사회복지학의 기여. 기독교와 NGO복지: 학제간 협동교과과정 연구. 한들출판사/한일장신대학교출판부.

나병균(2000). 사회보장 기본원리 측면에서 살펴 본 국민기초 기초생활 보장법의 문제점. 한국사회복지학회, 한국사회복지학회 2000년도 추계학술대회 자료집, 385-401.

나병균(1995). 우리나라 사회보험 개별법들의 특성과 과제. 한국사회복지학회, 한국사회복지학, 제25권, 77-103.

남미애(2006). 사법처리과정 청소년의 삶의 질에 영향을 미치는 요인. 한국사회복지학회, 한국사회복지학, 제58권 1호, 265-290.

남현주(2007). 사회정의연구의 두 영역: 규범적 영역과 경험적 영역. 한국사회보장학회, 사회보장연구, 제23권 2호, 135-159.

노혜련(1993). 아동권리 국제협약 및 세계정상 행동계획의 국내 이행상황에 관한 연구 -민간단체의 관점을 중심으로-. 한국사회복지학회, 한국사회복지학회 1993년도 추계학술대회 자료집, 166-181.

맹수석(2001). 공공부조제도의 현황과 법적 과제. 한국사회복지정책학회, 사회복지정책, 제12권, 153-186.

문진영(1999). 국민기초생활보장법 제정의 쟁점과 운영방안에 관한 연구. 한국사회복지학회, 한국사회복지학, 제38권, 100-125.

박미은(1991). 정신보건사업에서 사회사업가의 역할 -정신보건법을 중심으로-. 한국사회복지학회, 한국사회복지학, 제17권, 87-107.

박석돈(1994). 한국 사회복지서비스법의 문제점과 개선책(토론). 한국사회복지학회, 한국사회복지학회 1994년도 추계학술대회 자료집, 25-28.

박순우(2004). T. H. Marshall 시민권론의 재해석. 한국사회복지정책학회, 사회복지정책, 제20권, 87-107.

박윤영(2002). 국민기초생활보장법 제정과정에 관한 연구. 한국사회복지학회, 한국사회복지학, 제49권, 264-295.

박지순(2005). 유럽사회보장법의 구조와 발전. 한국사회보장학회, 사회보장연구, 제21권 4호, 57-88.

서미경(2003). 정신장애인의 인권보장과 제한에 관한 연구. 한국사회복지학회, 한국사회복지학, 제55권, 231-254.

서병수(2008). 한국의 최저생계비개념에 대한 비판적 고찰. 한국사회복지정책학회, 사회복지정책, 제34권, 383-411.

성희자(2005). 인간다운 생활의 보장으로서 국민기초생활보장제도에 관한 소고. 한국사회복지정책학회, 사회복지정책, 제23권, 213-234.

소광섭(2007). 진대법의 사회복지적 성격에 관한 연구. 한국사회복지정책학회, 사회복지정책, 제31권, 63-78.

송기민, 고수경, 박다진(2006). 현행 사회보험 권리구제제도의 문제점 및 개선방안. 한국사회보장학회, 사회보장연구, 제22권 2호, 183-207.

송다영(2005). 가족가치 논쟁과 여성의 사회권에 관한 고찰. 한국사회복지정책학회, 사회복지정책, 제22권, 231-254.

심재호(1997). 일본의 복지관계 8법 개정과 공적 사회복지전달체계의 변화. 한국사회복지정책학회, 사회복지정책, 제5권, 121-141.

안치민(2003). 복지권 개념정립 -인권 및 시민권적 관점-. 한국사회복지학회, 한국사회복지학회 2003년도 춘계학술대회자료집, 227-241.

안치민(2003). 복지권의 구성과 성격. 한국사회복지학회, 한국사회복지학, 제55권, 5-25.

양옥경(1995). 사회복지법으로서의 정신보건법. 한국사회복지학회, 한국사회복지학회 1995년도 춘계학술대회 자료집(자유논문발표), 81-98.

양철호, 이수애, 이경미, 이형하, 조준(2000). 생산적 복지의 개념에 관한 일 고찰. 한국사회복지정책학회, 사회복지정책, 제10권, 181-199.

오세근(1997). 노인의 성적 권리에 대한 복지철학적 이해. 한국사회복지정책학회, 사회복지정책, 제5권, 81-92.

우국희(2001). 노인학대 관련 정책 개발을 위한 일 고찰 - 미국의 노인학대 관련법과 서비스 정책을 중심으로. 한국사회복지학회, 한국사회복지학, 제44권, 209-231.

원미혜(2005). 사회적 소수자의 인권: 성판매 여성의 인권 탐색을 위한 시론. 한국사회복지학회 학술대회 자료집, 한국사회복지학회 2005년도 추계공동학술대회, 313-332.

원석조(1997). 1935년 미국 사회보장법에 대한 정부와 노자의 입장. 한국사회복지정책학회, 사회복지정책, 제5권, 222-238.

원석조(1996). 1911년 영국의 국민보험법과 계급관계. 한국사회복지정책학회, 사회복지정책, 제3권, 31-64.

유동철(2005). 장애인차별금지법의 잠재적 비용-편익 분석: 고용영역을 중심으로. 한국사회복지학회, 한국사회복지학, 제57권 2호., 297-320.

유동철(2001). 장애인복지법을 넘어 차별금지법으로. 한국사회복지학회, 한국사회복지학회 2001년도 추계학술대회 자료집, 343-354.

윤찬영(2003). 지방분권론과 지역사회복지의 전망: 지방자치법과 사회복지법을 중심으로. 한국사회복지정책학회, 사회복지정책, 제16권, 27-41.

윤찬영(1998). 빈민에 관한 사회복지법의 문제: 생활보호법의 제 문제에 대한 비판적 분석을 중심으로. 한국사회복지정책학회, 사회복지정책, 제7권, 9-21.

윤찬영(1994). 사회복지법의 규범적 타당성과 실효성의 문제 -사회복지사업법을 중심으로-. 한국사회복지학회, 한국사회복지학, 제23권, 177-198.

윤홍식(2004). [특별보고회] 건강가정기본법 제정경과, 쟁점, 한계에 대한 검토. 한국

사회복지학회, 한국사회복지학회 2004년도 춘계학술대회 자료집, 101-123.
이광찬(1995). '95년 후기 정책 토론회; 사회보장기본법안에 대한 검토. 한국사회복지정책학회, 사회복지정책, 제1권, 138-146.
이동석(2004). 장애학의 다중 패러다임과 한국 장애인복지의 성격 - 장애인복지법을 중심으로. 한국사회복지학회, 한국사회복지학, 제56권 3호, 227-251.
이동우(2005). 장애인차별금지법의 제정의도와 의도하지 않은 결과. 한국사회복지학회, 한국사회복지학회 2005년도 추계공동학술대회 자료집, 487-493.
이명현(2004). 사회복지에서의 이용자 지원을 위한 권리옹호(Advocacy) 시스템에 대한 고찰. 한국사회복지학회, 한국사회복지학, 제56권 2호, 29-52.
이병운(2004). 민법상 부양의무와 사회보장법상 가족책임의 사회적 평가와 조정. 한국사회보장학회, 사회보장연구, 제20권 2호, 179-207.
이성기(1994). 사회부조 관련법의 문제점과 개선방안. 한국사회복지학회, 한국사회복지학회 1994년도 추계학술대회 자료집, 31-46.
이승기(2007). 장애인차별금지법의 제정과정, 쟁점 그리고 함의. 한국사회보장학회, 사회보장연구, 제23권 3호, 227-250.
이승기(2006). 소득기준에 의한 빈곤가구와 박탈기준에 의한 빈곤가구의 가구구성에 있어서의 차이에 관한 연구. 한국사회복지정책학회, 사회복지정책, 제26권, 37-54.
이승협(2008). 유럽의 사회정의와 사회정책. 한국사회복지정책학회, 사회복지정책, 제34권, 413-434.
이신용(2008). 국민기초생활보장제도와 의회의 책임성. 한국사회복지정책학회, 사회복지정책, 제34권, 35-61.
이인애(1985). Bismarck의 3대 사회보험입법에 관한 연구. 한국사회복지학회, 한국사회복지학, 제6권, 221-239.
이진숙, 안대영(2005). 건강가정기본법의 정책결정과정 분석: 킹돈의 이론을 중심으로. 한국사회복지정책학회, 사회복지정책, 제23권, 159-181.
이현주(2006). 산재보험 급여수급자의 삶의 질에 관한 연구. 한국사회보장학회, 사회보장연구, 제22권 1호, 153-177.
이혜원(2006). 한일 아동복지법의 내용에 관한 비교연구. 한국사회복지학회, 한국사회복지학, 제58권 2호, 167-195.
이혜원(2001). 아동권리에 관한 국제협약과 국내 아동복지법 비교. 한국사회복지학회, 한국사회복지학 제44권, 262-287.

장의성(2005). 특수형태근로종사자의 노동법적 보호방안 연구. 한국사회보장학회, 사회보장연구, 제21권 2호, 135-167.

정무성(2007). 한국사회 새로운 소수자의 인권. 한국사회복지학회, 한국사회복지학회 2007년도 국제학술대회(창립50주년기념) 자료집, 277-282.

정진경(2007). 사법적 판단과 사회복지정책 변화에 관한 연구. 한국사회복지정책학회, 사회복지정책, 제30권, 163-185.

정진경(2006). 사회복지법 관련 헌법재판소 판례 분석: 1987-2004년 헌법판례 현황과 내용을 중심으로. 한국사회복지학회, 한국사회복지학, 제58권 1호, 395-423.

조광자(2008). 장애차별금지법과 장애인의 경제적 복지 -미국의 미국장애인법과 소득보장정책의 긴장관계를 중심으로-. 한국사회복지정책학회, 사회복지정책, 제34권, 109-131.

조영규(2004). 법령체계 및 입법절차. www.moleg.go.kr.

조원탁, 이형하, 조준(2007). 사회보장기본법의 "관련 복지제도" 규정에 관한 연구. 한국사회보장학회, 사회보장연구, 제23권 1호, 57-79.

조홍식(2007). 한국 사회복지영역에서의 인권문제. 한국사회복지학회, 한국사회복지학회 2007년도 국제학술대회(창립50주년기념) 자료집, 271-276.

차홍봉(2007). 한국의 사회복지와 인권. 한국사회복지학회, 한국사회복지학회 2007년도 국제학술대회(창립50주년기념) 자료집, 299-302.

차홍봉(1995). '95년 후기 정책 토론회; 노인복지관계법의 개정방향. 한국사회복지정책학회, 사회복지정책, 제1권, 167-182.

최말옥(2004). 정신장애인의 자아존중감과 집단의식이 권리의식에 미치는 영향. 한국사회복지학회, 한국사회복지학, 제56권 2호, 145-166.

최현숙(1995). '95년 후기 정책 토론회; 공익자원봉사활동지원법안의 문제와 대안. 한국사회복지정책학회, 사회복지정책, 제1권, 156-166.

한승훈(2004). 우리나라 사회보험 행정상 심급적 행정심판을 위한 법제적 고찰. 한국사회보장학회, 사회보장연구, 제20권 3호, 201-227.

한혜빈(2004). [특별보고회] 건강가정기본법제정에 따른 2004 한국가족사회복지학회의 대응방안. 한국사회복지학회, 한국사회복지학회 2004년도 춘계학술대회 자료집, 125-132.

홍금자(1999). 일제시대의 사회복지정책 및 그 특성에 관한 연구, 한국사회복지정책학회. 사회복지정책, 제8권, 34-57.

홍봉선, 남승규, 남미애(2002). 소년사법처리과정에 있는 청소년이 지각한 사회적 지지와 교정성에 관한 연구. 한국사회복지학회, 한국사회복지학, 제51권, 183-210.

국외 문헌

Albert, R. (2000). *Law and Social Work Practice: A Legal Systems Approach* (2nd ed.). Springer Publishing.

Black, D. (1972). The Boundaries of Legal Sociology. *Yale Law Journal, 81,* 1086–1101.

Bohannan, P. (1967). *Law and Welfare.* New York: Natural History Press.

Bradway, J. (1929). Law and Social Welfare. *Annals of the American Academy of Social and Political Science, Vol. 145*, Part 1, 1–149.

Bradway, J. (1929). *Law and Social Work.* Chicago, IL: University of Chicago Press.

Dean, H. (1996). *Welfare, Law and Citizenship.* Prentice Hall/Harvester Wheatsheaf.

Dickson, D. (July 1976). Law in Social Work: Impact of Due Process. *Social Work, 21*, 274–278.

Foster, H. H. (July 1964). Social Work, the Law and Social Action. *Social Casework.*

Hoebel, E. (1954). *The Law of Primitive Man: A Study in Comparative Legal Dynamics.* Cambridge, MA: Harvard University Press.

Jones, K., Brown, J., & Bradshaw, J. (1983). *Issues in Social Policy.* Routledge & Kegan Paul Plc.

Katkin, D. (1974). *Law and Social Work: A Proposal For Interdisciplinary Education.*

Kidder, R. (1983). *Connecting Law and Society.* Philadelphia, PA: Temple University Press.

Lukton, R. C. (November 1978). Social Policies, Social Services, and the Law. *Social Casework.*

Malinowski, B. (1961). *Crime and Custom in Savage Society.* London: Routledge.

Mermin, S. (1982). *Law and the Legal System: An Introduction.* Boston, MA: Little, Brown Co.

Mullun, E. (1978). The Consrtuction of Personal Models for Effective Practice: A Method for Utilizing Research Findings to Guide Social Intervention. *Journal of Social Service Research, 2*(1), 45–64.

NASW (1977, 1987). *Encyclopedia of Social Work.*

Nonet, P., & Selznik, P. (1978). *Law and Society in Transition.* New York: Harper and Row.

Radbruch, G. 저. *Der Mensch in Recht*. 손지열, 황우려 공역(1981). 법에 있어서의 인간. 서울: 육법사.

Schroeder, L. (1982). *The Legal Environment of Social Work*. Englewood Cliffs, NJ: Prentice Hall.

Selznick, P. (1961). Sociology and Natural Law. *Natural Law Forum, 6*(1), 84–108.

Smith, R. H. (1919). *Justice and the Poor*. New York: Carnegie Foundation.

Weber, M. (1954). *On Law in Economy and Society*. New York: Simon & Schuster.

Zippelius, R. 저. *Einführung in Die Juristische Methodenlehre*. 김형배 역(1990). 법학방법론. 서울: 삼영사.

찾아보기

인명

고영훈 110
권영성 31, 33
김근조 28, 38
김기식 154
김대희 54
김만두 108, 115
김부찬 63
김유성 108
김훈 154

류진석 163

박윤흔 166
박종삼 171

이상광 66, 108
이태영 110

장동일 81, 112
조영규 51

최일섭 163
최종고 21

허영 27
허영민 69, 145

Albert, R. 24, 156, 162, 164
Aristoteles 44

Bentham, J. 44
Black, D. 22
Bohannan, P. 23

Engels, F. 65

Fichte, J. G. 43

Hoebel, E. 22

Jhering, R. v. 26, 44

Kant, I. 43
Kelsen, H. 26
Kidder, R. 22

Locke, J. 31
Lukton, R. C. 160

Malinowski, B. 22
Marx, K. 65
Mayer, O. 37
Mullen, E. 157

Platon 43

Radbruch, G. 39, 41, 65
Rouseau, J. J. 43

Schmitts, C. 35
Selznick, P. 22
Weber, M. 22

내용

가입기간의 합산 182
가정교육팀 266
가정문화팀 266
가정봉사원 265
가정상담팀 266
가정생활문화 264
가정위탁사업 304
가정폭력 463
가정폭력관련 상담소 467
가정폭력관련 상담원 교육훈련시설 470
가정폭력방지및피해자보호등에관한법률 463
가정폭력범죄의처벌등에관한특례법 463
가정폭력피해자 보호시설 466, 468
가정폭력행위자 472
가족부양 263
가족실태조사 261
가족지원서비스 447
가족친화사회환경의조성촉진에관한법률 104
각하 112
간주 148
감시자 165
강제 22, 26
강제가입 69
강행법 145
개별가구의 소득평가액 196
개입 75
개입방법 76
갹출 59
건강가정 261
건강가정교육 266
건강가정기본계획 259
건강가정기본법 104, 257
건강가정사 267
건강가정사업 261
건강가정실무기획단 258
건강가정위원회 258
건강가정전담조직 266
건강가정정책위원회 258
건강가정지원센터 266
건강보험료 510
건강정책국 123
건강진단 413
결혼이민자 458
경과규정 146, 147
경로당 419
경로우대 412
경로의 달 406
경성헌법 63
경제법 66
계량화 109
계약자유의 원칙 64, 67, 69
고등교육법 295
고유사무 127
고유성 32
고전적 권리 77
공공기관의운영에관한법률 317, 327
공공보건의료에관한법률 507, 508
공공복리 45
공공부조 181
공공부조의 원리 195
공공부조청구권 183
공공사회복지행정조직 127
공단 116
공동생활가정 263, 297
공동생활가정사업 298
공무원연금법 97

공법화 69
공산당 선언 65
공산주의 65
공적부조 59
과실책임의 원칙 64
과잉조치금지의 원칙 135
과태료 114
관련복지제도 181
관련복지제도청구권 183
관습 23
관습법 27
광역자치단체 127
교육급여 198, 200
교육을 받을 권리 78
교육재활 325
교정복지사업 170
교정사 340
교정사회사업가 170
교통약자의이동편의증진법 105
구법 146
구빈 107
구상권 185, 472
구체적 권리설 85
구체적 타당성 150
국·공립정신의료기관 379
국가유공자등예우및지원에관한법률 317
국가의 역사성 71
국가정신보건사업계획 374
국가책임의 원리 195
국공립어린이집 278
국내법 70, 92
국민건강보험재정건전화특별법 105
국민기초생활보장법 112, 195, 204
국민연금과직역연금의연계에관한법률 106
국민연금보험료 510
국유재산법 406
국적법 455
국제법 70, 92
국제법의 지위 91
국제연합헌장 93
국제인권규약 93
권력규범성 71
권력분립주의 64
권위 22
규범 24
규범적 구조 108
규범조화적 해석설 36
규칙 27
근대화 22
근로의 권리 78
근로자복지기본법 105
근로자직업능력 개발법 295
금융거래 207
금융실명거래및비밀보장에관한법률 207, 209
금융자산 207
급여변경의 금지 213
급여위탁거부금지의무 213
급여의 결정 210
급여의 변경 211
급여의 자유송금 182
급여의 중지 212
급여청구권 107
기관위임규칙 51
기관위임사무 127
기본권 31
기본권의 충돌 36
기본적 인권 32
기부금품 492
기속 28
기초노령연금법 104, 433
기초자치단체 127
기획·홍보분과실행위원회 490
긴급복지지원법 101
긴급전화 422
긴급전화센터 467

남용 112
노동 3권 78

노동법 66, 68, 72
노동입법 67
노동조합법 68
노인공동생활가정 416
노인교실 419
노인단독가정 263
노인보호전문기관 422
노인복지관 419
노인복지명예지도원 410
노인복지법 405
노인복지상담원 409
노인복지주택 416, 417
노인여가복지시설 419
노인요양공동생활가정 418
노인요양시설 418
노인의 날 406
노인의료복지시설 418
노인일자리전담기관 412
노인재활요양사업 415
노인전문병원 418
노인주거복지시설 416
노인지역봉사기관 412
노인취업알선기관 412
노인학대 422
노인휴양소 419
논리해석 151
농어촌 우선 지원 및 실시 특례 507
농어촌민간의료기관 508
농어촌보건복지기본계획 506
농어촌주민의보건복지증진을위한특별법 105, 505
농어촌특별세 506

다문화가족 455
다문화가족정책위원회 457
다문화가족지원법 104, 455
다문화가족지원정책 기본계획 457
단결권 73
단기보호서비스 421
단기보호시설 468
단체교섭권 73
단체위임사무 127
단체자치 127
단체행동권 73
담보제공 110
당위(當爲)의 규범 25
대통령령 49, 50
동료 169
등급 사정 328

로비스트 164

명령 27
명확성(明確性)의 원칙 136
모 · 부자복지법 442, 443
모금분과실행위원회 490
모성보호 263
모자가족 444
모자복지법 441, 442
무권해석 150
무차별평등의 원리 195
문리해석 151
문화규범 25
미혼모 공동생활가정 448
미혼모가정 263
미혼모자 공동생활가정 448
미혼모자시설 448
민간사회복지행정조직 131
민법 72
민주성 177
민주주의 64

바이마르헌법 65, 77
반사적 이익 107
반사적 이익의 법리 110
반환명령 217
방과 후 아동지도사업 298
방문 목욕서비스 421
방문요양서비스 413, 420
배분분과실행위원회 490

배분적 정의 44
벌칙 113
법원 169
법규 21, 49
법규명령 49
법규범의 발견 147
법령 21
법령위임규칙 51
법률 21, 27, 49
법률관계 107
법률구조서비스 160
법률문제 147
법률유보 37
법률의사설 150
법률적 정의 44
법사학 140
법사회적 문제 156
법사회학 141
법실증주의 23
법실체주의 23
법의 목적 43
법의 생성 162
법의 소멸 162
법의 이념 39
법의 정의 21
법의 존재형식 26
법의 집행 162
법의 한계 29
법의 해석 147
법의 흠결 149
법적 권리설 85
법적 안정성 42, 150
법적 정당성 44
법전 21
법정책학 142
법철학 140
법치주의 37, 64
법해석 149
법해석학 143
법현실주의 23
보건교육 413
보건복지가족부 122
보건복지부 122
보건부 122
보건사회부 122
보건소 292, 379
보건의료서비스 231
보건의료의 제공 508
보건진료소의 통합 507
보상의 원리 71
보육개발원 275
보육교직원 281
보육정보센터 275
보육정책위원회 275
보육정책조정위원회 274
보장기관 204
보장기금 216
보장비용 215
보장비용의 부담 215
보장시설 213
보조금 216
보조기관 115
보충성의 원리 195
보편성 32, 177
보험업법 207
보험의 원리 71
보험정보 207
보호시설에있는미성년자의후견직무에관한법률 296
복권 492
복수학위제도 162
복합노인복지시설 509
부당결부금지의 원칙 136
부령 49, 50
부성보호 263
부양의무자 197
부자가족 444
부조의 원리 71
부칙 146
불가침성 32

불문법 27
불이익변경금지 110
비교법학 141
비례의 원칙 135
비상재해대비시설기준 심의위원회 276
비송사건절차법 114
비용의 부담 191
비용의 징수 216
비판적 법률 연구 24

사내근로복지기금법 105
사문화 162
사법제도 168
사법해석 150
사보험(私保險)제도 72
사실문제 147
사실의 추정 147
사실확정 147
사유재산제도 67
사적 소유제도 64
사적 자치 109
사회계약 31
사회권 75
사회권적 기본권 78
사회규범 24
사회민주주의 65
사회법 63, 66, 69
사회법원리 65
사회보장 175, 59
사회보장기본법 61, 112, 179, 230
사회보장법 175, 66, 68
사회보장수급권 183
사회보장수준 183
사회보장심의위원회 186, 187
사회보장에관한법률 61, 178
사회보장에의 길 175
사회보장장기발전방향 187
사회보장전달조직 191
사회보장협정 70
사회보험 180
사회보험 180, 59
사회보험청구권 183
사회복지공동모금 485
사회복지공동모금법 486
사회복지공동모금사업 488
사회복지공동모금지회 491
사회복지공동모금회 488
사회복지공동모금회법 485
사회복지법 57
사회복지법의 개념 57
사회복지법의 구성요소 73
사회복지법의 목적 75
사회복지법의 법적 성격 68
사회복지법의 이념 77
사회복지법인 244
사회복지사등의처우및지위향상을위한법률 105
사회복지사업기금법 486
사회복지서비스 181, 230
사회복지서비스청구권 183
사회복지수급권 107
사회복지시설 248
사회복지실천가 165
사회복지위원회 237
사회복지의 증진 82
사회복지전달체계 237
사회복지전담공무원 207, 240
사회복지정책실 124
사회복지행정조직 115
사회복지현상 69
사회서비스 230
사회적 관계 57
사회적 법치주의 65
사회적 통합 83
사회주의 65
사회질서 46
사회통제 22
산후조리도우미 330
삼권분립의 원칙 52
상담 184

상대적 규범 25
상부상조정신 71
상위법 144
상호주의원칙 181
생계급여 198
생애주기 263
생존권 75
생존권보장의 원리 195
생존권의 개념 77
생활 미자립자 81
생활규범성 71
생활보장급여 197
생활보장위원회 205
생활보호법 195
생활보호법 95
생활상의 위험 73
성매매방지및피해자보호등에관한법률 104
성문법 26
성폭력방지및피해자보호등에관한법률 104, 475
성폭력범죄의처벌등에관한특례법 475
성폭력범죄의처벌및피해자보호등에관한 법률 104
성폭력전담의료기관 481
성폭력피해상담소 478
성폭력피해자보호시설 479
성폭력피해자통합지원센터 481
세법 72
소급효 147
소득공제제도 72
소득인정액 196, 436
소득재분배 83
소유권절대의 원칙 69
소청심사 111
손해전보제도 167
수급권 184
수급권의 포기 185
수급권자 197
수급자 203
수급품 199
수속적 권리 108
수정원리 64
수화통역사 340
시민법 67
시민법원리 64, 65
시민사회 153, 67
시민적 법치주의 65
시민혁명 63
식품기부활성화에관한법률 105, 501
신뢰보호의 원칙 134
신법 146
신분상 차별금지의무 213
신용정보 207
신용정보의이용및보호에관한법률 209
신의성실원칙 112
신청보장의 원칙 206
실정권설 33
실정권설 33
실정법상의 권리냐 33
실종노인 425
실질적 평등 44
실체적 권리 108
심사청구 111
심신장애자복지법 317
심판청구 111

아동 위해행위 305
아동 · 청소년의성보호에관한법률 103
아동 287
아동가정지원사업 298
아동단기보호시설 297
아동보호전문기관 300
아동보호치료시설 296
아동복지관 297
아동복지시설 종사자 299
아동복지지도원 292
아동상담소 297
아동양육시설 296
아동위원 291
아동일시보호시설 296

아동전문상담사업 298
아동전용시설 297
아동정책조정위원회 290, 291
아동주간보호사업 298
아동직업훈련시설 297
아동청소년정책실 126
아동학대 300
압류금지 110, 213
야경국가 67
양도금지 213
양로시설 416
양벌규정 113
어린이집운영위원회 276
여성복지관 448
연계성 178
연대성 177
영유아보육법 273, 277
예산부수법안 52
예산편성권 52
예외법 146
옹호자 169
외국인보호시설 468
외래치료명령 392
요양보호사 421
요양보호사교육기관 421
원고 169
원조의 원리 71
원칙법 146
위계 50
위원회제안법률 54
위임 50
위임사무 127
위임입법 166
위임조례 51
위헌결정제청권 27
위헌심사권 27
유권해석 150
유급휴가 263
유럽인권규약 93
유류금품 217
유추적용 149
응급의료체계의 구축 508
응급입원 385
의료급여 198
의료급여법 101
의료법 377
의료보호법 101
의원발의법률안 54
의제 147
의지 · 보조기 기사 341
의지 · 보조기 339
이념 39, 77
이의신청 111, 214
이익형량설 36
이중가입의 배제 182
이혼가정 265
이혼예방 265
인간다운 생활을 할 권리 78, 79
인간다운 생활의 보장 82
인권 31
인증제도 332
일반법 144
일반적 정의 44
일반적으로 승인된 국제법규 93
일시보호시설 448
일신전속적 성격 110
임의법 145
입법권 52
입법방침(프로그램)규정설 85
입법자의사설 150
입법절차 52
입법해석 150
입안 54
입헌주의국가 83

자기행위에 대한 책임 67
자립지원시설 297
자연권 31
자연권론 31
자연권설 33

자연법상의 권리 33
자연법이론 23
자연법칙 25
자원봉사활동기본법 105
자유경쟁원리 64
자유로운 생활보장의무 213
자유방임주의 67
자유의사 존중 67
자유주의 64
자의입원 383
자치법규 50, 51
자활공동체 203, 263
자활급여 199
자활기관협의체 203
자활기금 204
자활지원계획 211
장기보호시설 468
장애수당 333
장애아동 복지지원 이용권 353
장애아동 복지지원 350
장애아동 349
장애아동복지지원법 103, 349
장애아동수당 333
장애인 등록 328
장애인 생활시설 324, 336
장애인 유료복지시설 324, 336
장애인 주간 317
장애인 지역사회재활시설 324, 336
장애인 직업재활시설 324, 336
장애인가정 263
장애인고용촉진등에관한법률 102
장애인고용촉진및직업재활법 102
장애인기업활동촉진법 102
장애인동료 간 상담 335
장애인등에대한특수교육법 102
장애인보조견 331
장애인보조기구 338
장애인보호시설 468
장애인복지단체협의회 338
장애인복지법 315
장애인복지상담원 323
장애인복지전문인력 340
장애인사용자동차등표지 331
장애인연금법 363
장애인의 날 317
장애인정책국 125
장애인정책조정위원회 322, 355
장애인정책책임관 322
장애인활동지원기관 359
장애인활동지원에관한법률 102, 355
장애인활동지원인력 361
장애판정위원회 328
장제급여 199
재가노인복지시설 420
재결신청 111
재산권 절대의 원칙 64
재산의 소득환산액 196
재판규범 25
재판해석 151
재한외국인처우기본법 455
재활상담 329
저출산 · 고령사회정책 104
저출산고령사회정책국 125
적용대상 74
적정절차 158
전략가 165
전문 78
전문가 증인 169
전문성 178
전문증언 170
전산망 208
전원위원회 54
절대적 규범 25
절차적 권리 108
점역 340
점진적 사회개혁 64
정보접근 · 이동 325
정보제공자 165
정신병원 375
정신보건법 369

정신보건사업지원단 379
정신보건센터 379
정신보건시설 375
정신보건심의위원회 386
정신보건연구기관 379
정신보건전문요원 374
정신요양시설 376
정신의료기관 377
정신질환자 사회복귀시설 380
정신질환자 369
정신질환자생활시설 380
정신질환자의 사회복귀시설 380
정신질환자지역사회재활시설 380
정신질환자직업재활시설 380
정의 22, 40
정치규범성 71
제도적 보장 35
제정권자 27
제정법 26
제척 389
제헌헌법 86
조례 27, 51
조례위임규칙 51
조례집행규칙 51
조리 28
조사순응의무 112
조선구호령 95
조세감면규제법 427
조세감면제도 72
조약 92
조약의 '비준' 92
조약의 '체결' 92
조직가 165
조직규범성 71
종교적 행위 강요금지의무 213
죄형법정주의 136
주체 73
주 · 야간보호서비스 420
주거급여 198
주관적 공권 33
주민자치 127
준농어촌 511
중간자 165
중앙가정위탁지원센터 304
중앙생활보장위원회 198, 205
중앙자활센터 202
중증장애인 363
중증장애인생산품우선구매특별법 102
중증장애인자립생활지원센터 323, 335
지방공기업법 317, 327
지방자치단체 127
지방자치법 127
지방장애인복지위원회 323
지방재정법 406
지역가정위탁지원센터 304
지역보건법 374
지역보건의료계획 374
지역아동센터 297
지역자활센터 202
직권 신청 207
직업재활 325
직장어린이집 278
직장어린이집명단공표심의위원회 276

차등분담의 비율 215
차등지급 199
차상위계층 207
차상위자 199
참여기관 115
채권채무관계 72
천부인권론 31
천부적 인권론 31
청소년복지지원법 103
청소년의성보호에관한법률 103
초 · 중등교육법 327, 466
총리령 49
최고규범성 71
최저기준 이상 급여제공의무 213
최저생계비 198
최저생활 180, 78

최저생활보장의 원리 195
최저임금법 183
추상적 권리설 85
추정 147
치료보호 472
치매 414
치매극복의 날 406
치매상담센터 415
치매상담전문요원 415
치매연구 414
치매연구관리사업 414
치매예방 414
치매퇴치 414
친권상실 295

타법우선보장의 원칙 197
통일성 177
통지의무 184
퇴소조치 등 295
특별법 144
특수치료행위 396

판례법 27
판례연구 142
편의시설 326
평균적 정의 44
평등 44
평등의 원칙 136
폐쇄회로 텔레비전 293
표준화 109
피고 169

하위법 144
학대아동보호사업 298
학리해석 150
학제적 차원 157
한방산업 509
한부모가정 263
한부모가족복지상담소 444, 448
한부모가족복지시설 447
한부모가족지원법 102, 441, 443
합목적성 41
항구성 32
해산급여 199
행위규범 25
행정구제 167
행정규칙 50
행정벌 113
행정법 71
행정상 입법 166
행정소송 111
행정소송법 111
행정심판 111, 168
행정심판법 111
행정심판전치주의 185
행정쟁송 111
행정쟁송제도 167
행정질서벌 113, 114
행정해석 150
행정행위 71, 167
행정형벌 113
헌법 26, 71
헌법재판소 27
협력기관 115
협의의 사회복지 59
형식적 평등 44
형평 180
형평성 177
홍보 184
확인 조사 208
환경권 78
활동보조인 335
효율 180
후견인 295
흠결 143

저자 소개

■ 김 훈

연세대학교 법과대학 법학과 법학사
연세대학교 대학원 사회사업학과 문학석사
연세대학교 대학원 사회복지학과 문학박사
현 한일장신대학교 사회복지학부 교수

[전면 개정 4판]
사회복지법제론

2004년 6월 15일 1판 1쇄 발행
2005년 9월 20일 1판 3쇄 발행
2006년 9월 1일 2판 1쇄 발행
2008년 2월 15일 2판 4쇄 발행
2009년 2월 23일 3판 1쇄 발행
2012년 4월 10일 3판 5쇄 발행
2012년 9월 20일 4판 1쇄 발행
2015년 10월 5일 4판 4쇄 발행

지은이 • 김 훈
펴낸이 • 김 진 환
펴낸곳 • (주) 학지사
121-838 서울특별시 마포구 양화로 15길 20 마인드월드빌딩 5층
대표전화 • 02) 330-5114 팩스 • 02) 324-2345
등록번호 • 제313-2006-000265호
홈페이지 • http://www.hakjisa.co.kr
페이스북 • https://www.facebook.com/hakjisa

ISBN 978-89-6330-963-7 93330

정가 19,000원